Alexander Suslin

DIE PFLICHT ZUR POLITISCH NEUTRALEN AMTSFÜHRUNG

Zu Inhalt und Umfang einer Grundpflicht im Staatsdienst unter besonderer Berücksichtigung der Praxis öffentlicher Äußerungen

DISSERTATION

Herausgegeben vom

NSI

Kommunale Hochschule
für Verwaltung in Niedersachsen

Maximilian Verlag
Hamburg

SCHRIFTENREIHE
KOMMUNALE HOCHSCHULE FÜR VERWALTUNG IN NIEDERSACHSEN

Alexander Suslin

DIE PFLICHT ZUR POLITISCH NEUTRALEN AMTSFÜHRUNG

Vorliegende Ausgabe erscheint als Band 25 in der Schriftenreihe der Kommunalen Hochschule für Verwaltung in Niedersachsen, herausgegeben von Prof. Dr. Michael Koop und Prof. Holger Weidemann.

Redaktionsstand: 01.11.2018

ISBN 978-3-7869-1161-6

Produktion: Inge Mellenthin
Umschlaggestaltung: Nicole Laka
Druck und Bindung: druckhaus köthen

Printed in Germany

INHALT

ABKÜRZUNGSVERZEICHNIS

a. A.	andere Ansicht
a. a. O.	am angegebenen Ort
a. D.	außer Dienst
a. E.	am Ende
a. F.	alte Fassung
Abs.	Absatz
AfD	Alternative für Deutschland
ALR	Allgemeines Landrecht für die Preußischen Staaten
APR	Allgemeines Persönlichkeitsrecht
Art.	Artikel
BayBG	Beamtengesetz des Landes Bayern
BayVbl.	Bayerische Verwaltungsblätter
BayVGH	Verwaltungsgerichtshof des Landes Bayern
BBG	Bundesbeamtengesetz
BbGKomVerf	Kommunalverfassung des Landes Brandenburg
BbGMing	Ministergesetz des Landes Brandenburg
BeamtR	Beamtenrecht
BeamtStG	Beamtenstatusgesetz
BeckRS	Beck-Rechtsprechung
Begr.	Begründung
bezgl.	bezüglich
BezVG HH	Bezirksverwaltungsgesetz der Freien Hansestadt Hamburg
BezVwG BE	Bezirksverwaltungsgesetz des Landes Berlin
BGB	Bürgerliches Gesetzbuch
BHO	Bundeshaushaltsordnung
BlnVerf	Verfassung von Berlin
BMinG	Bundesministergesetz
BR-Drs.	Bundesratsdrucksache
BReg	Bundesregierung
BremStGH	Staatsgerichtshof der Freien Hansestadt Bremen
BremVerf	Verfassung der Freien Hansestadt Bremen
BRRG	Beamtenrechtsrahmengesetz
BT-Drs.	Bundestagsdrucksache
BVerfG	Bundesverfassungsgericht

BVerfGE	Entscheidungen des Bundesverfassungsgerichts
BVerwGE	Entscheidungen des Bundesverwaltungsgerichts
BWahlG	Bundeswahlgesetz
bzgl.	bezüglich
bzw.	beziehungsweise
CDU	Christliche Demokratische Union Deutschlands
CSU	Christlich-Soziale Union
d. h.	das heißt
ders.	derselbe
DIW	Deutsches Institut für Wirtschaftsforschung
DöD	Der öffentliche Dienst (Zeitschrift)
DÖV	Die Öffentliche Verwaltung (Zeitschrift)
Dügida	Düsseldorf gegen die Islamisierung des Abendlandes
DVBl.	Deutsches Verwaltungsblatt (Zeitschrift)
DVP	Deutsche Verwaltungspraxis
evtl.	eventuell
f.	folgende Seite, Randnummer oder §
FDP	Freie Demokratische Partei
ff.	fortfolgende Seite, Randnummer oder §
Fn.	Fußnote
gD	gehobener Dienst
GemO BW	Gemeindeordnung des Landes Baden-Württemberg
GG	Grundgesetz
ggf.	gegebenenfalls
GO BReg	Geschäftsordnung der Bundesregierung
grds.	grundsätzlich
h. M.	herrschende Meinung
HAZ	Hannoversche Allgemeine Zeitung
HBG	Beamtengesetz des Landes Hessen
hD	höherer Dienst
HessVGH	Verwaltungsgerichtshof des Landes Hessen
HVB	Hauptverwaltungsbeamtin oder Hauptverwaltungsbeamter
i. d. R.	in der Regel
i. R. d.	im Rahmen des/im Rahmen der
i. S.	im Sinne
i. S. d.	im Sinne des/im Sinne der
i. S. v.	im Sinne von
i. V. m.	in Verbindung mit

JA	Juristische Arbeitsblätter (Zeitschrift)
JZ	Juristenzeitung (Zeitschrift)
Kap.	Kapitel
KommJur	Der Kommunaljurist (Zeitschrift)
KWG M-V	Kommunalwahlgesetz des Landes Mecklenburg-Vorpommern
KWG NRW	Kommunalwahlgesetz des Landes Nordrhein-Westfalen
LAG Rh.-Pf.	Landesarbeitsgericht Rheinland-Pfalz
LBG	Landesbeamtengesetz
LBG LSA	Beamtengesetz des Landes Sachsen-Anhalt
LBG M-V	Beamtengesetz des Landes Mecklenburg-Vorpommern
LBG NRW	Beamtengesetz des Landes Nordrhein-Westfalen
LHO	Landeshaushaltsordnung
Lit.	Literatur
LKV	Landes- und Kommunalverwaltung (Zeitschrift)
LlbG	Leistungslaufbahngesetz des Landes Bayern
Ls.	Leitsatz
m. w. N.	mit weiteren Nachweisen
MinG BW	Ministergesetz des Landes Baden-Württemberg
MinG ND	Ministergesetz des Landes Niedersachsen
MinG SH	Ministergesetz des Landes Schleswig-Holstein
NBG	Beamtengesetz des Landes Niedersachsen
Nds.	niedersächsisch
NdsVBl.	Niedersächsische Verwaltungsblätter (Zeitschrift)
NGO	Gemeindeordnung des Landes Niedersachsen
nieders.	niedersächsisch
NJW	Neue Juristische Wochenschrift (Zeitschrift)
NKomVG	Kommunalverfassungsgesetz des Landes Niedersachsen
NKWG	Kommunalwahlgesetz des Landes Niedersachsen
NordÖR	Zeitschrift für öffentliches Recht in Norddeutschland
NPD	Nationaldemokratische Partei Deutschlands
Nr.	Nummer
NRW	Nordrhein-Westfalen
NS	Nationalsozialismus
NSDAP	Nationalsozialistische Deutsche Arbeiterpartei
NV	Verfassung des Landes Niedersachsen
NVersG	Versammlungsgesetz des Landes Niedersachsen
NVwZ	Neue Zeitschrift für Verwaltungsrecht
NVwZ-RR	Neue Zeitschrift für Verwaltungsrecht – Rechtsprechungs-Report

NWVBl.	Nordrhein-Westfälische Verwaltungsblätter
NWVerfGH	Verfassungsgerichtshof für das Land Nordrhein-Westfalen
NWZ	Nordwest-Zeitung
o. Ä.	oder Ähnliche
o. g.	oben genannt
OBG HB	Ortsgesetz über Beiräte und Ortsämter der Freien Hansestadt Bremen
OLG	Oberlandesgericht
OVG	Oberverwaltungsgericht
parl.	parlamentarisch
PartG	Parteiengesetz
Pegida	Patriotische Europäer gegen die Islamisierung des Abendlandes
RBG	Reichsbeamtengesetz
Rdnr.	Randnummer
RhPfVerfGH	Verfassungsgerichtshof des Landes Rheinland-Pfalz
RiA	Das Recht im Amt (Zeitschrift)
RiBVerfG	Richter des Bundesverfassungsgerichts
Rn.	Randnummer
Rspr.	Rechtsprechung
S.	Satz (bei Normzitaten)/Seite
SaarlVerfGH	Verfassungsgerichtshof des Saarlandes
SachsAnhGO	Gemeindeordnung für das Land Sachsen-Anhalt
SachsAnhVerfGH	Landesverfassungsgericht des Landes Sachsen-Anhalt
SächsBG	Beamtengesetz des Landes Sachsen
SächsMinG	Ministergesetz des Landes Sachsen
SächsVerfGH	Verfassungsgerichtshof des Landes Sachsen
SBG	Beamtengesetz des Saarlands
SenatsG HB	Senatsgesetz der Freien Hansestadt Bremen
SenatsG HH	Senatsgesetz der Freien Hansestadt Hamburg
SenG BE	Senatorengesetz Berlin
sog.	sogenannte
SPD	Sozialdemokratische Partei Deutschlands
st. Rspr.	ständige Rechtsprechung
StGB	Strafgesetzbuch
StSG BW	Staatssekretäregesetz des Landes Baden-Württemberg
ThürBG	Beamtengesetz des Landes Thüringen
ThürVBl.	Thüringer Verwaltungsblätter
ThürVerfGH	Verfassungsgerichtshof des Landes Thüringen

u. a.	unter anderem
u. Ä.	und Ähnliche
u. U.	unter Umständen
usw.	und so weiter
v. a.	vor allem
Verf NRW	Verfassung des Landes Nordrhein-Westfalen
Verf SH	Verfassung des Landes Schleswig-Holstein
VerfGH Rh.-Pf.	Verfassungsgerichtshof des Landes Rheinland-Pfalz
VerfGHRP	Verfassungsgerichtshof des Landes Rheinland-Pfalz
VerfNW	Verfassung für das Land Nordrhein-Westfalen
VersGZuV	Verordnung des Innenministeriums über Zuständigkeiten nach dem Versammlungsgesetz (Baden-Württemberg)
VerwArch	Verwaltungsarchiv (Zeitschrift)
VG	Verwaltungsgericht
VGH	Verwaltungsgerichtshof
vgl.	vergleiche
VR	Verwaltungsrundschau (Zeitschrift)
VvB	Verfassung von Berlin
VwRspr.	Verwaltungsrechtsprechung
VwVfG	Verwaltungsverfahrensgesetz
WRV	Weimarer Reichsverfassung
z. B.	zum Beispiel
ZaöRV	Zeitschrift für ausländisches öffentliches Recht und Völkerrecht
ZBR	Zeitschrift für Beamtenrecht
ZG	Zeitschrift für Gesetzgebung
ZTR	Zeitschrift für Tarifrecht
ZustVO VersamG	Verordnung zur Übertragung der Zuständigkeiten nach dem Versammlungsgesetz (Brandenburg)

Meinen Eltern

VORWORT

Das vorliegende Werk wurde von der Juristischen Fakultät der Leibniz Universität Hannover im Sommersemester 2018 als Dissertation angenommen.

An dieser Stelle möchte ich mich bei all denen bedanken, ohne deren Unterstützung die Fertigstellung dieser Arbeit nicht möglich gewesen wäre: Zunächst gilt mein Dank meinem Doktorvater, Herrn Univ.-Professor Dr. Veith Mehde Mag. rer publ., dessen Anleitung und hilfreiche Anregungen die Grundvoraussetzung für die Anfertigung dieser Schrift gebildet haben. Ebenso gilt mein Dank meinem Zweitgutachter, Herrn Uni.-Prof. Dr. Kay Waechter, für die sehr rasche Erstellung des Zweitgutachtens. Ebenso herzlich bedanke ich mich bei Herrn Dr. Theodor R. M. Wahner, der den entscheidenden Anstoß für meine Themenfindung gab. Ein weiterer Dank geht an Herrn Prof. Dr. Michael Koop und Herrn Prof. Weidemann, auch stellvertretend für das gesamte Nds. Studieninstitut für kommunale Verwaltung e. V., für die gesamte Unterstützung während der Anfertigung und schließlich die Herausgabe der Dissertation. Schließlich, aber dennoch allem voran gilt mein Dank meiner Familie und meiner Ehefrau, die mir während der gesamten Phase des Promotionsvorhabens, auch in den schwierigsten Phasen, stets den nötigen Rückhalt gaben.

Diese Arbeit greift ein sehr aktuelles und – auch politisch – brisantes Thema auf. Sie hat nicht den Anspruch, vollkommen zu sein und alle mit dem Thema verbundenen Fragen zu beantworten, soll aber dennoch einen Beitrag zu der Diskussion leisten und hoffentlich zielführende neue Denkanstöße geben.

Hannover, November 2018
Alexander Suslin

A. EINFÜHRUNG IN DIE THEMATIK

I. EINLEITENDE GEDANKEN UND ERKENNTNISINTERESSE

„Lichter aus!“, „Rote Karte für die AfD“, „den Spinnern ihre Grenzen aufweisen“, „Ziel Num- 1
mer 1 muss es sein, dass die NPD nicht in Landtag kommt“. Solche und ähnliche Äußerungen von Amtsträgern[1] verschiedenster Ränge und politischer Couleur, vom Bundespräsidenten über Bundes- und Landesminister bis hin zu Hauptverwaltungsbeamten, haben in den letzten Jahren sehr häufig die Gerichte und die Berichterstattung beschäftigt – und tun es auch heute noch. Dabei versuchen die handelnden Amtsträger in der Regel, des ihrer Ansicht nach sich immer weiter ausbreitenden rechten und teils rechtsradikalen Gedankenguts Herr zu werden. Die Akteure, die sie dabei ins Visier nehmen, sind ebenso verschieden, sie reichen von politischen Parteien wie der NPD und der AfD bis hin zu Aktionsbündnissen wie Pegida und seinen regionalen Ablegern. Die rechtliche Frage, mit der sich dann die Gerichte zu beschäftigen haben, liegt in der Reichweite von etwaigen Pflichten zur politischen Neutralität, die den handelnden Amtsträgern obliegen. Denn auf den ersten Blick sollte es ja fast auf der Hand liegen – staatliche Amtsträger müssen eigentlich stets politisch neutral bleiben und dürfen sich bei ihrer Amtsführung und den im Zusammenhang mit dieser Amtsführung getroffenen Äußerungen eben nicht von politischen Motiven leiten lassen. Diesen Grundsatz bestätigend ist die klar gefasste beamtenrechtliche Vorschrift aus § 60 BBG für den Bereich der Bundesbeamten, die von § 33 BeamtStG inhaltsgleich auf alle übrigen Beamten übertragen wird. Denn darin heißt es deutlich: „Beamtinnen und Beamte dienen dem ganzen Volk, nicht einer Partei. Sie haben ihre Aufgaben unparteiisch und gerecht zu erfüllen und bei ihrer Amtsführung auf das Wohl der Allgemeinheit Bedacht zu nehmen.“ Verlangt ist also eine Amtsführung, die unparteiisch und gerecht ist und sich eben nicht zulasten oder zugunsten bestimmter Parteien richtet.

Dennoch stammte die eingangs zitierte gegen die Dügida gerichtete Parole „Lichter aus!“ von 2
dem Oberbürgermeister der Stadt Düsseldorf, einem Beamten auf Zeit nach § 6 BeamtStG. Hat sich dieser nun bewusst und mutwillig über eine gesetzliche Grundpflicht hinweggesetzt und damit zielgerichtet Rechte der betroffenen politischen Bewegung verletzt? Ganz so einfach scheint die Angelegenheit nicht zu sein, hat doch das OVG NRW eine einstweilige Anordnung des VG Düsseldorf, in der dieses die genannte Äußerung des Oberbürgermeisters für rechtswidrig erklärte, wieder aufgehoben.[2] In dem Hauptsacheverfahren sahen das OVG NRW[3] und das BVerwG[4] die Äußerung dann doch als rechtswidrig an, doch allein der

---

1 Aus Gründen der Vereinfachung wird im folgenden Text die männliche Form verwendet. Die jeweiligen Begriffe gelten jedoch in der männlichen und in der weiblichen Form entsprechend.

2 Zum Verfahren im einstweiligen Rechtsschutz siehe OVG NRW, NWVBl. 2015, 195 und zuvor VG Düsseldorf, NWVBl. 2015, 201.

3 Siehe NVwZ 2017, 1316.

4 BeckRS 2017, 135056.

Umstand, dass die Sache von den verschiedenen Instanzen immer wieder unterschiedlich beurteilt worden ist, zeigt deutlich auf, dass die Angelegenheit alles andere als einfach zu klären ist und die aufgeworfenen Rechtsfragen rund um die Neutralitätspflicht von Oberbürgermeistern und anderen Hauptverwaltungsbeamten nicht einfach zu beantworten sind.

3 Weiterhin ist zu beachten, dass nicht nur beamtete Amtsträger Protagonisten in solchen Streitigkeiten waren und sind, sondern auch Landes-[5] und Bundesminister[6], Regierungschefs[7] und sogar der Bundespräsident[8]. Bei diesen Amtsträgern ist es höchst zweifelhaft, ob die zitierten beamtenrechtlichen Vorschriften über die politische Neutralitätspflicht auf sie Anwendung finden. Heißt dies nun, dass sie einer geringeren Neutralitätspflicht oder sogar keiner solchen Pflicht unterliegen? Auch hier ist die Rechtsprechung des BVerfG und der Landesverfassungsgerichte alles andere als einheitlich. Aufgabe und Inhalt dieser Arbeit soll es daher sein, die genannte Pflicht zur politischen Neutralität, die so häufig Gegenstand von gerichtlichen Auseinandersetzungen ist, näher zu untersuchen.

II. GANG DER UNTERSUCHUNG

4 Die vorgenommene Untersuchung soll beginnen mit einem historischen Rückblick. Denn viele der Grundsätze des Staatsdienstes in Deutschland gehen weit zurück in die Vergangenheit, so etwa die hergebrachten Grundsätze des Berufsbeamtentums[9]. Daher soll vorab in Kap. B untersucht werden, ob und inwieweit etwaige Pflichten zur politischen Neutralität bereits in vorkonstitutioneller Zeit bestanden haben. Die historische Betrachtung erfolgt dabei aufgeteilt nach der Zeit vor der Weimarer Republik, der Epoche der Weimarer Republik und schließlich der Zeit des NS-Regimes.

5 Im nächsten Schritt soll in Kap. C an die Nachkriegszeit angeknüpft und dargestellt werden, welche rechtlichen Grundelemente für eine politische Neutralitätspflicht sich seit Gründung der Bundesrepublik herausgebildet haben. Dabei sollen zunächst die drei Grundelemente der Neutralitätspflicht aufgezeigt werden, die für alle Amtsträger im öffentlichen Dienst gelten, deren Statusrechte und -pflichten im öffentlichen Recht geregelt sind. Erst im nächsten Schritt soll innerhalb dieser Amtsträger differenziert werden, und zwar in die beiden Gruppen der Beamten und der Amtsträger im öffentlich-rechtlichen Amtsverhältnis. Dazu werden in Kap. C.III die Grundelemente für den Bereich der Beamten konkretisiert, und es werden die zusätzlichen spezifischen Regelungen für diese Amtsträger dargestellt und erläutert. Insgesamt soll sich das Kap. C jedoch auf die Darstellung und Erörterung des bisherigen Meinungsstandes in Literatur und Rechtsprechung beschränken.

---

5 Vgl. Fall „Taubert", ThürVerfGH, ThürVBl. 2015, 295.

6 Vgl. Fall „Schwesig", BVerfGE 138, 102.

7 Vgl. Fall „Dreyer", RhPfVerfGH, NVwZ-RR 2014, 665.

8 Vgl. Fall „Spinner", BVerfGE 136, 323.

9 Zum Begriff vgl. jetzt schon Badura in: Maunz/Dürig, GG, Art. 33 Rn. 65. Zur Neutralitätspflicht als hergebrachter Grundsatz dann unten Kap. C.III.1.

Die in Kap. C allgemein und für den Bereich der Beamten konkret dargestellten und dis- 6
kutierten Grundelemente sollen sodann in Kap. D auf die verschiedenen Unterkategorien von Amtsträgern angewendet werden, wobei sie jeweils zu den spezifischen Prägungen und Besonderheiten dieser Amtsträger in Beziehung gesetzt werden sollen. So werden im Bereich des öffentlich-rechtlichen Amtsverhältnisses der Bundespräsident und die Regierungsmitglieder auf Bundes- und Länderebene jeweils gesondert betrachtet, während der Bereich der Beamten in die Unterkategorien der politischen Beamten und der Wahlbeamten gegliedert wird. Vor allem wird in Kap. D zu untersuchen sein, ob und inwieweit die Grundelemente und die spezifischen Regelungen für die Beamten auf die vier angesprochenen Amtsträgergruppen Anwendung finden können und ob und wie sie von faktischen Einflüssen oder gar konträren rechtlichen Grundsätzen und Elementen in ihrer Wirkung auf die jeweiligen Amtsträgergruppen beschränkt werden können.

Unter Zugrundelegung der in Kap. C dargestellten Grundelemente und unter Berücksichti- 7
gung etwaiger korrigierender Erkenntnisse aus Kap. D soll dann in Kap. E eine Vergleichsuntersuchung durchgeführt werden. Hierbei soll geprüft werden, ob die in Kap. C und D herausgearbeiteten und diskutierten Grundsätze zur politischen Neutralitätspflicht der verschiedenen Amtsträger einer Analyse standhalten, bei der diese Amtsträger direkt zueinander in Beziehung gesetzt werden, und ob und inwieweit die bis dahin aufgeworfenen Grundsätze einer wertungsmäßigen Korrektur bedürfen. Die sodann anhand dieser Vergleichsanalyse überprüften und entsprechend bestätigten bzw. korrigierten Grundsätze und Gedanken aus Kap. C und D sollen schließlich im Rahmen des Kap. F auf ausgewählte praktische Problemstellungen angewendet werden. In diesem Rahmen wird zu untersuchen sein, ob und inwieweit bei den verschiedenen Amtsträgergruppen in jeweils verschiedenen Situationen eine politische Neutralitätspflicht greifen kann und wann eine solche durch bestimmte Verhaltensweisen und Äußerungen dieser Amtsträger verletzt sein kann.

B. NEUTRALITÄTSPFLICHT IN VORKONSTITUTIONELLER ZEIT

8 Die Geschichte der Rechte und Pflichten, die mit einem öffentlichen Amt verbunden sind, hängt unmittelbar mit der Geschichte des jeweiligen Staates zusammen. Auch unter Berücksichtigung der Differenzen bei der Definition des Staatsbegriffs lässt sich annehmen, dass von einem einigermaßen einheitlichen europäischen Verständnis des Begriffs „Staat" jedenfalls ab dem 15. und 16. Jahrhundert gesprochen werden kann.[10] Dieses allgemeine europäische Verständnis eines Staates würde, wollte man die Geschichte der Neutralitätspflicht im Staatsdienst im Bereich der heutigen Bundesrepublik Deutschland untersuchen, dazu führen, dass man bei der Gründung des Deutschen Reiches von 1871 ansetzen müsste. Denn erst hier entstand ein deutscher Staat, der – zumindest territorial – dem heutigen Deutschland weitestgehend entspricht. Da die Geschichte des Beamtentums, das zu damaliger Zeit in personeller Sicht nahezu den gesamten Staatsdienerapparat bildete, schon vor der genannten Reichsgründung beginnt, soll entsprechend auch früher angesetzt werden. Die Untersuchung der vorkonstitutionellen Pflicht zur politischen Neutralität im Staatsdienst soll daher in die drei Abschnitte gegliedert werden, die sich jeweils mit

1. der Zeit vor der Weimarer Republik,
2. der Weimarer Republik bis zur Machergreifung 1933 und
3. dem „Dritten Reich"

beschäftigen.

I. DAS VORREPUBLIKANISCHE ZEITALTER

9 Für das Zeitalter der deutschen Monarchie gibt es in Bezug auf die Pflicht von Staatsdienern zur politischen Neutralität ein sehr prägendes Zitat: „Die deutsche Beamtenschaft vor 1918 war nie, auch nicht andeutungsweise, innenpolitisch neutral."[11] Danach kann also weder vor der Reichsgründung im Jahr 1871 noch während des Kaiserreichs von einer politischen Neutralitätspflicht im Staatsdienst die Rede sein. Für den Zeitraum vor der Kaiserzeit findet sich dafür eine relativ einfache und einleuchtende Erklärung: Völlig unabhängig davon, in welchem Teil der heutigen Bundesrepublik man sich damals befand, sei es das badische, bayerische oder preußische Königreich oder eines der Fürstentümer – die Staatsgewalt lag beim Monarchen oder Fürsten, welchen Titel er auch trug.[12] Eine politische Opposition, die eine ernst zu nehmende politische Meinungsvielfalt gewährleisten oder auch nur fördern konnte, war schlichtweg nicht existent. Wo es jedoch faktisch nur eine politische Meinung

---

[10] Hattenhauer, Geschichte des deutschen Beamtentums, S. 1.
[11] Morsey, Beamtenpolitik des Reiches, S. 106; ebenso Wunder, Rekrutierung der Beamtenschaft, S. 19.
[12] Vgl. Köttgen, Berufsbeamtentum, S. 17 f.

gab, die der Staatsleitung zugrunde lag, in diesem Fall die königliche bzw. fürstliche, war eine Pflicht zur politischen Neutralität für Staatsdiener absolut überflüssig.

10 Die Ausgangsbedingungen änderten sich jedoch mit der Zeit allmählich. Denn die Treuepflicht des – beamteten – Staatsdieners trug ursprünglich einen persönlichen Charakter gegenüber seinem Dienstherrn.[13] Ein Treuebruch geschah also vor allem in der Verdrängung eines Herrschers aus seiner Herrscherposition bzw. in der entsprechenden Bestrebung.[14] Mit dem aus der fortschreitenden Aufklärung verbundenen Aufkommen einer öffentlichen Meinung und der Bildung von politischen Parteien und Geheimgesellschaften wie den Freimaurern und Illuminaten sahen die Herrscher die Treue ihrer Staatsdiener in Gefahr.[15] Denn nun bestand die reelle Möglichkeit, dass sie sich die zuvor uneingeschränkte Treue ihrer Staatsdiener mit anderen Personen wie den Anführern der Parteien und anderer Gesellschaften teilen mussten. Zu dieser rein persönlichen Ebene der Treue kam eine sachliche hinzu, denn nun war auch eine Treue gegenüber bestimmten Ideen oder gar konkreten Parteiprogrammen denkbar.[16]

11 Dieser Problematik begegnete man zunächst damit, dass man den Bediensteten vom Monarchendiener zumindest teilweise zum tatsächlichen Staatsdiener machte. Nun bestand de jure und de facto eine Verpflichtung des Beamten gegenüber dem Staat, der seinerseits durch den Monarchen verkörpert wurde.[17] Diese Verpflichtung enthielt nun auch eine Kodifizierung der Treuepflicht gegenüber dem Staat und seinem Oberhaupt.[18] Gleichzeitig wurde allen Bürgern die Mitgliedschaft in staatlich nicht anerkannten Vereinigungen, die sog. „Geheimbündelei", untersagt.[19] Diese Untersagung erfolgte zunächst im Rahmen der Karlsbader Beschlüsse[20] und ging dann in § 98 des Preußischen Strafgesetzbuchs von 1851 und § 128 des Reichstrafgesetzbuchs auf. Bei den Strafgesetznormen ist insbesondere interessant, dass sie über die bloße Strafbarkeit der Mitgliedschaft hinaus auch die daraus folgende Unfähigkeit zur Bekleidung öffentlicher Ämter anordneten. Doch mit der Zeit wurde der politische Druck auf die Regierungen so stark, dass die politischen Parteien, die sich im Zusammenhang mit der aus dem Vormärz hervorgegangenen fortschreitenden Parlamentarisierung immer mehr entwickelten und mehr an Einfluss gewannen, legalisiert wurden.[21] Die mit der Reichsgründung im Jahr 1871 in Kraft getretene Verfassung des Deutschen Reiches sah nun explizit das Parlament als Verfassungsorgan vor.[22] Dieses bildete ein Gegengewicht zu den im Bundesrat verbündeten einzelnen Nationalregierungen und der

13 Hattenhauer, Geschichte des deutschen Berufsbeamtentums, S. 99.

14 Vgl. Wunder, Rekrutierung der Beamtenschaft, S. 14.

15 Ebenda.

16 Vgl. erneut Wunder, Rekrutierung der Beamtenschaft, S. 14.

17 Vgl. Thiele, Entwicklung des deutschen Beamtentums, S. 19, 34.

18 So lautete die Bestimmung des ALR, Zweiter Teil, Zehnter Titel, § 2: „Sie [die Staatsdiener] sind, außer den allgemeinen Unterthanenpflichten, dem Oberhaupte des Staats besondre Treue und Gehorsam schuldig."

19 Vgl. Wunder, Rekrutierung der Beamtenschaft, S. 15.

20 Büssem, Karlsbader Beschlüsse von 1819, S. 77.

21 Zur Geschichte der Parlamente und Parteien vgl. ausführlich z. B. Nipperdey, Deutsche Geschichte und Rohe, Entwicklung der politischen Parteien bis 1933 in: Gabriel (Hrsg.), Parteiendemokratie in Deutschland.

22 Vgl. Art. 20 ff. der Reichsverfassung, http://www.verfassungen.de/de/de67-18/verfassung71-i.htm, abgerufen am 15.01.2018.

Reichsregierung.[23] Mit dem Parlament und den von den Parteien vertretenen Programmen konnten nun erstmals tatsächliche politische Meinungsdifferenzen entstehen.

12 Zwischen den in der Verfassung ausdrücklich genannten Organen befand sich der Beamtenapparat. Dieser für ihre hohe Leistungsfähigkeit sogar international sehr angesehenen Beamtenschaft[24] wird teilweise beherrschende Position nachgesagt, die sich vor allem aus der Rivalität der anderen Staatsorgane ergeben habe.[25] Aufgrund dieser beherrschenden Stellung, ihrer guten Ausbildung und strengen Auslese und schließlich der Anstellung auf Lebenszeit, die ein hohes Maß an Unabhängigkeit garantierte, sei die Beamtenschaft nun in der Lage gewesen, unter strenger Gesetzesbindung zu verwalten.[26]

13 Heißt das nun, dass die Beamtenschaft sich bei ihrer Arbeit nun doch ausschließlich von Recht und Gesetz hat leiten lassen und gegenüber den unterschiedlichen politischen Ansichten und Zielsetzungen der Reichsleitung einerseits und den Kräften im Parlament neutral war? Die klare Antwort ist Nein. Denn trotz ihrer guten Ausbildung und der theoretisch aus dem Lebenszeitprinzip folgenden Unabhängigkeit war ein überwältigender Großteil keineswegs hinsichtlich der verschiedenen politischen Ansichten indifferent. Dies ist vor allem auf die Rekrutierungspraxis der damaligen Beamten zurückzuführen. Denn aufgrund einer stark auf den Grundgedanken einer Sozialauswahl ausgerichteten Personalgewinnung[27] gelang es den Monarchen während der gesamten Zeit vor 1918 – also auch während der Kaiserzeit –, einen Beamtenapparat aufrechtzuerhalten, der neben seinen hervorragenden Fachkenntnissen eine monarchistisch-konservative Gesinnung innehatte. Dies konnten sie zum einen bewerkstelligen, weil der damalige Arbeitsmarkt dafür eine günstige Ausgangssituation geschaffen hatte. Denn bereits seit dem 17. Jahrhundert gab es auf diesem Arbeitsmarkt ein chronisches Überangebot an Juristen, für die der Staat der Hauptarbeitgeber war.[28] Daher war es für die Herrscher auch schon lange vor der Reichsgründung kein Problem, für den Staatsdienst, unter den gut ausgebildeten und befähigten Juristen, diejenigen auszuwählen, die ihnen auch der Gesinnung nach genehm waren. Forciert wurde diese Auslese vor allem dadurch, dass die Sozial- und Bildungspolitik – erfolgreich – darauf ausgerichtet war, die „sozial niederen" Schichten der Bevölkerung generell vom Studium abzuhalten.[29] Diese Maßnahmen führten insgesamt dazu, dass die Beamten bis in die Zeit des Kaiserreichs eben jene monarchisch-konservative Gesinnung hatten, die von den Monarchen und später der Reichsleitung so sehr benötigt wurde, um eine reichs- und vor allem kronentreue Verwaltung zu sichern. So entstand auch eine gesinnungstechnische Einheit zwischen Regierung und Beamtenapparat.[30] Von einer beherrschenden Stellung gegenüber Parlament und Regierung kann daher nicht gesprochen werden. Denn diese

---

[23] Nipperdey, Deutsche Geschichte, Band II, S. 102.

[24] Vgl. nur Braun, Von Weimar zu Hitler, S. 50; Bryce, Moderne Demokratien, Band II, S. 29; Schumpeter, Kapitalismus, Sozialismus und Demokratie, S. 350 f.

[25] Vgl. Thiele, Entwicklung des deutschen Berufsbeamtentums, S. 34.

[26] Vgl. Eschenburg, Der Beamte in Partei und Parlament, S. 34 f.

[27] Vgl. hierzu Hattenhauer, Geschichte des deutschen Beamtentums, S. 112–126.

[28] Hattenhauer, Geschichte des deutschen Beamtentums, S. 270; ebenso Wunder, Rekrutierung der Beamtenschaft, S. 5.

[29] Zu den Instrumentarien dieser Politik vgl. ausführlich Wunder, Rekrutierung der Beamtenschaft, S. 7–12.

[30] So Eschenburg, Der Beamte in Partei und Parlament, S. 33.

Einheit von Regierung und Beamtenschaft wurde auch dadurch gefestigt, dass Letztere den „Personalpool“ für die Erstere bildete.[31]

Somit muss für den gesamten Zeitraum vor 1918 festgehalten werden, dass politische Neutralität für die Amtsträger tatsächlich ein Fremdwort war. Zwar spielte der Grundgedanke der Bestenauslese auch damals schon eine tragende Rolle, doch die Auswahl der Kandidaten für den Staatsdienst stand stets unter dem Vorbehalt der „richtigen“ politischen Gesinnung. Aus den bereits sorgfältig auf ihre Kronentreue geprüften Beamten rekrutierte sich dann die Regierung.[32] Die Basis der politischen Anschauungen bildete bei – nahezu – allen Amtsträgern die monarchisch-konservative Gesinnung, die keinerlei Raum für politisch neutrale Amtsführung ließ. 14

II. DIE WEIMARER REPUBLIK

Auf den ersten Blick müsste man annehmen, dass die Ausrufung der Weimarer Republik im Allgemeinen und die Regelung des Art. 130 Abs. 1 WRV im Einzelnen für die Frage der politischen Neutralität im Staatsdienst einen Paradigmenwechsel bedeuten musste. Zum einen ist da der Übergang von der – konstitutionellen – Monarchie zur Republik. Staatsdienst bedeutete nun tatsächlich Staatsdienst und nicht mehr Monarchendienst, die Herrschaft wurde nun entsprechend dem republikanischen Prinzip zeitlich begrenzt von gewählten Volksvertretern ausgeübt und sollte dem Gemeinwohl dienen.[33] Diese Ausrichtung der Herrschaft auf das Gemeinwohl als Wohl des Volkes fand auch Einzug in die Regelungen zu den Grundpflichten der Beamten, insbesondere in Art. 130 Abs. 1 WRV.[34] Danach waren die Beamten Diener der Gesamtheit, nicht einer Partei. Diese Regelung legte nun erstmals formal eine Pflicht zu parteipolitischer Neutralität fest. Denn man hatte durchaus erkannt, dass die politischen Parteien einen Einfluss auf die Amtsführung der Beamten haben können,[35] und versuchte so sicherzustellen, dass sich die Beamten bei eben jener Amtsführung nur von den Interessen der Gesamtheit und des Staates[36] bzw. „des gesamten deutschen Volkes“[37], nicht jedoch von den Interessen einer einzelnen Partei leiten lassen. 15

Doch obwohl das republikanische Staatsgefüge an sich und auch die konkreten verfassungsrechtlichen Vorgaben dies grundsätzlich vorsahen, ist auch für die 13 Jahre der Weimarer Republik festzuhalten, dass eine politische Neutralität im Staatsdienst faktisch nicht existent und die Regelung des Art. 130 Abs. 1 WRV nicht mehr als ein „Hilferuf der 16

31 Ebenda.
32 Vgl. erneut ebenda.
33 Ausführlich zum Begriff der Republik vgl. Buchheim, Der neuzeitliche republikanische Staat.
34 Wortlaut der Vorschrift: „Die Beamten sind Diener der Gesamtheit, nicht einer Partei.“ https://www.jurion.de/gesetze/wrv/130/, abgerufen am 27.09.2017.
35 Siehe nur Köttgen, Berufsbeamtentum, S. 49 ff.
36 So Anschütz, WRV Kommentar, S. 603.
37 Brand in: Nipperdey (Hrsg.): Grundrechte und Grundpflichten der Reichsverfassung, Band II, S. 235.

Verfassung"[38] war. Der Grund für diesen faktischen Mangel an politischer Neutralität im Staatsdienst hing maßgeblich mit dem Übergang des Beamtenapparats von der Monarchie hin zur Republik zusammen. Wie bereits oben erläutert, war das Berufsbeamtentum in der Zeit der Monarchie mehr als eine bloße Berufsgemeinschaft, es war vielmehr ein elitärer gesellschaftlicher Stand. Die politische Einstellung in diesem Stand war weit überwiegend monarchisch-konservativ und damit äußerst kronentreu.[39] Mit dem Übergang in die Republik wurde dieser Stand nahezu unangetastet in das neue Staatsgefüge übernommen.[40] Und diese nahtlose Übernahme führte zu Konflikten zwischen der politischen Führung der Exekutive einerseits und Berufsbeamten andererseits. Diese Konflikte spielten sich auf zwei Ebenen ab. Zum einen war da die rein weltanschaulich-politische Ebene. Diese neuen republikanisch-demokratischen obersten Dienstvorgesetzten passten logischerweise nicht zu den politischen Anschauungen und Einstellungen der konservativen Berufsbeamten. Verstärkt wurde dies durch die fachliche Ebene. Denn im Gegensatz zu den Ministern in der Kaiserzeit wurden die Minister der Republik nicht mehr aus der Beamtenschaft rekrutiert, sondern wurden von den jeweils koalitionsbeteiligten Parteien in die Regierung entsandt.[41] Da diese neuen Minister in der Regel langjährige Parteimitglieder bzw. engagierte Parteifunktionäre waren, konnten sie entsprechend den Ausführungen aus dem vorstehenden Unterabschnitt auch nicht aus der Beamtenschaft stammen. Dies ist vor allem durch den Umstand begründet, dass die politischen Ansichten dieser Parteimitglieder in diametralem Gegensatz zu den Ansichten und Einstellungen der kaiserlichen Beamtenschaft standen. Die Folge aus dieser neuen Rekrutierungspraxis war vor allem, dass die Minister nun nicht mehr die entsprechende fachliche Kompetenz hatten und ihren „untergebenen" Beamten daher in dieser Hinsicht stark unterlegen waren.[42] Dies alles formte bei den Berufsbeamten, die ihr elitäres Selbstverständnis, nicht zuletzt aufgrund der Tatsache, dass sie ihre in der Monarchie „wohlerworbenen" Rechte und Privilegien vollständig behalten durften,[43] beibehalten hatten, eine überhebliche Abneigung gegenüber ihren obersten Dienstvorgesetzen und der Regierung an sich. Diese Abneigung verleitete die Beamten schließlich sogar dazu, den politischen Führungsfiguren auf administrativer Ebene teils bewusst Widerstand zu leisten.[44] Auch dies beeinträchtigte die einst hervorragende Funktionsfähigkeit der Verwaltung stark. Von einer Einheit zwischen Regierung und Verwaltung konnte daher in den Anfängen der Weimarer Republik nicht mehr die Rede sein.

17 Verstärkt wurde diese Problematik dadurch, dass den Beamten neben ihren wohlerworbenen „alten" Rechten nun erstmals auch die Freiheit der politischen Betätigung eingeräumt wurde. Die Vorschrift des Art. 130 Abs. 2 WRV, wonach allen Beamten die Freiheit ihrer politischen Gesinnung und die Vereinigungsfreiheit gewährleistet wurde, führte zu besonders großen Schwierigkeiten. Denn zunächst war unklar, was diese Vorschrift überhaupt

[38] Wittmayer, Demokratie und Parlamentarismus, S. 63.

[39] Vgl. hierzu die Ausführungen im vorstehenden Unterabschnitt.

[40] Vgl. Fenske, VerwArch 1973, 115 (118); ebenso Wunder, Rekrutierung der Beamtenschaft, S. 21.

[41] Wunder, Rekrutierung der deutschen Beamtenschaft, S. 21 f.

[42] Ebenda; Eschenburg, Der Beamte in Partei und Parlament, S. 45.

[43] Vgl. Art. 129 Abs. 1 S. 3 der WRV. Ausführlich hierzu siehe Hattenhauer, Geschichte des deutschen Beamtentums, S. 333–338; vgl. erneut auch Eschenburg, Der Beamte in Partei und Parlament, S. 45.

[44] Eschenburg, Der Beamte in Partei und Parlament, S. 46.

bedeuten sollte. Der Umfang der Freiheit der politischen Gesinnung war sehr unbestimmt.[45] Vor allem baute sich ein starkes Spannungsfeld zu der Neutralitätsverpflichtung aus Art. 130 Abs. 1 WRV auf.[46]

Dieser schwierigen Situation begegnete die politische Führung mit zwei Strategien. Zum 18
einen versuchte man zunächst, die neu erworbenen politischen Rechte der Beamten zu beschneiden. Zu diesem Zweck wurde im Juli 1922 im Rahmen des Gesetzes über die Pflichten der Beamten zum Schutz der Republik das Reichsbeamtengesetz um den § 10a erweitert, der den Beamten verpflichtete, „in seiner amtlichen Tätigkeit für die verfassungsmäßige republikanische Staatsgewalt einzutreten" und alles zu unterlassen, „was mit seiner Stellung als Beamter der Republik nicht zu vereinbaren" war. Des Weiteren wurde den Beamten verboten, auch außerdienstlich in der Öffentlichkeit „Verleumdung, Beschimpfung oder Verächtlichmachung der Republik" zu betreiben.[47] Darüber hinaus wurde der Kreis der sog. „politischen Beamten", d. h. solcher Bediensteter, die jederzeit ohne Angabe von Gründen in den einstweiligen Ruhestand versetzt werden können, erheblich erweitert.[48]

Diese gesetzgeberische Strategie hatte jedoch nur geringen Erfolg. Das Spannungsfeld 19
zwischen der politischen Freiheit der Beamten aus Art. 130 Abs. 2 WRV und der Neutralitätsverpflichtung aus Art. 130 Abs. 1 WRV weitete sich nun auch auf die Regelungen des § 10a Reichsbeamtengesetz aus. So hoben die Gerichte 1929 die außerdienstliche Verpflichtung zur politischen Zurückhaltung aus § 10a mit Verweis auf Art. 130 Abs. 2 WRV faktisch wieder auf.[49] Hinsichtlich der übrigen Regelungen des § 10a gab es zwar zahlreiche Disziplinarverfahren vor den Gerichten, die zu einer Vielzahl von Neubesetzungen der

---

[45] Hattenhauer, Geschichte des deutschen Beamtentums, S. 352.

[46] So Eschenburg, Der Beamte in Partei und Parlament, S. 43.

[47] Originaltext § 10a: „Der Reichsbeamte ist verpflichtet, in seiner amtlichen Tätigkeit für die verfassungsmäßige republikanische Staatsform einzutreten. Er hat alles zu unterlassen, was mit seiner Stellung als Beamter der Republik nicht zu vereinen ist. Insbesondere ist ihm untersagt:

1. sein Amt oder die ihm kraft seiner amtlichen Stellung zugänglichen Einrichtungen für Bestrebungen zur Änderung der verfassungsmäßigen republikanischen Staatsform zu mißbrauchen;
2. bei Ausübung der Amtstätigkeit oder unter Mißbrauch seiner amtlichen Stellung über die verfassungsmäßige republikanische Staatsform, die Reichsflagge oder über die verfassungsmäßigen Regierungen des Reichs oder eines Landes zur Bekundung der Mißachtung Äußerungen zu tun, die geeignet sind, sie in der öffentlichen Meinung herabzusetzen;
3. bei Ausübung der Amtstätigkeit oder unter Mißbrauch seiner amtlichen Stellung auf die ihm unterstellten oder zugewiesenen Beamten, Angestellten und Arbeiter, Zöglinge oder Schüler im Sinne mißachtender Herabsetzung der verfassungsmäßigen republikanischen Staatsform oder der verfassungsmäßigen Regierungen des Reichs oder eines Landes einzuwirken;
4. Handlungen nach Nr. 1 bis 3 bei dienstlich unterstellten Personen, sofern sie im Dienste begangen werden, zu dulden.

   Dem Reichsbeamten ist weiterhin untersagt, in der Öffentlichkeit gehässig oder aufreizend die Bestrebungen zu fördern, die auf Wiederherstellung der Monarchie oder gegen den Bestand der Republik gerichtet sind, oder solche Bestrebungen durch Verleumdung, Beschimpfung oder Verächtlichmachung der Republik oder von Mitgliedern der im Amte befindlichen Regierung des Reichs oder eines Landes zu unterstützen."

[48] Art. III. und IV. des Gesetzes über die Pflichten der Beamten zum Schutze der Republik vom 21.07.1922. Zur Problematik der politischen Beamten siehe ausführlich Kap. D. II.

[49] Vgl. hierzu ausführlich Jasper, Schutz der Republik, S. 213 f.

leitenden Beamtenstellen führten. Dies führte im Ergebnis jedoch nicht zu einem weitreichenden Gesinnungswechsel innerhalb der Beamtenschaft. Der reaktionär-monarchische Geist hielt sich standhaft.[50]

20 Die zweite Strategie bestand in einer zielgerichteten Politisierung der Beamtenschaft in Richtung der jeweils herrschenden politischen Ansicht. Dabei bediente man sich eines Mittels, das sich schon in vorrepublikanischer Zeit bewährt hatte. Die – charakterliche bzw. persönliche – Eignung, die vor 1918 aus der Herkunft abgeleitet worden war, wurde nun aus dem Parteibuch geschlussfolgert.[51] Nur der Rückgriff auf Staatsbedienstete aus dem eigenen politischen Milieu konnte der – jeweiligen – politischen Führung die erforderliche Loyalität sichern. Damit ging man den der Vorschrift des Art. 130 Abs. 1 WRV entgegengesetzten Weg; statt die Beamtenschaft politisch zu „neutralisieren", bewirkte diese Strategie, dass Parteiinteressen immer stärker in die Amtsführung hineinwirkten.[52]

21 Im Ergebnis ist damit festzuhalten, dass politische Neutralität im Staatsdienst in der Weimarer Republik zwar grds. beabsichtigt war, dafür spricht eindeutig die Aufnahme dieses Grundsatzes in die Verfassung. Faktisch entfaltete diese Vorschrift jedoch keinerlei Wirkung und war tatsächlich nicht mehr als ein „Hilfeschrei der Verfassung".

III. DIE ZEIT DES NATIONALSOZIALISMUS

22 „Die Partei befiehlt dem Staat."[53] Diese These charakterisiert treffend die Situation rund um die politische Neutralität im Staatsdienst während des NS-Regimes. Einfach gesagt lässt sich feststellen: Es gab diese Neutralität auch hier nicht. Das Verhältnis der Staatsdiener zur Parteipolitik in der „Blütezeit des Nationalsozialismus" wird sehr deutlich aus § 1 Abs. 1 und 2 des Deutschen Beamtengesetzes von 1937. Danach stand der Beamte zum Führer und zum Reich in einem öffentlich-rechtlichen Dienst- und Treueverhältnis und war Vollstrecker des Willens des von der NSDAP getragenen Staates.[54] Eine Verpflichtung zu parteipolitischer Neutralität, wie sie noch von Art. 130 Abs. 1 WRV vorgesehen worden war, war nunmehr durch dieses Grundverständnis der statusrechtlichen Stellung des Beamten selbstverständlich ausgeschlossen.

23 Für diese vollständige Unterwerfung der Beamtenschaft gegenüber sich selbst und seiner Partei fand Hitler bei seiner Machtergreifung im Januar 1933 eine sehr günstige Ausgangslage vor. Zum einen bestand die Beamtenschaft auch zum Ende der Weimarer Zeit

50 So Hattenhauer, Geschichte des Deutschen Beamtentums, S. 368.
51 Wunder, Rekrutierung der Beamtenschaft, S. 23.
52 Eschenburg, Der Beamte in Partei und Parlament, S. 46.
53 Hattenhauer, Geschichte des deutschen Beamtentums, S. 413.
54 Originalwortlaut der Vorschrift: § 1. (1) Der deutsche Beamte steht zum Führer und zum Reich in einem öffentlich-rechtlichen Dienst- und Treueverhältnis (Beamtenverhältnis). (2) Er ist der Vollstrecker des Willens des von der Nationalsozialistischen Deutschen Arbeiterpartei getragenen Staates.

zu einem großen Teil aus stark reaktionär eingestellten Demokratiekritikern.[55] Diese von den Vorzügen eines autokratischen Systems mit entsprechenden Gehorsams- und Treueverpflichtungen gegenüber der herrschenden Partei zu überzeugen war ein Leichtes. Aber auch der andere Teil der Beamtenschaft, der nach November 1919 „von außen" aufgrund seines Parteibuchs rekrutiert worden war, sah sich nicht in der Lage, sich dieser Unterwerfung zu widersetzen. Denn für diese politisierten Beamten hatte sich nach und nach der Grundsatz etabliert, dass eine Karriere im öffentlichen Dienst nur durch Unterstützung durch die an der Macht beteiligten Parteien und umgekehrt möglich ist.[56] Für diejenigen, die sich nicht bedingungslos der NS-Ideologie unterwerfen wollten, fand man ebenfalls eine rasche Lösung: Man griff die Tatsache auf, dass diese nach der Novemberrevolution von 1918 eingestellten Beamten i. d. R. nicht über die notwendigen fachlichen Kenntnisse verfügten – bzw. die Nachweise über die entsprechende Befähigung nicht vorlegen konnten – und entledigte sich dieser.[57]

Nach ihrer Machtergreifung schufen Hitler und seine Gefolgsleute innerhalb der NSDAP eine 24
Art Spiegelbild des Staates. Alle staatlichen Instanzen und Funktionen fanden sich auch auf Parteiebene z. B. in Form einer Parteikanzlei, der Gauleiter und der Kreis- und Ortsgruppenleiter.[58] Die Folge daraus war, dass nun nicht mehr nur Regierung und Beamtenschaft verschmolzen waren. Da die Herrschaft über das Reich dualistisch zwischen Staat und Partei verfasst war, waren entsprechend auch Partei und Beamtenschaft fest miteinander verbunden. Von einem Dienst am gesamten Volk statt nur an einer Partei konnte keine Rede mehr sein. Diese Strukturierung der Herrschaft gipfelte dann im oben bereits erwähnten Beamtengesetz von 1937, dessen § 1 die Eigenschaft der Beamten als Vollstrecker des Staats- bzw. Parteiwillens – was faktisch dasselbe war – auf den Punkt brachte.

Zu erwähnen ist in diesem Zusammenhang noch § 157 des Beamtengesetzes, der den 25
Wortlaut des Treueeides der Reichsminister festlegte. Diese waren zwar keine Beamten, dennoch wurden ihre Rechte und Pflichten in dem Beamtengesetz mit aufgeführt. Danach hatten die Minister u. a. zu schwören, dass sie ihre „Geschäfte unparteiisch und gerecht gegen jedermann"[59] führen. Von seiner Formulierungsbasis her entsprach dieser Treueeid dem der Beamten,[60] nur dass der Eid der Minister eben um das Element der unparteiischen und gerechten Geschäftsführung erweitert wurde. Fraglich ist daher, ob in dieser Erweiterung nun

55 Wunder, Rekrutierung der Beamtenschaft, S. 23.

56 So Glum, Das parlamentarische Regierungssystem, S. 376.

57 Hattenhauer, Geschichte des deutschen Beamtentums, S. 408 f.; Wunder, Rekrutierung der Beamtenschaft, S. 23.

58 Hattenhauer, Geschichte des deutschen Beamtentums, S. 413.

59 Originalwortlaut § 157: „Die Reichsminister leisten bei der Übernahme ihres Amts vor dem Führer und Reichskanzler folgenden Eid: «Ich schwöre: Ich werde dem Führer des Deutschen Reichs und Volkes, Adolf Hitler, treu und gehorsam sein, meine Kraft für das Wohl des deutschen Volkes einsetzen, die Gesetze wahren, die mir obliegenden Pflichten gewissenhaft erfüllen und meine Geschäfte unparteiisch und gerecht gegen jedermann führen, so wahr mir Gott helfe.»"

60 Originalwortlaut § 4: „Die besondere Verbundenheit mit Führer und Reich bekräftigt der Beamte mit folgendem Eide, den er bei Antritt seines ersten Dienstes zu leisten hat: «Ich schwöre: Ich werde dem Führer des Deutschen Reiches und Volkes, Adolf Hitler, treu und gehorsam sein, die Gesetze beachten und meine Amtspflichten gewissenhaft erfüllen, so wahr mir Gott helfe»."

doch eine Verpflichtung zu (partei-)politischer Neutralität zu sehen ist, die dann zumindest für die Mitglieder der Reichsregierung galt. Diese Frage ist ebenfalls zu verneinen. Denn die Verpflichtung, die Amtsgeschäfte unparteiisch und gerecht zu führen, stand entsprechend der Gesamtsystematik des Beamtengesetzes unter dem grundsätzlichen Vorbehalt der uneingeschränkten Führertreue, die in der Eidesformel wiederum an erster Stelle stand. Im Rahmen dieser Führertreue hatten die Reichsminister ihre Geschäfte zu führen. Da der Führer gleichzeitig auch Vorsitzender der Partei war, galt die Treueverpflichtung auch gegenüber dieser. Der Begriff der unparteiischen Führung der Amtsgeschäfte kann daher nicht als Verpflichtung zu (partei-)politischer Neutralität verstanden werden. Eine solche war aufgrund der uneingeschränkten Treueverpflichtung nicht gewollt.

26 Für die Zeit des Nationalsozialismus ist somit festzuhalten, dass das Regime den theoretischen Ansatz, der zuvor mit dem Art. 130 Abs. 1 WRV für die politisch neutrale Amtsführung formuliert wurde, wieder vollständig aufhob. Stattdessen wurde die schon zuvor in der Weimarer Zeit politisierte Beamtenschaft politisch gleichgeschaltet, indem die Führung der Amtsgeschäfte unter den kompromisslosen Vorbehalt der Treue zu Führer und Partei gestellt wurde.

C. HEUTIGE GRUNDLAGEN DER NEUTRALITÄTSPFLICHT

Aus der sehr problematischen Lage rund um die politische Neutralitätspflicht wollte man 27
in der Nachkriegszeit die entsprechenden Lehren ziehen. Vor 1949 hatten die Länder verschiedene Ansatzpunkte zur Regelung einer Neutralitätspflicht im öffentlichen Dienst. So sah das Bayerische Beamtengesetz vom 28.10.1946 in Art. 14 Abs. 1 eine Neutralitätsregelung vor, die der von Art. 130 WRV entsprach.[61] Auch die Verfassung des Landes Württemberg-Baden traf in Art. 93 Abs. 2 die Regelung, dass die Beamten Sachwalter des gesamten Volkes sind.[62] Ähnlich verhielt sich die Lage in Rheinland-Pfalz und Württemberg-Hohenzollern.[63] Die Rechtsordnungen der übrigen Länder in der Westzone enthielten dagegen keine Regelungen zu einer Neutralitätspflicht.[64] Dagegen enthielten alle Rechtsordnungen der Länder in der Ostzone Bestimmungen zur Neutralitätspflicht.[65]

Da die im Schnitt 54,98 Jahre alten[66] Mitglieder des Parlamentarischen Rats weit überwie- 28
gend ihre Erfahrungen mit dem Nationalsozialismus und den Schwächen des Weimarer Rechtssystems gemacht hatten, bestand der starke Wunsch nach der Sicherung einer Legalität der Verwaltung, die wiederum von ihrer politischen Neutralität abhängt.[67] Zwar musste der Parlamentarische Rat nicht nur Rücksicht auf die gemachten Negativerfahrungen nehmen, auch die Ansichten der Besatzungsmächte mussten berücksichtigt werden.[68] Deren Ansichten zur politischen Neutralitätspflicht werden durch § 27 des Militärregierungs-Gesetzes Nr. 15 deutlich, wonach der Beamte seine Aufgaben unparteiisch und gerecht zu erfüllen und sich innerhalb seines Amtes jeder parteipolitischen Betätigung zu enthalten hatte.[69] Dennoch hat der Parlamentarische Rat darauf verzichtet, eine Art. 130 WRV entsprechende Regelung über die politische Neutralität im öffentlichen Dienst in das Grundgesetz aufzunehmen. Stattdessen implementierte man mit Art. 33 Abs. 5 GG die hergebrachten Grundsätze des Berufsbeamtentums in das öffentliche Dienstrecht, zu denen auch die politische Neutralitätspflicht zählt.[70]

Mit der Zeit entwickelten sich jedoch verschiedene konkrete rechtliche Anknüpfungspunkte 29
für die Pflicht zu einer politisch neutralen Amtsführung. Diese sollen nun im Folgenden, gegliedert nach den beiden zu betrachtenden Rechtsverhältnissen im öffentlichen Dienst, dargestellt werden.

---

[61] Originalwortlaut: „Allgemeines. Art. 14 (1) Der Beamte ist Diener des ganzen Volkes, nicht einer einzelnen Partei." https://www.verkuendung-bayern.de/files/gvbl/1946/24/gvbl-1946-24.pdf, abgerufen am 13.12.2017.

[62] Baltes, Neutralität des Berufsbeamtentums, S. 60.

[63] Ebenda.

[64] Ebenda, S. 60–64.

[65] Siehe Wegener, Die neuen deutschen Verfassungen, S. 170 ff.

[66] Otto, Das Staatsverständnis des Parlamentarischen Rates, S. 44.

[67] Baltes, Neutralität des Berufsbeamtentums, S. 70.

[68] Ebenda, S. 93.

[69] Zitiert nach Baltes, Neutralität des Berufsbeamtentums, S. 98.

[70] Vgl. hierzu unten Kap. C.III.1.

I. DIE BEIDEN ZU UNTERSUCHENDEN RECHTSVERHÄLTNISSE VON AMTSTRÄGERN

30 Zunächst sind die beiden zu untersuchenden Gruppen darzustellen und kurz zu erläutern.

1. Öffentlich-rechtliches Amtsverhältnis

31 Nach den Bestimmungen des Reichsbeamtengesetzes von 1907 hatten sowohl der Reichskanzler als auch die den heutigen Bundesministern entsprechenden Staatssekretäre den Status eines Reichsbeamten inne.[71] Dieser Umstand bestand fort bis zur Einführung des Reichsministergesetzes im Jahr 1930 in der Weimarer Republik. Nach § 1 dieses Gesetzes standen Reichskanzler und Reichsminister nun in einem öffentlich-rechtlichen Amtsverhältnis zum Reich. Weiterhin wurde ausdrücklich geregelt, dass die Vorschriften des Reichsbeamtengesetzes für sie nun keine Geltung mehr hatten. Zurückzuführen ist dies auf den parlamentarischen Charakter des Regierungssystems, das Reichskanzler und Minister nun vom Vertrauen des Parlaments statt, wie zuvor, vom Vertrauen des Kaisers abhängig machte.[72] Jedoch sollten Reichskanzler und Reichsminister zunächst die einzigen Staatsdiener bleiben, die in einem öffentlich-rechtlichen Amtsverhältnis zum Staat standen.

32 Mit einer aus dem Jahr 1930 stammenden Begründung wurde dieser Status für den Bundeskanzler und die Bundesminister in der Bundesrepublik durch das Bundesministergesetz aus dem Jahr 1952 weitergeführt. Er besteht sowohl auf Bundesebene als auch auf Landesebene[73] nach wie vor fort. Der Kreis der Bediensteten in diesem öffentlich-rechtlichen Amtsverhältnis wurde jedoch nach und nach erweitert. Zunächst ist da der Bundespräsident. Zwar gibt es keine ausdrückliche gesetzliche Regelung, die einen bestimmten Status und ein konkretes Verhältnis für ihn festlegt. Dennoch wird bei ihm im Gegensatz zum Reichspräsidenten das Bestehen eines öffentlich-rechtlichen Amtsverhältnisses angenommen.[74] Neben dem Bundespräsidenten und den anderen bisher angeführten Akteuren stehen derzeit noch folgende Amtsträger auf Bundesebene in einem öffentlich-rechtlichen Amtsverhältnis:

1. parlamentarische Staatssekretäre
2. Mitglieder des Bundesverfassungsgerichts
3. Wehrbeauftragter des Deutschen Bundestags
4. Bundesdatenschutzbeauftragter
5. Bundesbeauftragter für die Stasi-Unterlagen

---

[71] Erkennbar z. B. an § 25: „[...] die nachgenannten Beamten [...]: der Reichskanzler, [...] der Staatssekretär im Auswärtigen Amte".

[72] Vgl. BT-Drs. 1/3551, S. 6; so auch Hofmann, ZTR 1992, 362 (365) und Frenzel, ZBR 2008, 243 (244).

[73] Auf Landesebene entsprechen dem Bundeskanzler die jeweiligen Ministerpräsidenten bzw. Erste oder Regierende Bürgermeister.

[74] Stern, Staatsrecht Band 2, 1980, S. 216; Hofmann, ZTR 1992, 362 (365); Frenzel, ZBR 2008, 243 244); Herzog in: Maunz/Dürig, GG, Art. 54 Rn. 61.

6. Präsident und Vizepräsidenten der Bundesnetzagentur
7. Mitglieder des Vorstands der Bundesagentur für Arbeit
8. Mitglieder des Vorstands der Deutschen Bundesbank
9. Mitglieder des Vorstands der Bundesanstalt für Immobilienaufgaben
10. Leiter der Antidiskriminierungsstelle des Bundes[75]

Damit zeigt sich seit der Einführung des Bundesministergesetzes im Jahr 1952 eine erhebliche Ausweitung der Dienstposten, für die ein öffentlich-rechtliches Amtsverhältnis vorgesehen ist. Diese Ämter lassen sich dabei zumindest teilweise in folgende Bereiche kategorisieren: 33

- Regierung (Bundeskanzler/Ministerpräsidenten, Bundes-/Landesminister und die parlamentarischen Staatssekretäre)
- Rechtsprechung (Mitglieder des Bundesverfassungsgerichts)
- Verwaltung ([Vize-]Präsidenten der Bundesnetzagentur und Vorstände der Bundesagentur für Arbeit)
- Beauftragte (Bundesbeauftragter für Datenschutz, Bundesbeauftragter für Stasi-Unterlagen, Wehrbeauftragter)[76]

Insgesamt lässt sich für die in den Kategorien zusammengefassten Ämter, die in dem öffentlich-rechtlichen Amtsverhältnis stehen, festhalten, dass es sich dabei um besonders herausgehobene Positionen von herausragender politischer Bedeutung handelt.[77] Zwar gibt es dabei Parallelen zu den sog. politischen Beamten,[78] jedoch auch einen klaren strukturellen Unterschied. Grundgedanke des öffentlich-rechtlichen Amtsverhältnisses entsprechend den oben zitierten Gesetzesbegründungen war es, dem Umstand Rechnung zu tragen, dass die Mitglieder der Regierung als politische Amtsträger vom Vertrauen des (politisch zusammengesetzten) Parlaments abhängen. Dies ist bei den politischen Beamten, die vom Vertrauen der Regierung abhängen, nicht der Fall.[79] Der Bundespräsident, der nach Hofmann zur Kategorie „Regierung" gehört,[80] wird hier unter Berücksichtigung der Fragestellung zur politischen Neutralitätspflicht gesondert behandelt. Für die in der Kategorie „Rechtsprechung" zusammengefassten Richter des Bundesverfassungsgerichts gelten besondere Bestimmungen der Judikative, der nach Art. 92 GG auch das Bundesverfassungsgericht angehört. Da die Judikative per se eine besondere Stellung von Richtern bezüglich Unabhängigkeit, Unparteilichkeit und zwangsläufig auch politischer Neutralität bedingt,[81] wird diese Kategorie bei der nachfolgenden Untersuchung nicht berücksichtigt. Hinsichtlich der beiden übrigen Kategorien der „Verwaltung" und der „Beauftragten" ist es zwar rein theoretisch denkbar, dass bei den entsprechenden Amtsträgern die Frage nach Geltung, Reichweite und Umfang einer politischen Neutralitätspflicht aufkommen 34

75 Auflistung nach Frenzel, ZBR 2008, 243 (244–251).
76 Kategorisierung teilweise angelehnt an Hofmann, ZTR 1992, 362 (363–367).
77 Hofmann, ZTR 1992, 362 (363).
78 Ders., ZTR 1992, 362 (367).
79 Zum Begriff des politischen Beamten vgl. unten ausführlich Kap. D.II.1.
80 Generell gegen eine Zuordnung zu einer der drei Gewalten Stein, ZaöRV 2009, 249 (255).
81 Vgl. nur BVerfGE 21, 139 (146); ebenso Morgenthaler in: BeckOK GG, Art. 92 Rn. 19.

kann. Aufgrund ihres mangelnden Involvements in den aktiven politischen Prozess – und dabei allem voran die Wahlen – ist bereits das Vorliegen eines entsprechenden Interesses an der Vornahme von Handlungen, die zu einem Konflikt mit der Neutralitätspflicht führen könnten, zwar denkbar, aber nicht überwiegend wahrscheinlich. Ganz anders ist dies jedoch bei Regierungsmitgliedern und dem Bundespräsidenten. Daher sind für die nachfolgende Untersuchung auch nur diese beiden „Untergruppen" aus dem Bereich des öffentlich-rechtlichen Amtsverhältnisses interessant.

2. Öffentlich-rechtliches Dienst- und Treueverhältnis

35 Die zweite zu untersuchende Gruppe bildet das sog. öffentlich-rechtliche Dienst- und Treueverhältnis oder auch kurz: die Beamten. Gem. Art. 33 Abs. 4 GG besteht die grundsätzliche Verpflichtung, Aufgaben, die in der ständigen Ausübung hoheitlicher Befugnisse bestehen, in der Regel Beamten zu übertragen. Daraus wird zunächst deutlich, dass es neben dem – i. V. m. Art. 33 Abs. 5 GG – institutionell garantierten Berufsbeamtentum[82] auch andere Formen von Amtsträgern gibt[83]. Weiterhin ordnet diese Vorschrift jedoch auch ein Regel-Ausnahme-Verhältnis an. Das bedeutet, bei der Ausübung hoheitlicher Befugnisse muss der Einsatz von Berufsbeamten die Regel und der Einsatz anderer Bediensteter, z. B. Beschäftigter im zivilrechtlichen Arbeitsverhältnis oder eben Amtsträger im öffentlich-rechtlichen Amtsverhältnis, die Ausnahme bleiben. Dieses Regel-Ausnahme-Verhältnis hat dabei nicht nur eine quantitative, sondern auch eine qualitative Funktion. Zum einen darf der vorgesehene Regelfall somit zahlenmäßig nicht zum faktischen Ausnahmefall werden. Aber auch inhaltlich soll die Ausnahmemöglichkeit nur für Bereiche bestehen, die als nicht primär hoheitlich geprägt gelten, wie etwa wirtschaftliche Tätigkeiten der öffentlichen Hand, kommunale Daseinsvorsorge u. Ä.[84] Entsprechend diesem zweidimensionalen Verständnis bedürfen Abweichungen von dem Grundsatz, also der Einsatz von „Nichtbeamten" bei der Erfüllung hoheitlicher Aufgaben, zwingend eines nachvollziehbaren sachlichen Grundes.[85]

36 Das Beamtenverhältnis lässt sich in verschiedene Arten gliedern und unter verschiedenen Gesichtspunkten unterscheiden. So lassen sich Beamtenverhältnisse z. B. nach folgenden Kriterien[86] differenzieren:

- Dienstherr: Bundes-, Landes-, Kommunal- und Körperschaftsbeamte
- Dauer der Bindung: Beamte auf Lebenszeit, Zeit, Probe und Widerruf
- Umfang der Bindung: Berufs-, Teilzeit und Ehrenbeamte
- Laufbahn: einfacher, mittlerer und höherer Dienst
- wahrzunehmendes Amt: Ämterbeamte und Amtsbeamte[87]

[82] Battis in: Sachs, GG 7. Auflage, Art. 33 Rn. 45.
[83] Hense in: BeckOK GG, Art. 33 Rn. 27.
[84] Vgl. hierzu ausführlich, BVerfGE 130, 76 (114 f.)
[85] BVerfGE 9, 268 (282); BVerwGE 57, 55 (59) ; Pieroth in: Jarass/Pieroth, GG Art. 33 Rn. 42; Kunig in v. Münch/Kunig, GG Art. 33 Rn. 50; Hense in: BeckOK GG, Art. 33 Rn. 30.
[86] Darstellung nach Wichmann/Langer, Öffentliches Dienstrecht, 4. Abschnitt, Kap.2.
[87] Zu den beiden Begriffen vgl. Wichmann/Langer Öffentliches Dienstrecht, S. 132, Rn. 71.

- Haushaltsrecht: planmäßige und außerplanmäßige Beamte (i. d. R. Beamte auf Widerruf und Ehrenbeamte)

In der vorliegenden Bearbeitung sollen die Beamtenverhältnisse jedoch auf eine andere 37
Art unterschieden werden. In Fragen der Neutralitätspflicht lassen sich Unterschiede vor allem feststellen zwischen:

1. klassischen Laufbahnbeamten auf Lebenszeit
2. politischen Beamten, die grds. auch zu den Laufbahnbeamten zählen
3. Beamten auf Zeit, bei denen es sich i. d. R. um Wahlbeamte handelt

II. GRUNDELEMENTE DER NEUTRALITÄTSPFLICHT UND DER UMFANG IHRER GELTUNG

Die Pflicht zur politischen Neutralität im Staatsdienst stützt sich zum einen auf konkrete 38
gesetzliche Bestimmungen und andere für ausgewählte Amtsträger geltende – teils ungeschriebene – Regeln.[88] Daneben gibt es aber ganz grundlegende Regelungen und Grundsätze, die als Elemente der politischen Neutralitätspflicht für alle Angehörigen des öffentlichen Dienstes gelten. Mit seiner Entscheidung zur Öffentlichkeitsarbeit der Regierung vom 02.03.1977[89] brachte das BVerfG zwei dieser Grundsätze im Wesentlichen auf den Punkt. Diese Entscheidung bezog sich auf den Wahlkampf zu den Bundestagswahlen 1976 und erörterte die mit einem solchen Wahlkampf einhergehenden spezifischen Neutralitätsproblematiken. Konkret geht es dabei um die Frage nach der Verfassungsmäßigkeit staatlicher Einflussnahme auf die Wahlen. Das BVerfG untersagte der Bundesregierung, sich in amtlicher Funktion mit politischen Parteien oder Wahlbewerbern zu identifizieren bzw. „gegnerische" Parteien und Bewerber unter Ausnutzung der amtlichen Stellung zu bekämpfen. Im Laufe der Zeit erweiterte die Literatur, bestätigt durch die Rechtsprechung, diese beiden Ansätze um ein weiteres Grundelement. Im Folgenden sollen nun die drei Grundelemente vorgestellt werden. Des Weiteren sollte eine Auseinandersetzung mit der Kritik an den Grundelementen erfolgen. Denn die Literatur stimmte und stimmt zwar nach wie vor den vom BVerfG in seiner Grundentscheidung entwickelten Kriterien zur parteipolitischen Neutralitätspflicht von Regierungen und ihren Mitgliedern[90] überwiegend zu.[91] So merkte Seifert unmittelbar an, das Urteil richte sich richtigerweise gegen „eine der wichtigsten Formen modernen Machtmissbrauchs staatlicher Macht, gegen die immer mehr um sich

[88] Vgl. dazu Kap. C.III.2.
[89] BVerfGE 44, 125 ff.
[90] Zwar bezieht sich besagte Entscheidung unmittelbar auf die Bundesregierung und ihre Mitglieder. Die entwickelten Kriterien um das Demokratieprinzip und die Chancengleichheit der Parteien sind jedoch von grundsätzlicher Bedeutung, sodass sie uneingeschränkt auch auf Landesebene Anwendung finden. Dies bestätigen auch die genannten Entscheidungen der Landesverfassungsgerichte.
[91] Diese Einschätzung teilend Putzer, DÖV 2015, 417 (422).

greifende »Verfilzung« von Staat und Parteien [...].“[92] Als besonders einleuchtend wird dabei der Rückgriff auf den Grundsatz bewertet, nach dem die Willensbildung sich vom Volk zum Staat vollziehe, und nicht umgekehrt. Die daraus hervorgehende eindeutige Abkehr von einer Konzeption eines Parteienstaats hin zu einem dualen System sei überzeugend.[93] Insgesamt seien die Entscheidung und die darin entwickelten Kriterien als „eine glückliche Synthese zwischen den parteien- und bürgerdemokratischen Elementen“[94] anzusehen. Auch aktuell werden die Kriterien rund um das Demokratieprinzip und die Chancengleichheit oft als so gut wie selbstverständlich angesehen.[95]

39 Jedoch gab und gibt es vereinzelt auch Kritik sowohl an den Ansätzen des BVerfG als auch an der Heranziehung der Grundrechte. Diese Kritik soll jeweils direkt im Zusammenhang mit dem einzelnen Element dargestellt und bewertet werden. Die Bewertung erfolgt dabei jedoch nur unter dem Gesichtspunkt der grundsätzlichen Heranziehbarkeit des jeweiligen Kriteriums.

40 Im letzten Teil dieses Unterabschnitts soll schließlich auf den Begriff der sog. „heißen Wahlkampfphase“ eingegangen werden. Nach Ansicht des BVerfG gilt innerhalb dieser Phase eine verschärfte politische Neutralitätspflicht. Daher soll hier geklärt werden, welcher konkrete Zeitraum für eine solche Phase zugrunde gelegt werden kann.

1. Demokratieprinzip

41 Die Annahme der Unzulässigkeit von parteipolitisch motivierter Öffentlichkeitsarbeit der Bundesregierung ergibt sich für das BVerfG zum einem aus dem Demokratieprinzip aus Art. 20 Abs. 1 und Abs. 2 S. 2 GG. Denn die demokratische Legitimation einer Volksvertretung vollziehe sich nur in einem Wahlakt, in dem die Willensbildung im Volk selbst ohne äußere Einflüsse erfolge und damit ein Staatsorgan bilde bzw. besetze. Diese Willensbildung dürfe hingegen nicht vom Staatsorgan zum Volk erfolgen.[96] Deswegen bedinge das Demokratieprinzip, dass das Volk seine Wahlentscheidung absolut frei von staatlicher Beeinflussung trifft.

42 Dieses Prinzip, das in der genannten Entscheidung auf Regierungsmitglieder angewendet wird, lässt sich problemlos auf Beamte aller Ebenen, insbesondere der kommunalen, übertragen.[97] Entsprechend bedeutet dies, dass das Demokratieprinzip den Beamten untersagt, in amtlicher Funktion Einfluss auf einen Wahlkampf zu nehmen. Es fordert von ihnen strikte Neutralität, insbesondere im Zusammenhang mit öffentlichen Äußerungen. Da öffentliche Äußerungen aber vor allem von Hauptverwaltungsbeamten oder anderen kommunalen

[92] DÖV 1977, 288.
[93] Seifert, DÖV 1977, 288 (289).
[94] Häberle, JZ 1977, 361 (370).
[95] Siehe nur die Ausführungen bei Bender, NWVbl. 2016, 143 ff.; Gärditz, NWVbl. 2015, 165 ff.; Payandeh, Der Staat 55, 519 ff.; Putzer, DÖV 2015, 417 ff.
[96] So in etwa BVerfGE 44, 125 (140 f.).
[97] Ebenso deutlich Oebbecke, NVwZ 2007, 30 (31).

Spitzenbeamten vorgenommen werden, die i. d. R. Wahlbeamte im Beamtenverhältnis auf Zeit sind, erstreckt sich der praktische Anwendungsbereich dieser speziellen Ausprägung des Neutralitätsgebots hauptsächlich auf diese kommunalen Wahlbeamten. Eine Unterscheidung zwischen den Hauptverwaltungsbeamten und den übrigen Wahlbeamten ist hierbei zunächst nicht erforderlich.

Die Auslegung des Demokratieprinzips als Element der staatlichen Neutralitätspflicht begegnet Bedenken, vor allem weil der vom Gericht in Bezug auf dieses Prinzip gebildete Maßstab die Demokratietheorie nur einseitig widerspiegle.[98] So wird moniert, der Senat habe außer Acht gelassen, dass einer Regierung von der Mehrheit der Wähler ein Mandat zur Bestimmung und Verwirklichung des Gemeinwohls gegeben werde. Zur Wahrnehmung dieses Mandats habe ein Regierungsmitglied sich entsprechend politisch zu betätigen, wozu auch die Kommunikation mit dem Wähler oder schlicht Öffentlichkeitsarbeit gehört. Da in einer Parteiendemokratie die Regierungen immer von politischen Parteien getragen werden, seien Regierungsmitglieder nun mal auch gleichzeitig Parteimitglieder. Daher würde die vollständige Verbannung von parteipolitischen Interessen aus der Regierungstätigkeit der vom BVerfG bestätigten verfassungsrechtlichen Stellung der Parteien[99] und der damit verbundenen Funktion als Bindeglied zwischen Staat und Bürger widersprechen. 43

Hier ist zunächst festzuhalten, dass der Annahme, der Wähler erteile mit der Mehrheit der Stimmen einer Regierung das Mandat, über die gesamte Zeit der Wahlperiode das Gemeinwohl zu bestimmen und zu verwirklichen, selbstverständlich zuzustimmen ist. Dies allein bedeutet jedoch keinesfalls, dass dieses Mandat keinen rechtsstaatlichen Grenzen unterworfen ist. Dass der princeps legibus solutus est, der Herrscher von den Gesetzen entbunden ist, ist selbstredend ausgeschlossen. Damit unterliegen Bestimmung und Ausübung des Gemeinwohls als zentrale Punkte des Regierungshandelns dem Grundsatz der Gesetzmäßigkeit, so sieht es Art. 20 Abs. 3 GG für die Exekutive vor. Dies dürfte der Annahme einer Zulässigkeit von parteipolitisch motivierter Amtsausübung durch die Exekutive klar entgegenstehen. Auch bei Ablehnung eines objektiven und damit vorgegebenen Gemeinwohlbegriffs[100] dürfte Einigkeit darüber bestehen, dass es sehr wohl dem Gemeinwohl dient, den im Rechtsstaat verbürgten Grundsatz einer funktionsfähigen Opposition zu gewährleisten. Diese Funktionsfähigkeit bedingt, dass den Parteien der Opposition dieselben Chancen bei Wahlen eingeräumt werden wie den regierungstragenden Parteien. Daraus folgt wiederum, dass der Staat und seine Organe die Willensbildung des Volkes nicht zugunsten oder zulasten einzelner Parteien beeinflussen darf. 44

Weiterhin wird moniert, das BVerfG würde außer Acht lassen, dass das Demokratieprinzip nur mit und durch die Parteien verwirklicht werden kann.[101] Zwar gehöre zum Grundverständnis des öffentlichen Rechts eine klare Trennung von Staat und Gesellschaft.[102] Die 45

98 Vgl. hierzu und zum Folgenden Putzer, DÖV 2015, 417 (422 f.).

99 BVerfGE 44, 125 (149 f.).

100 Dazu sehr überzeugend Kempen, Der Staat 1979, 81 (90 ff.).

101 Rottmann in seinem Sondervotum zur Öffentlichkeitsarbeitsentscheidung des BVerfG von 1977, NJW 1977, 751 (759).

102 Siehe dazu ausführlich Grimm, Das Öffentliche Recht vor der Frage nach seiner Identität.

Parteien hätten jedoch in dieser bipolaren Konstellation eine Zwitterstellung, die sich einerseits aus ihrem zivilrechtlichen Vereinsstatus und andererseits aus ihrem Rang einer „verfassungsrechtlichen Institution"[103] ergebe.[104] Aus dieser folge auch, dass die Parteien an der Ausübung von Hoheitsgewalt mitwirkten, indem sie in die staatlichen Institutionen sowohl in personeller als auch in sachlich-inhaltlicher Hinsicht einen Input leisten.[105] Daher komme es bereits aus dogmatischer Sicht zu einer Verschränkung der Willensbildung des Volkes mit der Willensbildung in den Staatsorganen.[106]

46 Diesem Einwand wird zwar gelegentlich entgegnet, dass das Grundgesetz keine Monopolstellung der Parteien bei der Willensbildung des Volkes vorsieht. Vorgesehen sei dagegen nur eine Mitwirkung.[107] Der Schluss, dass die Verwirklichung des Demokratieprinzips vollständig von den Parteien abhänge, ginge daher entschieden zu weit.[108] Dennoch muss man auch bei Annahme der Mindestrolle, die Parteien mit der Mitwirkung bei der Willensbildung des Volkes anerkennen, dass eine vollständige Verbannung von Parteipolitik aus der Ausübung exekutiver Gewalt nicht möglich ist. Daher muss es in rechtlicher Hinsicht eine Anerkennung eines Mindestmaßes an parteipolitischer Prägung von Regierungsämtern geben. Es kommt hierbei noch nicht auf Schwierigkeiten bei der Abgrenzung zwischen Amtsinhaber und Parteipolitiker an.[109] Vielmehr ist es so, dass den Parteien und den damit einhergehenden parteipolitischen Interessen ein bestimmtes Maß an konkreter Berücksichtigung im Rahmen des demokratischen Prozesses einzuräumen ist.[110] Denn letztlich sind die Parteien auch gerade dazu da, um die verschiedenen Strömungen und Interessen, die in der Gesamtheit des abstrakten „Volkswillens" existieren, zu bündeln.

47 Im Ergebnis ist daher festzuhalten, dass die Kritik an der Heranziehung des Demokratieprinzips als Kriterium zur Bestimmung von Umfang und Reichweite der staatlichen Pflicht zur parteipolitischen Neutralität vor allem in Bezug auf die Rolle der Parteien in Teilen berechtigt ist. Diese Berechtigung bewirkt, dass das Demokratieprinzip als Element der politischen Neutralitätspflicht von öffentlichen Amtsträgern keine überragende Rolle spielen kann.[111] Diese Erkenntnis gilt es nun in den späteren Ausführungen zu beachten.

2. Chancengleichheit der Parteien

48 Zum anderen sah das BVerfG in der Einflussnahme von Staatsorganen auf einen Bundestagswahlkampf einen Verstoß gegen die Chancengleichheit der Parteien bei Wahlen aus Art. 21

[103] So schon BVerfGE 1, 208 (225).
[104] Payandeh, Der Staat 55, 519 (530).
[105] Morlok/Michael, Staatsorganisationsrecht, § 5 Rn. 28.
[106] BVerfGE 85, 264 (287); Payandeh, Der Staat 55, 519 (530).
[107] Kluth in: BeckOK GG, Art. 21 Rn. 59.
[108] BVerfGE 85, 264 (284); Dreier/Morlok, GG, Art. 21 Rn. 25.
[109] Vgl. zu diesen Schwierigkeiten unten Kap. D. I.2.c.bb.(1).
[110] Ähnlich aber bzgl. des Maßes an Anerkennung wohl Payandeh, Der Staat 55, 519 (532).
[111] Anders sieht dies das BVerwG in seiner Entscheidung zum Fall „Lichter aus", das den Verstoß gegen das Demokratieprinzip zum zentralen Punkt der Verletzung der politischen Neutralitätspflicht des Oberbürgermeisters erhebt, vgl. BeckRS 2017, 135056.

Abs. 1 und 38 Abs. 1 S. 1 GG. Denn diese erfordere, dass den jeweils in der herrschenden Mehrheit und den in der oppositionellen Minderheit befindlichen Parteien im Wahlkampf die gleichen Chancen zukämen.[112] Indem die an der Regierung beteiligten Parteien öffentliche Mittel für eine Eigenwerbung mit dem Ziel der Wiederwahl verwenden und sich in ihrer amtlichen Eigenschaft als Staatsorgane für die Wiederwahl empfehlen, würden sie die anderen Parteien benachteiligen, die keinen Zugriff auf öffentliche Mittel hätten und eine amtliche Eigenschaft nicht für sich in Anspruch nehmen könnten.

Eine unmittelbare Übertragung der Konstruktion von Art. 21 i. V. m. 38 Abs. 1 S. 1 GG auf die kommunale Ebene bzw. auf den Bereich der Kommunalwahlen gelingt nicht, da Art. 38 Abs. 1 GG seinem Wortlaut nach nur für Wahlen zum Bundestag gilt.[113] Denkbar wäre grundsätzlich eine Herleitung der Chancengleichheit auf kommunaler Ebene aus Art. 21 Abs. 1 i. V. m. Art. 28 Abs. 1 S. 2 GG. Diese Norm enthält für die Wahl der Vertretungen dieselben Wahlrechtsgrundsätze wie Art. 38 Abs. 1 GG.[114] Problematisch daran ist, dass Art. 28 Abs. 2 S. 1 GG die Anwendungspflicht der Wahlrechtsgrundsätze eben nur für die Wahl der Vertretungen erklärt, jedoch nicht eindeutig für andere Kommunalwahlen, wie etwa die Wahl von Hauptverwaltungsbeamten. Daher hilft die Heranziehung des Art. 28 Abs. 1 S. 2 GG nur teilweise weiter. 49

Doch auch bei Direktwahlen zum Hauptverwaltungsbeamten durch das Volk erfolgt eine Beschränkung der Handlungsmöglichkeiten im Wahlkampf durch den Grundsatz der Gleichheit der Wahlen. Denn dieser ergibt sich nicht nur aus den ihn ausdrücklich normierenden Rechtssätzen wie Art. 38 Abs. 1 S. 1 oder Art. 28 Abs. 1 S. 2 GG. Vielmehr bedingt bereits das Demokratieprinzip selbst, dass Wahlen, die der Teilhabe der Bürger an der politischen Willensbildung dienen, gleich sein müssen. Denn die freie und gleiche politische Willensbildung des Volkes bildet die demokratische Grundlage des Grundgesetzes. Daher gehört es zum Wesen der Demokratie, dass die Verbände, die maßgeblich bei der Willensbildung des Volkes mitwirken, auch gleichbehandelt werden.[115] Folglich sind von den Einflüssen der Chancengleichheit bei Wahlen auf das Neutralitätsgebot neben den Hauptverwaltungsbeamten auch die übrigen kommunalen Wahlbeamten betroffen. 50

Jedoch entfaltet die Chancengleichheit aus Art. 21 Abs. 1 GG auch außerhalb von Wahlen und des damit verbundenen Wahlkampfes ihre Wirkung. Die verfassungsrechtliche Grundlage für diesen Ansatz entspringt dabei Art. 3 Abs. 1 und Abs. 3 GG. Denn die Parteien können sich gem. Art. 19 Abs. 3 GG auf den Gleichheitsgrundsatz berufen. In diesem Zusammenhang steht die Parteiengleichheit der Parteienfreiheit mit ihrem Ursprung in Art. 21 Abs. 1 GG gleich. Daher ergibt sich ein Recht auf Chancengleichheit ebenfalls aus Art. 21 Abs. 1 i. V. m. Art. 3 Abs. 1, 3 GG.[116] 51

---

112 BVerfGE 44, 125 (145).

113 Dies wird bereits aus der Überschrift des III. Kapitels des GG mit „Der Bundestag" deutlich; für die fehlende Übertragbarkeit auch Oebbecke, NVwZ 2007, 30 (31).

114 Hellermann in: BeckOK GG, Art. 28 Rn. 15.

115 BVerfGE 1, 208 (241); 6, 273 (280); 47, 198 (295); 52, 63 (88); 73, 40 (65, 88); 82, 322 (335); 91, 276 (286); vgl. weiterhin ausführlich Kißlinger, Politische Chancengleichheit, S. 58 bis 61; Ipsen in Sachs: GG, Art. 21 Rn. 33; Oebbecke, NVwZ 2007, 30 (31).

116 Vgl. hierzu Klein in Maunz/Dürig, GG, Art. 21 Rn. 305.

52 Auch das Grundelement der Chancengleichheit, ganz egal auf welche Art und Weise es genau auf die Verfassung gestützt wird, begegnet im Hinblick auf die Neutralitätspflicht kritischen Stimmen. So greift Kempen betreffend die Chancengleichheit der Parteien die Grundthese des Senats auf, Art. 21 Abs. 1 S. 2 GG bedinge, dass alle Parteien untereinander vollständig gleichberechtigt sein müssten.[117] Diese These könne nicht ohne Weiteres angenommen werden, da empirisch bis dato nicht nachgewiesen sei, welche Auswirkungen die Regierungsbeteiligung einer Partei auf die Konkurrenzsituation im Wahlkampf habe.[118] Denn aus einer Regierungsbeteiligung würden nicht nur Vorteile erwachsen, teilweise könne eine solche die Parteien auch angreifbarer machen.[119] Aufgrund des angesprochenen Mangels an empirischen Untersuchungen zu den Auswirkungen der Regierungsbeteiligung könne die Chancengleichheit nicht als Kriterium für die Verfassungsmäßigkeit von Öffentlichkeitsarbeit herangezogen werden. Denn nur eine nachweisbare parteipolitische Beeinflussung des Wählers könne zu einer Beeinträchtigung der Chancengleichheit der anderen Parteien führen.[120]

53 Hierzu ist zunächst anzumerken, dass es tatsächlich nach wie vor keine gesicherten empirischen Erkenntnisse zu der Frage gibt, inwieweit die Regierungsbeteiligung per se sich positiv oder negativ auf den parteipolitischen Wettbewerb auswirkt. Sicherlich richtig ist auch die angenommene ständige politische „Verteidigungshaltung", die eine Regierung stets aufrechterhalten müsse.[121] Denn klar ist, dass eine Regierung bzw. innerhalb der entsprechenden Ressorts auch ihre Mitglieder die politische Verantwortung für alle Unwägbarkeiten und Misserfolge im Zusammenhang mit ihrer eigenen Amtsführung, aber auch der der ihnen unterstellten und nachgeordneten Stellen tragen. Nicht übersehen werden dürfen aber auch die Chancen, die mit Regierungsverantwortung verbunden sind. So ist es der Opposition in den meisten Fällen nur vorbehalten, Forderungen zu stellen oder Kritik am Handeln der Regierung zu üben. Die Amtsinhaber haben jedoch die Möglichkeit, reale und auch sichtbare Maßnahmen zu treffen und Resultate zu erzielen. Dass positive Rahmenbedingungen die Zustimmungswerte für eine Partei positiv beeinflussen können, hat eindrucksvoll die Zeit nach der Wirtschaftskrise von 2008/09 gezeigt. Die Bundesrepublik hat diese Krise wirtschaftlich so gut wie unbeschadet überwunden und konnte sich im Nachgang sogar konjunkturell immer mehr verbessern, wobei hier vollkommen dahinstehen kann, ob dies hauptsächlich auf ein erfolgreiches Regierungshandeln oder jedoch auf externe Faktoren zurückzuführen ist.[122] Der Partei der Kanzlerin hat der positive Ausgang der Krise gute Umfragewerte beschert, die dann in einem Ergebnis von 41,5 % für die CDU/CSU bei den Bundestagswahlen mündeten. Allerdings hat das Ganze auch seine Kehrseite. So sind eben jene Umfragewerte im Zuge der Flüchtlingskrise ab 2015 erheblich gesunken.[123]

---

117 BVerfGE 44, 125 (146).

118 Kempen, Der Staat 1979, 81 (84).

119 Ebenda, unter Bezug auf Leisner, Öffentlichkeitsarbeit der Regierung, 1966, S. 86.

120 Kempen, Der Staat 1979, 81 (86).

121 Leisner, Öffentlichkeitsarbeit der Regierung, 1966, S. 86.

122 Vgl. hierzu die Daten des Konjunkturbarometers des DIW Berlin zu den Jahren 2009 bis 2016, https://www.diw.de/de/diw_02.c.240215.de/forschung_beratung/daten/konjunkturbarometer/archiv/archiv.html, abgerufen am 19.01.2017.

123 Siehe nur ZeitOnline vom 11.10.2016, http://www.zeit.de/politik/deutschland/2016-10/unionsparteien-umfrage-insa-meinungstrend-beliebtheit-cdu-csu-spd, abgerufen am 19.01.2017.

Diese beiden Beispiele zeigen deutlich auf, dass Regierungsbeteiligung einen erheblichen Einfluss auf den politischen Wettbewerb unter den Parteien haben kann. Jedoch lässt sich dieser so gut wie gar nicht quantifizieren, wie etwa von Kempen gefordert,[124] da er von einer Vielzahl von Faktoren abhängt und erheblichen Schwankungen unterliegt. Diese Schwankungen können sowohl zugunsten als auch zuungunsten der an der Regierung beteiligten Parteien ausschlagen. Diesem Einfluss unterliegen dabei alle Regierungsparteien in gleicher Art und Weise. Daher ist es nicht erforderlich, die Chancengleichheit der Parteien unter dem Vorbehalt dieses Prinzips zu betrachten. Im Ergebnis ist diese also ein zulässiges Kriterium zur Bestimmung von Umfang und Reichweite der parteipolitischen Neutralitätspflicht. 54

3. Die Grundrechte

a) Grundsätzliches

Neben den beiden im Öffentlichkeitsarbeitsurteil des BVerfG formulierten Elementen des Demokratieprinzips und der Chancengleichheit der Parteien werden mittlerweile auch bestimmte Grundrechte herangezogen, um eine Pflicht zur politischen Neutralität zu begründen. Dabei wird vor allem auf die Versammlungsfreiheit aus Art. 8 Abs. 1 GG und die Meinungsfreiheit aus Art. 5 Abs. 1 GG, die als absolut unverzichtbar für den demokratischen Prozess anzusehen seien,[125] verwiesen. Diese Grundrechte werden dabei vor allem verwendet, um die „Schutzlücke" für politische Gruppierungen, die keine politischen Parteien nach Art. 21 GG sind und sich damit nicht auf die aus dieser Norm folgende Chancengleichheit berufen können, zu schließen. Daher würden diese Grundrechte staatlichen Organen untersagen, sich zulasten solcher politischer Gruppierungen zu äußern.[126] Darüber hinaus wird neuerdings auch das Allgemeine Persönlichkeitsrecht aus Art. 2 Abs. 1, 1 Abs. 1 i. V. m. Art. 19 Abs. 3 GG herangezogen. Denn politische Parteien seien als Personenmehrheiten in diesem Recht berührt, wenn staatliche Hoheitsträger sich negativ über sie äußern. Solche negativen Äußerungen könnten geeignet sein, das Ansehen der Parteien in der Öffentlichkeit zu beschädigen.[127] Der Argumentation des VGH Hessen ist dabei nicht zu entnehmen, dass es die Geltung des APR als Element der Neutralitätspflicht auf die politischen Parteien beschränken will. Daher ist davon auszugehen, dass nach seiner Ansicht auch politische Akteure, die nicht einer politischen Partei angehören, von diesem Element geschützt sind. 55

Der einzig wirklich relevante Bereich, in dem Eingriffe in Meinungs- und Versammlungsfreiheit bei der Erörterung einer Pflicht zur politischen Neutralität herangezogen werden können, ist die Situation, in der Amtsträger die Bürger zu Gegendemonstrationen zu Versammlungen und Veranstaltungen „unliebsamer" politischer Gruppierungen aufrufen. Jedoch können sich grds. auch politische Parteien auf solche Grundrechte berufen, die gem. 56

[124] Kempen, Der Staat 1979, 81 (85 f.).

[125] Epping, Grundrechte 2015, S. 101 f.

[126] Für Art. 5 Abs. 1 GG vgl. Hillgruber, in Kluth (Hrsg.), „Das wird man ja wohl noch sagen dürfen.", 77 (85); darauf Bezug nehmen und auf Art. 8 Abs. 1 GG erweiternd Wahnschaffe, NVwZ 2016, 1767 (1769 f.). Vgl. auch OVG NRW, KommJur 2017, 52 ff.

[127] So der VGH Hessen, BeckRS 2017, 118944 Rn. 18, 20.

Art. 19 Abs. 3 GG ihrem Wesen nach auf sie anwendbar sind.[128] Auf die Meinungsfreiheit aus Art. 5 Abs. 1 können sich die Parteien berufen,[129] die Versammlungsfreiheit dagegen greift nur bei konstituierenden Veranstaltungen.[130]

b) Kritik an der Heranziehung

57 Den wichtigsten Ansatz für die Kritik an der Heranziehung bestimmter Grundrechte als Element der politischen Neutralitätspflicht stellt die Frage nach der Eingriffsqualität solcher Aufrufe dar. Einerseits werden solche Aufrufe als rechtfertigungsbedürftige mittelbar-faktische Eingriffe in Meinungs- und Versammlungsfreiheit angesehen.[131] Zur Begründung bezieht man sich auf die Rechtsprechung des BVerfG zu Warntätigkeit der Regierung z. B. in Bezug auf Sekten – so etwa die Osho-Entscheidung[132]. Darin nimmt das BVerfG einen Eingriff in die Religionsfreiheit aus Art. 4 Abs. 1 und Abs. 2 GG an, wenn sich der Staat parteiergreifend in die Überzeugungen und Handlungen oder die Darstellung Einzelner oder religiöser Gemeinschaften einmischt.[133] Dieser Grundsatz wird auf die Meinungsfreiheit übertragen.[134] Demnach seien die Aufrufe zu Gegendemonstrationen als parteiergreifende Interventionen des Staates i. S. d. Osho-Entscheidung zu werten. Des Weiteren wird darauf verwiesen, dass solche Aufrufe nicht als normale Teilnahme am gesellschaftlichen Diskurs angesehen werden können. Denn im Rahmen des Grundrechtsschutzes bedürfe es einer klaren Trennung von Staat und Gesellschaft, erscheine diese aus politikwissenschaftlicher Sicht auch zu künstlich. Innerhalb dieser Unterscheidung müssten die Amtsträger dann der „Staatsseite" zugerechnet werden, was bedeutet, dass die Aufrufe nicht Teil eines Diskurses auf derselben Ebene sein können, sondern als staatliche Intervention von außen angesehen werden müssten. Ein Diskurs auf derselben Ebene sei allein schon wegen der mit dem Amt verbundenen Autorität des Amtsinhabers ausgeschlossen. Der Argumentation, die Aufrufe würden nur solchen Gruppierungen und Parteien gelten, die aufgrund ihrer Ausrichtung den gesellschaftlichen Frieden gefährden und die Integration in der Gesellschaft erschweren würden, sei entgegenzuhalten, eine Benachteiligung bestimmter Parteien oder politischer Gruppen müsse ganz offensichtlich als Gegenausgrenzung angesehen werden, etwa im Sinne der Botschaft: „Alle gehören zu Deutschland – außer Pegida." Schließlich würden Aufrufe zu Gegendemonstrationen Boykottaufrufen gleichkommen. Damit werde eine abschreckende Wirkung für die potenziellen Teilnehmer erzeugt, nicht zuletzt dadurch, dass der Inhalt der Veranstaltung negativ bewertet wird.[135] Dies schränke die Versammlungsfreiheit ein und sei daher als Eingriff in Art. 8 Abs. 1 GG zu werten.

---

128 BVerfGE 84, 290 (299); 121, 30 (56); Klein in: Maunz/Dürig, GG, Art. 21 Rn. 186; Kluth in: BeckOK GG, Art. 21 Rn. 213.

129 BVerfGE 90, 241 (246 ff.); vgl. auch Ls. BVerfGE 104, 42.

130 Depenheuer in: Maunz/Dürig, GG, Art. 8 Rn. 107.

131 So u. a. Gärditz, NWVbl. 2015, 165 (166); Hillgruber in Kluth: Pflicht zur Neutralität, 77 (83–85); darauf bezugnehmend Wahnschaffe, NVwZ 2016, 1767 (1769).

132 BVerfGE 105, 279 ff.

133 So das BVerfG auch schon in BVerfGE 93, 1 (16) und 102, 370 (394).

134 Hillgruber, in Kluth: Pflicht zur Neutralität, 77 (83–85).

135 OVG NRW, BeckRS 2016, 55264, Rn. 36.

Dieser Argumentation wird zunächst die grundsätzliche These entgegengesetzt, dass Art. 5 Abs. 1 zwar die Freiheit der Meinungsäußerung schütze, jedoch kein Recht darauf einräume, dass der Staat die geäußerte Meinung nicht inhaltlich kritisiert.[136] Des Weiteren wird Übertragbarkeit der Grundsätze, die das BVerfG bei seiner Rechtsprechung zu amtlichen Warnungen aufgestellt hat,[137] auf solche Aufrufe abgelehnt. Denn während sich diese genannte Rechtsprechung auf amtliche Maßnahmen bezieht, die der Gefahrenabwehr dienen, seien Aufrufe zu Gegendemonstrationen bei Versammlungen politischer Parteien und Gruppierungen dem politischen Meinungskampf zuzuordnen, der eben nicht der Gefahrenabwehr diene. Da dieser Meinungskampf im Gegensatz zu Gefahrenabwehrmaßnahmen nicht wirklich grundrechtsintensiv sei, dürfe eine entsprechende Übertragung der Grundsätze nicht vorgenommen werden.[138] 58

Weiterhin müsse das aus Art. 5 Abs. 1 GG folgende Gebot der staatlichen Meinungsneutralität so verstanden werden, dass eine inhaltliche Bewertung der betroffenen Meinung nur bei der Frage, ob diese Meinung unter den Schutz von Art. 5 Abs. 1 GG fällt, keine Rolle spielen darf.[139] Außerhalb dieser Frage und damit jenseits des eigentlichen Grundrechtseingriffs existiere ein solches inhaltliches Bewertungsverbot jedoch nicht. Schließlich sei auch die Annahme eines Eingriffs in Art. 8 Abs. 1 GG zu undifferenziert. Denn auch in Bezug auf die Versammlungsfreiheit müsse beachtet werden, dass der Zweck der in Rede stehenden amtlichen Aufrufe zu Gegendemos nicht in der Gefahrenabwehr, sondern in der inhaltlich-kommunikativen Auseinandersetzung mit den Inhalten und Zielen der betroffenen Veranstaltung liege. Da jedoch Art. 8 Abs. 1 GG zwar vor der Beschränkung von Versammlungen schütze, jedoch ebenso wenig wie Art. 5 Abs. 1 GG nicht vor inhaltlicher Kritik, sei ein Eingriff abzulehnen. Anders sei dies bei Maßnahmen wie etwa Videoaufzeichnungen oder Identitätsfeststellungen. Diese Maßnahmen stehen im Zusammenhang mit möglichen staatlichen Sanktionen, was auf die potenziellen Teilnehmer durchaus eine abschreckende Wirkung haben könne. Eine solche abschreckende und damit grundrechtsbeschränkende Wirkung gehe jedoch von der bloßen inhaltlichen Missbilligung einer Veranstaltung nicht aus. 59

c) Stellungnahme mit Berücksichtigung der Eingriffsdogmatik

Für eine Bewertung dieser Diskussion um die Eingriffsproblematik ist zunächst zu klären, worauf es für die Annahme eines Eingriffs tatsächlich ankommt. Im Grunde existieren in der Rechtsprechung und in der Literatur zwei Eingriffsbegriffe: der klassische und der erweiterte Eingriffsbegriff. Der klassische Eingriffsbegriff setzt für die Annahme eines Grundrechtseingriffs voraus, dass das staatliche Handeln einen Vorgang darstellt, der rechtsförmig, unmittelbar, gezielt und imperativ das grundrechtlich geschützte Verhalten beschneidet.[140] 60

---

136 Payandeh, Der Staat 55, 519 (544) unter Bezugnahme auf BVerfGE 105, 279 (294).

137 Beachte hier neben der Osho-Entscheidung auch das Glykol-Urteil, BVerfGE 105, 252 ff.

138 Zum Ganzen Payandeh, Der Staat 55, 519 (544 f.).

139 Payandeh, Der Staat 55, 519 (545).

140 BVerfGE 105, 279 (299).

61 Im Gegensatz dazu fordert der erweiterte Eingriffsbegriff nicht mehr zwingend die Elemente der Finalität, Unmittelbarkeit, Imperativität und einen Rechtsakt, damit staatliches Handeln als Eingriff gewertet wird. Statt eines Rechtsaktes, der unmittelbar das grundrechtlich geschützte Verhalten beeinträchtigt, kann auch eine bloß faktische Maßnahme als Eingriff angesehen werden, wenn sie dem Staat zurechenbar ist. Finalität und Imperativität werden hierbei von den weiterwirkenden Elementen der Vorhersehbarkeit und Intensität der negativen Einwirkung ersetzt, die zueinander jeweils in einer Wechselwirkung stehen. Das bedeutet, dass an die Intensität umso geringere Anforderungen zu stellen sind, je eher die negative Einwirkung vorsehbar war. Andersherum ist umso weniger Vorhersehbarkeit der Einwirkung für die Annahme eines Eingriffs erforderlich, je intensiver sich diese gestaltet.

62 Insgesamt ist festzustellen, dass es für die Zugrundelegung des klassischen Eingriffsbegriffs, bei der es auf die Gesamtheit der genannten Komponenten ankommen soll, nicht mehr viele Fürsprecher gibt.[141] Dennoch wird teilweise darauf bestanden, das Vorliegen einzelner der aufgeführten Komponenten des klassischen Begriffs vorauszusetzen. So wird angeführt, die Finalität des staatlichen Handelns müsse für die Annahme eines Grundrechtseingriffs vorausgesetzt werden, damit der im Polizeirecht geregelte Schadensausgleich für polizeiliche Inanspruchnahme greifen könne.[142] Dies liegt nur in Fällen vor, bei denen der Inanspruchgenommene einen Schaden erleidet, der auf eine Maßnahme zurückgeht, mit der der Staat gezielt in den grundrechtlich geschützten Bereich eingreift, etwa bei einem pflichtgemäßen Schusswaffengebrauch bei einer Verfolgung.[143] Unbeteiligte Dritte, die zufällig ebenfalls in Mitleidenschaft gezogen werden, bei deren Verletzung somit eine Finalität ausscheidet, erleiden nach dieser Argumentation keinen Grundrechtseingriff, da hier die in § 74 Einleitung ALR zugrunde gelegte Sachlogik der Aufopferung verloren gehe.[144] Des Weiteren habe sich auch in Zeiten gewandelter Modalitäten der staatlichen Einwirkung auf den Grundrechtsträger die Funktion der hoheitlichen Ingerenzen nicht geändert, sie bestehe nach wie vor darin, den Bürger vor finalen Zwangsmaßnahmen zu schützen, für mittelbare Beeinträchtigungen stünden jedoch nur etwaige Entschädigungsansprüche zur Verfügung.[145] Schließlich würde die Annahme eines Grundrechtseingriffs bei jeder mittelbaren Beeinträchtigung die Handlungsfähigkeit des Staates unverhältnismäßig einschränken.[146]

63 Der Hauptgrund für die Erweiterung des klassischen Eingriffsbegriffs liegt in der Intention, den Grundrechtsträger davor zu schützen, dem Staat bzw. seinen schutzbereichsverkürzenden Maßnahmen wehrlos gegenüberzustehen.[147] Gerade bei solchen Beeinträchtigungen, die dem Staat zwar zurechenbar sind, von diesem aber nicht bezweckt wurden, zeigt sich die Problematik des engen Eingriffsbegriffs. Der Grundrechtsträger, der ohne jeden Zweifel durch staatliches Handeln beeinträchtigt wurde, steht gegenüber demjenigen, bei dem die Beeinträchtigung gewollt war, wesentlich schlechter dar. Der oben kurz skizzierte Sachver-

141 Cremer, Freiheitsgrundrechte, S. 151.
142 Forsthoff, Verwaltungsrecht I, S. 359.
143 Ebenda.
144 Ebenda.
145 Friauf, DVBL. 1971, 674 (681); ähnlich Badura, JZ 1993, 37 (38 f.).
146 Pinger, JuS 1988, 53 (55).
147 So Epping, Grundrechte, Rn. 393.

halt hätte dann zur Folge, dass ein auf der Flucht angeschossener Straftäter hinsichtlich des Grundrechtsschutzes wesentlich besser stünde als ein zufällig angeschossener Passant. Ein solches Ergebnis wäre höchst unbillig. Insoweit ist der Ansatz über die Zurechenbarkeit und Vorhersehbarkeit der Beeinträchtigung, die an die Stelle der Finalität und Unmittelbarkeit treten, wesentlich schlüssiger.

64 Bei den hier thematisierten amtlichen Aufrufen zu Protesten und Gegendemonstrationen handelt es sich um faktische Maßnahmen, die zweifellos dem Staat zugerechnet werden können. Die Intensität der negativen Einwirkung auf Meinungs- und Versammlungsfreiheit lässt sich abstrakt nur schwer beurteilen, dies hängt stark von den Gegebenheiten des Einzelfalls ab. Zu diesen können zählen z. B. das Maß der allgemeinen Popularität der angegriffenen politischen Bewegung im lokalen und regionalen Umfeld, demgegenüber aber auch die Popularität des handelnden Amtsträgers, mit der auch die Stärke der Amtsautorität zusammenhängt. Da hier eine abstrakte Aussage nicht getroffen werden kann, ist die zu diesem Element in Wechselwirkung stehende Vorhersehbarkeit bzw. Zielgerichtetheit der betroffenen Maßnahme zu betrachten.

65 Ziel der diskutierten Aufrufe ist nach Angabe der handelnden Amtsträger i. d. R. die diskursive Auseinandersetzung mit den Inhalten der betroffenen Veranstaltung. Es soll zum Ausdruck gebracht werden, dass die von den (potenziellen) Teilnehmern vertretenen politischen Ansichten und Zielsetzungen missbilligt werden. Gleichzeitig kann aber auch nicht abgestritten werden, dass hinter dem Ausdruck der Missbilligung die Bestrebung steht, die Anzahl der Teilnehmer möglichst gering zu halten, um die Aussagekraft der ungeliebten Parteien und Bewegungen nach Möglichkeit zu mindern. So sprach ein Oberbürgermeister in einer Mitteilung davon, dass in E. kein Platz für das Schüren dumpfer Ängste und Ressentiments sei.[148] Zum Ausdruck wird damit gebracht, dass die entsprechenden politischen Ansichten nicht erwünscht sind und deren Kundgabe nach Möglichkeit verhindert werden muss. Ähnlich war dies beim Aufruf der Homepage der Stadt Stuttgart der Fall, in dem zu einer Gegendemo aufgerufen wurde mit der Begründung, „in dieser Stadt darf es keinen Platz für extremistische, fremdenfeindliche Machtdemonstrationen geben".[149] Abgesehen von der inhaltlichen Nachvollziehbarkeit einer solchen Missbilligung muss festgehalten werden, dass ihr die klare Bestrebung zugrunde liegt, die Anzahl der potenziellen Teilnehmer der unerwünschten Veranstaltung möglichst gering zu halten und sie somit von ihrer Wahrnehmung der Freiheit der Meinungskundgabe und der Versammlungsfreiheit abzuhalten.

66 Aufgrund dieses hohen Grades an Vorhersehbarkeit, der schon eher der im klassischen Eingriffsbegriff enthaltenen Finalität entspricht, sind die Anforderungen an die Intensität der Beeinträchtigung des grundrechtlich geschützten Verhaltens mit den obigen Ausführungen als gering einzustufen. In Bezug auf die Meinungsfreiheit lässt das BVerfG eine Maßnahme genügen, die den Grundrechtsträger in eine Situation bringt, in der er nicht mehr autonom bestimmen kann, ob und wie er sich äußert.[150] Aufgrund ihrer hohen Bedeutung für das demokratische Miteinander dürfte für die Versammlungsfreiheit Ähnliches gelten. In der

[148] OVG NRW, BeckRS 2016, 55264.
[149] Siehe NVwZ-RR 2011, 615.
[150] BVerfGE, 85, 248 (263).

vorliegenden Konstellation ist der Aufruf zur Gegendemonstration verbunden mit einer deutlichen Missbilligung der betroffenen Veranstaltung. Zwar steht diese Missbilligung nicht im Zusammenhang mit staatlichen Gefahrenabwehrmaßnahmen und evtl. drohenden Sanktionen. Für die Teilnehmer entsteht dennoch eine Situation, in der sie sich mit einem Entgegenwirken seitens des Staates konfrontiert sehen. Aus ihrem Empfängerhorizont stellt sich die Lage so dar, dass ihre Meinungskundgabe und Versammlung unerwünscht ist, soweit sie Thesen und Ziele zum Inhalt hat, die von staatlicher Seite missbilligt werden. In einer solchen Situation muss davon ausgegangen werden, dass die Entscheidung, ob und inwieweit die Teilnahme an der Versammlung und die Meinungskundgabe erfolgen soll, von einigen potenziellen Teilnehmern nicht mehr vollständig autonom getroffen werden kann. Die Anwendung des erweiterten Eingriffsbegriffs führt daher zu dem Ergebnis, dass in den Aufrufen zu Boykott und Gegendemonstrationen ein Eingriff in Art. 5 Abs. 1 GG und 8 Abs. 1 GG zu sehen ist.

67 Dem Argument, die Vorschriften der Art. 5 Abs. 1 und 8 Abs. 1 GG schützten nicht vor einer negativen inhaltlichen Bewertung der Meinung bzw. Versammlung, kann zwar im Grunde zugestimmt werden. In dem Zeitpunkt jedoch, da entsprechende amtliche Äußerungen erkennbar die Minderung der Anzahl der Teilnehmer an Versammlungen und Meinungskundgaben zum Ziel haben bzw. eine solche Minderung für den sich äußernden Amtsträger nachvollziehbar vorhersehbar ist, ist die Grenze der bloßen inhaltlichen Auseinandersetzung überschritten, und ein rechtfertigungsbedürftiger Eingriff liegt vor. In diesem Zusammenhang überzeugt auch nicht die – berechtigte – Abgrenzung zu Gefahrenabwehrmaßnahmen. Richtig ist zwar, dass Letztere ganz besonders grundrechtsintensiv sind. Daraus allein kann aber nicht geschlussfolgert werden, dass Maßnahmen, die nicht der Gefahrenabwehr dienen, keine Grundrechtseingriffe darstellen können. Die Prüfung eines Eingriffs hat vielmehr nach den oben aufgeführten Kriterien zu erfolgen. Insgesamt ist somit festzuhalten, dass die Grundrechte aus Art. 5 Abs. 1 und 8 Abs. 1 GG grundsätzlich als Elemente der Pflicht zur politischen Neutralität für Amtsträger anzusehen sind. Aus praktischer Sicht ist dieses Element jedoch von untergeordneter Bedeutung, da der Anwendungsbereich dieses Elements auf Boykottaufrufe bzw. Aufrufe zu Gegendemonstrationen beschränkt ist.

d) Zusammenhang mit dem Allgemeinen Persönlichkeitsrecht

68 Etwas anders verhält es sich mit dem Allgemeinen Persönlichkeitsrecht aus Art. 2 Abs. 1, 1 Abs. 1 GG. Auch hier ist der persönliche Schutzbereich über Art. 19 Abs. 3 GG sowohl für politische Parteien[151] als auch für andere politische Gruppierungen eröffnet. Da die Heranziehung des APR im Zusammenhang mit der Pflicht zur politischen Neutralität relativ neu ist, hat eine kritische Auseinandersetzung mit diesem Ansatz so nicht stattgefunden. Festzustellen ist zum einen, dass bei negativ wertenden Äußerungen, die von

[151] Vgl. neben VGH Hessen, BeckRS 2017, 118944 Rn. 18, 20 auch schon BVerwGE 131, 171 (174) und BayVGH, NVwZ-RR 2011, 62.

öffentlichen Amtsträgern zulasten oder zugunsten anderer politischer Akteure getroffen werden, neben dem persönlichen auch der sachliche Schutzbereich des APR eröffnet ist. Denn durch die genannten Äußerungen sind die Betroffenen durchaus in ihrer Sozialsphäre[152] tangiert. Gleichzeitig ist jedoch zu beachten, dass die Rechtfertigung von Eingriffen gerade in die Sozialsphäre keinen besonders großen Hürden unterworfen ist. Im Ergebnis bedeutet dies, dass das APR zwar grundsätzlich durchaus als Grundelement der politischen Neutralitätspflicht herangezogen werden kann, die Bedeutung dieses Grundelements jedoch aufgrund der vergleichsweise einfachen Eingriffsrechtfertigung keine erhebliche ist.[153]

4. Problematik der Wahlkampfphase

Eine Streitfrage bezüglich der Grundelemente ergibt sich im Zusammenhang mit dem Wahlkampf. So stellte das BVerfG in seiner Entscheidung zur Öffentlichkeitsarbeit der Regierung klar, dass es gerade in Zeiten des Wahlkampfes besonders Anforderungen an die politische Neutralität der Amtsführung durch Staatsbedienstete stellt.[154] Damit macht es deutlich, dass in der besagten Wahlkampfphase die Pflicht zur politischen Neutralität einen anderen Umfang haben muss als außerhalb des Wahlkampfes. Diese Differenzierung ist für die späteren Untersuchungen bei den einzelnen Amtsträgergruppen von entscheidender Bedeutung. An dieser Stelle soll daher vorbereitend geklärt werden, welcher Zeitraum als diese sog. „heiße Wahlkampfphase" eigentlich zugrunde gelegt werden soll. 69

Der Duden bezeichnet den Wahlkampf als „politische Auseinandersetzung von Parteien vor einer Wahl, die vor allem der Werbung um die Stimmen der Wähler dient".[155] Inhaltlich geht es also beim Begriff „Wahlkampf" um die Werbung um Wählerstimmen. Für den vorliegenden Abschnitt relevant ist jedoch vor allem die zeitliche Komponente, also die Frage, wann die Werbung um die Wählerstimmen beginnt und wann sie aufhört. Während diese Phase des Wahlkampfes im Wahlrecht anderer Länder teilweise konkret definiert ist,[156] gibt es dazu im deutschen Wahlrecht keine konkreten Bestimmungen. Das Ende des Wahlkampfes dürfte sich offensichtlich und logisch erschließen. Der Kampf um Stimmen endet spätestens mit der Vollziehung des Wahlakts, d. h. zum Zeitpunkt der Stimmabgabe. Wahlkampfstrategen der Parteien werden deshalb nicht selten mit dem Satz „Der Wahl- 70

[152] Vgl. hierzu Lang in: BeckOK GG, Art. 2 Rn. 43 f.; siehe auch Epping, Grundrechte, Rn. 628–646.

[153] So wohl auch Milker, JA 2017, 647 (649). Für diese geringe Bedeutung spricht auch deutlich der Umstand, dass der HessVGH in der zitierten Entscheidung das APR zwar als betroffenes subjektives Recht der Antragstellerin deklariert, es jedoch später bei der Darstellung der tatsächlichen Rechtsverletzung nicht mehr erwähnt hat.

[154] BVerfGE, 44, 125 (150).

[155] http://www.duden.de/rechtschreibung/Wahlkampf, abgerufen am 01.11.2016.

[156] Vgl. hierzu Art. 63 Abs. 1 des Bundesgesetzes zur Wahl zur Staatsduma der Russischen Föderation (Федеральный закон „О выборах депутатов Государственной Думы Федерального Собрания Российской Федерации"), http://www.consultant.ru/document/cons_doc_, abgerufen am 03.11.2016. LAW_159349/46d66ff64bb83827b0c5cdcc3fb591405dcdeb42/. Dieser regelt verbindlich den Beginn des Wahlkampfes. Nach Abs. 3 dieser Bestimmung ist es auch verboten, sowohl am Wahltag selbst als auch am vorherigen Tag Wahlwerbung zu betreiben.

kampf endet für uns erst am Wahlsonntag um 18 Uhr"[157] zitiert. Diese Herangehensweise ist auch grundsätzlich rechtlich zulässig, denn ein Verbot der Wahlwerbung am Wahltag (geschweige denn am Tag davor), wie es z. B. das russische Wahlrecht vorsieht, ist dem deutschen Wahlrecht fremd.[158] Damit endet der Wahlkampf aus zeitlicher Sicht jeweils mit Schließung der Wahllokale.

71 Der Zeitpunkt des Beginns des Wahlkampfes lässt sich nicht so eindeutig und einheitlich für alle beteiligten Akteure feststellen. Insgesamt wird der Wahlkampf überwiegend in drei Einzelphasen unterteilt. So spricht der Bundeswahlleiter von der Vorbereitungsphase, der Vorwahlkampfzeit und der „heißen" Wahlkampfphase.[159] Die Vorwahlkampfzeit beginne dabei bereits Monate vor der Wahl und die Rechtsprechung erkenne den Beginn der „heißen" Wahlkampfphase etwa sechs bis vier Wochen vor dem Wahltag an.[160] Tatsächlich ist dieser Begriff sowohl in der Rechtsprechung als auch in der Literatur gebräuchlich. Die Fallkonstellationen umfassen dabei zum einen straßenrechtliche Sondernutzung für Anbringung von Wahlplakaten. So besteht nach Ansicht der Rechtsprechung in jener „heißen" Wahlkampfphase ein Anspruch der Parteien auf Erteilung der entsprechenden Sondernutzungserlaubnisse, das sonst vorhandene Ermessen der Behörden werde reduziert.[161] Das OLG Hamburg stellte darüber hinaus fest, dass auch in der „heißen" Wahlkampfphase die Verdachtsberichterstattung denselben Maßstäben und rechtlichen Grenzen unterliegt wie auch zu sonstiger Zeit.[162] Wollenschläger/Faber fordern in ihrer Abhandlung zur Wahltagbestimmung, dass neben dem Wahltag auch die „heiße" Wahlkampfphase (die sie allerdings nur mit drei Wochen beziffern) außerhalb allgemeiner Ferien- und Urlaubszeiten liegt.[163]

72 Unbeantwortet ist bisher jedoch die Frage, welcher Zeitraum genau unter der hier relevanten „heißen Phase" zu verstehen ist, die eine Verschärfung der Neutralitätspflicht bedeuten könnte. Das BVerfG nimmt als Orientierungspunkt für den Beginn dieser „heißen" Phase den Zeitpunkt an, an dem der Bundespräsident gem. § 16 BWahlG den Wahltag bestimmt.[164] Laut Bundeswahlleiter erfolgt diese Festlegung i. d. R. ein Jahr vor der eigentlichen Wahl.[165] Eine ähnliche Terminierung erfolgt bei den Parlamentswahlen der Länder.[166] Der Wahltag für die ebenfalls interessanten Kommunalwahlen wird durch die Landesregierungen festgelegt.[167] Bei diesen ist der „Vorlauf" meist noch etwas länger, mindestens aber genauso

---

[157] ZeitOnline vom 25.09.2009, http://www.zeit.de/politik/deutschland/2009-09/wahlkampf-endspurt-parteien, abgerufen am 03.11.2016.

[158] Zur Beschränkung des Wahlkampfes vgl. § 32 Abs. 1 BWahlG, der während der Wahlzeit jede Beeinflussung der Wähler in und am Wahlgebäude sowie unmittelbar vor dem Zugang zu diesem verbietet. Vgl. auch die entsprechenden Bestimmungen der Länder wie z. B. § 33 Abs. 2 NKWG (Nds.) oder § 24 Abs. 3 KWG (NRW).

[159] https://www.bundeswahlleiter.de/service/glossar/w/wahlkampfphase.html, abgerufen am 03.11.2016.

[160] Ebenda.

[161] So z. B. OVG Saarlouis, BeckRS 2009, 34268; dasselbe, NVwZ-RR 1999, 218 (219); VG Weimar, LKV 2000, 509; vgl. dazu auch VG Braunschweig, NVwZ-RR 2007, 679 und zu straßenverkehrsrechtlichen Ausnahmegenehmigungen VG Oldenburg, NVwZ-RR 2008, 465.

[162] OLG Hamburg, BeckRS 2013, 01375.

[163] Wollenschläger/Faber, LKV 2014, 298 (303).

[164] BVerfGE 44, 125 (153); zustimmend wohl Jarass, NJW 1981, 193 (195).

[165] https://www.bundeswahlleiter.de/service/glossar/w/wahlkampfphase.html, abgerufen am 08.11.2016.

[166] http://www.wahlrecht.de/termine.htm, abgerufen am 08.11.2016.

[167] Vgl. etwa § 3 Abs. 2 KWG M-V oder § 6 Abs. 2 NKWG.

lang.[168] Eine Übertragung der Ansicht des BVerfG zum Beginn der zur erhöhten Neutralität verpflichtenden „heißen" Phase auf die kommunale Ebene würde bedeuten, dass dieses verschärfte Neutralitätsgebot bereits über ein Jahr vor dem Wahltermin einsetzen würde.

Hieran wird berechtigterweise Kritik geübt. So wird eine Festlegung des Beginns der heißen Phase auf den Zeitpunkt der Wahltagfestlegung durch den Bundespräsidenten als untragbare Handlungsbeschränkung der Regierung angesehen, da dies dazu führe, dass besagte heiße Phase rund ein halbes Jahr dauern würde.[169] Dieser Kritik ist zuzustimmen. Zum einen ist bereits für die Bundestagswahl festzuhalten, dass mit den Angaben des Bundeswahlleiters davon auszugehen ist, dass die Benennung des Wahltags i. d. R. bereits ein Jahr vor der eigentlichen Wahl erfolgt. Dies würde bedeuten, dass eine etwaige „verschärfte Neutralitätsphase" nicht (wie von Rottmann kritisiert) ein halbes, sondern bis zu einem ganzen Jahr dauern würde. Bei einer Übertragung dieses Grundsatzes auf die Kommunalwahl müsste sogar eine noch längere Phase mit verschärfter Neutralitätspflicht angenommen werden. Dies widerspricht deutlich der sonstigen Rechtsprechung und auch der Literatur zur „heißen" Phase, wo eine Zeitspanne von drei (Literatur) bis sechs (Rechtsprechung) Wochen angenommen wird. 73

Dem ließe sich zwar zunächst entgegnen, dass zuletzt genannte Rechtsprechung und Literatur sich nicht direkt mit der „heißen" Wahlkampfphase i. S. d. Neutralitätspflicht befassen, sondern es dort um andere Gesichtspunkte wie straßenrechtliche Sondernutzungen, Verdachtsberichterstattungen und Fragen der Terminierung von Wahltagen geht. Jedoch macht es durchaus Sinn, generell auf Sinn und Zweck der Annahme einer solchen „heißen" Phase abzustellen. Vorrangig geht es darum, dass innerhalb einer bestimmten Zeit vor dem Wahlakt diesem bzw. den zur Wahl stehenden Parteien und Personen eine gesteigerte öffentliche Aufmerksamkeit zukommt. Diese hat dann Auswirkungen auf all die oben geschilderten Konstellationen, geht es dabei etwa um die Erteilung von Sondernutzungserlaubnissen zur Anbringung von Wahlplakaten, die Berichterstattung über Wahlbewerber oder den Umstand, dass diese Zeit gesteigerter Aufmerksamkeit nicht in die allgemeine Ferien- und Urlaubszeit fällt. Ähnlich sieht es bei der „heißen" Phase hinsichtlich der verschärften Neutralitätspflicht aus. Gerade aufgrund der gesteigerten öffentlichen Aufmerksamkeit fallen staatliche Eingriffe in den Prozess der Willensbildung beim Wähler besonders schwer ins Gewicht. Die Zeitspanne dieser besonderen Aufmerksamkeit bleibt jedoch dieselbe. Eine Betrachtung der Wahlkampfkampagnen auf kommunaler Ebene zeigt hierbei deutlich auf, dass die Parteien selbst eine spürbare Intensivierung der Werbung um Wählerstimmen erst einige Wochen vor der Wahl betreiben. Dies zeigt sich insbesondere an der Presseberichterstattung, die entsprechend einige Wochen vor der Wahl vom „Einläuten der heißen Wahlkampfphase" berichtet.[170] 74

---

[168] So legte z. B. die Nds. Landesregierung bereits am 11.05.2015 den Termin der Kommunalwahlen 2016 auf den 11.09. Die Landesregierung in Kiel legte bereits am 20.03.2012 die Kommunalwahlen in Schleswig-Holstein auf den 26.05.2013 fest. Am 13.04.2010 legte die hessische Landesregierung fest, dass die nächsten Kommunalwahlen am 27.03.2011 erfolgen sollen.

[169] Vgl. etwa Rottmann, Sondervotum zu BVerfG 2 BvE 1/76, NJW 1977, 751 (760).

[170] Vgl. etwa HAZ vom 21.08.2016, bei der niedersächsischen Kommunalwahl vom 11.01.2016; NWZ vom 31.08.2016 bei derselben Wahl; Frankfurter Rundschau vom 23.08.2016 vor der Bürgermeisterwahl in Griesheim am 9.10.2016; Abendzeitung München vom 16.01.2014 vor den Kommunalwahlen am 16.03.2014.

75 Daher muss sowohl für den Bundes- oder Landtagswahlkampf[171] als auch für den Kommunalwahlkampf angenommen werden, dass unter der die Neutralitätspflicht verschärfenden „heißen" Wahlkampfphase grds. ein Zeitraum von vier bis maximal sechs Wochen vor dem Wahltag zu verstehen ist. Inwieweit in diesem Zeitraum tatsächlich eine verschärfte Pflicht zur politischen Neutralität anzunehmen ist, muss jedoch in den späteren Kapiteln, wo es um die jeweiligen Amtstypen und konkreten Akteure geht, spezifisch erörtert werden.

III. KONKRETISIERUNG DER GRUNDELEMENTE FÜR DEN BEREICH DER BEAMTEN

76 Neben den Grundelementen der Neutralitätspflicht, die für alle Angehörigen des öffentlichen Dienstes grundsätzlich in gleicher Art und Weise und in demselben Umfang Geltung haben, gibt es für den Bereich der Beamten spezielle Regelungen, die es nun zu erläutern gilt.

77 Die verfassungsrechtlich verankerte Aufgabe des Berufsbeamtentums ist es, „im politischen Kräftespiel eine stabile und gesetzestreue Verwaltung zu sichern".[172] Um diese Aufgabe adäquat zu erfüllen, muss die Wahrnehmung des Amtes stets neutral erfolgen. Teilweise wird versucht, den Begriff der Neutralität nach dem Adressaten zu differenzieren. Hierbei unterscheidet vor allem Baltes zwischen Neutralität gegenüber dem Bürger einerseits (das klassische Verständnis von Neutralitätspflicht) und Neutralität gegenüber Parlament und Regierung andererseits.[173] Dabei legt er die Annahme zugrunde, dass die Gemeinwohlbindung der Beamten diese dazu verpflichtet, ihre Amtsführung unabhängig von den politischen Belangen und Zielsetzungen von Parlament und Regierung zu gestalten. Relativ schnell kommt er jedoch (zu Recht) zu dem Ergebnis, dass es eine Neutralität gegenüber Regierung und Parlament nicht gibt.[174] Es erscheint jedoch auch verfehlt, im Verhältnis Vorgesetzter-Untergebener von Neutralität zu sprechen. Einer solchen steht offensichtlich die Gehorsamspflicht und Weisungsgebundenheit des Beamten gegenüber.[175] Fraglich ist in diesem Zusammenhang eigentlich immer nur, ob die Voraussetzungen für eine „Gehorsamsverweigerung" jeweils vorliegen oder nicht. Hinsichtlich der Frage nach einer Verpflichtung zur politischen Neutralität bei der Amtsführung ist daher „nur" die Perspektive Beamter-Bürger interessant. Das – spezielle – Neutralitätsgebot für die Beamten geht dabei auf unterschiedliche Herleitungsansätze zurück.

---

[171] Entgegen der Ansicht der BVerfG in BVerfGE 44, 125 ff.

[172] BVerfGE 44, 249 (265), NVwZ 1986, 33 (34), st. Rspr; Plog/Wiedow, BBG 2009, § 60 Rn. 2; Battis, BBG 4. Auflage, § 60 Rn. 22.

[173] Vgl. hierzu und zum Folgenden Baltes, Neutralität des Berufsbeamten, S. 19–47.

[174] Baltes, Neutralität des Berufsbeamten, S. 19 (40 f.).

[175] Hierzu Stein, Grenzen des dienstlichen Weisungsrechts, S. 5–8.

1. Herleitung aus den hergebrachten Grundsätzen

Zunächst ist in Bezug auf die Pflicht zur politischen Neutralität auf die hergebrachten 78
Grundsätze des Berufsbeamtentums nach Art. 33 Abs. 5 GG einzugehen. Unter diesen Grundsätzen werden solche Elemente verstanden, „die allgemein oder doch ganz überwiegend und während eines längeren, Tradition bildenden Zeitraums, mindestens unter der Reichsverfassung von Weimar, als verbindlich anerkannt und gewahrt worden sind".[176] Diese Elemente prägen die Gestalt des Beamtentums so stark, dass eine Abschaffung einer Beseitigung des Beamtentums an sich gleichkommen würde.[177] Zu diesen Grundsätzen zählen solche Elemente, die in der allgemeinen Wahrnehmung typischerweise mit dem Berufsbeamtentum verbunden werden, wie etwa das Lebenszeitprinzip, das Alimentationsprinzip und die Hauptberuflichkeit.[178] Ebenso gehört zu diesen Grundsätzen aber auch die Pflicht zur unparteiischen Amtsführung mindestens im Sinne einer politischen Neutralität.[179]

2. Herleitung aus einem Beamtenethos

a) Berufsethos in Vergangenheit und Gegenwart

Fraglich ist weiterhin, ob der Gedanke einer politisch neutralen Amtsführung bereits 79
aus einem dem Beamtentum innewohnenden Berufsethos abgeleitet werden kann. Geht man die Problematik des Berufsethos allgemeiner an, zunächst unabhängig vom Beruf des Beamten, stellt man relativ schnell fest, dass es in bestimmten Bereichen ein Berufsethos durchaus gibt und dies für einen jeden auch selbstverständlich ist. Ein Arzt ohne Berufsethos, vor allem abgeleitet aus dem hippokratischen Eid, ist nur schwer vorstellbar. Ebenso ist unbestritten, dass es zur Tätigkeit eines Feuerwehrmanns gehört, dass ihm sein Berufsethos vorschreibt, sein Leben bei der Rettung etwaiger Brandopfer einzusetzen.[180] Diese Beispiele lassen sich mit Polizisten, Soldaten, Rettungsschwimmern usw. beliebig fortführen. Das beweist zunächst, dass ein Berufsethos an sich durchaus auch in heutiger Zeit noch existent ist und in bestimmten Bereichen als anerkannt gilt.

In der Geschichte hat sich auch ein spezifisches Berufsethos für die Beamtenschaft entwi- 80
ckelt, das sich im Laufe der Zeit gewandelt hat.[181] Die Basis dafür bildete die Regentschaft Friedrichs des Großen. Der König, der sich selbst als erster Diener des Staates ansah, erwartete in seinem Staat der Aufklärung von seinen Beamten zuallererst Verantwortung gegenüber dem Staat. Damit war die vornehmlichste Pflicht nicht mehr die Verantwortung gegenüber Gott. Diese Einstellung prägte das Bild des Staatsdieners. Da Friedrich

[176] St. Rspr. BVerfG, siehe nur BVerfGE 8, 332 (343); für die Literatur statt vieler Lecheler in: Isensee/Kirchhof HStR V, § 110 Rn. 52 f.

[177] So z. B. BVerfGE 114, 258 (286); vgl. auch Wichmann in: Wichmann/Langer, S. 50 Rn. 23; ähnlich auch Scheerbarth/Höffken/Bauschke/Schmidt, Beamtenrecht, S. 87.

[178] Badura in Maunz/Dürig, GG, Art. 33 Rn. 67; Hense in: BeckOK GG, Art. 33 Rn. 45 f.

[179] So zu verstehen z. B. BVerfGE 7, 155 (162); sehr ausführliche und systematische Herleitung bei Baltes, Neutralität des Berufsbeamten, S. 48–103; statt vieler zustimmenden Ansichten vgl. zu Hohenlohe, VerwArch 2016, 62 (65) m. w. N.

[180] Beispiele nach Vogelsang, ZBR 1997, 33.

[181] Morstein Marx, VerwArch 1963, 323 (324).

der Große sich im Gegensatz zu anderen (vorangegangenen) absolutistischen Herrschern in Europa nicht mehr als Privateigentümer des Staates samt Bevölkerung ansah, sondern eben als deren Diener, war auch sein Beamtenapparat Diener des (gesamten) Staates und damit auch des Staatsvolkes. Dies mündete dann in beamtenrechtlichen Regelungen des Preußischen Allgemeinen Landrechts, die unter dem Titel „Diener des Staates" zusammengefasst wurden.[182]

81 Im Laufe der Zeit erfuhr dieses berufsethische Selbstverständnis der Beamten einen Wandel, es wurde auch durch die sich teilweise stark ändernden Rahmenbedingungen geprägt, zu nennen sind nur die Fremdherrschaft durch Napoleon, der Übergang von Monarchie zu Demokratie und das NS-Regime. Dies führte zu tiefgreifenden Veränderungen des Selbstverständnisses der Beamten, auf dem das Beamtenethos fußt, man denke nur an den Wechsel weg von der persönlichen Dienstbeziehung gegenüber dem Monarchen hin zur Verpflichtung gegenüber Verfassung und Gemeinwohl.[183]

b) Erforderlichkeit und Anerkennung

82 Doch trotz der Änderungen ist ein konkretes Beamtenethos nach wie vor erforderlich. Darüber hinaus ist der Beamtenschaft (zumindest überwiegend) diese Erforderlichkeit bewusst, und sie orientiert sich an diesem Ethos. Während die Erforderlichkeit mit einem staatstheoretisch-dogmatischen Ansatz zu begründen ist, lässt sich für die Anerkennung unter den Beamten ein empirisch-fundierter Beleg anführen.

83 So wird die Notwendigkeit eines Beamtenethos zum einen aus den Aufgaben hergeleitet, die an den Beamtenapparat gestellt werden. Da die Verfassung den Beamten verpflichtet, dem gesamten Volk zu dienen und gleichzeitig Garant für Verfassungsgrundsätze wie die Staatsstrukturprinzipien und die Grundrechte zu sein, sei es unumgänglich, dass der Beamtenschaft eine spezielle Dienstauffassung innewohnt, die über eine bloße „Arbeitsmoral" hinausgeht.[184] In eine ähnliche Richtung geht die Ansicht, die die Erforderlichkeit einer berufsethischen Pflicht zur Neutralität auf das Vorhandensein des „Verwaltungsstaats" zurückführt. Denn der Umstand, dass die Verwaltung einerseits in nicht gesetzlich normierten Bereichen der Planung und Leistung an Gesetzesinitiativen mitwirkt und ihr andererseits bei dem Gesetzesvollzug häufig Ermessensspielräume eingeräumt sind, macht die Verwaltung zum Machtfaktor. Dieser Machtfaktor wird von den um die Macht konkurrierenden politischen Parteien gesehen und berücksichtigt, daher ist es essenziell wichtig, dass die Beamtenschaft sich in ihrem Selbstverständnis als tatsächlich unparteilich und unparteiisch sieht und entsprechend ihren Dienst verrichtet.[185] Beiden Argumentationssträngen ist recht zu geben.

---

182 Vgl. zum Ganzen Feindt, DÖD 81, 1 (7 f.).
183 Becker, Abgrenzung von Beamten und Arbeitnehmern, S. 272.
184 Vogelsang, ZBR 1997, 33 (34 f., 37).
185 Feindt, DöD 81, 1 (20).

Die angesprochene empirische Perspektive[186] untermauert die Bereitschaft der Beamten, die Prinzipien des Beamtenethos zu achten. Dies zeigt sich zunächst anhand der Aussagen, dass für fast alle Beamten eine Publikumsorientierung selbstverständlich ist, sie dem Bürger weit überwiegend eine Kontrolle des eigenen Verwaltungshandelns zugestehen[187] und sie weit überwiegend das dringende Dienstgeschäft dem privaten Interesse an Freizeit und Erholung überordnen.[188] Diese Punkte hängen zwar nicht unmittelbar mit dem (ebenfalls vom Berufsethos umfassten) Neutralitätsgebot zusammen, zeigen aber zunächst deutlich auf, dass die grundsätzliche Orientierung am Berufsethos vorhanden ist. 84

Der Annahme einer Identifizierung mit dem Neutralitätsgebot zu widersprechen scheint zunächst der Umstand, dass beide Untersuchungen zu dem Ergebnis kommen, dass die Tendenz der Beamtenschaft zu einer Identifikation mit Zielen von Interessensgruppen neigt und diesen gestatten will, Einfluss auf die eigene Arbeit zu nehmen.[189] Ein solcher Einfluss von Interessensgruppen passt grundsätzlich nicht ins klassische Schema einer neutralen Amtsausübung. Jedoch muss dieses Teilergebnis im Zusammenhang mit der zuvor angesprochenen Publikumsorientierung gesehen werden. Im Rahmen dieser vom Neuen Steuerungsmodell geforderten Service- und Bürgerorientierung richtet sich die „neue Beamtengeneration" entsprechend an den organisierten Kräften aus der Bürgerschaft aus.[190] Der Dienst am Volk wird von den Beamten immer weniger als die Fokussierung eines diffusen Gemeinwohls verstanden. Vielmehr werden konkrete Anliegen und formulierte Ziele zur Verwirklichung des Volkswillens zugrunde gelegt. Deutlich für die Annahme eines berufsethischen Neutralitätsgebots steht die nunmehr vorhandene mehrheitliche Zustimmung zur politischen Dienstneutralität. Während in der Untersuchung von 1973 nur 38 % der Beamten dazu bereit waren, bei der Amtsausübung von den eigenen politischen Überzeugungen abzusehen und entsprechend der politischen Ausrichtung der jeweiligen Regierung zu handeln, waren es bei der Untersuchung von 2003 bereits 51,2 %. Dieser deutliche Anstieg zeigt, dass die Pflicht zur parteipolitischen Neutralität im Laufe der Jahrzehnte für die Beamten erheblich an Bedeutung gewonnen hat.[191] 85

Vereinzelt werden die Ergebnisse der Untersuchung von Luhmann/Mayntz auch in eine entgegengesetzte Richtung gedeutet. So ließen die gestiegene Publikumsorientierung und die gestiegene Bereitschaft, sich aktiv mit gesellschaftlichen Gruppen zu identifizieren, darauf schließen, dass sich die Beamten weg vom besonderen Dienst- und Treueverhältnis in Richtung eines „Arbeitnehmerbewusstseins" orientieren würden.[192] Soweit damit verbunden 86

[186] Luhmann/Mayntz, Personal im öffentlichen Dienst, 1973; Auf dem Hövel, Politisierung der öffentlichen Verwaltung, 2003. Luhmann/Mayntz untersuchten hierbei die Einstellung von Beamten von einzelnen Bundes- und allen niedersächsischen Landesministerien, den damaligen niedersächsischen Bezirksregierungen, den Kommunalverwaltungen von Bielefeld, Hagen und Osnabrück und der Verwaltung des Stadtstaates Bremen. Auf den Hövel führte dieselbe Untersuchung im Stadtstaat Hamburg durch.

[187] In der aktuelleren Untersuchung von Auf dem Hövel stimmen dieser These 71 % zu, während es bei Luhmann/Mayntz noch 56 % waren.

[188] Luhmann/Mayntz, S. 335–352; Auf dem Hövel, S. 119–123.

[189] Luhmann/Mayntz, S. 344; Auf dem Hövel, S. 121 f.

[190] Auf dem Hövel, S. 122.

[191] Luhmann/Mayntz, S. 346; Auf dem Hövel, S. 123 f.

[192] Becker, S. 276 f.

wird, dass die Beamten sich von dem für sie typischen Berufsethos abwenden, ist dieser Einschätzung zu widersprechen. Schon die steigende Bürgerorientierung allein lässt einen anderen Schluss zu, denn die gesteigerte Orientierung am Bürger (= Staatsvolk) zeigt gleichzeitig eine gesteigerte Verantwortung gegenüber dem Staat. Diese Ausrichtung präsentiert einen modernen Staatsdiener, ganz im Sinne des Modells von Friedrich dem Großen, mit dem Unterschied, dass die Aufgaben der Verwaltung mehr und vielfältiger geworden sind, vor allem erweitert um ein großes Volumen an Aufgaben aus der Leistungsverwaltung. Am grundsätzlichen Bewusstsein der Verantwortlichkeit gegenüber Bürger/Volk/Staat ändert das nichts. Dem Einwand, dass die Bereitschaft, sich mit Interessensgruppen zu identifizieren, ebenfalls für eine Abkehr vom Beamtenethos spreche,[193] ist mit den obigen Ausführungen zu begegnen, dass diese Bereitschaft maßgeblich mit der Bürgerorientierung zusammenhängt. Wird hierin eine Entwicklung der Beamten zum „Fürsprecher des Bürgers gegenüber dem Staat" gesehen,[194] so wird verkannt, dass das Volk nicht vom Staat bzw. der Staatsgewalt zu trennen ist, da dies ein Widerspruch zu Art. 20 Abs. 2 S. 1 GG wäre. Ein Verweis auf die Untersuchung von Ronneberger/Rödel[195] zur Unterstützung der These von der Abkehr der Beamten von ihrem speziellen Berufsethos[196] ist nicht nachvollziehbar. In dieser kommen die Autoren bei der Befragung von Beamten aus dem gehobenen Dienst (gD) und höheren Dienst (hD) u. a. zu folgenden Erkenntnissen:

- 60 % der Befragten aus dem gD und 59,1 % der Befragten aus dem hD sprechen sich für ein besonderes Berufungserfordernis für die Berufsbeamtenschaft aus.
- 56,3 % der Befragten aus dem gD und 53 % der Befragten aus dem hD sprechen sich für eine besondere Verantwortlichkeit im Beamtenberuf aus.
- 59,3 % der Befragten aus dem gD und 60,6 % der Befragten aus dem hD sprechen sich dafür aus, dass der Beamte dem Staat gegenüber zu Gehorsam, Treue und Pflichterfüllung verbunden ist und nicht ein Arbeitnehmer wie jeder andere ist.

87 Diese Ergebnisse lassen keinesfalls den Schluss zu, dass die Beamtenschaft im Jahr 1971 die Grenzen zwischen Staatsdienst im Beamtenverhältnis und einem privaten Arbeitsverhältnis hat verschwimmen sehen. Insgesamt ist damit festzustellen, dass das berufsethische Selbstverständnis der Beamten weit von der Sicht der Gesellschaft auf die Beamtenschaft abweicht. Die Beamten erkennen ein Berufsethos nach wie vor an, womit für sie auch die Pflicht zur Neutralität bei der Amtsausübung zu den Grundwerten ihrer dienstlichen Tätigkeit gehört.

3. Normierung im Beamtenrecht

88 Bei den gesetzlichen Regelungen zum Neutralitätsgebot ist zunächst zwischen den Beamten, die im unmittelbaren Dienst des Bundes stehen, und den übrigen Beamten zu unterscheiden. Für die Bundesbeamten hat der Bund gem. Art. 71, 73 Abs. 1 Nr. 8 GG die ausschließliche

[193] Ebenda.
[194] So in etwa bei Becker, S. 275–277.
[195] Ronneberger/Röder, Beamte im gesellschaftlichen Wandlungsprozess, 1971.
[196] Becker, S. 277.

Gesetzgebungskompetenz. Von dieser hat er in Form des Bundesbeamtengesetzes Gebrauch gemacht. Es regelt die Statusrechte und -pflichten der Bundesbeamten, enthält aber auch ergänzende Regelungen, wie etwa zum Bundespersonalausschuss, zu Rechtsfolgen der Umbildung einer Körperschaft und ähnlichen speziellen Fällen.

Das Beamtenstatusrecht für die Beamten der Länder, Kommunen und anderen Körperschaften des öffentlichen Rechts ist gem. Art. 72 Abs. 1, 74 Abs. 1 Nr. 27 GG Gegenstand der konkurrierenden Gesetzgebung. Dieses Feld wird durch das BeamtStG abgedeckt, dieses regelt die Statusrechte und -pflichten bundeseinheitlich für alle Landes-, Kommunal- und Körperschaftsbeamten. Zur Neutralität enthält das BeamtStG in § 33 Abs. 1 S. 1, 2 exakt dieselbe Regelung wie § 60 Abs. 1 S. 1, 2 BBG. 89

Die Länder, denen gem. § 74 Abs. 1 Nr. 27 GG ohnehin die Kompetenz für das Recht der Laufbahnen, Besoldung und Versorgung zukommt, haben in eigenen Landesbeamtengesetzen gemäß der Kompetenz aus Art. 70 Abs. 1 GG ergänzende und konkretisierende Vorschriften. Diese verweisen entweder auf das BeamtStG[197] und/oder enthalten weitergehende spezielle Regelungen zu konkreten Fragestellungen, wie dies auch im BBG der Fall ist. Entsprechend enthalten die Beamtengesetze der Länder teilweise sehr unterschiedliche Regelungen zur Neutralität. 90

a) Neutralität im Bundesrecht

Auf Bundesrechtsebene ist die Pflicht zur Neutralität in § 60 Abs. 1 S. 1, 2 BBG für die Bundesbeamten und inhaltsgleich in § 33 Abs. 1 S. 1, 2 BeamtStG für alle übrigen Beamten festgehalten. Diese Formel, die auf Art. 130 Abs. 1 WRV zurückgeht, legt in Satz 1 zunächst die Stellung des Beamten fest,[198] und zwar dass er Diener des gesamten Volkes und nicht einer Partei ist. Der Begriff „Partei" bezieht sich dabei auf politische Parteien.[199] Lenders spricht zwar davon, dass der Beamte keine parteipolitische Neutralität wahren muss,[200] jedoch bezieht sich diese Aussage offensichtlich nicht auf die dienstliche Tätigkeit des Beamten, sondern auf seine außerdienstliche politische Betätigung. Die Stellung des Beamten als Diener des ganzen Volkes soll gewährleiten, dass der Beamte nicht zum Spielball des oben erwähnten politischen Kräftespiels wird. Er soll eine überparteiliche Institution sein,[201] die als Ausgleichsfaktor dient,[202] und gerade keinen verlängerten Arm der politischen Parteien darstellen.[203] 91

[197] Stark ausgeprägt z. B. im Beamtengesetz für das Land Mecklenburg-Vorpommern (Landesbeamtengesetz – LBG M-V) und im Niedersächsischen Beamtengesetz (NBG).

[198] Metzler-Müller in: Metzler-Müller/Rieger/Seeck/Zentgraf, BeamtStG 3. Auflage, § 33 S. 309.

[199] Hampel in: Franke/Weiß, BBG, § 60 Rn. 6 f.; Werres in: BeckOK BeamtenR Bund, BeamtStG, § 33 Rn. 3 f.; Kugele in: Kugele/Tegethoff, BeamtStG, § 33 Rn. 5; nicht so differenziert: Plog/Wiedow, BBG 2009, § 60 Rn. 2 ff.

[200] Lenders, § 33 Rn. 627.

[201] Hailbronner verwendet den Begriff „pouvoir neutre", ZaöRV 2009, 267 ff.

[202] Hampel in: Franke/Weiß, BBG, § 60 Rn. 6.

[203] Hailbronner, ZaöRV 2009, 267 (274).

92 Dem schließt sich in Satz 2 die Pflicht an, die übertragenen Aufgaben unparteiisch und gerecht zu erfüllen. Diese Verpflichtung verbietet, sich von den Interessen einer Partei, eines Verbands oder einer sonstigen Organisation leiten zu lassen.[204] Darüber hinaus enthält sie das Verbot, in eigenen Angelegenheiten und in denen von Angehörigen tätig zu werden.[205]

b) Neutralität im Landesrecht

aa) Fokus auf Ausschluss vom Verfahren

93 Die Landesgesetzgeber haben, anders als der Bundesgesetzgeber es in § 60 BBG getan hat, davon abgesehen, die Neutralitätsformel des § 33 Abs. 1 S. 1, 2 BeamtStG wortgleich in ihre Beamtengesetze zu übernehmen. Vielmehr wurde die Pflicht zur Neutralität in allen landesrechtlichen Regelungen jeweils in Form des Ausschlusses bzw. der Befreiung von Amtshandlungen umgesetzt. Der Beamte soll dabei von Amtshandlungen ausgeschlossen bzw. befreit werden, die sich gegen ihn selbst oder einen Angehörigen richten würden. Dabei verweist ein Teil der Vorschriften[206] zur Definition des Angehörigenbegriffs auf das Recht des Strafprozesses. Angehörige sind demnach solche Personen, für die bei dem Beamten ein Zeugnisverweigerungsrecht bestünde. Die übrigen Landesgesetze halten sich bei der Definition des Angehörigenbegriffs entweder zurück,[207] formulieren selbst spezielle Fallgruppen[208] oder – und diese Vorgehensweise ist weit überwiegend vorhanden – verweisen auf die Regelungen der landeseigenen Verwaltungsverfahrensgesetze, die wiederum §§ 20 und 21 VwVfG des Bundes entsprechen. Hierbei erweitern diese Vorschriften den Anwendungsbereich auch auf Amtshandlungen, die kein Verwaltungsverfahren i. S. d. § 9 VwVfG darstellen.

94 Insgesamt ist diese Vorgehensweise nachvollziehbar, denn es wäre überflüssig, in den Landesbeamtengesetzen den Wortlaut des für die Landes- und Kommunalbeamten ohnehin geltenden § 33 Abs. 1 BeamtStG zu wiederholen. Insoweit besteht hier ein Unterschied zu den Bundesbeamten, für die es kein Beamtenstatusgesetz mit einer entsprechenden Regelung gibt.

bb) Sonderfall Hessen

95 Der hessische Gesetzgeber schaffte jedoch neben der erwähnten „Standardvorschrift" zum Ausschluss von Amtshandlungen (§ 48 HBG) i. S. v. § 20 VwVfG eine spezielle Regelung zur Neutralität. § 45 HBG (entspricht § 68 Abs. 2 HBG a. F.), der mit „Neutralitätspflicht" überschrieben ist, sieht vor, dass sich Beamte im Dienst politisch, weltanschaulich und religiös neutral zu verhalten haben. Der hessische Gesetzgeber konkretisiert damit den

[204] Plog/Wiedow, BBG 2009, § 60 Rn. 6; Kugele in: Kugele/Tegethoff, BeamtStG, § 33 Rn. 5.
[205] Wichmann, S. 376 f.; Lenders, § 33 Rn. 628.
[206] Namentlich § 48 Abs. 2 HBG (Hessen), § 47 Abs. 1 LBG NRW, § 52 LBG (Baden-Württemberg), § 39 Abs. 1 ThürBG, § 57 Abs. 2 SBG (Saarland), § 57 Abs. 1 LBG LSA.
[207] So § 49 LBG (Berlin).
[208] Vgl. § 66 Abs. 2 SächsBG.

Wortlaut von § 33 Abs. 1 S. 1 und S. 2 BeamtStG, so wie es sonst die das Beamtenstatusrecht kommentierende Literatur tut.[209]

§ 45 S. 2 HBG geht dann auf die Problematik des äußeren Erscheinungsbildes von Amtsträgern in Bezug auf die Neutralität ein. So ist verboten, Kleidungsstücke, Symbole oder andere Merkmale zu tragen oder zu verwenden, die objektiv geeignet sind, das Vertrauen in die Neutralität ihrer Amtsführung zu beeinträchtigen oder den politischen, religiösen oder weltanschaulichen Frieden zu gefährden. Entscheidend für die Frage der Tragweite der „äußerlichen Neutralität" ist hier § 45 S. 3 HBG. Denn danach ist für die Entscheidung, ob eine Verletzung der Neutralität i. S. v. § 45 S. 1 und S. 2 HBG vorliegt, der christlich und humanistisch geprägten abendländischen Tradition des Landes Hessen angemessen Rechnung zu tragen. 96

In einem Streit zwischen der bayerischen Staatsregierung und einer Referendarin hat das VG Augsburg das seit acht Jahren praktizierte Kopftuchverbot für unzulässig erklärt, da es hierfür an einer gesetzlichen Grundlage mangele.[210] Diese Entscheidung erinnert stark an die „Kopftuch-Entscheidung" des BVerfG aus dem Jahr 2003, bei der ebenfalls das Fehlen einer Rechtsgrundlage der Grund für die Unzulässigkeit des Kopftuchverbots war.[211] Daraus könnte sich folgender logische Schluss ziehen lassen: Bestünde im bayerischen Beamtenrecht eine Regelung wie § 45 HBG, so dürfte dieses Verfahren anders ausgegangen sein, da für das öffentlich-rechtliche Ausbildungsverhältnis, in dem die Rechtsreferendare stehen, gem. Art. 32 LlbG (Leistungslaufbahngesetz Bayern) die beamtenrechtlichen Pflichten des BayBG gelten. 97

c) Ergebnis

Insgesamt ist somit für die Konkretisierung im Beamtenrecht festzuhalten, dass diese hauptsächlich nur im Bundesrecht, dabei aber sowohl für Bundesbeamte als auch für alle Beamten der Länder, Gemeinden und Gemeindeverbände sowie der sonstigen der Aufsicht eines Landes unterstehenden Körperschaften, Anstalten und Stiftungen des öffentlichen Rechts, normiert ist. Dabei verwenden § 60 Abs. 1 BBG für die Bundesbeamten und § 33 Abs. 1 BeamtStG für die übrigen Beamten dieselbe Gesetzformel, nach der die Beamten dem gesamten Volk und nicht einer Partei dienen und ihre Aufgaben unparteiisch und gerecht zu erfüllen haben. Die Länder hingegen beschränken sich hauptsächlich auf den Ausschluss wegen Befangenheit. Eine Ausnahme bildet dabei das Hessische Beamtengesetz, das in § 45, dessen Überschrift „Neutralitätspflicht" bereits einen deutlichen Aussagegehalt hat, regelt, dass sich Beamte im Dienst politisch, weltanschaulich und religiös neutral zu verhalten haben. 98

---

[209] Kugele in: Kugele/Tegethoff, BeamtStG, § 33 Rn. 5; Metzler-Müller in: Metzler-Müller/Rieger/Seeck/Zentgraf, BeamtStG 3. Auflage, § 33 S. 309; Werres in: BeckOK BeamtenR Bund, BeamtStG, § 33 Rn. 2–8.

[210] VG Ausgsburg, BeckRS 2016, 47972; der Begründung des Urteils zustimmend Muckel, JA 2017, 78.

[211] BVerfGE 108, 282.

4. Mäßigungspflicht als Ergänzung

99 In Bezug auf eigene politische Ansichten und politische Einflüsse von außen ist der Beamte jedoch nicht nur während seiner Amtsführung bestimmten Regelungen und Beschränkungen unterworfen. Außerhalb seiner Eigenschaft als Beamter, d. h. in seiner privaten Lebensführung, hat er im Zusammenhang mit seiner politischen Betätigung bestimmte Grundsätze zu Beamten.

100 Gem. § 33 Abs. 2 BeamtStG und § 60 Abs. 2 BBG hat der Beamte bei politischer Betätigung diejenige Mäßigung und Zurückhaltung zu wahren, die sich aus seiner Stellung gegenüber der Allgemeinheit und aus der Rücksicht auf die Pflichten seines Amtes ergeben. Die Vorschrift ist in beiden Gesetzen inhaltsgleich und gilt daher auf identische Art und Weise für Beamte des Bundes, der Länder, der Kommunen und aller anderen öffentlichen Stellen mit Dienstherrenfähigkeit. Zunächst wird daraus deutlich, dass dem Beamten eine politische Betätigung grundsätzlich erlaubt ist.[212] Gleichzeitig stellen diese Normen nach weit überwiegender Ansicht allgemeine Gesetze i. S. d. Art. 5 Abs. 2 GG dar und dienen damit als Schranken für die Meinungsfreiheit aus Art. 5 Abs. 1 GG, die dem Beamten in seiner Rolle als Staatsbürger zukommt.[213]

101 Hieraus leitet sich auch die Funktion dieser Regelungen ab. Es geht vor allem darum, die Funktionsfähigkeit der öffentlichen Verwaltung aufrechtzuerhalten und das Vertrauen der Bürger in diese Funktionsfähigkeit zu stärken und zu bewahren.[214] Teilweise wird darin auch die Intention gesehen, bereits die Gefahr der illoyalen Aufgabenerfüllung durch Sanktionierung zu beseitigen.[215] Doch auch dieser Ansatz zielt in eine ähnliche Richtung, geht es doch am Ende jeweils grundsätzlich um die Sicherung einer effektiven und effizienten Aufgabenerfüllung. Da die Effektivität der Aufgabenerfüllung direkt mit den einzelnen Anforderungen an das jeweilige Amt einhergeht, ist bei der Bestimmung von Inhalt und Umfang der Mäßigungspflicht auf das konkrete Amt abzustellen.[216]

102 Bezüglich Inhalt und Umfang der Pflicht ist abzugrenzen zwischen dienstlichem und außerdienstlichem Verhalten des Beamten.[217] Was den Bereich des Dienstes angeht, so gelten in Bezug auf politische Betätigung selbstverständlich zunächst die Vorgaben der Neutralitätspflicht bei der Amtsführung. Jedoch kann auch im Dienst die politische Gesinnung bzw. politische Betätigung des Beamten außerhalb der klassischen Aufgabenerfüllung – wie etwa das Treffen von Entscheidungen und die Durchführung der entsprechenden Maßnahmen – relevant werden. So können etwa Gespräche mit Kollegen, die keinen oder nur einen eingeschränkten Dienstbezug haben, auch zu politischem Meinungsaustausch

[212] Vgl. statt vieler Frowein, Politische Betätigung von Beamten, S. 18; Reich, BeamtStG 2. Auflage, § 33 Rn. 9.

[213] BVerfG, NJW 1983, 2691; Metzler/Müller in: Metzler-Müller/Rieger/u. a., BeamtStG 3. Auflage, § 33 S. 320; Wichmann in: Wichmann/Langer, Rn. 202, S. 373.

[214] Lenders, BeamtStG, § 33 Rn. 634; Reich, BeamtStG 2. Auflage, § 33 Rn. 9; Battis, BBG 4. Auflage, § 60 Rn. 17.

[215] Lenders, BeamtStG, § 33 Rn. 633.

[216] Lachmann, DÖD 1974, 217 (219) Literaturverzeichnis; Frowein, Politische Betätigung von Beamten, S. 22, spricht vom relevanten Unterschied zwischen dem Postsekretär und einem Ministerialbeamten.

[217] So z. B. Battis, BBG 4. Auflage, § 60 Rn. 18 f.; Metzler-Müller in: Metzler-Müller/Rieger/u. a., BeamtStG 3. Auflage, § 33 S. 318–321.

führen. Zwar sind solche politischen Meinungsäußerungen im Rahmen einer privaten Diskussion zulässig, soweit sie Arbeitsleistung und Betriebsklima nicht beeinträchtigen. Gezielte Agitationen sind jedoch verboten.[218] Dazu zählt dann u. a. auch die Werbung für den Eintritt in eine Partei oder auch die Verteilung entsprechenden Werbematerials.[219] Aber auch die Einrichtung des Dienstplatzes, wie etwa das Telefon, darf nicht für die politische Betätigung verwendet werden. Insgesamt gilt daher für den dienstlichen Bereich, dass eine klare Trennung zwischen Amtsführung und Meinungskampf (nicht bloßer Meinungskundgabe in verhältnismäßigem Ausmaß) stattzufinden hat.[220]

Doch die (mit der Rechtsstellung als Beamter einhergehende) Mäßigungspflicht wirkt 103
auch in den privaten Bereich des Beamten, also in seine Funktion als Staatsbürger, hinein. Grundsätzlich gilt zunächst, dass die Neutralitätspflicht, der der Beamte im Dienst unterliegt, hier keine Wirkung entfaltet.[221] Jedoch muss diese politische Betätigung zur Förderung und Sicherung der o. g. Funktionsfähigkeit der Verwaltung und des Vertrauens der Bürger beschränkt werden.

Zunächst bedeutet das, dass der Beamte bei seiner politischen Betätigung, die er in seiner 104
Rolle als Staatsbürger vornimmt, keinerlei Bezüge zu seinem Amt herstellen darf. Dazu gehört, dass er z. B. bei Leserbriefen neben seinem Namen nicht die Amtsbezeichnung angeben soll.[222] Dies erfolgt zum einen aus eben genanntem Gebot vollständiger Trennung zwischen Amtsführung und politischem Meinungskampf. Zum anderen soll der Beamte so nicht die Autorität des staatlichen Amtes in Anspruch nehmen können, um sich einen Vorteil gegenüber seinen Wettbewerbern zu verschaffen.[223]

Auf inhaltlicher Ebene ist es für Beamte im Rahmen ihrer privaten politischen Betätigung 105
unzulässig, unangemessene Kritik an der Politik ihres Dienstherrn zu äußern. Eine solche liegt insbesondere bei gehässigen, agitatorischen und aufhetzenden Äußerungen vor.[224] Eine solche unangemessene Kritik am Dienstherrn kann (neben ihrer zusätzlichen Unvereinbarkeit mit der Treuepflicht)[225] beim Volk zur Annahme einer Befangenheit des Beamten führen. Darüber hinaus lässt sie die Politik des jeweiligen Dienstherrn unglaubwürdig erscheinen.[226] Weiterhin ist es dem Beamten verboten, seinen politischen Kontrahenten mit Beleidigungen und Schmähungen[227] sowie auch mit beweisbar unwahren Tatsachen-

[218] Battis, BBG 4. Auflage, § 60 Rn. 18.

[219] Metzler-Müller in: Metzler-Müller/Rieger/u. a., BeamtStG 3. Auflage, § 33 S. 317.

[220] Reich, BeamtStG 2. Auflage, § 33. Rn. 9.

[221] Vgl. hierzu die Entstehungsgeschichte der Mäßigungsklausel im BBG. Während der Regierungsentwurf für den Beamten noch das Verbot vorsah, in der Öffentlichkeit als aktiver Anhänger einer politischen Partei aufzutreten (BT-Drs. I/2846, S. 42). Dem Widerspruch des Bundesrats, der eine solche Einschränkung für die Beamten nicht für gerechtfertigt hielt (BR-Drs. 562/51 S. 4), schloss sich auch der Bundestag an (BT-Drs. 4246, S. 11).

[222] Metzler-Müller in: Metzler-Müller/Rieger/u. a., BeamtStG 3. Auflage, § 33 S. 319.

[223] BVerwGE 78 216; 84, 292 (298); BVerwG, NJW 1988, 1747 (1748).

[224] Frowein, Politische Betätigung von Beamten, S. 21.

[225] Battis, BBG 4. Auflage, § 60 Rn. 21.

[226] Vgl. zu beiden Punkten Frowein, Politische Betätigung von Beamten, S. 25.

[227] BVerfGE 61, 1 (7); 66, 116 (149).

behauptungen[228] zu begegnen. Auch damit soll einem Vertrauensverlust in die Objektivität und Sachlichkeit des Beamtenapparats vorgebeugt werden.

106 Im Ergebnis ist festzuhalten, dass das Mäßigungsgebot vor allem für die Bereiche relevant ist, in denen der Beamte sich außerhalb seiner unmittelbaren Amtsführung befindet. Es dient der Effektivität der staatlichen Aufgabenerfüllung und der Erhaltung und Steigerung des Vertrauens der Bürger in Sachlichkeit und Unparteilichkeit des Beamtenapparats. Die Geltung des Mäßigungsgebots erstreckt sich naturgemäß auf den außerdienstlichen Lebensbereich des Beamten in seiner Rolle als Staatsbürger. In diesem hat der Beamte stets darauf zu achten, dass er bei seiner politischen Betätigung auf keinen Fall Bezüge zu seinem Amt herstellt, z. B. unter Verwendung seiner Amtsbezeichnung. Darüber hinaus ist er dazu angehalten, seine Kritik an der Politik seines Dienstherrn verhältnismäßig und auf angemessene Art und Weise zu gestalten. Schließlich hat er sich bei dem politischen Meinungskampf korrekt zu verhalten und von Beleidigungen und unwahren Tatsachenbehauptungen abzusehen. Während seiner dienstlichen Betätigung hat der Beamte darauf zu achten, dass er bei Gesprächen und Diskussionen zu politischen Themen keine Agitation betreibt.

[228] BVerfGE 90, 214 (248).

D. ANWENDUNG DER (KONKRETISIERTEN) GRUNDELEMENTE

Nachdem im vorangegangenen Kapitel die grundsätzlichen Elemente für die Pflicht zur politischen Neutralität sowie die für den Bereich der Beamten konkretisierenden Bestimmungen dargestellt und erörtert worden sind, soll im vorliegenden Kapitel näher beleuchtet werden, ob und wieweit die Grundelemente und konkreten Bestimmungen auf ausgewählte Gruppen von Amtsträgern Anwendung finden und in welchem Umfang dadurch bei ihnen eine entsprechende Neutralitätspflicht ausgelöst wird. Zu den ausgewählten Amtsträgergruppen sollen dabei die Amtsträger im öffentlich-rechtlichen Amtsverhältnis – konkret der Bundespräsident und die Regierungsmitglieder auf Bundes- und Länderebene –, die sog. politischen Beamten und die Wahlbeamten, betrachtet werden. Für die Darstellungen und argumentativen Erörterungen in diesem Kapitel sollen dabei stets nur solche Ansätze berücksichtigt werden, die der bisherige Meinungsstand zu der vorliegenden Thematik hergibt. Erst im nachfolgenden Verlauf sollen in Kap. E und F diese Ansätze hinterfragt und weiterentwickelt werden. 107

I. ÖFFENTLICH-RECHTLICHES AMTSVERHÄLTNIS

1. Bundespräsident

Da sich der Bundespräsident aufgrund seiner besonderen Stellung keiner der in Kap. C. I.1 genannten Kategorien zuordnen lässt, wird er im Hinblick auf seine Pflicht zur politischen Neutralität gesondert betrachtet. Zwar ist dies in der aktuellen Fassung des BMinG nicht mehr ausdrücklich geregelt, dennoch ist vor dem Hintergrund der generellen Zielsetzung dieser Rechtsmaterie davon auszugehen, dass die beamtenrechtlichen Vorschriften auf die Kabinettsmitglieder keine Anwendung finden, soweit dies nicht besonders gesetzlich geregelt ist.[229] Wegen der angesprochenen Besonderheit des Bundespräsidentenamtes muss davon ausgegangen werden, dass für dieses dasselbe gilt. Damit bleiben für den Bundespräsidenten nur die Pflichten, die das Grundgesetz explizit für ihn vorsieht und solche, die sich aus seiner Amtsstellung ergeben. 108

Was die Pflicht zur politischen Neutralität des Bundespräsidenten angeht, schweigt das Grundgesetz. Auch im „einfachen" Recht sucht man derlei Regelungen vergeblich. Die Literatur zeigt hier ein gespaltenes Meinungsbild auf, während sich die Rechtsprechung in Gestalt des Zweiten Senats des BVerfG mit dem „Spinner"-Urteil aus dem Jahr 2014 erstmalig konkret zu dieser Thematik geäußert hat. 109

---

[229] Vgl. dazu BT-Drs. 1/3551, S. 7, Begr. zu § 1.

a) Literatur

110 Einerseits wird eine Neutralitätspflicht des Bundespräsidenten angenommen, die sich bereits aus seiner verfassungsrechtlichen Stellung ergeben soll. Diese Neutralität wird dabei gar zum Strukturmerkmal[230] bzw. zur Verfassungsmaxime erhoben.[231] Dies folge aus dem Mangel an gubernativen Befugnissen, der bedeute, dass der Bundespräsident kein regierender Präsident sei. Daher habe er eine von Parteiinteressen und anderen Einflüssen abgehobene Stellung.[232] Weiterhin spreche auch der – zu seinen Kernaufgaben zählende – Repräsentationsauftrag stark dafür, von ihm „größtmögliche Neutralität" zu verlangen.[233] Denn die Repräsentation beziehe sich auf die Einheit des Staates bzw. den Staat als Ganzes.[234] In eine ähnliche Richtung geht die Argumentation, die aus einer Gesamtschau der Aufgaben ein „Leitbild der Neutralität" ableitet.[235] Kritisch an der verfassungstechnischen Ausgestaltung des Bundespräsidentenamtes wird im Hinblick auf die Neutralitätspflicht jedoch betrachtet, dass es für den Bundespräsidenten eine Vollziehungspflicht der nach Art. 58 GG gegengezeichneten Akte gebe. Dies führe zur praktischen Undurchsetzbarkeit der Neutralitätspflicht.[236] Diese letztgenannte Ansicht nimmt eine Neutralitätspflicht wohl grundsätzlich an, wendet aber gleichzeitig ein, dass es dem Bundespräsidenten faktisch unmöglich ist, dieser nachzukommen.

111 Der Position, die eine verfassungsrechtliche Pflicht zur politischen Neutralität des Bundespräsidenten annimmt, wird in der Literatur aber auch vehement widersprochen. So schränkt Schlaich seine Annahme des „Leitbilds der Neutralität" selbst ein. Denn trotz der grundsätzlichen Bemühung um Neutralität müsse ein Bundespräsident zu der Einschätzung kommen dürfen, dass er seine Pflichten nur dann gewissenhaft erfüllen könne, wenn er einer politischen Partei oder Richtung entgegentritt. Es gebe Situationen, in denen ihn die „Neutralität" geradezu zwinge, sich mit bzw. gegen eine – politische – Richtung zu identifizieren. Ansonsten könne er weder seiner Integrationsaufgabe noch seiner politischen Reservefunktion gerecht werden.[237]

112 Auch Altbundespräsident Herzog gab zu bedenken, dass mit der Annahme einer parteipolitischen Unparteilichkeit bzw. Neutralität das „Wesen des Amtes damit weder vollständig noch in jeder Hinsicht zutreffend umschrieben"[238] sei. Noch konkreter als Schlaich beschrieb er dabei die Situationen, in denen eine Neutralität schlechthin nicht möglich ist, etwa bei der Frage, ob ein Minderheitskanzler ernannt werden oder ob er bei einer gescheiterten Vertrauensfrage den Bundestag auflösen soll. Diese Situationen würden den Bundespräsidenten zwingen, seine Neutralität aufzugeben.

---

230 Mehlhorn, Der Bundespräsident in Deutschland und Österreich, 2010, S. 69.

231 Pernice in: Dreier, GG, 2. Auflage, Art. 54 Rn. 24.

232 Ders., in: Dreier, GG, 2. Auflage, Art. 54 Rn. 23 f.

233 Herzog in: Maunz/Dürig, GG, Art. 54 Rn. 91.

234 Ebenda.

235 Schlaich in: Handbuch des Staatsrechts, Band II, 2. Auflage, § 49 Rn. 82.

236 Gehrlein, DÖV 2007, 280 (284).

237 Zum Ganzen Schlaich in: Handbuch des Staatsrechts, Band II, 2. Auflage, § 49 Rn. 82.

238 Herzog in: Maunz/Dürig, GG, Art. 54 Rn. 91.

Insgesamt lässt sich hier erkennen, dass die Kritik der Literatur an der Annahme einer der verfassungsrechtlichen Stellung des Bundespräsidenten entspringenden Pflicht zur Neutralität sich im Wesentlichen darauf stützt, dass diese praktisch nicht umsetzbar sei. Grundsätzlich sei diese Pflicht zwar vorhanden, jedoch in bestimmten Situationen schlichtweg nicht erfüllbar. 113

b) Rechtsprechung

Wie zuvor erwähnt, besteht die gesamte Rechtsprechung zu Inhalt und Umfang der politischen Neutralitätspflicht des Bundespräsidenten bisher nur aus dem viel beachteten sog. „Spinner"-Urteil des BVerfG. Dieser Entscheidung lag ein Organstreitverfahren zugrunde, in dessen Rahmen die NPD beantragt hatte festzustellen, dass die Äußerungen des Bundespräsidenten vor einer Gruppe von Schülern, in denen dieser die Mitglieder der NPD u. a. als „Spinner" bezeichnet und die Schüler aufgefordert hatte, diesen „ihre Grenzen" aufzuzeigen, die NPD in ihren Rechten aus Art. 21 Abs. 1, 38 Abs. 1 GG verletzten. Der Bundespräsident habe unter Verletzung seiner Neutralitätspflicht ungerechtfertigt in den laufenden Bundestagswahlkampf eingegriffen. Das BVerfG wies den Antrag als unbegründet zurück, da die infrage stehenden Äußerungen des Bundespräsidenten verfassungsrechtlich nicht zu beanstanden seien und die behauptete Verletzung des Rechts auf Chancengleichheit aus Art. 21 Abs. 1, 38 Abs. 1 GG damit nicht vorliege. 114

Die Begründung der Entscheidung vollzieht der erkennende Senat in insgesamt fünf Schritten.[239] Zunächst stellt er eine grundsätzliche Äußerungsbefugnis des Bundespräsidenten zu parteipolitischen Themen fest und umreißt im nächsten Schritt deren Inhalt.[240] Die Basis für die Befugnis, sich zu äußern, sieht das Gericht dabei in der vielzitierten Repräsentations- und Integrationskompetenz des Bundespräsidenten.[241] Bei der Wahl der Themen und der Bestimmung des Inhalts dieser Äußerungen gesteht das Gericht dem Bundespräsidenten einen weiten Gestaltungsspielraum zu. In diesen Gestaltungsspielraum falle auch die Berechtigung, „auf gesellschaftliche Entwicklungen und allgemeinpolitische Herausforderungen entsprechend seiner Einschätzung ein[zu]gehen" und auf etwaige Fehlentwicklungen hinzuweisen.[242] 115

Im dritten Schritt widmet sich der Senat dann den Schranken, denen die genannte Äußerungsbefugnis unterliegt.[243] Hierbei wird eindeutig klargestellt, dass auch das höchste Staatsamt keinesfalls „über dem Gesetz" stehe[244] und nach Art. 1 Abs. 3 und Art. 20 Abs. 3 GG den Grundrechten und Recht und Gesetz unterworfen sei. Unter Verweis auf die Ent- 116

239 Diese Einteilung nach Butzer, ZG 2015, 97 (106).

240 Butzer ZG 2015, 97 (107).

241 Vgl. hierzu und zum Folgenden BVerfG, NVwZ 2014, 1156 (1157 ff.). Im Folgenden zitiert BVerfG/Spinner/Rn.

242 BVerfG/Spinner/Rn. 28.

243 Butzer, ZG 2015, 97 (108).

244 BVerfG/Spinner/Rn. 24.

scheidung zur Öffentlichkeitsarbeit von 1977[245] stellte das Gericht weiterhin fest, dass auch der Bundespräsident grundsätzlich die Chancengleichheit der Parteien bei Wahlen aus Art. 21 Abs. 1 S. 1 und Art. 38 Abs. 1 GG zu wahren hat.

117 Der darauffolgende Schritt der Begründung zeichnet sich dadurch aus, dass das Gericht hier einen spezifischen Verletzungsmaßstab für den Bundespräsidenten in Bezug auf die Chancengleichheit der Parteien herausarbeitet.[246] Dabei schränkt es die in der Entscheidung von 1977 für die Exekutive entwickelten Kriterien unter Berücksichtigung der Besonderheiten des Bundespräsidentenamtes ein. Eine dieser Besonderheiten liege in der bereits angesprochenen Integrationsfunktion des Bundespräsidenten. Diese habe nicht nur zu Äußerungen ermächtigenden Charakter. Vielmehr bilde sie eine Obliegenheit für den Präsidenten, im Interesse des Gemeinwesens das Wort zu ergreifen und die Öffentlichkeit auf die von ihm festgestellten Missstände und Fehlentwicklungen hinzuweisen. Dazu gehöre auch die Möglichkeit, die entsprechenden Verursacher zu benennen. Nur wenn er diese das Zusammenleben gefährdenden Entwicklungen aufzeige, könne der Bundespräsident seiner Integrationsfunktion nachkommen.[247]

118 Die zweite Besonderheit bestehe darin, dass der Bundespräsident anders als die Bundesregierung nicht mit den – anderen – politischen Parteien in direktem Wettbewerb stehe.[248] Darüber hinaus stünden ihm auch nicht solch hohe Mittel zur Verfügung, die es ihm ermöglichen könnten, durch Öffentlichkeitsarbeit auf die Meinungs- und Willensbildung des Volkes entscheidend einzuwirken, um eben diesen Wettbewerb zu verzerren.[249] Die Obliegenheit zur Bewertung und Kommentierung etwaiger Fehlentwicklungen und Missstände und der damit einhergehende Mangel an Beteiligung am politischen Wettbewerb mit den Parteien lassen das BVerfG zu dem Ergebnis gelangen, dass für den Bundespräsidenten ein weniger strenger Maßstab für die Annahme eines Chancengleichheitsverstoßes vorliege.[250] Ergänzend ist noch festzuhalten, dass teilweise angenommen wird, aufgrund dieser Einschränkungskriterien schließe das BVerfG eine verfassungsrechtliche Neutralitätspflicht des Bundespräsidenten per se aus.[251] Für eine solche Deutung mag folgende Formulierung sprechen: „Den verfassungsrechtlichen Erwartungen an das Amt des Bundespräsidenten und der gefestigten Verfassungstradition seit Bestehen der Bundesrepublik Deutschland entspricht es, dass der Bundespräsident eine gewisse Distanz zu Zielen und Aktivitäten von politischen Parteien und gesellschaftlichen Gruppen wahrt [...] Daraus allein folgen indes keine justiziablen Vorgaben für die Amtsausübung."[252] Eine Gesamtschau der Rspr. des BVerfG und auch der Literatur deutet jedoch eher auf eine Qualifikation der Chancengleichheit aus Art. 21 GG als Element der politischen Neutralitätspflicht hin.[253]

[245] BVerfGE 44, 125 ff.
[246] Butzer, ZG 2015, 97 (110).
[247] BVerfG/Spinner/Rn. 28.
[248] BVerfG/Spinner/Rn. 27.
[249] BVerfG/Spinner/Rn. 27.
[250] Ebenso Butzer, ZG 2015, 97 (111).
[251] So z. B. Butzer, ZG 2015, 97 (108 f.).
[252] BVerfG/Spinner/Rn. 23.
[253] Vgl. hierzu die Ausführungen in Kap. C.II.2.

Ihre Grenzen finde die Äußerungsbefugnis des Bundespräsidenten innerhalb der Schranken der sachlichen Auseinandersetzung. Sofern die Äußerungen nicht mehr einer solchen diene, sondern auf die Ausgrenzung oder auch Begünstigung einer Partei um ihrer selbst willen gerichtet sei, müsse ein Verstoß gegen die Chancengleichheit angenommen werden.[254] Für gerichtlich überprüfbar hält der Senat dabei – nur – die Frage, ob der Bundespräsident unter evidenter Verletzung seiner Repräsentations- und Integrationsaufgaben willkürlich Partei ergriffen hat.[255] 119

In dem letzten Schritt seiner Begründung nimmt das Gericht eine Subsumtion der in Rede stehenden Äußerungen des Bundespräsidenten gegenüber der NPD unter die zuvor entwickelten Maßstäbe vor.[256] Dabei stellt es fest, dass diese Äußerungen nicht der bloßen willkürlichen Ausgrenzung der NPD dienten, sondern sich „gegen geschichtsvergessene rechtsradikale und fremdenfeindliche Überzeugungen"[257] richten und deren Fehlerhaftigkeit benennen. Ein solches Vorgehen diene eben der Erfüllung der Integrationsaufgabe, die an das Amt des Bundespräsidenten gestellt ist. Schließlich geht der Senat auch ausdrücklich auf den Ausdruck „Spinner" ein, den der Präsident verwendet hatte. Dabei geht er davon aus, dass dieses Werturteil isoliert betrachtet durchaus als diffamierend gewertet werden könne, was wohl dazu führen müsste, dass die gesteckten Grenzen der Äußerungsbefugnis überschritten wären. Jedoch sei in diesem Zusammenhang der Begriff „Spinner", ebenso wie die Bezeichnungen „Ideologen" und „Fanatiker", „als Sammelbegriff für Menschen, die die Geschichte nicht verstanden haben und, unbeeindruckt von den verheerenden Folgen des Nationalsozialismus, rechtsradikale – nationalistische und antidemokratische – Überzeugungen vertreten",[258] verwendet worden. Daher sieht der Senat auch hierin eine Auseinandersetzung in der Sache, die mit der vorgenommenen Zuspitzung verdeutlicht werden sollte. 120

c) Stellungnahme

Nun gilt es, unter Einbeziehung der Erkenntnisse aus Kap. C.I und II die verschiedenen Positionen der Literatur und des BVerfG zu bewerten. Dabei wird es erforderlich sein, die vom BVerfG allein für den Bundespräsidenten entwickelten Einschränkungskriterien zu diskutieren. 121

Übereinstimmend sind Rechtsprechung und Literatur bei der These, dass eine etwaige Pflicht des Bundespräsidenten zur parteipolitischen Neutralität vor dem Hintergrund seiner besonderen Stellung und seiner Aufgaben diskutiert werden muss. 122

Der erste wesentliche – vor allem von der Rechtsprechung angeführte – Kernpunkt zur Erörterung seiner parteipolitischen Neutralitätspflicht ist der Umstand, dass der Bundesprä- 123

[254] BVerfG/Spinner/Rn. 29, 28 a. E.
[255] BVerfG/Spinner/Rn. 30.
[256] Butzer, ZG 2015, 97 (112); vgl. dazu BVerfG/Spinner/Rn. 31–33.
[257] BVerfG/Spinner/Rn. 31.
[258] BVerfG/Spinner/Rn. 33.

sident nicht in einem Konkurrenzverhältnis zu einzelnen politischen Parteien stehe und sein Amt auch nicht mit entsprechend hohen Mitteln ausgestattet sei, um wirksamen Einfluss auf die Meinungsbildung des Volkes auszuüben. So ließen die Bundespräsidenten, obwohl die Inkompatibilitätsregelungen des Art. 55 GG dies nicht fordern, ihre Parteimitgliedschaften ruhen.[259] Daher könnte man schlussfolgern, dass der Bundespräsident mangels Beteiligung am politischen Wettbewerb gar kein Interesse an der Beeinflussung dessen haben könne und es daher auch nicht geboten sei, dem Präsidenten im Wege einer Neutralitätspflicht diese Beeinflussung zu untersagen.[260] Das BVerfG nimmt offensichtlich an, es gebe also keine Pflicht zur Unparteilichkeit, weil eine Parteilichkeit gar nicht denkbar sei.

124 Ob eine Beteiligung am politischen Wettbewerb tatsächlich überhaupt nicht vorhanden ist, erscheint jedoch höchst fraglich. So hatte die Wahl des Bundespräsidenten im Februar 2017 einen langen politischen Vorlauf, in dessen Verlauf erbittert um die Kandidatur gerungen wurde. Nachdem der amtierende Bundespräsident im Juni 2016 bekannt gab, keine zweite Amtszeit anzustreben, wurde mit dem Bundesfinanzminister der erste potenzielle Kandidat aus der parteipolitischen Elite ins Gespräch gebracht.[261] In der Folgezeit kamen immer neue Spekulationen um neue eventuelle Kandidaten auf. Das Problem dabei war, dass sich die Große Koalition zwar grundsätzlich auf die Benennung eines gemeinsamen „überparteilichen" Kandidaten verständigt hatte, jede Partei letztlich aber dennoch einen den eigenen politischen Vorstellungen entsprechenden Anwärter auf das höchste Staatsamt durchsetzen wollte. Da die CDU/CSU sich ihrerseits auf keinen geeigneten Vorschlag einigen konnten, brachte die SPD den amtierenden Außenminister ins Spiel, einen ihrer höchsten Parteifunktionäre. Mangels geeigneter Alternativen musste sich die CDU/CSU unwillig diesem Vorschlag beugen.[262]

125 Diese parteipolitische Brisanz bei Bundespräsidentenwahlen ist dabei längst kein neues Phänomen. Nach der Bundespräsidentenwahl 1969 sprach der gewählte Gustav Heinemann selbst von einem „Stück Machtwechsel".[263] Und auch wenn sein Wirken im Nachhinein überwiegend als „überparteilich und überkonfessionell"[264] bewertet wird, so ist dennoch klar erkennbar, dass hier ein Verständnis geherrscht hat, das das Bundespräsidentenamt durchaus als Element parteipolitischer Machtambitionen ansah. Auch die nachfolgende Kandidatur des damaligen Bundesaußenministers Walter Scheel im Jahr 1974 hatte einen ähnlich parteipolitischen Vorlauf. Scheel hatte gezielt und unter Einsatz aller in der Politik

---

[259] Butzer in: Schmidt-Bleibtreu/Hofmann/Henneke, GG, Art. 55 Rn. 14 f.

[260] So das BVerfG, NVwZ 2014, 1156 (1158).

[261] WeltOnline vom 05.06.2016, https://www.welt.de/newsticker/news1/article155970286/CDU-Abgeordneter-Bosbach-bringt-Schaeuble-als-Bundespraesidenten-ins-Gespraech.html, abgerufen am 17.01.2017.

[262] SpiegelOnline vom 16.11.2017, http://www.spiegel.de/politik/deutschland/frank-walter-steinmeier-das-grosse-bundespraesidenten-theater-a-1121567.html, abgerufen am 17.01.2017.

[263] FOCUS vom 24.01.1994, http://www.focus.de/politik/deutschland/praesidenten-wahlen-einstueck-machtwechsel_aid_145156.html, abgerufen am 23.11.2017.

[264] So etwa Johannes Rau in seiner Ansprache zum 100. Geburtstag von Gustav Heinemann, http://www.bundespraesident.de/SharedDocs/Reden/DE/Johannes-Rau/Reden/1999/07/19990723_Rede2.html, abgerufen am 23.11.2017.

üblichen Mittel auf die Kandidatur hingearbeitet.[265] Schließlich gibt es bestimmte Befugnisse des Präsidenten, etwa die Entscheidung über die Ernennung eines Minderheitskanzlers oder die Ausübung des formellen und materiellen Prüfungsrechts, die es ihm sehr schwer machen, politisch vollständig neutral zu bleiben.[266]

126 Diese Aspekte, gepaart mit der Annahme des BVerfG, dass jeder Bundespräsident Themen und Inhalte seiner öffentlichen Äußerungen selbst wählen und bestimmen kann, zeigen auf, dass der Bundespräsident trotz seiner nicht allzu weitreichenden verfassungsrechtlichen Befugnisse sehr wohl ein Interesse an Parteipolitik haben kann und teilweise auch haben muss. Dieses Ergebnis steht damit in klarem Widerspruch zu der These, der Bundespräsident unterliege einer parteipolitischen Neutralitätspflicht deshalb nicht, weil er am parteipolitischen Wettbewerb nicht beteiligt sei.[267]

127 Was den Punkt angeht, der Bundespräsident habe im Gegensatz zu der Regierung gar nicht die Mittel, um mittels Öffentlichkeitsarbeit effektiv auf die Willensbildung des Volkes einzuwirken, so sieht das BVerfG bereits selbst dazu ein, dass seine öffentlichen Äußerungen kraft seiner Stellung als Staatsoberhaupt besonderes Gewicht haben.[268] Dies wird mit den heutigen Möglichkeiten der medialen Verbreitung solcher Äußerungen durch die vielseitigen Kanäle und sozialen Medien erheblich verstärkt. Daher kann auch diese Erwägung nicht als tragfähiger Grund für eine Einschränkung oder gar einen Ausschluss der Neutralitätspflicht dienen.[269]

128 Der zweite zentrale Anknüpfungspunkt zur Bestimmung von Umfang und Reichweite der Neutralitätspflicht des Bundespräsidenten ist seine Repräsentations- und Integrationsfunktion. Die Rechtsprechung schlussfolgert aus dieser, dass für den Präsidenten eine Obliegenheit bestehe, sich, wenn er es für nötig erachtet, in den politischen Diskurs einzumischen und Fehlentwicklungen und ihre Verursacher aufzuzeigen.[270] Hingegen deutet ein Teil der Literatur die Aufgaben der Repräsentation und der Integration im Sinne einer Bestrebung, die Gesamtheit und vor allem die Einheit des Staates abzubilden. Die Identifikation mit bestimmten Parteien bzw. die Kritik und die Benachteiligung solcher können mit einem derartigen Bestreben nicht im Einklang stehen.[271]

129 Der Einwand der Literatur ist grundsätzlich gut nachvollziehbar. Die Repräsentation einer Einheit erfordert zwingenderweise die vorherige Herstellung dieser Einheit. Dies hat dann im Wege einer Integration zu erfolgen, die begrifflich eben die angesprochene Herstellung einer Einheit bedeutet. Ebenso zählt zur Integration die Eingliederung in ein größeres

---

265 SpiegelOnline vom 24.08.2016, http://www.spiegel.de/politik/deutschland/walter-scheel-ist-tot-bonvivant-und-hasardeur-a-1109292.html, abgerufen am 17.01.2017.

266 Herzog in: Maunz/Dürig, GG, Art. 54 Rn. 91. Vgl. zu dieser Situation auch HAZ vom 26.09.2017, S. 3.

267 Bzgl. der Begründungsstruktur etwas abweichend, aber in der Schlussfolgerung wohl zustimmend, Eder, Rote Karte gegen Spinner, S. 67, 88, 107 f.

268 BVerfG/Spinner/Rn. 27b.

269 Ebenso Eder, Rote Karte gegen Spinner, 108.; so im Ergebnis auch Tanneberger/Nemeczek, Anmerkung zu BVerfGE 138, 102 ff., zitiert aus NVwZ 2015, 209 (216).

270 Aus der Literatur zustimmend z. B. Badenhausen/Löbel VR 2014, 357 (358).

271 Vgl. hierzu oben Kap. D. I.1.a.

Ganzes.[272] Die Bevorzugung bzw. Benachteiligung einiger Akteure im politischen Feld ist, formal gesehen, nicht damit vereinbar.[273]

130 Allerdings übersieht diese rein formale Betrachtung die inhaltlichen Nuancen der Integration. Denn diese ist erforderlich, um die Einheit einer demokratischen Gesellschaft herzustellen, die nach den Grundprinzipien des Grundgesetzes ausgestaltet ist. Sofern jedoch politische Strömungen oder auch einzelne Akteure ihre politischen Ziele darauf ausrichten, die Werte- und Gesellschaftsordnung des Grundgesetzes zu überwinden, indem sie selbst aktiv und offen gegen die Integration bestimmter Gruppen in die Gesellschaft werben und arbeiten, stößt die formale Betrachtungsweise an ihre Grenzen. Denn eine ernsthafte Integration von Menschen, die ihrerseits eine Integration konsequent ablehnen, ist schlichtweg faktisch unmöglich. In diesem Zusammenhang ist es zur Wahrung und Herstellung eines Mindestmaßes an Integration und Einheit erforderlich, den „integrationsbehindernden" Kräften entgegenzutreten. Damit begründet die Repräsentations- und Integrationsfunktion des Bundespräsidenten nicht eine „sterile" Neutralität gegenüber allen politischen Kräften. Vielmehr ist hier der vom BVerfG angenommenen Obliegenheit zum Einschreiten des Bundespräsidenten zuzustimmen, wenn dies zur Herstellung und Aufrechterhaltung der staatlichen und vor allem der gesellschaftlichen Einheit geboten ist.

131 Insgesamt ist bisher festzuhalten, dass eine Einschränkbarkeit der Neutralitätspflicht grundsätzlich denkbar ist, jedoch nur aufgrund der Repräsentations- und Integrationsaufgabe des Bundespräsidenten. Das Argument hinsichtlich seiner mangelnden Beteiligung am parteipolitischen Wettbewerb und seiner vermeintlich geringen Möglichkeiten überzeugt hingegen nicht.

132 Nun bedarf es einer Abwägung zwischen den eine parteipolitische Neutralitätspflicht begründenden Elementen und dem tragfähigen einschränkenden Element, das sich aus der Repräsentations- und der Integrationsfunktion ergibt. Das BVerfG, das im Grunde im Zuge seiner fünfschrittigen Begründung eine ähnliche Abwägung trifft, kommt zu dem Ergebnis, dass eine Neutralitätspflicht des Bundespräsidenten zwar bestehe, diese jedoch im Unterschied zu anderen Amtsträgern eine weitaus geringere Reichweite habe. Offensichtlich ist es also der Ansicht, dass die Chancengleichheit der Parteien und die Grundsätze des Demokratieprinzips hinter den Rechten des Bundespräsidenten zurückzustehen haben.

133 Mit dem eben erfolgten Entkräften des Einschränkungskriteriums, das sich aus dem mangelnden Konkurrenzinteresse und den geringen Möglichkeiten des Bundespräsidentenamtes ergibt, könnte man nun im Wege einer rein quantitativen Betrachtung zu dem Ergebnis gelangen, dass die Reichweite der angesprochenen Pflicht nun doch größer sein muss, als das BVerfG annimmt. Denn wenn ein Element, das die Einschränkung der Pflicht beschränkt, wegfällt, so erscheint es logisch, die Reichweite der Pflicht zu vergrößern. Eine solche rein quantitative Betrachtungsweise wird der Thematik

[272] Zu den Begriffen vgl. http://www.duden.de/rechtschreibung/Integration, abgerufen am 17.01.2015.

[273] Zu der Problematik der Ausgrenzung siehe auch ausführlich Hillgruber in Kluth (Hrsg.): „Das wird man ja wohl noch sagen dürfen.", 77 (84 ff.).

und den differenzierten betroffenen Interessen und Gütern jedoch nicht gerecht. Denn während der angesprochenen Repräsentations- und Integrationsaufgabe ein sehr hohes Gewicht zukommt, ist die Erwägung bezüglich der geringen Möglichkeiten und des mangelnden Konkurrenzinteresses des Bundespräsidenten per se eher untergeordneter Natur. Eine Entfernung dieses untergeordneten Elements aus der Gleichung der Abwägung hat daher keine allzu weitreichende Bedeutung. Dennoch muss den Ausführungen der vorigen Kapitel entsprechend die Bedeutung der Chancengleichheit der Parteien aus Art 21 Abs. 1 GG, aber auch des aus dem Demokratieprinzip folgenden Rechts des Wahlvolks, seine Wahlentscheidung frei von staatlicher Beeinflussung treffen zu können, hinreichend berücksichtigt werden. Zwar wird gelegentlich bezweifelt, ob das Amt des Bundespräsidenten tatsächlich von der Verpflichtung betroffen ist, die Chancengleichheit der Parteien aus Art. 21 Abs. 1 i. V.m Art. 38 Abs. 1 bzw. 28 Abs. 1 GG zu achten.[274] Diese Zweifel sind jedoch nur sehr vereinzelt. Da sich sie vor allem auf sehr formale Aspekte der Formulierungen zum Bundespräsidenteneid stützen, erfahren sie vorliegend keine weitere Berücksichtigung.

In seiner Entscheidung trifft das BVerfG in seinen Ausführungen und auch seinem Ergebnis der abgeschwächten Neutralitätspflicht des Bundespräsidenten keinerlei Differenzierungen bezüglich des jeweiligen Kontextes und insbesondere der Frage, ob die fraglichen Äußerungen des Präsidenten in einer Wahlkampfphase erfolgen.[275] Doch gerade vor dem Hintergrund der Chancengleichheit der Parteien bei Wahlen aus Art. 21 Abs. 1 i. V. m. Art. 38 Abs. 1 bzw. 28 Abs. 1 GG ist eine solche Differenzierung absolut erforderlich. Während außerhalb von Wahlkampfzeiten davon ausgegangen werden darf, dass wertende Äußerungen des Bundespräsidenten tatsächlich zur Wahrnehmung seiner Repräsentations- und Integrationsaufgabe erfolgen, sind solche Äußerungen im Zusammenhang mit anstehenden Wahlen sehr heikel. Ohne dass man einem Bundespräsidenten Parteilichkeit tatsächlich vorwerfen will, können solche Äußerungen, soweit sie in einem zeitlichen und sachlichen Zusammenhang[276] zu Wahlen stehen, spürbar die Chancengleichheit der Parteien beeinträchtigen.[277] Daher muss für einen schonenden Ausgleich der betroffenen Interessen eine Verschärfung der sonst sehr weichen Kriterien der Neutralitätspflicht des Bundespräsidenten für die Wahlkampfzeit angenommen werden. Darüber hinaus erscheint auch die vom BVerfG angenommene Beschränkung der gerichtlichen Überprüfbarkeit der präsidialen Äußerungen auf eine willkürliche Parteinahme als unbillig. Denn sachliche Gründe, die sich als Rechtfertigung für wertende Äußerungen zulasten von Parteien anführen lassen, sind mit ein wenig Anstrengung immer zu finden.[278] So ließe 134

274 So anscheinend Sachs, JuS 2014, 956 (957), der eine Unterscheidung zwischen dem Amt und der natürlichen Person fordert.

275 Butzer in Kluth (Hrsg.): „Das wird man ja wohl noch sagen dürfen.", 38 (48).

276 So etwa die Äußerung von Bundespräsident Gauck, er sei dankbar, dass die AfD 2013 nicht in den Bundestag gekommen sei, Kölner Express vom 22.10.2013, http://www.express.de/news/freude-ueber-misserfolg-der-afd-gauck-legt-sich-mit-den-euro-rebellen-an-5346336, abgerufen am 14.02.2017. Diese Aussage erfolgte nach der Wahl und passt daher nicht in die vorliegend diskutierte problematische Konstellation. Anders wäre es, wenn sie unmittelbar vor der Wahl erfolgt wäre.

277 Nach Butzer, in Kluth (Hrsg.): „Das wird man ja wohl noch sagen dürfen.", 38 (48), läge eine Verletzung des Rechts auf Chancengleichheit vor.

278 So Hillgruber, JA 2014, 796 (798).

sich jeder Eingriff in die betroffenen Grundelemente der politischen Neutralitätspflicht rechtfertigen. Dies wird ihrer herausragenden Bedeutung jedoch nicht gerecht. Damit ist im Ergebnis festzuhalten, dass die Annahme eines tragfähigen Einschränkungskriteriums in Gestalt der Repräsentations- und Integrationsfunktion zwar durchaus nachvollziehbar ist. Die Folgerung, die politische Neutralitätspflicht des Bundespräsidenten sei dadurch zu jedem Zeitpunkt auf das absolute Minimum der Willkürkontrolle reduziert, überzeugt hingegen nicht. Wie der Umfang der politischen Neutralitätspflicht des Bundespräsidenten im Einzelfall konkreter bestimmt werden kann, soll im späteren Verlauf anhand der Vergleichsuntersuchung in Kap. E und darauf aufbauend in der Erörterung praktischer Problemfälle in Kap. F.I geklärt werden.

2. Bundes- UND Landesregierungen

135 In die nächste Kategorie aus dem Bereich des öffentlich-rechtlichen Amtsverhältnisses, die im Hinblick auf Reichweite und Umfang ihrer politischen Neutralitätspflicht zu untersuchen ist, fallen die Bundesregierung und die Landesregierungen. Erstere wird entsprechend dem Gefüge der Verfassungsorgane als eine Einheit angesehen mit dem Bundeskanzler, der entsprechend Art. 65 S. 1 GG die Richtlinien der Politik bestimmt. Für die Landesregierungen gilt entsprechend den Landesverfassungen grundsätzlich dasselbe. Auch im Hinblick auf die zu erörternde Neutralitätspflicht behandeln Rechtsprechung und Literatur die Regierungen als Einheit, eine Unterscheidung zwischen Kanzler bzw. Ministerpräsident einerseits und Minister andererseits wird nicht getroffen. Entsprechendes gilt natürlich für die Stadtstaaten mit dem Ersten bzw. den Regierenden Bürgermeistern und den Senatoren.

a) Literatur

136 Bezüglich der Literatur zu dieser Thematik ist im Wesentlichen auf die Ausführungen im Kap. D. I.1.a zu verweisen. Bis auf die im genannten Abschnitt aufgeführten Kritikpunkte zu den Kriterien der Rechtsprechung steht die Literatur diesen weit überwiegend zustimmend gegenüber.

b) Rechtsprechung

137 Die Rechtsprechung zur politischen Neutralitätspflicht dieser Kategorie lässt sich grob in zwei Bereiche aufteilen. Der eine – in Rechtsprechung und Literatur bereits früher behandelte – Bereich beschäftigt sich vor allem mit der Öffentlichkeitsarbeit von Bundes- und Landesregiegerungen und ihren Mitgliedern, die unter Rückgriff auf öffentliche Mittel und unter Verwendung von Broschüren und ähnlichem Werbematerial geführt und offen oder versteckt zu Wahlwerbezwecken genutzt wird. Der andere Bereich bezieht sich nicht nur

auf Wahlwerbung im engeren Sinne. Er setzt sich vor allem mit mündlichen Äußerungen von Regierungsmitgliedern zusammen, die generell zugunsten oder zulasten von – anderen – politischen Parteien getroffen werden.

aa) Wahlwerbung durch Druckerzeugnisse

Den Ausgangspunkt für den ersten – gleichzeitig jedoch auch den zweiten – Bereich bildet 138
die zitierte Entscheidung BVerfGE 44 125. Kern dieser Entscheidung ist die Feststellung, dass das Demokratieprinzip aus Art. 20 Abs. 1, Abs. 2 S. 1 GG und die Chancengleichheit der Parteien aus Art. 20 Abs. 1 i. V. m. Art. 38 Abs. 1 GG es staatlichen Organen untersagen, sich öffentlicher Haushaltsmittel zu bedienen, um damit den Wahlkampf zu beeinflussen.[279] Als zeitlichen Rahmen für dieses „Gebot der äußersten Zurückhaltung"[280] setzte das BVerfG dabei die Zeit von der Festsetzung der Wahl durch den Bundespräsidenten bis zum eigentlichen Wahltag an.[281] Als Anzeichen für ein Überschreiten der Grenzen der zulässigen Öffentlichkeitsarbeit und den Beginn von unzulässiger Wahlwerbung sieht es dabei das eindeutige Zurücktreten des informativen Gehalts eines Druckerzeugnisses hinter die reklamehafte Aufmachung. Diesem Urteil entsprechend ergingen einige Entscheidungen verschiedener Landesverfassungsgerichte.[282]

Mit dem durch diese Entscheidung festgesetzten „Wahlkampfzeitraum" setzt sich der Saar- 139
lVerfGH in seinem Urteil aus dem Jahr 2010[283] auseinander. Nach Ansicht des erkennenden Senats würde eine Übertragung des für die Bundestagswahlen festgelegten Zeitrahmens auf die Landtagswahlen dazu führen, dass sehr lange Zeiträume entstehen würden. Dies zeige sich am Beispiel der Landtagswahlen im Saarland von 2009, wo zwischen dem Wahltermin und seiner amtlichen Bekanntmachung fast zehn Monate lagen. Dieser Zeitraum sei unter Berücksichtigung der Tatsache, dass Öffentlichkeitsarbeit der Regierung für den Grundkonsens eines demokratischen Gemeinwesens notwendig sei, zu lang. Stattdessen nimmt der Senat einen Zeitraum von drei Monaten vor der Wahl als angemessenen Rahmen an.[284]

In eine gänzlich andere Richtung geht die Entscheidung des SachsAnhVerfGH von 1997.[285] 140
Diese nimmt Bezug auf die Grundentscheidung des BVerfG und stellt fest, dass diese und die darauf gestützten Urteile der Landesverfassungsgerichte grds. für die Zeit von Wahlen entwickelt wurden. Aus dem Demokratieprinzip folge jedoch eine allgemeine und von Wahlen unabhängige Neutralitätsverpflichtung.[286] Da sich die politische Willensbildung in vielfältigen Formen vollziehe und sich nicht auf den sensiblen Bereich der Wahlen beschränke, dürfe die Staatsgewalt zu keiner Zeit darauf zugreifen.[287]

279 Ausführlicher zu diesen beiden Grundsätzen und zum Einfluss auf die Neutralitätspflicht siehe Kap. C.II.1 und C.II.2.
280 BVerfGE 44, 125 (152).
281 Ebenda.
282 Vgl. z. B. BremStGH, NVwZ 1992, 465 ff.; NWVerfGH, NVwZ 1992, 467 ff.; SaarlVerfGH, NJW 1980, 2181 ff.
283 NVwZ-RR 2010, 785 ff.
284 NVwZ-RR 2010, 785 (786). Zu dieser Fragestellung vgl. die Ausführungen in Kap. C.II.4.
285 LKV 1997, 63 ff.
286 SachsAnhVerfGH, LKV 1997, 63 (64).
287 Ebenda.

bb) Mündliche Äußerungen

141 Auch die Rechtsprechung zu den mündlichen Äußerungen und Internetauftritten von Regierungsmitgliedern basiert in ihrem Grundsatz auf BVerfGE 44, 125 ff. Den Anfang machte der VerfGHRP im Mai 2014.[288] Ihm lag ein Sachverhalt vor, in dem die Ministerpräsidentin bei einer SPD-Stadtverbandsveranstaltung im Vorfeld der Europa- und Kommunalwahl geäußert hatte, es müsse „alles daran gesetzt werden, um den Wiedereinzug der rechtsextremen NPD im Stadtrat zu verhindern“[289]. Das Gericht lehnte einen Verstoß der politischen Neutralitätspflicht wegen Verletzung der Chancengleichheit der Parteien und des Demokratieprinzips ab. Dies begründete es mit dem privaten Charakter der getroffenen Äußerungen, da sich die Antragsgegnerin nicht in ihrer Funktion als Ministerpräsidentin, sondern als Mitglied der SPD geäußert habe.[290] Insgesamt legte es aber eben jene Kriterien zugrunde, die das BVerfG zuvor allgemein für die Öffentlichkeitsarbeit von Regierungen und deren Mitgliedern entwickelt hatte.

142 Sehr ähnlich, nur mit einem anderen Ergebnis ging der ThürVerfGH im Dezember desselben Jahres vor.[291] Unter Zugrundelegung derselben Kriterien kam dieser zu dem Ergebnis, dass ein Aufruf der Landessozialministerin an die Bevölkerung, gegen den Landesparteitag der NPD zu protestieren, der auf der Internetseite des Ministeriums veröffentlicht wurde, unter Verstoß der parteipolitischen Neutralitätspflicht das Recht auf Chancengleichheit der Parteien verletzt.[292]

143 Anders ging zwischenzeitlich der SaarlVerfGH im Juli 2014 vor.[293] Die in seiner Entscheidung vorliegende Konstellation war der des „Spinner“-Urteils sehr ähnlich. Der Bildungsminister hatte während einer Veranstaltung mit Schülern NPD-Anhänger als „Mob“ und „braune Brut“ bezeichnet. Unter eindeutiger Bezugnahme auf das „Spinner“-Urteil nahm der Senat die Zulässigkeitsgrenze der Äußerungen von Regierungsmitgliedern dort als überschritten an, wo diese auf sachfremden Erwägungen beruhen und die betroffene politische Partei willkürlich beeinträchtigen und ausgrenzen. Dies sah er in dem zugrunde liegenden Fall nicht erfüllt. Zum einen fehle neben dem erforderlichen zeitlichen Zusammenhang zur anstehenden Wahl ein entsprechender sachlicher Bezug. Da die Veranstaltung nicht der Werbung um Wählerstimmen gedient habe, sondern zur Feier des zehnjährigen Bestehens des Projekts „Schule ohne Rassismus – Schule mit Courage“ abgehalten worden sei, sei kein negativer Einfluss auf die Chancengleichheit ausgeübt worden. Darüber hinaus seien die in Rede stehenden Äußerungen zwar durchaus als negative Werturteile anzusehen. Unter erneuter Bezugnahme auf die Kriterien des BVerfG zur Äußerungsbefugnis des Bundespräsidenten sah der Senat diese jedoch als gerechtfertigt an. Gerade vor dem Hintergrund des staatlichen Bildungsauftrags gehöre es zum Kompetenzbereich des Ministers, sich an der Auseinandersetzung mit nationalsozialistischem Gedankengut zu beteiligen, mag dies auch in – stark – zugespitzter Form erfolgen.

[288] NVwZ-RR 2014, 665 ff.
[289] Zitiert aus VerfGHRP, NVwZ-RR 2014, 665.
[290] VerfGHRP, NVwZ-RR 2014, 665 (668).
[291] BeckRS 2014, 58981.
[292] ThürVerfGH, BeckRS 2014, 58981.
[293] BeckRS 2014, 53505.

Das BVerfG selbst stellte seine Sicht der Dinge in der „Schwesig"-Entscheidung[294] klar. Ihr lag ein Interview zugrunde, das die Bundesfamilienministerin am Rande der Verleihung des Thüringer Demokratiepreises einer Zeitung gegeben hatte. Darin brachte sie zum Ausdruck, das Primärziel der anstehenden Landtagswahlen müsse sein, dass die NPD nicht in den Landtag kommt. Das Gericht griff bei der Entscheidung im Wesentlichen seine zuvor formulierten Grundsätze zum Demokratieprinzip und der Chancengleichheit auf. Neu und besonders interessant daran ist jedoch, dass es nun feststellte, dass auch mündliche Äußerungen, so wie die Ministerin sie formuliert hat, dazu geeignet sind, gegen die aus den beiden Grundsätzen entspringende Neutralitätspflicht zu verletzen.[295] Denn somit weitete es die Grundsätze, die in der Entscheidung BVerfGE 44, 125 ff. – Öffentlichkeitsarbeit – entwickelt wurden, vom Bereich der ersten Kategorie auf den der vorliegenden Kategorie der mündlichen Äußerungen aus. 144

Ebenfalls sehr relevant ist die Feststellung, dass für Regierungsmitglieder andere Maßstäbe gelten müssen als für den Bundespräsidenten.[296] Denn die Kriterien für Umfang und Reichweite seien für die einzelnen Verfassungsorgane unter Berücksichtigung ihrer jeweiligen Rechte und Pflichten gesondert zu bestimmen.[297] Unter Berücksichtigung der besonderen Stellung des Bundespräsidenten seien an ihn geringere Anforderungen bezüglich der Pflicht zur parteipolitischen Neutralität zu stellen. Hier verwies der Senat auf seine vorangegangene Rechtsprechung zum Bundespräsidenten und die dortigen Ausführungen zur Repräsentations- und Integrationsfunktion des Bundespräsidenten.[298] Neben dieser speziellen Funktion befinde sich der Präsident zum einen nicht in politischem Wettbewerb zu den politischen Parteien, und ihm stünden darüber hinaus auch die Mittel zur Verfügung, um durch Öffentlichkeitsarbeit effektiv auf die Willensbildung des Volkes einzuwirken. Dies unterscheide ihn klar von Regierungen und ihren Mitgliedern.[299] 145

Mit den in BVerfGE 44, 125 ff. formulierten Grundsätzen sei es einer Regierung und ihren Mitgliedern dagegen untersagt, in amtlicher Funktion parteiergreifend auf den Wettbewerb zwischen den politischen Parteien einzugreifen. Den Antrag der NPD ließ das BVerfG aber dennoch scheitern mit der Begründung, dass die Äußerungen nicht in amtlicher, sondern in privater Rolle getätigt wurden.[300] Dazu sei sie wie jeder andere Bürger auch aufgrund von Art. 5 Abs. 1 GG berechtigt.[301] 146

Noch weiter ging das BVerfG mit einer einstweiligen Anordnung gegen die Bundesministerin für Bildung und Forschung. Diese Anordnung enthielt die Verpflichtung, eine auf der Internetseite des Ministeriums veröffentlichte Kurzstellungnahme der Ministerin zu entfernen, in der sich diese negativ über die AfD äußerte und ihr vorwarf, mit ihrer geplanten Anti-Asyl-Demonstration der „Radikalisierung in der Gesellschaft Vorschub"[302] zu leisten. Diese 147

---

294 BVerfGE 138, 102 ff.

295 BVerfGE 138, 102 (124 f.).

296 So schon der Leitsatz der Entscheidung.

297 BVerfGE 138, 102 (113).

298 Vgl. dazu näher Kap. D. I.1.b.

299 BVerfGE 138, 102 (112).

300 Zu dieser Begründung sehr kritisch Mandelartz, DÖV 2015, 326 (328 f.); ebenso Gröpl/Zembruski, JA 2016, 268 (273 f.).

301 So schon BVerfGE 44, 125 (144).

302 Zitiert aus BVerfGE 140, 225 (226).

Stellungnahme könne laut BVerfG als Boykottaufruf hinsichtlich der geplanten Versammlung verstanden werden, wodurch eine Verletzung von Art. 8 Abs. 1 GG nicht ausgeschlossen sei. Besonders interessant ist aber, dass sich das BVerfG auf das Neutralitätselement der Chancengleichheit der Parteien aus Art. 21 Abs. 1 GG bezieht. Aufgrund der Tatsache, dass die Ministerin für ihren politischen Meinungskampf eine Möglichkeit genutzt habe, die nur dem Amtsinhaber zur Verfügung steht, habe ein unzulässiger staatlicher Eingriff in den politischen Wettbewerb stattgefunden.[303] Damit machte das Gericht deutlich, dass es auch außerhalb von Wahlkampfzeiten eine Pflicht zur Neutralität gegenüber politischen Parteien annimmt, die sich aus Art. 21 Abs. 1 GG ergibt.

148 Daran orientierte sich auch der ThürVerfGH in zwei aufeinanderfolgenden Entscheidungen im Juni und Juli 2016. Im ersten Fall hatte sich der thüringische Ministerpräsident abfällig über die NPD, im zweiten Fall der Migrations- und Justizminister negativ über die AfD geäußert. Der Ministerpräsident appellierte dabei „an alle demokratischen Parteien und ihre Vertreter, dass es wirklich keine Gemeinsamkeiten auf der Basis von NPD-Anträgen geben darf"[304]. Der Migrationsminister drückte sich dagegen konkreter aus, er forderte die Bürger dazu auf, genau zu prüfen, ob sie sich für die fremdenfeindlichen Ziele der AfD einspannen lassen wollen.[305] Bezogen war diese Aufforderung auf eine geplante Demonstration gegen die gegenwärtige Asylpolitik. In beiden Fällen sah der ThürVerfGH einen Verstoß gegen die parteipolitische Neutralitätspflicht der Regierungsmitglieder wegen Verletzung der Chancengleichheit der Parteien aus Art. 21 Abs. 1 GG. Dabei stellte er ausdrücklich klar, dass er eine Geltung der Neutralitätspflicht auch außerhalb von Wahlkampfzeiten annimmt.[306]

c) Stellungnahme

149 Für eine Bewertung der Ansätze von Literatur gilt es zunächst, ähnlich wie schon bei der Darstellung der Rechtsprechung, zwei Grundkonstellationen zu unterscheiden. In der ersten geht es darum, dass die Regierung insgesamt oder aber auch einzelne Mitglieder geplante, kampagnenartig organisierte und vor allem aus öffentlichen Mitteln finanzierte Öffentlichkeitsarbeit betreibt, die in erster Linie der Begünstigung der eigenen oder auch der Belastung der anderen Parteien dient. In der zweiten Konstellation geht es dagegen nicht um Kampagnen unter Zuhilfenahme öffentlicher Mittel, sondern um mündliche Äußerungen auf öffentlichen Veranstaltungen oder gegenüber der Presse oder in sozialen Medien und ähnlichen Kanälen.

aa) Inanspruchnahme öffentlicher Mittel

150 Hinsichtlich der ersten Konstellation ist der Rechtsprechung und der verbreiteten Literaturmeinung zuzustimmen.[307] Eine – über das Maß der Bagatellen hinausgehende –

303 BVerfGE 140, 225 (227 f.).
304 NVwZ 2016, 1408.
305 BeckRS 2016, 48204.
306 ThürVerfGH, NVwZ 2016, 1408 (1409, 1411); ders., NVwZ-RR 2017, 2.
307 Dies tut im Übrigen auch Putzer, DÖV 2015, 417 (423), der sonst starke Kritik an den Kriterien aus BVerfGE 44, 125 ff. übt.

Inanspruchnahme öffentlicher Mittel für den (partei-)politischen Meinungskampf steht im Widerspruch zum Demokratieprinzip und beeinträchtigt die Chancengleichheit der Parteien, wofür keine überzeugende Rechtfertigung denkbar ist.

bb) Mündliche Äußerungen

Etwas anders gestaltet sich die Bewertung der zweiten Konstellation. Maßgeblicher Anknüpfungspunkt ist dabei die Haltung des SaarlVerfGH.[308] In der genannten Entscheidung wendet der Senat zur Bestimmung von Reichweite und Umfang der parteipolitischen Neutralitätspflicht eines Mitglieds der Landesregierung offensichtlich die Kriterien an, die das BVerfG zuvor für den Bundespräsidenten formuliert hatte. Dass dies nicht im Sinne des BVerfG ist, zeigt schon dessen klare Feststellung, dass für Regierungsmitglieder andere Maßstäbe gelten müssen als für den Bundespräsidenten, die es in der „Schwesig"-Entscheidung getroffen hat.[309] Das BVerfG sieht bei Regierungsmitgliedern eine weiter ausgeprägte politische Neutralitätspflicht als beim Bundespräsidenten. 151

(1) Argumente für und wider die Annahme einer umfassenden Neutralitätspflicht

Fraglich ist, ob allein der Umstand, dass Regierungen eine Repräsentations- und Integrationsfunktion nicht innehaben, eine „Ungleichbehandlung" von Präsident und Regierungen erfordert oder eine entsprechende Abwägung bei den Regierungsmitgliedern nicht zu einem ähnlichen Ergebnis führt wie beim Bundespräsidenten. Für die Annahme eines umfassenden Neutralitätsgebots spricht die Wirkung der Chancengleichheit der Parteien. Diesem Element ist per se ein hohes Gewicht beizumessen. Das Demokratieprinzip hingegen ist entsprechend den Ausführungen von Kap. C.II.1 für die Diskussion der politischen Neutralitätspflicht dagegen nur von untergeordneter Bedeutung. 152

Diesen verfassungsrechtlichen Grundsätzen steht die Tatsache entgegen, dass die Parteien trotz des Umstands, dass sie kein Monopol auf die Mitwirkung der Willensbildung beim Volk haben, diejenigen sind, die diese Willensbildung entscheidend prägen sollen. Dies führt dazu, dass sie, auch wenn die Regierungen formal von den Fraktionen getragen werden, bei der Regierungsbildung und Regierungsarbeit eine entscheidende Rolle spielen.[310] Denn letztlich entstehen die Fraktionen in den Parlamenten fast ausschließlich aus Parlamentsmitgliedern, die Parteimitglieder sind. Damit ist zwar nicht jedes Regierungsmitglied auch zugleich Parteimitglied.[311] Unbestritten bleibt jedoch die zentrale Funktion der Parteien bei der Definition und Ausrichtung der politischen Inhalte, die eine Regierung zu gestalten und umzusetzen hat. Dieses Spannungsfeld zwischen Parteipolitik bzw. parteipolitisch geprägten politischen Inhalten und dem staatlichen Amt[312] ist der Rechtsprechung durchaus bewusst, so griff das BVerfG schon 1977 diese Problematik auf und stellte fest, dass Regierungsmit- 153

---

308 BeckRS 2014, 53505.

309 BVerfGE, 138, 102 (133).

310 Zustimmend Eder, Rote Karte gegen Spinner, S. 130, 131.

311 So etwa in Hamburg, wo es im Senat Scholz II (April 2015 bis dato) mit Frank Horch einen parteilosen Senator gibt.

312 Ebenso Eder, Rote Karte gegen Spinner, S. 130.

glieder „außerhalb ihrer amtlichen Funktionen für eine Partei in den Wahlkampf eingreifen" dürfen.[313] Daraus folgt, dass die Zulässigkeit von Maßnahmen zum Meinungskampf sich für das BVerfG danach beurteilt, ob sie in amtlicher Eigenschaft erfolgen oder eben nicht.

154 Diese vom BVerfG vorgenommene Rollentrennung wirft jedoch bereits aus dogmatischer Sicht einige Fragen auf. Denn die Regierung ist ein politisches Organ,[314] daher ist das Amt eines Regierungsmitglieds auch ein politisches. So wird der Bundeskanzler gem. Art. 63 Abs. 1 GG vom Bundestag gewählt und bedarf gemäß den Regelungen von Art. 67 und Art. 68 GG stets des Vertrauens des Bundestags. Die Minister werden zwar nicht gewählt, sondern gem. Art. 64 Abs. 1 GG vom Bundespräsidenten auf Vorschlag des Bundeskanzlers ernannt. Dennoch bedarf jeder Minister seinerseits des vollen Vertrauens des Bundeskanzlers, da Letzterer dem Bundespräsidenten jederzeit die Entlassung eines Ministers „vorschlagen" kann, wobei der Vorschlag aufgrund des fehlenden Weigerungsrechts des Bundespräsidenten[315] eher als Weisung zu verstehen ist. Dieser politische Charakter der Ämter von Regierungsmitgliedern widerspricht eindeutig der Annahme von rein gesetzesausführender Tätigkeit, wie sie im Grundsatz für die Exekutive vorgesehen ist. Die Amtsführung kann damit nicht unpolitisch erfolgen. Politische Tätigkeit besteht in einer Demokratie bereits darin, andere von seiner eigenen Meinung zu überzeugen und damit zwangsläufig auch, entgegenstehende Meinungen zu entkräften. Das bedeutet, dass auch einem politischen Leitungsorgan diese Tätigkeit nicht per se abgesprochen werden kann. Da die Politik ebenso wie die politische Willensbildung beim Volk mit den obigen Ausführungen jedoch zu einem großen Anteil von den politischen Parteien mitgetragen wird, wäre ein Ausschluss jeglicher Parteipolitik aus der Regierungstätigkeit unlogisch.

155 Aus praktischer Sicht ist weiterhin problematisch, dass eine saubere Trennung zwischen Regierungsmitglied und Parteipolitiker nur sehr schwer zu bewerkstelligen ist.[316] Die Annahme einer solchen vollständigen Trennbarkeit widerspricht zudem der typischen bewussten Wahrnehmung durch das Wahlvolk.[317] Auf diese Wahrnehmung kommt es aber, ausgehend vom Demokratieprinzip und dem Recht auf Chancengleichheit der Parteien bei dem Kampf um Zustimmung beim Volk, entscheidend an. Wenn man nun mit den obigen Ausführungen davon ausgehen muss, dass der direkt vom Volk ins Wahlbeamtenverhältnis gewählte Hauptverwaltungsbeamte vom Volk nicht – oder zumindest nicht vollständig – differenziert nach seinen Rollen als Beamter oder Parteipolitiker wahrgenommen wird,

313 BVerfGE 44, 125 (141).

314 So zu verstehen Epping in: BeckOK GG, Art. 62 Rn. 15; ähnlich auch Oldiges in Sachs: GG, Art. 62, Rn. 17; eindeutig zustimmend Payandeh, Der Staat 55, 519 (532 f.).

315 So vollkommen überzeugend Meyn in: v. Münch/Kunig, GG, Art. 64 Rn. 13; Epping in: BeckOK GG, Art. 64 Rn. 12; Oldiges in Sachs: GG 7. Auflage, Art. 64 Rn. 20; a.A., aber wenig überzeugend Herzog in: Maunz/Dürig, GG, Art. 64 Rn. 53 f.

316 Vgl. Tanneberger/Nemeczek, NVwZ 2015, 209 (215).

317 So schon Rottmann, Sondervotum zu BVerfGE 44, 125 ff., zitiert aus NJW 1977, 751 (758); zustimmend Putzer, DÖV 2015, 417 (423); ähnlich Payandeh, Der Staat 55, 519 (535 f.); ebenso Tanneberger/Nemeczek, NVwZ 2015, 209 (215); ganz besonders interessant für die vorliegende Thematik ist dabei dessen Aussage, dass der Typ eines überparteilichen und unpolitischen „Beamtenministers" nicht existiere. Hier wird offensichtlich davon ausgegangen, dass für Beamte einerseits und Kabinettsmitglieder unterschiedliche Anforderungen bezüglich Unparteilichkeit gelten. Näheres dazu siehe unter Kap. E.III.2.

so fällt es schwer, davon auszugehen, dass dies bei einem Minister oder gar dem Ministerpräsidenten bzw. Bundeskanzler möglich ist.[318]

Nicht vergessen werden darf jedoch die Tragweite der vorliegenden Diskussion. Unabhängig davon, ob die Bundes- oder Landesebene betroffen ist, geht es um für die demokratische Gesellschaft essenzielle Zusammenhänge. Würde man den Regierungen bzw. ihren Mitgliedern zugestehen, auch ohne erhebliche Inanspruchnahme öffentlicher Haushaltsmittel, unter Berufung auf ihre jeweilige Amtsautorität, unbeschränkt auf den Wähler zulasten der politischen Mitbewerber einzuwirken, könnte dies zu bedenklichen Zuständen führen. Generell würde aufgrund der einseitigen starken Belastung bzw. Begünstigung bestimmter Parteien eine adäquate Vertretung möglichst aller Gesellschaftsschichten und politischen Einstellungen im Parlament erschwert werden können. Dies könnte sich dann auch in der Gesetzgebung widerspiegeln. Da sich die Chancen der Mitbewerber bei den Wahlen verschlechtern könnten, ist es denkbar, dass Mehrheitenwechsel in den Parlamenten flächendeckend erschwert würden. Das dem Demokratieprinzip entspringende Element der Herrschaft auf Zeit könnte so nicht unerheblich beeinträchtigt werden. Die Legislative, die auf Bundes- und Landesebene durch ihre Gesetzgebung die Basis für die Demokratie bildet, könnte aufgrund dieser Kontinuität die notwendige Offenheit für wichtige Reformen einbüßen. All dies sind natürlich Elemente eines Worst-Case-Szenarios, die einen hypothetischen und nicht überwiegenden Handlungsverlauf darstellen. Die Wichtigkeit der betroffenen Güter macht es jedoch erforderlich, auch solche hypothetischen Handlungsverläufe mit in die Argumentation einfließen zu lassen. 156

(2) Ein Ausgleich zwischen Pro- und Contra-Argumentation

Für den SaarlVerfGH scheinen die Argumente, die gegen eine umfassende Neutralitätspflicht der Regierungen sprechen, überzeugender zu sein, sodass er eine Gleichsetzung von Bundespräsident und Regierungen vornimmt. Vor dem Hintergrund der eben genannten Beeinträchtigungen der Parteien und der damit verbundenen Gefahren muss jedoch darauf geachtet werden, dass eine solche generelle Ablehnung der Neutralitätspflicht etwas problematisch ist. Andererseits berücksichtigen die aktuelle Rechtsprechung des BVerfG[319] und die sich darauf stützenden Entscheidungen der Landesverfassungsgerichte[320], die kategorisch eine permanente – also auch außerhalb von Wahlkampfzeiten geltende – und 157

[318] Ein Fall, der die genannten Abgrenzungsschwierigkeiten deutlich veranschaulicht, ereignete sich am 26.09.2017 im Polizeikommissariat Wildeshausen. Der niedersächsische Innenminister besuchte dieses, um sich über den Umzug in neue Räumlichkeiten zu informieren. Ein niedersächsischer Landtagsabgeordneter, der der Veranstaltung im Kommissariat ebenfalls beiwohnen wollte, wurde jedoch daran gehindert. Als Grund gab die Polizei einen Erlass des Nds. Innenministeriums an, nach dem Wahlkampfauftritte in Dienstgebäuden des Landes untersagt seien. Schwierigkeiten bestehen nun bei der Frage, ob es sich bei diesem Termin um einen Wahlkampftermin handelte oder nicht. Und dies sowohl in Bezug auf den Minister als auch in Bezug auf den Landtagsabgeordneten. Näheres siehe unter NWZOnline vom 27.09.2017, https://www.nwzonline.de/oldenburg-kreis/politik/wildeshausen-bei-pistorius-besuch-in-wildeshausen-polizei-setzt-cdu-abgeordneten-bley-vor-die-tuer_a_32,0,4034184529.html, abgerufen am 29.09.2017.

[319] Vgl. Entscheidung zu Wanka über Rote Karten, NVwZ-RR 2016, 241 ff.; ähnlich aber auch schon SachsAnhVerfGH, LKV 1997, 63 ff.

[320] Vor allem ThürVerfGH mit seiner sehr strengen Linie in NVwZ 2016, 1408 ff. und BeckRS 2016, 48204.

umfassende Neutralitätspflicht der Regierungen annehmen, zu wenig den politischen Charakter der Regierungsämter und die Schwierigkeit, eine Trennung zwischen den beiden Rollen der Regierungsmitglieder und Parteipolitiker vorzunehmen. Ein angemessener Ausgleich zwischen diesen beiden Positionen könnte darin zu finden sein, dass man die Neutralitätspflicht der Regierungsmitglieder zwar grundsätzlich ähnlich wie beim Bundespräsidenten beschränkt, diese Beschränkung für die Zeit des Wahlkampfes jedoch aufhebt. Für diese Zeit wäre dann ein strengerer Maßstab anzulegen, ganz genauso wie ihn das BVerfG und die ihm folgenden Landesverfassungsgerichte fordern. Eine solche Lösung würde von ihrem Grundsatz her auch dem Ansatz entsprechen, von dem das BVerfG in seiner Öffentlichkeitsarbeitsentscheidung von 1977[321] ausging. Denn hier spricht es von der sog. „heißen Wahlkampfphase", für die erhöhte Anforderungen an die parteipolitische Neutralität der Regierungsmitglieder gelten müssen.[322]

158 Bei einer solchen Lösung ist erneut, wie auch schon in Kap. C.II.4 fraglich, welcher genaue Zeitraum unter dem Begriff „Wahlkampfphase" zu verstehen ist. In dem angesprochenen Kapitel wurde unter Berufung auf die allgemeine Rechtsprechung zum Wahlkampf und entsprechende Stimmen aus der Literatur angenommen, dass hier ein Zeitraum von etwa vier bis sechs Wochen anzunehmen sei. Demgegenüber macht das BVerfG den Vorschlag, als Beginn dieser Phase den Zeitpunkt zu sehen, in dem der Bundespräsident den Wahltermin festlegt. Jedoch würde ein solcher Ansatz sowohl auf Bundes- als auch auf Landesebene dazu führen, dass sich diese Phase teils auf über ein Jahr ausdehnen würde, was auf Bundesebene 25 % und bei den Ländern – abhängig von der Länge der Legislaturperiode des jeweiligen Landes – ebenso über 20 bis 25 % der Legislaturperiode ausmachen würde. Eine solche Einschränkung der Regierungstätigkeit würde zu weit führen.[323] Dagegen greift die Annahme von vier bis sechs Wochen in Anbetracht der gefährdeten Güter zu kurz. Überzeugend ist hingegen der Ansatz des SaarlVerfGH, der eine erhöhte Neutralitätspflicht für die Öffentlichkeitsarbeit der Regierung für einen Zeitraum von drei Monaten vor der Wahl annimmt.[324]

159 Schließlich ist ein letzter Gesichtspunkt zu beachten. Demokratie- und Rechtsstaatsprinzip garantieren den Schutz einer organisierten und effektiven Opposition.[325] Nun ließe sich, ausgehend von den obigen Gedanken rund um erschwerte Regierungswechsel aufgrund von staatlicher Einwirkung auf den Wähler, auch durchaus annehmen, dass die Einschränkung der Neutralitätspflicht von Regierungsmitgliedern außerhalb der Vorwahlkampfzeit auch in der Lage wäre, eben jenen Schutz der Opposition aufweichen könnte. Denn die Möglichkeit, sich – wenn auch nur mündlich – aus einem Minister- oder gar dem Kanzleramt zulasten von Oppositionsparteien zu äußern, würde deren Arbeit nicht unerheblich beeinträchtigen können und die Chance, irgendwann selbst zur parlamentarischen Mehrheit zu werden,[326] schmälern.

[321] BVerfGE 44, 125 ff.
[322] BVerfGE 44, 125 (152).
[323] So auch schon das Ergebnis der Diskussion in Kap. C.II.4.
[324] SaarlVerfGH, NVwZ-RR 2010, 785.
[325] St. Rspr. BVerfG, vgl. nur BVerfGE 142, 25 (55 f.).
[326] Zu diesem Element der effektiven Opposition schon BVerfGE 5, 85 (198 f.).

Um diesen Punkt auszugleichen, bedarf es daher einer weiteren Bedingung für die Beschränkung der Neutralitätspflicht der Regierungen auf drei Monate vor der Wahl. Diese weitere Bedingung ist nicht zuletzt auch deshalb erforderlich, weil sonst ein Direktvergleich der Neutralitätskriterien für den Bundespräsidenten einerseits und für die Regierungen andererseits ergibt, dass sich diese Kriterien sehr ähneln. Eine solche Ähnlichkeit wird jedoch den vorhandenen Unterschieden zwischen diesen Organen[327] nicht gerecht. 160

Der sog. „Schwesig"-Entscheidung[328] lag ein Sachverhalt zugrunde, in dem sich die Bundesfamilienministerin im Wahlkampf um eine Landtagswahl negativ über den Landesverband einer zur Wahl stehenden Partei geäußert hatte. Die Äußerungen der Ministerin hatten keinerlei inhaltlichen Bezug zu ihrem Amt. Das BVerfG stellte zwar fest, dass solche Äußerungen an sich zwar gegen die Neutralitätspflicht eines Regierungsmitglieds verstoßen würden, lehnte aber eine Verletzung im konkreten Fall ab, da Schwesig sich nicht in ihrer Funktion als Ministerin, sondern als Privatperson geäußert habe.[329] Anders lag der Sachverhalt, den der SaarlVerfGH im Juli 2014 zu entscheiden hatte. Hier äußerte sich der Landesbildungsminister auf einer öffentlichen Veranstaltung zu einem Schulprojekt zum Thema der Rassismusbekämpfung ebenfalls negativ über die NPD. Der erkennende Senat lehnte eine Verletzung ebenfalls ab, jedoch mit der Begründung, der Minister habe sich entsprechend seinem Ressort in der Sache mit der Ausländerfeindlichkeit auseinandergesetzt, wenn auch in überspitzter Form. 161

Diese beiden konträren Sachverhalte bilden den Ausgangspunkt für die besagte zusätzliche Bedingung für eine Einschränkbarkeit der Neutralitätspflicht für Regierungsmitglieder. Diese lässt sich im Sinne einer dreigliedrigen Zuständigkeitsprüfung darstellen: 162

1. Die erste Voraussetzung ist somit, dass eine Verbandszuständigkeit vorliegt, Mitglieder der Bundesregierung sich also nicht zulasten von Landesverbänden anderer Parteien und deren landespolitischen Zielen und Maßnahmen äußern. Umgekehrt gilt natürlich dasselbe.
2. Zweitens ist zu verlangen, dass sich die fragliche Äußerung eines Regierungsmitglieds innerhalb seiner sachlichen Zuständigkeit bewegt. Einfacher gesagt, soll z. B. ein Familienminister sich nicht zulasten einer anderen Partei aufgrund ihrer verkehrspolitischen Programmatik aussprechen dürfen.
3. Schließlich ist – dies gilt allerdings nur für die Landesebene – die Äußerungsbefugnis auf den Bereich der örtlichen Zuständigkeit zu begrenzen, sodass sich ein Landesminister des Landes A nicht zulasten eines Landesverbands einer Partei des Landes B ausspricht.

Diese zusätzliche Begrenzung der Äußerungsbefugnisse auf den eigenen Kompetenzbereich trägt insbesondere dem Empfängerhorizont des Wählers Rechnung, der eine scharfe Trennung zwischen Minister und Privatperson nicht unbedingt vornehmen kann. 163

[327] Trotz der geringen Überzeugungskraft der Argumente, der Bundespräsident stehe nicht in Konkurrenz zu den Parteien mangels politischem Interesse, und seine Möglichkeiten seien stark begrenzt.
[328] BVerfGE 138, 102 ff.
[329] Zur berechtigten Kritik an dieser Einschätzung vgl. Mandelartz, DÖV 2015, 326 (329).

Ein Minister, der sich zu politischen Themen innerhalb seiner Kompetenz äußert, dabei aber gleichzeitig dem Verbot von willkürlicher und unsachlicher Ausgrenzung anderer Parteien unterliegt, würde der typischen Wahrnehmung der Bevölkerung am ehesten entsprechen. Gleichzeitig tragen die genannten Beschränkungen dazu bei, die Belastung der anderen Parteien und die Eingriffe in Demokratie- und Rechtsstaatsprinzip auf das notwendige Maß zu beschränken. Schließlich finden bei dieser Vorgehensweise hinreichend die jeweiligen Funktionen der Regierungsmitglieder Berücksichtigung, ganz genau so wie es auch bei der Diskussion der Neutralitätspflicht des Bundespräsidenten der Fall war, in der seine Funktion der Repräsentation und Integration eine zentrale Rolle gespielt hat.

164 Im Ergebnis ist somit festzuhalten, dass Reichweite und Umfang der parteipolitischen Neutralitätspflicht der Mitglieder von Bundesregierung und Landesregierungen im Vergleich zum Bundespräsidenten entgegen der Ansicht des BVerfG nicht per se weiter gehen.

cc) Sonderfall Internet

165 Fraglich ist schließlich, in welche der beiden Kategorien virale Auftritte und Äußerungen von Amtsträgern einzuordnen sind, bei denen sich diese über soziale Medien oder auf den Homepages der Dienststellen wertend über andere politische Akteure äußern. Auf den ersten Blick erscheint es als nur logisch, solche Auftritte in die erste der beiden genannten Kategorien einzuordnen. Denn die bereits oben erwähnte Grundentscheidung des BVerfG zur politischen Neutralitätspflicht aus dem Jahr 1977[330] führt an, dass sämtliche Rückgriffe auf öffentliche Mittel für den Wahlkampf bzw. für den politischen Meinungskampf im Allgemeinen unzulässig seien. Nimmt man nun an, ein Amtsträger veröffentlicht eine wertende Äußerung auf der Homepage der Dienststelle oder im Rahmen seines Accounts in einem sozialen Medium, so bedeutet dies, dass er auf öffentliche Mittel zurückgreift und damit in die erste Kategorie fällt. Betrachtet man jedoch den Hintergrund dieses verfassungsrechtlich angezeigten Rückgriffverbots, so kommt man zu einem anderen Ergebnis. Denn hinter dem Verbot des Rückgriffs auf öffentliche Haushaltsmittel steht der Gedanke der Wahrung der Chancengleichheit im finanziellen Sinne. Dem zitierten Sachverhalt lag eine Kampagne der Bundesregierung zugrunde, bei der diese, finanziert von Haushaltsmitteln, unzählige Broschüren wahlwerberischen Inhalts drucken und verbreiten ließ, was ihr einen nicht unerheblichen Wettbewerbsvorteil verschaffte. Die Oppositionsparteien, die einen solchen Zugriff auf Haushaltsmittel nicht hatten, waren hier klar im Nachteil.

166 Bei der nun fraglichen Situation geht es jedoch nicht mehr um Nachteile im finanziellen Sinne. Denn der Betrieb einer Homepage bzw. eines Accounts in den sozialen Medien verursacht nur verschwindend geringe Kosten, sodass durch Aufrufe auf diesem Wege den Regierungsparteien keine spürbaren Vorteile entstehen, wie dies bei der Verbreitung von Broschüren der Fall ist. Unbestritten bleibt hier der Rückgriff auf die Amtsautorität bestehen, doch dieser ist für die Zuordnung zu einer der genannten Kategorien nicht entscheidend. In dieser Hinsicht sind Aufrufe im Internet den mündlichen Äußerungen gleichzustellen,

[330] BVerfGE 44, 125 ff.

weswegen die Ausführungen und Erkenntnisse des vorigen Unterabschnitts auf den Bereich der Äußerungen im Internet anzuwenden sind.

II. POLITISCHE BEAMTE

Dieses Unterkapitel soll sich nun mit den sog. „politischen Beamten" beschäftigen. Die Untersuchung der Pflicht zur politischen Neutralität bei diesen speziellen Amtsträgern soll jedoch auf eine etwas andere Art und Weise stattfinden. Dieser Unterschied ist vor allem darin begründet, dass zu zeigen sein wird, dass bereits die Rechtsfigur des politischen Beamten per se ein Problem im Hinblick auf die Neutralitätspflicht darstellt. Nach einer kurzen Begriffsbestimmung und Umschreibung der Funktionen der Amtstypen soll untersucht werden, inwieweit die konkretisierten Grundelemente der Neutralitätspflicht auf die politischen Beamten Anwendung finden. Sodann wird aufgezeigt und erläutert, warum bereits die Konzeption dieser Rechtsfigur ein Problem hinsichtlich der Neutralitätspflicht darstellt. Schließlich werden die verschiedenen Rechtfertigungsansätze für das Hinnehmen der Pflichtenkollision vorgestellt und bewertet. 167

1. Begriffsbestimmung

Zunächst ist der Begriff des „politischen Beamten" zu präzisieren. Lange Zeit wurde unter dieser Bezeichnung nicht unmittelbar ein Rechtsbegriff verstanden. Vielmehr war es eine informelle Umschreibung für Beamte, die in leitender Funktion an der Schnittstelle zwischen den ihnen unterstellten Organisationseinheiten der Exekutive und der Legislative stehen.[331] Gelegentlich werden unter dem Begriff des politischen Beamten jedoch auch kommunale Wahlbeamte verstanden.[332] Diese nehmen die Funktion von Hauptverwaltungsbeamten in einzelnen Kommunen wahr und führen die Amtsgeschäfte der Verwaltung. Das „Politische" an ihnen macht der Umstand aus, dass sie in Direktwahlen von den Gemeinde- bzw. Landkreisbürgern gewählt werden[333] und häufig von politischen Parteien entweder als deren Mitglieder direkt aufgestellt oder jedoch als parteilose von ihnen unterstützt werden. Aber auch solche Wahlbeamte, die nicht gleich Hauptverwaltungsbeamte sind, sondern „nur" nachgeordnete Leitungsfunktionen als allgemeine Vertreter oder Dezernenten wahrnehmen, lassen sich als „politisch" bezeichnen. Denn sie werden auf Vorschlag des Hauptverwaltungsbeamten von der jeweiligen Kommunalvertretung gewählt. Hierbei kommt es dementsprechend entscheidend auf die jeweilige Mehrheit in den „Kommunalparlamenten" an, daher ist auch diese Berufung ein politischer Prozess. Diese Subsumtion der Wahlbeamten unter den Begriff „politische Beamte" war übrigens nicht nur auf Kommunalverfassungen mit Eingleisigkeit[334] beschränkt. Auch im Falle der 168

[331] So Lindner, ZBR 2011, 150.
[332] Vgl. hierzu Kugele, Der politische Beamte (1976), S. 10 f.
[333] So jedenfalls in der Süddeutschen Bürgermeisterverfassung, vgl. unten Kap. D.III.2.
[334] Zum Begriff vgl. Schmidt, KommJur 2015, 128 (129).

Führung der Amtsgeschäfte durch Gemeinde-, Stadt- und Kreisdirektoren ist eine Berufung durch die Kommunalvertretung notwendig, d. h., auch hier vollzog sich ein politischer Akt.[335] Zu dieser „Vermischung" der Begriffe ist allerdings anzumerken, dass sie ausschließlich auf Ungenauigkeiten im Zusammenhang mit dem Alltagssprachgebrauch zurückgeht. Eine ernsthafte juristische Diskussion um den Begriff des politischen Beamten ist nicht existent.

169 Dieses Kapitel soll sich jedoch nicht mit den zuletzt beschriebenen kommunalen Wahlbeamten beschäftigen, sondern mit denen, die (bisher nur) in § 54 BBG tatsächlich als „politische Beamte" bezeichnet werden. Diese Amtsträger, die Funktionen von Staatssekretären, Polizeipräsidenten und ähnlichen herausgehobenen Positionen ausüben, haben, egal ob auf Bundes- oder Landesebene, eines gemeinsam: Sie müssen mit den grundsätzlichen politischen Ansichten und Zielen der jeweiligen Regierung übereinstimmen. Liegt diese Übereinstimmung nicht mehr vor, können sie jederzeit in den einstweiligen Ruhestand versetzt werden (§§ 54 BBG, 30 Abs. 1 S. 1 BeamtStG). Teilweise wird eine Unterscheidung zwischen den politischen Beamten des Bundes und denen der Länder vorgenommen. Dies wird mit dem unterschiedlichen Wortlaut der beiden genannten bundesrechtlichen Vorschriften begründet.[336] Denn § 30 BeamtStG legt für den Bereich der Länder lediglich abstrakt fest, dass nur solche Beamte in den einstweiligen Ruhestand versetzt werden können, die ein Amt bekleiden, bei dem die eben genannte Übereinstimmung mit der Regierung erforderlich ist, überlässt es jedoch den Landesgesetzgebern, den genauen Kreis der Amtsträger mit der Eigenschaft des politischen Beamten zu bestimmen.[337] Für den Bereich der Bundesbeamten verzichtet § 54 BBG jedoch auf eine solche abstrakte Festlegung und normiert ebenso wie die Landesbeamtengesetze konkret den betroffenen Ämterkreis. Daraus wird entsprechend geschlussfolgert, dass es bei den Bundesbeamten für die Eigenschaft eines politischen Beamten eben nicht mehr auf die genannte Übereinstimmung mit der Regierung ankommt.[338]

170 Eine solche Unterscheidung ist jedoch nicht angezeigt. Denn die Rechtsfigur des politischen Beamten hat, völlig unabhängig von der Frage, ob der Bund oder ein Land der jeweilige Dienstherr ist, ein- und denselben geschichtlichen und funktionalen Hintergrund, der ausführlich im nächsten Abschnitt dazustellen sein wird. Grund für die auf den ersten Blick unterschiedlichen Regelungen ist das föderative Prinzip, das der Gesetzgebung zugrunde liegt. Denn bei Einführung des § 31 BRRG, der als Vorläufer der Regelung des § 30 BeamtStG fungierte, diente dieser als Rahmengesetz i. S. d. Art. 75 GG a. F.[339] Nach der Abschaffung der Rahmenkompetenz fällt die Gesetzgebung über die Statusrechte und -pflichten aller Beamten mit Ausnahme der Bundesbeamten gem. Art. 74 Abs. 1 Nr. 27 GG in die konkurrierende Gesetzgebung. Entsprechend hat der Bund von dieser Ermächtigung mit dem Beamtenstatusgesetz Gebrauch gemacht. Damit wird dem Bedürfnis, die sich aus Art. 33 Abs. 4 und 5 GG ergebenden hergebrachten Grundsätze im gesamten Geltungsbereich des

[335] Ausführlich zu den kommunalen Wahlbeamten siehe Kap. D.III.3.

[336] Vgl. etwa Battis, BBG, § 54 Rn. 7.

[337] Für eine Übersicht über die jeweiligen Kreise der Amtsträger vgl. Lindner, ZBR 2011, 150 (153 f.).

[338] So zu verstehen Brinktrine in: BeckOK BeamtR Bund, BBG, § 54 Rn. 3, der den politischen Beamten nach § 54 eindeutig von dem nach § 30 BeamtStG abgrenzt, bei welchem es gerade auf die Übereinstimmung ankomme.

[339] Vgl. Kugele, Der politische Beamte, S. 13.

Grundgesetzes zu beachten,[340] Rechnung getragen. Die Rechtsfigur des politischen Beamten gehört zu diesen Grundsätzen. Daher ist es auch notwendig, dass die Grundsätze zu dieser Rechtsfigur überall dieselben sind. Dies kann nur dadurch gewährleistet werden, dass § 54 BBG in demselben Sinne verstanden wird wie § 30 BeamtStG. Wieweit der Kreis der dazugehörigen Ämter in den einzelnen Ländern jedoch greift, bleibt weiterhin Ländersache. Die konkrete Aufzählung der Ämter, die mit politischen Beamten zu besetzen sind, die sich aus § 54 BBG ergibt, ist daher als Parallelvorschrift zu den landesrechtlichen Bestimmungen wie § 39 NBG zu sehen, der ebenso wie § 54 BBG wörtlich von „politischen Beamten" spricht und deren Ämterkreis in Niedersachsen festlegt. Insgesamt ist somit festzuhalten, die Rechtsfigur des politischen Beamten ist dadurch geprägt, dass eine Übereinstimmung mit den Ansichten und Zielen der jeweiligen Regierung erforderlich ist.[341]

2. Geschichtliche Entwicklung, Funktion und Aufgaben

Um die Funktion und die Aufgaben nachvollziehbar zu machen, sind zunächst einige Ausführungen zur Geschichte dieser speziellen Art von Beamten erforderlich. Als Geburtsstunde des politischen Beamten i. S. dieses Kapitels wird allgemein die Einführung des aktiven und passiven Wahlrechts für Beamte in den Jahren 1848/49 angesehen.[342] Das Wahlrecht in Verbindung mit dem nun eingeführten Grundsatz der Anstellung auf Lebenszeit veranlasste die Dienstherren zu Anpassungen im Beamtenrecht. So erließ der sonst als liberal geltende preußische Innenminister Kühlwetter[343] eine Rundverfügung an die königlichen Regierungspräsidien, dass politisch nicht loyale Beamte den Dienst verlassen mussten.[344] Dieser Erlass beruhte auf „Beschwerden [...], dass es nicht ganz an Fällen fehlt, wo Männer in amtlicher Funktion sich noch befinden, welche dem dermaligen Regierungssystem ihre Anerkennung geradehin versagen und demselben geflissentlich widerstrebten".[345] Darauffolgend regelte § 87 des „Gesetzes betreffend die Dienstvergehen der nichtrichterlichen Beamten" in Nr. 2 S. 2, dass durch königliche Verfügung mit Gewährung des vorschriftsmäßigen Wartegeldes bestimmte Beamte jederzeit in den einstweiligen Ruhestand versetzt werden können. Zu dieser Gruppe gehörten Unterstaatssekretäre, Ministerialdirektoren, Oberpräsidenten und andere Spitzenbeamte. Diese Regelung ist prinzipiell, auch wenn ihr Tatbestand nicht die heutige Voraussetzung „Amt bekleiden, bei dessen Ausübung sie in fortdauernder Übereinstimmung mit den grundsätzlichen politischen Ansichten und Zielen der Regierung stehen müssen" enthielt, mit den heutigen Regelungen zu den politischen Beamten vergleichbar. 171

[340] Kugele, Der politische Beamte, S. 14.

[341] So im Ergebnis auch Kugele, Der politische Beamte, S. 14 f.; Brinktrine in: BeckOK BeamtR, BBG, § 54 Rn. 4; so zu verstehen auch Oldiges/Brinktrine, DÖV 2002, 943 (943 f.); auch Lindner nimmt keine Differenzierung vor, vgl. ZBR 2011, 150 (150 f.); ebenso wenig ist eine solche bei Grünning, VR 1988, 80 (83) zu finden; schließlich geht auch das BVerwG von dieser Übereinstimmungserfordernis aus, vgl. bereits BVerwGE 19, 332 (336), eine Fundstelle, auf die sich im Übrigen auch Battis in seinen Kommentierungen zum § 54 BBG bezieht, um die möglichen sachlichen Gründe für eine Versetzung in den einstweiligen Ruhestand zu skizzieren, siehe Battis, BBG, § 54 Rn. 9.

[342] Anders, DÖV 1964, 109; Kugele, Der politische Beamte, S. 20 f.; ders., ZBR 2007, 109 (110) m. w. N.

[343] Kugele, ZBR 2007, 109 (110).

[344] Preußisches Ministerialblatt 1848, S. 250.

[345] Ebenda.

Insbesondere die Erläuterungen zu § 87 Nr. 2 S. 2 machen dies deutlich, denn danach würde die „unerlässliche Harmonie der Regierungstätigkeit nur in sehr ungenügendem Maße zu erzielen sein", wenn solche Spitzenbeamte nicht in den einstweiligen Ruhestand versetzt werden können, ohne dass sie sich einer Straftat schuldig gemacht hätten oder dienstunfähig geworden seien.[346] Dieser Regelungshintergrund kommt dem Tenor der gegenwärtigen Regelungen zu politischen Beamten sehr nahe. Wichtig ist hierbei festzuhalten, dass das damalige Beamtenrecht keinerlei Regelungen zur Neutralität enthielt. Vielmehr wurde vom Beamten bedingungsloser Gehorsam und volle Treue und Loyalität erwartet. Diese Erwartung kam mit dem nun eingeführten Wahlrecht für die Beamten in Konflikt.

172 Im Kaiserreich wurde diese preußische Regelung in § 25 RBG vom 31.03.1873 entsprechend fortgeführt. Interessant ist hierbei, dass die Gesetzesbegründung zu § 25 RBG davon spricht, dass die von der Regelung erfassten Spitzenbeamten in fortdauernder Übereinstimmung mit den grundsätzlichen Ansichten der Regierung stehen müssten.[347] Diese Formulierung stimmt nahezu exakt mit dem Wortlaut der gegenwärtigen Normen zu politischen Beamten überein. Die preußische Bestimmung ist nahezu unverändert in das Beamtenrecht sowohl der Weimarer Republik als auch des Dritten Reiches übernommen worden.[348] Schließlich wurde diese Definition des politischen Beamten auch in das Beamtenrecht der Bundesrepublik in §§ 31 BRRG und 36 BBG übernommen.

173 Als zentrale Funktion des gegenwärtigen politischen Beamten wird übereinstimmend die Transformation politischer Ansichten und Zielsetzungen in die Administration angegeben.[349] Zu diesem Zweck nehmen die klassischen politischen Beamten die Positionen von beamteten Staatssekretären in den Bundes- und Landesministerien ein.[350] Diese beamteten Staatssekretäre (streng abzugrenzen von den parlamentarischen Staatssekretären[351]) vertreten die jeweiligen Ressortminister und stehen auf der höchsten Stufe der Beamtenhierarchie, sind demnach die Amtschefs der Ressorts.[352] Jedoch haben regelmäßig nicht nur diese Amtschefs die Eigenschaft eines politischen Beamten. Neben ihnen gibt es einen je nach Gesetzgeber mehr oder weniger weiten Kreis weiterer politischer Beamter.[353] Der Freistaat Bayern verzichtet dagegen vollständig auf politische Beamte.

174 Auch wenn es in der aktuellen Fassung von § 54 BBG nicht mehr ausdrücklich geregelt ist, so ist allen politischen Beamten gemein, dass sie ein Amt bekleiden sollen, bei dem es auf die fortdauernde Übereineinstimmung mit den grundsätzlichen politischen Ansichten und Zielen der Regierung ankommt. Diese abstrakte Formulierung lässt sich funktional in zwei Kategorien unterteilen:

[346] Regelungen einsehbar unter http://digital.staatsbibliothek-berlin.de/werkansicht, abgerufen am 30.09.2016.
[347] Nachweis bei Anders, DÖV 1964, 109 (110).
[348] Ebenda; Kugele, Der politische Beamte, S. 31 ff.
[349] Battis, BBG 2009, § 54 Rn. 2; Reich, BeamtStG 2012, § 30 Rn. 6; Oldiges/Brinktrine, DÖV 2002, 943; Kugele, ZBR 2007, 109; Lindner, ZBR 2011, 150; BVerfGE 121, 205 (223).
[350] Vgl. hierzu die Regelungen von § 54 Abs. Nr. 1 BBG und der entsprechenden landesbeamtenrechtlichen Vorschriften (mit Ausnahme Bayerns).
[351] Zur Abgrenzung vgl. Franz, ZBR 2008, 236.
[352] Franz, ZBR 2008, 236 (238).
[353] Vgl. hierzu die sehr anschauliche Übersicht bei Lindner, ZBR 2011, 150 (152).

- Transformationsbereich
- Repräsentationsbereich[354]

Ersterer ist bereits oben als die zentrale Funktion der politischen Beamten beschrieben worden. Transformation soll in diesem Zusammenhang nicht nur eine neutrale und technokratisch orientierte Umsetzung von Vereinbarungen in Koalitionsverträgen durch Referentenentwürfe und Kabinettsvorlagen bedeuten. Vielmehr soll es darum gehen, dass die zuvor erwähnten Amtschefs „dieselbe politische Sprache sprechen" wie die ihnen vorgesetzten politischen Amtsträger (Minister) und so gewährleisten, dass deren politische Vorstellungen vollständig umgesetzt werden. Dazu gehört auch und vor allem die Gewährleistung, dass das „ministerielle Haus" effektiv und einwandfrei arbeitet. 175

Der beamtete Staatssekretär als ranghöchster Beamter in den Ministerien ist jedoch weder auf Bundesebene noch in einem der Länder[355] der einzige, der aufgrund seiner Transformationsfunktion die Eigenschaft eines politischen Beamten hat. In Bundesministerien, in Rheinland-Pfalz und in Baden-Württemberg haben diese auch die Ministerialdirektoren (Abteilungsleiter bzw. Amtschefs in den Ministerien). Sowohl auf Bundes- als auch auf Landesebene kommen dazu fast immer die Polizeipräsidenten und die Leiter des Verfassungsschutzes.[356] All diese Ämter stammen aus politisch sensiblen Geschäftsbereichen,[357] womit diese Ausweitung auch häufig gerechtfertigt wird. 176

Der Repräsentationsbereich umfasst die Ämter des Generalbundesanwalts beim Bundesgerichtshof,[358] teilweise die der Generalstaatsanwälte, des Präsidenten des Bundeskriminalamtes und häufig der Regierungssprecher.[359] Der Begriff der Repräsentation ist hierbei nicht etwa im Sinne des für die Bundesrepublik repräsentativen Bundespräsidentenamtes zu sehen. Vielmehr bedeutet er, dass der Amtsinhaber eine politisch solch herausgehobene Position bekleidet, dass ein evtl. Fehlverhalten bzw. mangelnder Erfolg bei der Aufgabenerfüllung zulasten des betroffenen Ressorts oder gar der ganzen Regierung gehen würde.[360] Erfolg und Misserfolg, Ansehen und Missgunst in den Augen der Bevölkerung werden somit direkt auf das Ressort bzw. die Regierung projiziert. Da es den Beamten rechtlich an der Möglichkeit eines in solchen Fällen (politisch) gebotenen Rücktritts mangelt, wie sie politischen Amtsträgern zur Verfügung steht, sollen sie in den einstweiligen Ruhestand versetzt werden können, um (weiteren) politischen Schaden zu vermeiden.[361] Demnach unterscheiden sich diese politischen Beamten von den zuvor genannten dadurch, dass ihnen selbst keine (oder nur in sehr geringem Maße ausgeprägten) Transformationsaufgaben zukommen. Aufgrund der dargestellten Repräsentationsaufgabe müssen sie jedoch in fortdauernder Übereinstimmung mit den grundsätzlichen politischen 177

354 Vgl. hierzu und zum Folgenden Kugele, ZBR 2007, 109 (111 ff.).
355 Beachte hier die Ausnahme im Freistaat Bayern.
356 Vgl. hier erneut die Übersicht bei Lindner, ZBR 2011, 150 (153 f.); siehe auch Grünning, VR 1988, 80 (81).
357 Oldiges/Brinktrine, DÖV 2002, 943 (944).
358 Steinbach, ZBR 2017, 335 (336).
359 Kugele, ZBR 2007, 109 (113).
360 Ebenda.
361 Ebenda.

Zielen und Ansichten der Regierung stehen und sind daher unter diese Definition der politischen Beamten zu subsumieren.

3. Problematik der politischen Neutralitätspflicht

178 Bezogen auf das Hauptthema der politischen Neutralität von staatlichen Amtsträgern stellt die Rechtsfigur der politischen Beamten ein ganz besonders interessantes Phänomen dar. Denn zum einen sind die betroffenen Amtsträger Beamte im Sinne des Statusrechts mit allen daraus entspringenden Pflichten. Zum anderen sind sie aber auch entsprechend ihrer Transformations- und Repräsentationsfunktion selbst Teil des politischen Geschehens und eben auch der politischen Führung. Die Institution des politischen Beamten scheint trotz einiger sehr kritischer Stimmen sowohl in der herrschenden Literatur als auch in der Rechtsprechung grundsätzlich anerkannt zu sein.[362] Dennoch wurde und wird ihr nach wie vor von ihren Kritikern vorgeworfen, die Basis für massive Rechtsbrüche in Bereich des Verfassungs- und Beamtenrechts zu bilden. Den Kernpunkt der Kritik bildet dabei die These, dass die Rechtsfigur des politischen Beamten erheblich gegen tragende Grundsätze des Berufsbeamtentums verstoße. Hier werden vor allem das Lebenszeitprinzip und das Leistungsprinzip angeführt.[363] Soweit solche Verstöße tatsächlich vorlägen, wäre zu klären, ob und inwieweit dies auch zu Konflikten mit einer etwaigen Pflicht zur politischen Neutralität führen kann.

179 Daher soll in diesem Kapitel zunächst auf die generelle Geltung der Neutralitätspflicht für diese spezielle Gruppe von Beamten eingegangen werden. Nachdem dann die Zusammenhänge dieser Pflicht mit den angesprochenen Grundsätzen des Berufsbeamtentums untersucht worden sind, wird zu klären sein, inwieweit tatsächlich gegen diese Grundsätze verstoßen wird und ob diese Verstöße sich auch auf die Neutralitätspflicht erstrecken. Schließlich ist zu erörtern, ob und inwieweit sich solche rechtfertigen lassen.

a) Geltung der Neutralitätspflicht

180 Für die Frage, ob für politische Beamte überhaupt eine Pflicht zur politischen Neutralität gilt, ist zunächst auf Kap. C.III zu verweisen. Diese Pflicht leitet sich zum einen aus den hergebrachten Grundsätzen des Berufsbeamtentums ab. Da die Möglichkeit, bestimmte Beamte ohne Angabe von Gründen jederzeit in den einstweiligen Ruhestand versetzen

[362] Das BVerfG „segnete" den politischen Beamten bereits 1957 ab, vgl. BVerfGE 7, 155; Das BVerwG folgte wenig später und behielt die Akzeptanz in seiner Rspr. bei, vgl. BVerwGE 19, 332; 52, 33; BVerwG, VwRspr. 1981 S. 828 Nr. 170; BVerwGE 115 89. In der Literatur sehen die Kommentatoren des Verfassungs- und Beamtenrechts keinerlei Schwierigkeiten, vgl. Battis, BBG 4. Auflage, § 54 Rn. 2 ; Lemhöfer in: Plog/Wiedow, BBG 2009, § 36 Rn. 3; Reich, BeamtStG 2. Auflage, § 30 Rn. 6; weitere zustimmende Stimmen bilden Anders, DÖV 1954, 109 ff.; Oldiges/Brinktrine, DÖV 2002, 943 (944); Kugele, Der politische Beamte, S. 446; ders., ZBR 2007, 109 (115).

[363] Vgl. zu diesen Kritikansätzen und ihrer jeweiligen Argumentation die nachfolgenden Unterabschnitte mit den dort erbrachten Nachweisen.

zu können, nach h. M. per se schon zu diesen hergebrachten Grundsätzen gehört,[364] muss bereits daraus abgeleitet werden, dass die politischen Beamten i. S. dieses Kapitels selbst zu den Berufsbeamten zählen, auf die diese hergebrachten Grundsätze Anwendung finden. Damit sind diese Beamten bereits gemäß den hergebrachten Grundsätzen dem Grunde nach zur politischen Neutralität verpflichtet.

Des Weiteren sind die politischen Beamten statusrechtliche Beamte auf Lebenszeit i. S. d. 181
§§ 6 Abs. 1 BBG und 4 Abs. 1 BeamtStG. Damit gelten für sie alle Pflichten dieser beiden Gesetze. Zu diesen Pflichten gehört u. a. die Pflicht zur unparteilichen und unparteiischen Amtsführung aus § 60 Abs. 1 BBG und § 33 Abs. 1 BeamtStG.[365] Somit hat die politische Neutralitätspflicht der politischen Beamten auch eine beamtenrechtliche Basis.

b) Zusammenhang mit dem Lebenszeitprinzip

Das Prinzip des lebenslangen Dienstes gehört zum Kernbestand der Strukturprinzipien 182
der Institution des Berufsbeamtentums.[366] Zusammen mit dem Alimentationsprinzip sichert es die wirtschaftliche und rechtliche Unabhängigkeit des Beamten. Dessen Aufgabe, „im politischen Kräftespiel eine stabile und gesetzestreue Verwaltung zu sichern",[367] kann nur durch die Gewährleistung dieser Unabhängigkeit(en) tatsächlich erfüllt werden. Daher wäre es für den Beamten faktisch unmöglich, der Grundpflicht zur parteipolitischen Neutralität und unparteiischen Amtsausübung aus §§ 60 Abs. BBG, 33 Abs. 1 BeamtStG ernsthaft nachzukommen, wenn er befürchten müsste, dass er bei einer gesetzestreuen, aber der Politik der Regierungspartei widerstrebenden Amtsausübung aus dem Dienst entfernt werden würde. Eine solche Möglichkeit, den Beamten willkürlich oder nach dem freien Ermessen politischer Gremien aus dem Amt zu entfernen, würde zum einen einem Eingriff in das Lebenszeitprinzip gleichstehen.[368] Zum anderen würde sie die Pflicht zur politisch neutralen und unparteiischen Amtsausübung aushöhlen.[369]

Die Institution des politischen Beamten (bzw. die entsprechenden beamtenrechtlichen Rege- 183
lungen) räumt dem jeweiligen Dienstherrn die Möglichkeit ein, politische Beamte jederzeit

[364] Vgl. statt vieler schon BVerfGE 7, 155 (166 f.); Kugele, ZBR 2007, 109.

[365] Vgl. hierzu ausführlich Kap. C.III.3.a.

[366] St. Rspr. BVerfG, vgl. nur BVerfGE 9, 268 (286); für die Lit. siehe Reich, BeamtStG 2. Auflage, § 4 Rn. 4; Battis, BBG 4. Auflage, § 4 Rn. 15; Lindner, ZBR 2011, 150 (155).

[367] BVerfGE 121, 205 (220) m. w. N. zur Gesamtthese.

[368] Ebenda.

[369] Diese „Absicherung" des Beamten lässt natürlich die inhaltliche Weisungsgebundenheit aus § 62 BBG, § 35 BeamtStG unberührt. Selbstverständlich hat der Beamte trotz seiner grundsätzlichen Unabhängigkeit die inhaltlichen Weisungen seiner Vorgesetzten zu befolgen. Tut er dies nicht, hat der Dienstherr disziplinarrechtliche Instrumente. Hält der Beamte Weisungen für gesetzeswidrig, so steht ihm das Remonstrationsrecht zu. So bewegt sich die Interaktion zwischen dem Beamten und seinem Dienstherrn immer in einem rechtsstaatlichen Rahmen, und der Beamte kann ohne Sorge seinem Auftrag nachkommen, eine gesetzmäßige Verwaltung zu sichern.

und ohne Angabe von Gründen[370] in den einstweiligen Ruhestand zu versetzen. Die letztliche Entscheidung, ob eine Versetzung in den Ruhestand geboten ist, trifft auf Bundesebene auf Antrag des jeweiligen Ressortministers der Bundespräsident und auf Landesebene die Landesregierung. Damit liegt diese Entscheidung in freiem Ermessen eines politischen Gremiums bzw. eines rein politischen Amtsträgers. Auf die Frage, ob sich der Beamte tatsächlich in Übereinstimmung mit den grundsätzlichen politischen Ansichten und Zielsetzungen der Regierung befindet oder nicht, kommt es indes nicht an. Bei diesem Aspekt handelt es sich nicht um eine tatbestandliche Voraussetzung für die Versetzung in den einstweiligen Ruhestand, sondern lediglich um einen offenen Umriss des für die Institution des politischen Beamten infrage kommenden Personenkreises.[371] Nun muss freilich anerkannt werden, dass die Versetzung in den einstweiligen Ruhestand nicht vollständig mit einer Entfernung aus dem Beamtenverhältnis gleichzusetzen ist. Denn nach der Versetzung in den einstweiligen Ruhestand befindet sich der Beamte zwar im Ruhestandsbeamtenverhältnis,[372] kann jedoch gem. § 57 BBG bzw. § 30 Abs. 3 S. 2 i. V. m. § 29 Abs. 2, 6 BeamtStG wieder „reaktiviert" werden. Das bedeutet, dass eine Berufung in eine Tätigkeit mit mindestens demselben Grundgehalt möglich ist. Formaljuristisch betrachtet findet durch die Versetzung in den einstweiligen Ruhestand somit keine Entfernung aus dem Beamtenverhältnis statt, was zu der Überzeugung führen könnte, dass damit ein Eingriff in das Lebenszeitprinzip nicht erfolgt.

184 Heißt dies nun, dass die anfangs angedeutete Problematik mit der Neutralitätspflicht mangels Eingriffs in das Lebenszeitprinzip nicht besteht? Die Antwort hierauf fällt negativ aus. Denn zum einen ist zu beachten, dass die bisher gezogenen Schlussfolgerungen, wie schon erwähnt, stark formaljuristischer Natur sind. Es ist zwar richtig, dass aufgrund der Möglichkeit der Reaktivierung eine vollständige Entfernung aus dem Beamtenverhältnis nicht vorliegt. Da die Reaktivierung jedoch nur unter Einräumung mindestens desselben Endgrundgehalts möglich ist und die politischen Beamten regelmäßig Spitzenpositionen innerhalb der Ministerialverwaltung einnehmen, ist sie bei diesen sehr untypisch.[373] Dies ist auf rein praktische Gesichtspunkte zurückzuführen, hat der Dienstherr den politischen Beamten doch gerade wegen der fehlenden politischen Übereinstimmung in den einstweiligen Ruhestand versetzt. Die einzige Möglichkeit einer Reaktivierung läge jedoch aufgrund der Regelungen zu mindestens demselben Endgrundgehalt darin, dem politischen Beamten seine frühere Spitzenposition wiederzugeben. Dies ist aus nachvollziehbaren Gründen sehr fernliegend. Damit ist festzuhalten, dass die faktisch nicht stattfindende Reaktivierung nach der Versetzung in den einstweiligen Ruhestand die negative Wirkung dieser Versetzung für die politischen Beamten erheblich verstärkt. Eine Durchbrechung des Lebenszeitprinzips ist hier also zumindest insoweit zu sehen, als die Gewissheit des aktiven Dienstes, die für den normalen Laufbahnbeamten automatisch mit dem Lebenszeitprinzip verbunden ist, den politischen Beamten nicht zukommt.

---

[370] Zwar befasst sich BVerwGE 115, 89 mit den Gründen für die zugrunde liegende Versetzung in den einstweiligen Ruhestand und meint auch, diese gerichtlicher Kontrolle unterziehen zu können. Diese Vorgehensweise steht jedoch klar in Widerspruch zum Gesetzeswortlaut. Zustimmend Brinktrine, RiA 2003, 15 (20).

[371] Lindner, ZBR 2011, 150 (155). Der Umstand, dass das BVerwG in seiner Entscheidung BVerwGE 115, 89 die politische Übereinstimmung nicht als tatbestandliche Voraussetzung thematisiert, untermauert diese Sichtweise.

[372] Für die Bundesbeamten vgl. Brinktrine in: BeckOK Beamtenrecht Bund, BBG, § 54 Rn. 22 und für die übrigen Beamten; ders. in: BeckOK Beamtenrecht Bund, BeamtStG, § 30 Rn. 17.

[373] So auch Schwidden, RiA 1999, 13 (17).

Dementsprechend hat der politische Beamte nicht mehr die notwendige Unabhängigkeit, die es ihm ermöglicht, seine Amtsführung (entsprechend den rechtmäßigen Weisungen seiner Vorgesetzten) am Maßstab des Grundsatzes der Gesetzmäßigkeit aus Art. 20 Abs. 3 GG zu gestalten. Jede seiner Maßnahmen muss vor allem der politischen Linie des ihm vorgesetzten Ministers bzw. der gesamten Regierung entsprechen. Hierbei spielen selbstverständlich auch parteipolitische Erwägungen der an der Regierung beteiligten Partei(en) eine tragende Rolle.[374] Der Eingriff in das Lebenszeitprinzip macht dem Beamten eine parteipolitisch neutrale und unparteiische Amtsausübung faktisch unmöglich.[375] Damit steht die Institution des politischen Beamten aufgrund ihres Eingriffs in das Lebenszeitprinzip im Konflikt zur Pflicht aller Beamten zur Neutralität. 185

c) Zusammenhang mit dem Leistungsprinzip

Fraglich ist, ob sich ein solcher Konflikt auch im Zusammenhang mit dem Leistungsprinzip ergibt. Das Leistungsprinzip entspringt Art. 33 Abs. 2 GG. Hier sind die Zugangskriterien für ein Amt des öffentlichen Dienstes geregelt. Ein solcher Zugang wird danach (ausschließlich) nach Eignung, Befähigung und fachlicher Leistung eröffnet. Hierbei ist zu beachten, dass zu den beamtenrechtlichen Ernennungsfällen, bei denen diese Kriterien zu beachten sind, gem. §§ 31 Abs. 1 Nr. 3 BBG, 8 Abs. 1 Nr. 3 BeamtStG auch die Beförderung gehört.[376] 186

Das Leistungsprinzip gilt in vollem Umfang auch bei der Einstellung eines politischen Beamten bzw. bei der Beförderung eines Beamten von einem „normalen" in ein „politisches" Amt.[377] Ausnahmsweise kommt nun bei der Ernennung eines politischen Beamten zu den drei üblichen Kriterien ein zusätzliches dazu, nämlich das der politischen Übereinstimmung mit der Regierung. Vereinzelte Gegenansichten,[378] die die Zugrundelegung des zusätzlichen Kriteriums der politischen Übereinstimmung für unzulässig halten, liefern keine auseinandersetzungsfähige Argumentationsgrundlage und sind daher nicht zu berücksichtigen.[379] Somit ist zunächst festzuhalten, dass die Institution des politischen Beamten auf rechtlicher Ebene nicht dem Leistungsgrundsatz entgegensteht und das Neutralitätsgebot insoweit unangetastet bleibt. 187

Anders gestaltet sich die Problematik auf tatsächlicher Ebene. Im Prozess der Entscheidungsfindung bei der Besetzung von politischen Beamtenposten darf das zusätzliche Kri- 188

---

[374] Ebenso Lindner, ZBR 2011, 150 (159).

[375] So auch ganz klar Oldiges/Brinktrine, DÖV 2002, 943 (946 f.). Die Autoren, die für eine Zulässigkeit des Instituts des politischen Beamten stehen, sind der Ansicht, dass ein Landtagsdirektor nicht politischer Beamter sein darf, da er unbedingte politische Neutralität wahren muss. E contrario ergibt sich, dass politische Beamte nach Ansicht der Autoren eben nicht politisch neutral sind.

[376] Vgl. auch Badura in Maunz/Dürig, GG Art. 33 Rn. 25.

[377] BVerwGE 115, 89 (92); BVerwGE 128, 329; OVG Berlin-Brandenburg, LKV 2010, 85 (86); vgl. auch Lemhöfer in: Plog/Wiedow, BBG 2009, § 36 Rn. 4; Schunke, Die politischen Beamten 1973, S. 189; Kugele, ZBR 2007, 109 (110); Franz, ZBR 2008, 236 (237) m. w. N.; Lindner, ZBR 2011, 150 (155).

[378] Zum Beispiel Lindenschmidt, Strafbarkeit der parteipolitischen Ämterpatronage, Fn. 116.

[379] Zustimmend Franz, ZBR 2008, 236 (237).

terium der politischen Übereinstimmung die „üblichen“ Kriterien der Eignung, Befähigung und fachlichen Leistung mit den obigen Ausführungen nicht verdrängen oder überlagern.[380] Teilweise wird sogar gefordert, dass es nur nachrangig Berücksichtigung finden soll, sofern zwei Bewerber bezüglich der drei „Standardkriterien“ gleich geeignet sind.[381]

189 Unabhängig von der rechtlichen Zulässigkeit des Maßes der Gewichtung der einzelnen Kriterien wird in der Literatur stark bemängelt, dass in der Praxis das Kriterium der politischen Überzeugung die ausschließliche oder zumindest weit überwiegende Erwägung bei der Ernennung politischer Beamter ist.[382] Diese Stimmen aus der Rechtswissenschaft, die entsprechend Verstöße gegen den Leistungsgrundsatz aus Art. 33 Abs. 2 GG monieren, stützen sich dabei vor allem auf empirische Untersuchungen.[383] All diese Untersuchungen kamen zu dem Ergebnis, dass die politische Gesinnung bei Ernennung von Beamten in Spitzenpositionen eine tragende, wenn nicht die entscheidende Rolle spielte. Auch eine neuere Untersuchung von Auf dem Hövel aus dem Jahr 2003 zu den Verhältnissen in der Hansestadt Hamburg bestätigte diese Erkenntnisse. So waren knapp 60 % der Spitzenbeamten (Beamte mit B-Besoldung) Mitglied einer politischen Partei. Bei den Beamten der „unteren“ Ebenen lag dieser Anteil bei nur 25 %.[384] Des Weiteren würden insgesamt 16 % der Hamburger Beamten einem Kollegen raten, in die Regierungspartei einzutreten, um die Karriere zu beschleunigen. Dabei stieg der Anteil, der dieser Ansicht war, mit der Dauer der Dienstzeit signifikant an, hier zeigt sich offensichtlich eine Projektion der eigenen Erfahrungen.[385]

190 Somit ist zunächst festzuhalten, dass die Ernennung von politischen Beamten nach nahezu einhelliger Meinung das Leistungsprinzip auf rechtlicher Ebene zwar nicht verdrängt oder verletzt. Faktisch erfolgt jedoch ein empirisch nachgewiesenes Umgehen des Leistungsprinzips in teils schwerem und teils überwältigendem Maße. Ein faktischer Eingriff in diesen hergebrachten Grundsatz des Berufsbeamtentums liegt damit vor.

191 Grundsätzlich ließe sich annehmen, dass die Ernennung keine direkte Verbindung zu der Art und Weise der Amtsführung des politischen Beamten zu tun hat. Denn politische Beamte bekleiden i. d. R. die absoluten Spitzenämter und stehen auf höchster Stufe der Beamtenhierarchie, Beförderungen sind so faktisch nicht mehr möglich. Daher sollte es für sie (anders als dies in Hinblick auf in das Lebenszeitprinzip eingreifende Versetzung in den einstweiligen Ruhestand der Fall ist) nicht notwendig sein, nach erfolgter Ernennung parteipolitisch opportun zu handeln. Die Konsequenz daraus wäre, dass der Eingriff in das Leistungsprinzip keinen Einfluss auf die Neutralitätspflicht hätte.

---

[380] Würde man hier den angesprochenen Einzelstimmen der Gegenansicht folgen, ergäbe sich ein Überwiegen des „Zusatzkriteriums“, wodurch der Leistungsgrundsatz verdrängt würde.

[381] Dreher, Karrieren in der Bundesverwaltung, S. 314.

[382] Kugele, Der politische Beamte, S. 372–375; Benda, Stabilitätsauftrag des öffentlichen Dienstes, S. 29 ff.; Wichmann, Parteipolitische Patronage, S. 37–45; Franz, DÖD 1999 49 (51 f.); ders., ZBR 2008, 236 (238 f.).

[383] Vgl. hier vor allem Luhmann/Mayntz 1972, S. 244 ff.; Steinkemper, Bürokraten in der Ministerialverwaltung, S. 44 ff.; Pippke, Beförderungskriterien, S. 385–390.

[384] Auf dem Hövel, S. 131 f.

[385] Ders., S. 143 f. Bemerkenswert ist, dass der Anteil der „Parteiopportunisten“ im Verhältnis zu der Untersuchung von Luhmann/Mayntz von 1972 sogar noch angestiegen ist.

Eine solche Folgerung würde jedoch die psychologische Komponente des Verhaltens bei der Amtsführung außer Acht lassen. Es muss bedacht werden, dass die Ernennung unter Umgehung des Leistungsgrundsatzes nicht nur zugunsten rein inhaltlich-politischer Übereinstimmung mit dem Bewerber passiert. Häufig geht es dabei auch um eine Art „Belohnung" für persönliche und politische Treue oder Gefälligkeiten aus persönlicher Verbundenheit.[386] In solchen Konstellationen kann und darf nicht mehr davon ausgegangen werden, dass der politische Beamte sein Amt nicht zugunsten einer bestimmten politischen Partei bzw. unparteiisch ausübt.[387] Die Pflicht zur Neutralität wird somit zwangsläufig faktisch umgangen. 192

4. Zwischenergebnis

Im Ergebnis lässt sich festzuhalten, dass die Institution des politischen Beamten mit den hergebrachten Grundsätzen des Lebenszeit- und des Leistungsprinzips kollidiert.[388] Während beim Ersteren diese Kollision bereits aufgrund der Dogmatik der verfassungs- und beamtenrechtlichen Grundsätze entsteht, deuten beim Letzteren erst die menschliche Verhaltensweise und Einstellung und die darauf basierende Amtsführung der politischen Beamten auf eine Umgehung des Leistungsgedankens hin. Während das Lebenszeitprinzip in unmittelbarem dogmatischen Zusammenhang mit der Neutralitätspflicht steht, ist der Zusammenhang mit dem Leistungsgrundsatz jedenfalls ein mittelbar-faktischer. Die genannten Verstöße machen die Erfüllung der Neutralitätspflicht für die politischen Beamten faktisch unmöglich. Damit liegt ein Widerspruch sowohl zu dem hergebrachten Grundsatz der Neutralität als auch zu der beamtenrechtlich geforderten unparteilichen und unparteiischen Amtsführung vor. 193

5. Rechtfertigungsansätze und Stellungnahme

Eine Verletzung der genannten hergebrachten Grundsätze läge dann nicht vor, wenn die eben festgestellten Widersprüche gerechtfertigt wären. Aus einer solchen Rechtfertigung würde sich dann auch die Möglichkeit ergeben, den Verstoß gegen die beamtenrechtliche Neutralitätspflicht auszugleichen. Dies wäre dann z. B. im Wege einer teleologischen Reduktion der maßgeblichen beamtenrechtlichen Vorschriften in Bezug auf die politischen Beamten denkbar. Es ist daher zu untersuchen, ob eine solche Rechtfertigung möglich ist. 194

a) Gesteigerte Treuepflicht und Loyalität

Als gewichtiges Argument zur Rechtfertigung der Institution des politischen Beamten wird vorgetragen, nur sie kann sicherstellen, dass der Beamte dem „gesteigerten" Treueverhält- 195

386 Vgl. Franz, ZBR 2008, 236 (238); übereinstimmend Dippel, NordÖR 2009, 102 (103).
387 Zur Abgrenzung der beiden Begriffe vgl. Kap. C.III.3.a.
388 So wohl auch zu verstehen Steinbach, ZBR 2017, 335 (340).

nis[389] und den erhöhten Anforderungen an die Loyalität an diesen Nahtstellen zwischen Politik und Verwaltung[390] gerecht werden kann.

196 Problematisch ist hierbei zunächst, dass eine solche Sichtweise grundsätzlich davon ausgeht, dass Beamte illoyal sind, wenn dem Dienstherrn nicht die Instrumente der Ernennung unter Berücksichtigung der politischen Übereinstimmung einerseits und der Möglichkeit der jederzeitigen Versetzung in den einstweiligen Ruhestand andererseits[391] zur Verfügung stehen. Eine solche Grundeinstellung widerspricht den Grundsätzen des Beamtenethos[392] und deckt sich nicht mit dem Selbstbild und der Grundeinstellung der Beamten zu ihrem Dienst.[393]

197 Weiterhin hat das BVerfG seine Rechtsprechung zur Zulässigkeit der Institution des politischen Beamten im Laufe der Zeit konkretisiert. Während diese Zulässigkeit zu früherer Zeit so gut wie bedingungslos angenommen wurde,[394] hat sich die Einstellung des BVerfG nunmehr geändert. Derweil sieht es diese Zulässigkeit nur noch im Rahmen eines Regel-Ausnahme-Verhältnisses als gegeben an, d. h., Lebenszeitbeamte dürfen nur noch im Ausnahmefall zu politischen Beamten gemacht werden.[395] Zwar hält das BVerfG die Institution des politischen Beamten damit im Ergebnis für grds. zulässig, dennoch ist seine Feststellung, dass es „Aufgabe des Beamten ist, Verfassung und Gesetz im Interesse des Bürgers auch und gerade gegen die politische Führung zu behaupten"[396] ganz besonders interessant für die vorliegende Argumentation. Dieses Verständnis von der Stellung des Beamtentums im Staatsgefüge gilt für alle Beamten. Denn das Beamtenrecht (sowohl auf Bundes- als auch auf Landesebene) kennt grundsätzlich nur ein einheitliches Regelkonstrukt mit denselben Rechten und Pflichten, das jedoch im Detail teilweise verschiedene Ausprägungen erhält.[397] Trotz dieser verschiedenen Ausprägungen haben alle Arten von Beamten dieselbe Stellung im Staatsgefüge, nämlich die des Bewahrers von Verfassung und Gesetz im Interesse des Bürgers. Dies wird vor allem auch dadurch deutlich, dass im Beamtenrecht des Bundes und der Länder die jeweiligen Bestimmungen zu den Grundpflichten, zu denen allen voran auch die Pflicht zur parteipolitisch neutralen und unparteiischen Amtsführung gehört, wiederum für alle Arten von Beamten gelten. Der einzige Unterschied, den das Beamtenrecht zwischen dem „normalen" Lebenszeitbeamten und dem politischen Beamten trifft, ist die jederzeitige Versetzbarkeit des Letzteren in den einstweiligen Ruhestand.

198 Damit müsste auch der politische Beamte nötigenfalls Verfassung und Gesetz im Interesse des Bürgers gegen die politische Führung verteidigen. Dies widerspricht naturgemäß der

389 Kugele, ZBR 2007, 109 (110).

390 Thiele, DÖD 1986, 257 (261); Oldiges/Brinktrine, DÖV 2002, 943 (944).

391 Vgl. hierzu auch die Aussage des Regierenden Bürgermeisters von Berlin, Michael Müller, dass Staatssekretäre jederzeit damit rechnen müssten, entlassen zu werden, http://www.tagesspiegel.de/berlin/berliner-senat-senatssprecherin-muss-entlassen-werden/14671010.html, abgerufen am 12.10.2016.

392 Siehe dazu Ausführungen in Kap. C.III.2.c.

393 Vgl. auch Lindner, ZBR 2011, 150 (151).

394 BVerfGE 7, 155 (166); vgl. auch BVerfGE 8, 332 (347, 349).

395 BVerfGE 121, 205 ff.; dieser Interpretation zustimmend Lindner, ZBR 150 (158).

396 BVerfGE 121, 205 (219).

397 Vgl. hierzu die Übersicht in Kap. C. I.2.

Annahme einer gesteigerten Treue- und Loyalitätspflicht. Somit kann eine solche auch nicht überzeugend den Eingriff in Lebenszeit- und Leistungsprinzip rechtfertigen.

b) Aktive Unterstützung der Politik

Des Weiteren wird argumentiert, dass es in bestimmten Schlüsselpositionen einer Amtsführung bedürfe, die die Politik der Regierung nicht behindert, sondern aktiv fördert und unterstützt.[398] Hier ist zunächst wieder auf das Beamtenethos zu verweisen, das von dem Beamten generell eine loyale Unterstützung seines Dienstherrn fordert. Weiterhin unterstehen auch Beamte in Schlüsselpositionen der Weisungsgebundenheit. Sollte also von ihrer Seite eine Behinderung der Regierungstätigkeit erfolgen, dann stehen dem Dienstherrn diverse Maßnahmen des Disziplinarrechts zur Verfügung. Schließlich muss genauer betrachtet werden, was unter aktiver Unterstützung der Regierungspolitik zu verstehen ist. Die Transformation von politischem Willen und der entsprechenden Zielsetzungen erfordert selbstverständlich einerseits ein hohes Maß an Verständnis für politische Zusammenhänge und ohne Frage auch ein Mindestmaß an Offenheit gegenüber den politischen Vorhaben. Das von Kugele von den Staatssekretären anscheinend geforderte parteistrategische Verhalten[399] geht hier allerdings eindeutig zu weit. 199

Jedoch darf auch die andere Anforderungskomponente an ein solches Transformationsamt nicht außer Acht gelassen werden. Nach dem BVerfG versetzt die (aus dem Lebenszeitprinzip erfolgende) Unabhängigkeit des Beamten diesen in die Lage, „unsachlicher Beeinflussung zu widerstehen und seiner Pflicht zur Beratung seiner Vorgesetzten und der politischen Führung nachzukommen, ggf. auch seiner Pflicht zur Gegenvorstellung zu genügen, wenn er Bedenken gegen die Rechtmäßigkeit von Gesetzen oder dienstlichen Anordnungen hat".[400] Daher gehört zur aktiven Unterstützung der Regierungspolitik auch die kritische Überprüfung von Einzelvorhaben, ohne dass befürchtet werden muss, dass ein allzu kritischer Umgang damit zur Entfernung aus dem Dienst führt. Nur so kann die notwendige Sachlichkeit, die aus der fachlichen Kompetenz des Beamten erfolgt,[401] bei der Transformation gewährleistet werden und der beamtete „Transformator" vor sachfremden Einflüssen und Erwägungen geschützt werden. 200

Im Ergebnis zeigt sich, dass die Notwendigkeit einer aktiven Unterstützung der Regierungspolitik an sich nicht den Eingriff in die Prinzipien des Berufsbeamtentums rechtfertigen kann. Vielmehr kann die Institution des politischen Beamten das Gegenteil bewirken. Statt (schon beamtenethisch vorgesehener) Loyalität und tatsächlicher Unterstützung wird der Beamte dazu verleitet, willfährig und unreflektiert politische Forderungen um- und durchzusetzen. Daher rechtfertigt auch dieses Argument nicht den Verstoß gegen die Neutralitätspflicht. 201

---

398 So z. B. Herrmann, VerwArch 2010, 377 (380); Oldiges/Brinktrine, DÖV 2002, 943 (944).
399 Kugele, ZBR 2007, 109 (111).
400 BVerfGE 70, 251 (267).
401 So Frowein, Politische Betätigung von Beamten, S. 15.

c) Beamten-/Haushaltsrechtliche Notwendigkeit

202 Als eigentlich verwaltungspraktisches, aber auf rechtliche Grundsätze zurückgehendes Argument wird zudem angeführt, dass Amtsträger, die die Eigenschaft eines politischen Beamten haben, solch herausragende Positionen einnehmen, dass sie weder umgesetzt noch versetzt werden können, wenn eine Zusammenarbeit mit der Regierung nicht mehr funktioniert.[402] Aufgrund beamten- und haushaltsrechtlicher Bestimmungen führe daher kein Weg an der Versetzbarkeit in den einstweiligen Ruhestand vorbei.[403] Denn jeder Stellenplan enthalte jeweils nur so viele Stellen für politische Beamte, wie es entsprechende Ämter gebe. Wenn nun durch einen Regierungswechsel die Situation eintrete, dass der amtierende politische Beamte gegen einen anderen ausgetauscht werden soll, dann könne der „alte" politische Beamte nur weiterbezahlt werden, wenn er in den einstweiligen Ruhestand versetzt werde, da er nicht ohne Planstelle bezahlt werden könne.[404] Durch die Versetzung in den einstweiligen Ruhestand erfolge die Bezahlung jedoch aus den allgemeinen Versorgungsmitteln des Haushalts.[405]

203 Unbestritten richtig ist hierbei zunächst, in der Realität ist es tatsächlich so, dass Regierungswechsel zu starken Personalrotationen in den Spitzenpositionen führen.[406] Daher taugt der Verweis auf den Freistaat Bayern in dieser Hinsicht bisher wenig, wo es keine beamteten Staatssekretäre gibt und solche Probleme entsprechend unbekannt sind.[407] Hier gab es einfach sehr lange keine Regierungswechsel.

204 Jedoch dürfen Regierungswechsel nicht als einzig maßgebender Faktor für diese sog. „Austauschproblematik" und den haushalts- und beamtenrechtlichen Hintergrund angesehen werden. Das Problemfeld geht wesentlich weiter. Auf Bundesebene wird basierend auf empirischen Erhebungen von einer durchschnittlichen Verweildauer der Staatssekretäre von drei Jahren ausgegangen. Dabei beträgt die Dauer von Regierungskonstellationen (wo entweder eine bestimmte Partei allein oder in Koalition regiert) im Schnitt mehr als acht Jahre.[408] Mit der obigen Argumentation muss davon ausgegangen werden, dass so gut wie alle diese im Durchschnitt nach drei Jahren „entfernten" Staatssekretäre in den einstweiligen Ruhestand versetzt werden, es gibt grundsätzlich keine Möglichkeit, sie anderweitig zu verwenden. Es zeigt sich, dass die „staatssekretärische Pensionierungsflut" eigentlich nur auf den Umstand zurückgeht, dass es die Möglichkeit der Versetzung in den einstweiligen Ruhestand gibt. Und was rechtlich zulässig ist, wird natürlich aus politischen Erwägungen gern (und hier offensichtlich in immensem Ausmaß) genutzt. Die Argumentation der

[402] So Kugele, ZBR 2007, 109 (109).
[403] Vgl. hierzu und zum Folgenden Herrmann, VerwArch 2010, 377 (378).
[404] BVerwGE 19, 332 (334).
[405] Herrmann, VerwArch 2010, 377 (378).
[406] Bogumil/Jann, Verwaltung und Verwaltungswissenschaft, S. 163: „Nach den Regierungswechseln 1969 und 1982 ist zunächst jeder zweite beamtete Staatssekretär und jeder dritte Ministerialdirektor ausgetauscht worden. Für den Regierungswechsel 1998 sind keine exakten empirischen Daten verfügbar, zahlreiche Indizien deuten jedoch darauf hin, dass diese Praxis beibehalten wurde."; vgl. auch BT-Drucksache 15/5435, S. 2.
[407] So auch Kugele, ZBR 2007, 109 (111), dort in Fn. 44.
[408] Zahlen nach Franz, ZBR 2008, 236 (242).

beamten- und haushaltsrechtlichen Notwendigkeit folgt daher einem Zirkelschluss. Diese Notwendigkeit besteht, weil es politische Beamte gibt. Ein Argument für die Institution des politischen Beamten ist aber diese Notwendigkeit.

Würde man jedoch von der Annahme einer grundsätzlichen Illoyalität der Beamten im Falle von Regierungs- oder Ministerwechseln wegkommen, so wäre die Notwendigkeit des Instruments der Versetzung in den einstweiligen Ruhestand nicht gegeben. Staatssekretäre würden wie alle anderen Beamten grds. lebenslang ihren Dienst verrichten. Hinsichtlich haushaltsrechtlicher Grundsätze sei hier nur beiläufig erwähnt, dass der Wegfall der finanziellen Aufwendungen für das Ruhegehalt zu einer massiven Entlastung der Haushalte führen würde, ganz im Sinne der sparsamen und wirtschaftlichen Haushaltsführung.[409] Eine beamten- oder haushaltsrechtliche Notwendigkeit kann daher die Verstöße gegen Lebenszeit- und Leistungsgrundsatz nicht rechtfertigen. Der Verstoß gegen die Neutralitätspflicht bleibt daher weiter bestehen. 205

d) Freiwilligkeit der Beamten

Schließlich wird zur Rechtfertigung der Institution angeführt, dass der Eingriff in Lebenszeit- und Leistungsgrundsatz ja auf freiwilliger Basis erfolge. Kein Beamter sei verpflichtet, ein Amt zu übernehmen, mit dem die Eigenschaft eines politischen Beamten verbunden ist.[410] 206

Hierzu ist eingangs festzuhalten, dass Eingriffe in individuelle Rechtspositionen grundsätzlich selbstverständlich durch Einwilligung des Betroffenen gerechtfertigt sein können. Daher lässt sich, streng dogmatisch betrachtet, eine Rechtfertigung des Eingriffs in das Lebenszeitprinzip, das dem Beamten ein grundrechtsgleiches Recht einräumt, konstruieren. Problematischer ist die Frage der Rechtfertigung jedoch beim Leistungsprinzip. Zwar gewährt dieses Prinzip auch ein grundrechtsgleiches Recht, nämlich das auf gleichen Zugang zu jedem öffentlichem Amt.[411] Doch es enthält auch eine staatsorganisatorische Komponente, die dem Interesse der Allgemeinheit an einer sachkundigen und effizienten Verwaltung dient.[412] In dieser staatsorganisatorischen Komponente liegt hier das Rechtfertigungsdefizit. Eine Verkürzung dieses Interesses kann keinesfalls von der bei dieser Argumentation zugrunde gelegten Freiwilligkeit der Beamten gerechtfertigt werden. 207

In Bezug auf die hier untersuchte Neutralitätspflicht gibt es hier ein zusätzliches Problem. Mit den obigen Ausführungen hängt die Umsetzbarkeit der Neutralitätspflicht unmittelbar mit dem Leistungsprinzip zusammen.[413] Die Pflicht zur parteipolitisch neutralen und unparteiischen Amtsführung steht dabei ausschließlich im öffentlichen Interesse. Im Unterschied zum Leistungsprinzip gibt es hier also nicht eine subjektiv-und eine objek- 208

---

409 Vgl. Hierzu Art. 114 Abs. 2 S. 1 GG, § 7 BHO, § 7 LHO (Nds.), § 110 Abs. 2 NKomVG.

410 So schon BVerwGE 19, 332; Kugele, ZBR 2007, 109; Herrmann, VerwArch 2010, 377 (380).

411 St. Rspr. BVerfG, vgl. schon BVerfGE 1, 167 (184); in der Lit. statt vieler Battis, BBG 4. Auflage, § 9 Rn. 2.

412 Battis, ebenda.

413 Vgl. oben Kap. D.II.3.c.

tivrechtliche Komponente, wobei die subjektivrechtliche durch Einwilligung disponibel wäre. Die Neutralitätspflicht ist mit ihrer einheitlich-objektiven Schutzrichtung eben nicht disponibel. Daher ist auch unter der Annahme, dass der Eingriff in das Leistungsprinzip teilweise durch die Freiwilligkeit der Amtsübernahme zu rechtfertigen wäre, festzustellen, dass diese teilweise Rechtfertigung nicht auf die Neutralitätspflicht durchschlagen könnte.

e) Ergebnis

209 Die Institution des politischen Beamten wurde zu Zeiten der Revolution von 1848 eingeführt, um sich die Loyalität und Treue von Spitzenbeamten zu sichern. Die Notwendigkeit dieser Sicherung erfolgte offensichtlich vor allem aus den größeren politischen Freiheiten, die die Beamten in dieser Zeit für sich beanspruchten, sicherlich auch als Folge des neu eingeführten Wahlrechts für sie. Eine Pflicht zur parteipolitisch neutralen Amtsausübung war zu einer Zeit, zu der es kein demokratisches Mehrparteiensystem gab, selbstverständlich nicht angezeigt.[414] Daher waren bei der Einführung dieser Institution keine entsprechenden Konflikte denkbar.

210 Gegenwärtig ist ein solcher Konflikt der Institution des politischen Beamten mit der Pflicht zur parteipolitisch neutralen Amtsführung vorhanden. Dieser entsteht vor allem durch einen Eingriff dieser Institution in das Lebenszeit- und das Leistungsprinzip, beides hergebrachte Grundsätze des Berufsbeamtentums. Beide Prinzipien hängen unmittelbar mit der Neutralitätspflicht zusammen. Während der Zusammenhang von Lebenszeitprinzip und Neutralität sich bereits daraus ergibt, dass eine Durchbrechung des Ersteren dem Beamten die für eine wirklich neutrale Amtsführung notwendige Unabhängigkeit nimmt, bedarf es bei dem Verhältnis von Leistungsprinzip zur Neutralitätspflicht einer Betrachtung der Praxis. Diese zeigt, dass eine Umgehung des Leistungsprinzips zugunsten parteipolitischer Erwägungen bei der Ernennung in vielen Fällen dazu führen kann, dass diese parteipolitischen Erwägungen auch bei der Amtsführung des Beamten eine unzulässige Rolle spielen. Letztlich halten die Argumente zur Rechtfertigung dieser Eingriffe einer detaillierten Überprüfung nicht stand. Damit ist eine Rechtfertigung insgesamt nicht möglich. Die Institution des politischen Beamten verletzt somit offensichtlich die Neutralitätspflicht.

III. ZEIT- BZW. WAHLBEAMTE

1. Allgemeines

211 Die Möglichkeit, Beamtenverhältnisse auf Zeit zu begründen, besteht sowohl auf Bundesebene gem. § 5 Abs. 1 S. 1 BBG als auch auf Landesebene gem. § 4 Abs. 2 BeamtStG und den entsprechenden landesrechtlichen Vorschriften. Auf Zeitbeamte finden grundsätzlich dieselben

[414] Vgl. hierzu ausführlich Kap. B. I.

Vorschriften Anwendung, wie es bei Lebenszeitbeamten der Fall ist. Der einzige gesetzliche Unterschied besteht in den Möglichkeiten zur Beendigung des Beamtenverhältnisses. Die Entlassung des Zeitbeamten ist zum einen, genauso wie beim Lebenszeitbeamten, in den Fällen des § 30 Nr. 1 bis 3 BBG bzw. § 21 Nr. 1 bis 3 BeamtStG möglich. Selbstverständlich endet das aktive Beamtenverhältnis in beiden Fällen auch mit dem Eintritt oder der Versetzung in den Ruhestand. Dazu kommt bei den Zeitbeamten die naturgemäße Beendigung des Beamtenverhältnisses wegen Ablaufs der festgelegten Zeit. Des Weiteren besteht bei den kommunalen Wahlbeamten die Möglichkeit der Beendigung durch die vorzeitige Abberufung bzw. Abwahl. Diese kommunalen Wahlbeamten bilden die wichtigste und mit erheblichem Abstand größte Gruppe unter den Zeitbeamten.[415] Daher sollen sich die Ausführungen zur Neutralitätspflicht bei Beamten auf Zeit auf die kommunalen Wahlbeamten beschränken.

2. Die verschiedenen Kommunalverfassungstypen

Um Inhalt und Reichweite der Neutralitätspflicht bei den kommunalen Wahlbeamten näher beleuchten zu können, ist es zunächst erforderlich, die unterschiedlichen Kommunalverfassungssysteme darzustellen. Denn Stellung und teilweise auch die Aufgaben der kommunalen Wahlbeamten hängen von dem in dem jeweiligen Bundesland angewandten Kommunalverfassungssystem ab. Wie Kap. D.I gezeigt hat, können gerade die Stellung und die Aufgaben eines Amtsträgers einen nicht unerheblichen einschränkenden Einfluss auf die Pflicht zur politischen Neutralität haben. Zwar ist es so, dass die nachfolgend u. a. dargestellte Süddeutsche Bürgermeisterverfassung gegenwärtig in fast allen Teilen der Bundesrepublik angewendet wird, was zu dem Schluss führen könnte, dass eine Darstellung der anderen Systeme überflüssig sei und sich auf eben jene Süddeutsche Bürgermeisterverfassung beschränkt werden könnte. Jedoch ist es nicht ausgeschlossen, dass im Zuge zukünftiger Reformen eines oder auch mehrere der anderen Systeme wieder Bedeutung erlangen könnten. Durch die Gegenüberstellung der Systeme lassen sich dann bei Bedarf Rückschlüsse auf die politische Neutralitätspflicht ziehen. In der Nachkriegszeit haben die Länder, denen nach Art. 70 Abs. 1 GG die entsprechende Gesetzgebungskompetenz zukommt, vier verschiedene Kommunalverfassungssysteme verwendet.[416] 212

a) Norddeutsche Ratsverfassung

Bei der Norddeutschen Ratsverfassung, die bis Mitte der 1990er-Jahre in Niedersachsen und Nordrhein-Westfalen angewendet wurde, werden sämtliche Kompetenzen auf die Volksvertretung (Gemeinde-/Stadtrat oder Kreistag) konzentriert. In diesem Modell gibt 213

[415] Ähnlich Wichmann, Öffentliches Dienstrecht, S. 112; in dieselbe Richtung auch Görg, ZBR 58, 65 (67): „Dieses Zeitbeamtenverhältnis hat im Kommunalrecht seinen geschichtlichen Ursprung und auch in der Gegenwart seine Hauptbedeutung", „In der staatlichen Verwaltung findet sich das Zeitbeamtenverhältnis anders als in der Kommunalverwaltung nur in verhältnismäßig wenigen Fällen".

[416] Vgl. hierzu und zum Folgenden Gern, Deutsches Kommunalrecht, Rn. 48 bis 45; Vogelsang/Lübking/Ulrich, R. 115 bis 121; Lange, Kommunalrecht, S. 102–105.

es zwar Wahlbeamte, die als Gemeinde-, Stadt- oder Kreisdirektoren die Funktion des Hauptverwaltungsbeamten ausüben. Jedoch werden diese nur im Auftrag der Vertretung als „leitende Vollzugswerkzeuge" tätig. Daher bedarf der Hauptverwaltungsbeamte stets des Vertrauens der Vertretung, ist dieses nicht mehr gegeben, besteht grundsätzlich die Möglichkeit einer vorzeitigen Abberufung aus dem Amt.[417]

b) Die Magistratsverfassung

214 In der (unechten) Magistratsverfassung, die heute nach wie vor in Hessen und in der Stadt Bremerhaven angewendet wird, ist ebenfalls die Vertretung das Haupt- und Beschlussorgan. Diese wählt den (als Kollegialorgan ausgestalteten) Magistrat, der aus einem hauptamtlichen Bürgermeister und hauptamtlichen Beigeordneten besteht, wobei der Bürgermeister den Vorsitz führt. Dem Magistrat kommt die Aufgabe der Vollzugsinstanz zu. Im Unterschied zur Norddeutschen Ratsverfassung ist der Bürgermeister jedoch gleichzeitig auch ein Einzelorgan mit einigen eigenen Kompetenzen. Aber auch in diesem System hat die Vertretung die Möglichkeit, die hauptamtlichen Wahlbeamten vorzeitig abzuberufen. Die „Vormachtstellung" der Vertretung wird auch dadurch unterstrichen, dass im Unterschied zur echten Magistratsverfassung in diesem System die Beschlüsse der Vertretung generell nicht der Zustimmung des Magistrats bedürfen.

c) Rheinische Bürgermeisterverfassung

215 Die rheinische Bürgermeisterverfassung, die in Schleswig-Holstein (1998 abgeschafft), im Saarland (1994) und in Rheinland-Pfalz (1993) bis Ende der 1990er-Jahre bestand, hat eine dualistische Ausrichtung. Der hauptamtliche Bürgermeister und die weiteren hauptamtlichen Wahlbeamten werden zwar von der Vertretung gewählt, und diese hat die Möglichkeit der vorzeitigen Abberufung. Jedoch hat der Bürgermeister als Hauptverwaltungsbeamter wesentlich weitergehende Kompetenzen und Rechte. Bis auf die Möglichkeit der Abberufung ist er der Vertretung weitestgehend gleichgestellt.

d) Süddeutsche Bürgermeisterverfassung

216 Die größte Bedeutung hat gegenwärtig die Süddeutsche Bürgermeisterverfassung, die bis auf Hessen mittlerweile in allen Flächenländern angewendet wird. In dieser hat der vom Volk gewählte Hauptverwaltungsbeamte die stärkste Stellung unter allen Kommunalverfassungssystemen. Er hat weitreichende Kompetenzen, zu denen die Leitung der Verwaltung

[417] Zur wechselnden Beseitigung und Wiedereinführung der Abberufungsmöglichkeit Thiele DÖD 1988, 49 (50 ff.).

als Vorgesetzter aller Bediensteten, die Vertretung der Kommune in allen Hinsichten, die Führung der Geschäfte der laufenden Verwaltung und die Wahrnehmung weiterer von der Vertretung übertragener Aufgaben gehören. Eine vorzeitige „unfreiwillige" Beendigung seines Beamtenverhältnisses auf Zeit ist nur per Abwahl durch das Volk möglich. Dieser Umstand trägt erheblich zur Stärkung der Position des Hauptverwaltungsbeamten bei. Bis zum Jahr 2008 sind in den Flächenländern mit Süddeutschem Gemeindeverfassungssystem insgesamt 55 Abwahlverfahren erfolgreich durchgeführt worden. Hierbei ist jedoch zu beachten, dass hiervon 43 in den neuen Bundesländern erfolgten.[418] Als Gründe für dieses außerordentliche Ost-West-Gefälle werden der Frust sog. „Wendeverlierer" in den neuen Bundesländern, das sehr niedrige Initiativquorum in Brandenburg von nur 10 %[419] und die Unzufriedenheit mit den Quereinsteigern in den Führungspositionen der Verwaltung angeführt.[420] Die sonst sehr niedrige Abwahlquote unterstreicht die solide Position des Hauptverwaltungsbeamten.

e) Sonderfall der Stadtstaaten

Einen Sonderfall unter den Kommunalverfassungssystemen bilden die sog. Stadtstaaten.[421] In Berlin, das gleichzeitig Bundesland und Stadt ist, hat der Regierende Bürgermeister gleichzeitig die Funktion des Ministerpräsidenten und Hauptverwaltungsbeamten. Dieser wird gem. Art. 56 Abs. 1 Verfassung von Berlin (VvB) durch die Volksvertretung gewählt. Gem. Art. 56 Abs. 2 VvB ernennt der Regierende Bürgermeister zwei Bürgermeister als seine Stellvertreter und die übrigen Senatoren (Minister). Sowohl der „Hauptverwaltungsbeamte" und seine Stellvertreter als auch die übrigen Senatoren stehen gem. § 1 SenG BE zum Land Berlin in einem öffentlich-rechtlichen Amtsverhältnis. Eine ähnliche Ausgestaltung findet sich in den Hansestädten Hamburg und Bremen.[422] Daher ist hinsichtlich der Neutralitätspflicht der „Hauptverwaltungsbeamten" und Senatoren der Stadtstaaten auf Kap. D. I.2.c zu verweisen. 217

Etwas anders sieht es auf der „unteren" Ebene der Verwaltung der Stadtstaaten aus. Denn in allen drei Stadtstaaten besteht eine Binnengliederung in Bezirke. Diese Bezirke haben wiederum eigene Vertretungen mit ehrenamtlichen Abgeordneten.[423] Die Exekutivorgane der Bezirksämter werden von Wahlbeamten geleitet, von den jeweiligen Vertretungen der Bezirke gewählt und können wieder abberufen werden.[424] Diese Systematiken entsprechen im Wesentlichen den Vorgaben einer (unechten) Magistratsverfassung.[425] 218

Die dargestellten Konstellationen zeigen auf, dass den kommunalen Wahlbeamten, je nach bestehendem Kommunalverfassungssystem, unterschiedlich starke Positionen zukommen. 219

---

418 Zahlen nach Wollmann, Direkte Demokratie, S. 27 ff.

419 23 der 55 erfolgreichen Abwahlverfahren sind in Brandenburg geführt worden.

420 Böhme, DÖV 2012, 55 (59–61).

421 Vgl. hierzu und zum Folgenden Gern, Deutsches Kommunalrecht, Rn. 120–123.

422 Vgl. §§ 2, 3, 8 Abs. 1 SenatsG HH und Art. 107 BremVerf i. V. m. § 1 SenatsG HB.

423 Bezirksverordnetenversammlung in Berlin, Bezirksversammlung in Hamburg und Beiräte in Bremen.

424 Vgl. § 35 BezVwG BE, § 34 BezVG HH, § 35 Ortsbeirätegesetz HB (OBG).

425 Für Berlin zustimmend Gern, Deutsches Kommunalrecht, Rn. 120, S. 103.

Eindeutig dominierend ist gegenwärtig die Süddeutsche Bürgermeisterverfassung, die, bis auf Hessen, in allen Flächenländern angewendet wird. Hier hat der Hauptverwaltungsbeamte eine ganz besonders starke Stellung. In den übrigen Bundesländern wird (weitestgehend) die unechte Magistratsverfassung angewendet, wobei auch in Hessen seit 1993 die Hauptverwaltungsbeamten durch das Volk gewählt werden, was ihre Stellung erheblich stärkt.

3. Besonderheiten bei den Wahlbeamten

220 Nun gilt es zu untersuchen, wie es um Inhalt und Umfang der politischen Neutralitätspflicht der kommunalen Wahlbeamten bestellt ist. Diese stützt sich zum einen auf die Grundelemente aus Kap. C.II. Dazu kommen dem Grunde nach, ebenso wie bei den Laufbahnbeamten, die hergebrachten Grundsätze des Berufsbeamtentums nach Art. 33 Abs. 5 GG und die beamtenrechtlichen Vorschriften. Nun soll zunächst geprüft werden, welche Faktoren eine Begrenzung der politischen Neutralitätspflicht bei den Wahlbeamten bewirken können. Sodann soll auf die nur für den Bereich der Beamten geltenden und die Grundelemente der Neutralitätspflicht konkretisierenden Punkte eingegangen und erörtert werden, inwieweit diese konkretisierenden Punkte vor dem Hintergrund der Einschränkungskriterien bei den kommunalen Wahlbeamten noch Geltung haben können.

a) Einschränkbarkeit des Neutralitätsgebots

aa) Einschränkungskriterien

221 Als einschränkend werden – vor allem in der Literatur – im Wesentlichen vier verschiedene Kriterien angesehen. Diese sollen nun kurz dargestellt werden, wobei auch jeweils eine direkte Bewertung der Tragfähigkeit dieser Kriterien vorgenommen werden soll. Bezugsobjekt für diese Kriterien soll dabei zunächst jeweils nur das Amt des Hauptverwaltungsbeamten sein. Nachdem ermittelt wurde, ob die vorgetragenen Kriterien tatsächlich einschränkend wirken können, soll im letzten Schritt geprüft werden, inwieweit sie auch auf andere kommunale Wahlbeamte übertragbar sind.

(1) Staatsorganisationsrechtliche Einschränkung

222 Zuallererst wird angeführt, eine Beschränkung der Neutralitätspflicht der Hauptverwaltungsbeamten ergebe sich bereits aus dem Grundgefüge des Staatsaufbaus.[426] Denn der Staat solle an der Willensbildung des Volkes mitwirken, was bedeutet, dass eine Teilnahme am politischen Diskurs zum grundsätzlichen demokratischen Prozess gehört.[427] Teilweise wird daraus sogar gefolgert, dass die Teilnahme staatlicher Organe am öffentlichen politischen Diskurs erforderlich ist, um die demokratiestrukturell notwendige Rückkopplung zwischen Staatsorganen und Volk herzustellen.[428]

[426] Gärditz, NWVbl. 2015, 165 (169).
[427] Ebenda.
[428] VerfGH Rh.-Pf., NVwZ-RR 2014, 665 (666).

Zunächst gilt weiterhin der Grundsatz, dass sich die Willensbildung vom Volk zu den Staatsorganen hin vollzieht, nicht umgekehrt. Daraus ergibt sich, dass die Staatsorgane erst aus der erfolgten Willensbildung des Volkes entstehen.[429] Einwirkungen auf diesen Willensbildungsprozess des Volkes von staatlicher Seite sind nur dann mit dem Demokratieprinzip vereinbar, wenn es dafür eine verfassungsrechtliche Rechtfertigung gibt.[430] Eine solche kann sich nach dem BVerfG z. B. ergeben aus der „Öffentlichkeitsarbeit von Regierung und gesetzgebenden Körperschaften, soweit sie – bezogen auf ihre Organtätigkeit – der Öffentlichkeit ihre Politik, ihre Maßnahmen und Vorhaben sowie die künftig zu lösenden Fragen darlegen und erläutern"[431]. Hierauf bezieht sich auch der VerfGH Rh.-Pf. in seiner zitierten Entscheidung. Jedoch lässt er die Einschränkung bzgl. der Darlegung und Erläuterung der Politik weg. Begrenzt wird nach seiner Ansicht die Äußerungsbefugnis einerseits durch den Umstand, dass sie sich nur auf den Zuständigkeitsbereich des jeweiligen Organs erstreckt und andererseits durch das Gebot parteipolitischer Neutralität. Insbesondere im Wahlkampf gelte mit entsprechendem Näherrücken des Wahltermins und ansteigender Intensität eine Pflicht zur Zurückhaltung bei der Einwirkung auf die Willensbildung des Volkes.[432] 223

Aus diesen vom BVerfG und VerfGH Rh.-Pf. formulierten Regeln lässt sich nun Folgendes folgern: Das Demokratieprinzip erlaubt, dass Regierung und gesetzgebende Körperschaften ausnahmsweise an der Willensbildung des Volkes mitwirken. Diese Mitwirkung muss sich jedoch darauf beschränken, dass die gegenwärtige und die geplante Politik sowie die damit verbundenen Maßnahmen dargelegt und erläutert werden. Dies hat jedoch alles, insbesondere in Wahlkampfzeiten, unter strengster Wahrung des Gebots parteipolitischer Neutralität zu erfolgen. Nur darin besteht das zulässige Maß der Rückkopplung zwischen Staatsorganen und dem Volk. 224

Diese für die Bundes- und Landesverfassungsorgane konstruierte Lösung lässt sich auch auf die kommunale Ebene übertragen. Jedoch lässt sich daraus auf keinen Fall die Schlussfolgerung ziehen, diese dem Demokratieprinzip entspringende Möglichkeit (oder auch Erforderlichkeit) der Rückkopplung schränke die Pflicht der kommunalen Wahlbeamten zur parteipolitisch neutralen Amtsführung ein. Denn die Rückkopplung selbst untersteht mit den obigen Ausführungen strengen Anforderungen an die Neutralität, was die Annahme der Einschränkbarkeit zu einem Zirkelschluss macht. Aus staatsorganisationsrechtlicher Sicht ist damit kein tragfähiges Kriterium zur Einschränkung der Neutralitätspflicht zu konstruieren. 225

(2) Funktionsbedingte Einschränkung

Darüber hinaus wird eine Einschränkung der Neutralitätspflicht damit begründet, dass sich die funktionssystematische Stellung von Hauptverwaltungsbeamten in bestimmten Hinsichten fundamental von der der „normalen" Laufbahnbeamten unterscheidet. Während Letztere, abgesichert durch ihre grundsätzliche Anstellung auf Lebenszeit und das Recht auf 226

[429] Vgl. hierzu auch die Ausführungen in Kapitel C.II.1.
[430] BVerfGE 20, 56 (99); darauf bezugnehmend und entsprechend zustimmend VerfGH Rh.-Pf. a. a. O.
[431] BVerfG 20, 56 (100).
[432] Vgl. erneut VerfGH Rh.-Pf., NVwZ-RR 2014, 665 (666).

Alimentation, dazu berufen sind, „gegründet auf Sachwissen, fachliche Leistung und loyale Pflichtenerfüllung eine stabile Verwaltung [zu] sichern und damit einen ausgleichenden Faktor gegenüber den das Staatswesen gestaltenden politischen Kräften [zu] bilden [...]",[433] sind die Hauptverwaltungsbeamten Teil eben dieser gestaltenden politischen Kräfte.[434] Sie müssen, gerade weil ihr Amt zeitlich befristet und an (Wieder-)Wahlen gekoppelt ist, politisch agieren.[435]

227 Die direkt gewählten Hauptverwaltungsbeamten sind tatsächlich nicht dazu gedacht, ihr Sachwissen dazu zu nutzen, die politischen Ziele und Vorstellungen einer „Regierung" umzusetzen. Vielmehr ist das Gegenteil der Fall, sie sind dazu da, selbst solche politischen Ziele zu formulieren. Wenn ihr Amt jedoch in erster Linie ein politisches ist, wäre es paradox, von ihnen vollständige parteipolitische Neutralität bei der Erfüllung ihrer Aufgaben zu verlangen. Dieser Funktionsunterschied zu den Laufbahnbeamten wird dadurch untermauert, dass es bei der Besetzung eines Hauptverwaltungsbeamtenamtes per Wahl durch das Volk nicht auf die üblichen Kriterien aus Art. 33 Abs. 2 GG ankommt.[436] Vielmehr erhalten diese durch den Wahlakt einen politischen Gestaltungsauftrag, bei dem es in der Natur der Sache liegt, dass entsprechend auch politische Erwägungen zur Grundlage von Entscheidungen und getroffenen Maßnahmen werden. Somit ist die funktionsbedingte Einschränkung der Neutralitätspflicht bei den Hauptverwaltungsbeamten grundsätzlich nachvollziehbar.

(3) Aufgabenbezogene Einschränkung

228 Weiterhin wird angeführt, dass die Teilnahme am örtlichen politischen Diskurs zu den Rechten (oder gar Pflichten) eines Hauptverwaltungsbeamten gehört. Gefolgert wird dies aus der Garantie der kommunalen Selbstverwaltung aus Art. 28 Abs. 2 S. 1, 2 GG[437] i. V. m. der Organkompetenz des entsprechenden Beamten.[438] Diese würden zu kommunalpolitischen Stellungnahmen ermächtigen, da es sich dabei um Angelegenheiten der örtlichen Gemeinschaft handelt, und eine solche Ermächtigung würde die Pflicht zur (parteipolitischen) Neutralität entsprechend einschränken.[439]

433 BVerfGE 119, 247 (260 f.).

434 Ausführlich und gut nachvollziehbar Payandeh, Der Staat 55, 519 (531–534).

435 BVerfGE 7, 155 (166); zum Ganzen ausführlich auch Gärditz, NWVBl. 2015, 165 (167).

436 SächsVerfGH, LKV 1997, 285; OVG Schleswig, NVwZ 1993, 1124 (1125); OVG Frankfurt (Oder), LKV 199, 173 (174); die h. M. in der Literatur lehnt Geltung der Bestenauslese für kommunale Wahlbeamte generell ab, vgl. Bracher, DVBl. 2001, 19 (23) m. w. N. Dieser sieht jedoch ein grundsätzliches Herausnehmen der kommunalen Wahlbeamten aus dem Grundsatz der Bestenauslese kritisch und schlägt stattdessen eine differenzierende Lösung vor.

437 Vgl. hierzu die entsprechenden Regelungen der Landesverfassungen wie etwa Art. 57 Abs. 4 S. NV oder Art. 78 Abs. 1 VerfNW.

438 Vgl. auch hier die Regelungen des Kommunalgesetzes der Länder wie etwa § 85 NKomVG ff.

439 In Bezug auf den Hauptverwaltungsbeamten Gärditz, NWVBl. 2015, 165 (167); ebenso Bender, https://www.juwiss.de/3-2015/, abgerufen am 27.10.2016; siehe auch VG Berlin, Urteil vom 23.09.2013, 1 K 280.12, Rn. 21 (juris). A. A. ist wohl VGH Hessen, NVwZ-RR 2013, 815 (816); 2015, 508 (509). Allerdings hat bei diesen beiden Entscheidungen der betroffene HVB die „missbilligten" Versammlungen politischer Gegner im Vorfeld verboten. Der VGH zweifelte deshalb aufgrund des Aufrufs zu Gegendemos die notwendige Neutralität bei den Entscheidungen über die Versammlungsverbote an.

Grundsätzlich garantiert Art. 28 Abs. 2 S. 1, 2 GG den Gemeinden das Recht auf Selbstverwaltung in allen Angelegenheiten der örtlichen Gemeinschaft. Zu diesen zählen nach Ansicht des BVerfG alle „diejenigen Bedürfnisse, die in der örtlichen Gemeinschaft wurzeln oder auf sie einen spezifischen Bezug haben, die also den Gemeindebürgern gerade als solchen gemeinsam sind, indem sie das Zusammenleben und -wohnen der Menschen in der (politischen) Gemeinde betreffen".[440] Entscheidend für die Frage nach der Örtlichkeit der betroffenen Angelegenheit ist dabei die räumliche Komponente.[441] 229

Damit dürften gesellschaftlich bedeutende politische Fragestellungen durchaus von der Äußerungsbefugnis der kommunalen politischen Amtsträger umfasst sein, solange und soweit diese Fragen den Aufgabenbereich der Gemeindeverwaltung betreffen.[442] Dabei gehören zur Äußerungsbefugnis nicht nur bloße Tatsachenangaben, sondern durchaus auch Wertungen. Denn die Funktion der Äußerungen besteht nicht nur in der Mitteilung der Ansichten der politischen Führung der Gemeinde zu bestimmten Fragestellungen. Sie kann auch in der Wahrnehmung von Schutzpflichten bestehen, zu der auch die Gemeinden nach Art. 1 Abs. 3 GG berufen sind.[443] Eine Berechtigung zur Tätigung solcher Äußerungen besteht allerdings nur für solche Organe der Gemeinde, die eine angemessene demokratische Legitimierung erfahren.[444] Dies ist jedenfalls beim direkt gewählten Hauptverwaltungsbeamten der Fall. Beschränkt wird die Äußerungsbefugnis dabei vom Sachlichkeitsgebot[445] und dem Grundsatz der Verhältnismäßigkeit[446]. Damit ist im Ergebnis festzuhalten, dass eine Beschränkung der Neutralitätspflicht von Hauptverwaltungsbeamten jedenfalls dann durch die Äußerungsbefugnis aus Art. 28 Abs. 2 S. 1, 2 GG vorhanden ist, wenn die öffentlichen Äußerungen erstens einen inhaltlich-örtlichen Bezug aufweisen und zweitens die Gebote der Sachlichkeit und Verhältnismäßigkeit beachtet werden. 230

(4) Sonderfall der Replik

Schließlich werden Äußerungen staatlicher Organe, die grundsätzlich der Neutralitätspflicht entgegenstehen, auch dann als gerechtfertigt angesehen, wenn sie als eine Replik auf vorangegangene „Angriffe der Gegenseite" erfolgen.[447] Dabei müsse jedoch beachtet werden, dass eine solche amtliche Äußerung in Bezug auf anstehende Wahlen nur dann zulässig sei, wenn der Angriff einen bestimmten Polemisierungsgrad z. B. durch unwahre Tatsachenbehauptungen überschritten habe[448] und die amtliche Replik selbst sachlich und nicht wahlkampftypisch plakativ und polemisch formuliert und geäußert werde.[449] 231

---

[440] BVerfGE 79, 127 (151 f.). Zustimmend: Tettinger/Schwarz in: v. Mangoldt/Klein/Schwarz, GG 6. Auflage, Art. 28 Rn. 168 ff. Kritisch zu dieser abstrakten Formulierung: Hellermann in: BeckOk GG, Art. 28 Rn. 41; Löwer in: v. Münch/Kunig, GG 6. Auflage, Art. 28 Rn. 50.

[441] Tettinger/Schwarz in: v. Mangoldt/Klein/Schwarz, GG 6. Auflage, Art. 28 Rn. 168.

[442] So auch Tettinger/Schwarz in: v. Mangoldt/Klein/Schwarz, GG 6. Auflage, Art. 28 Rn. 171.

[443] OVG NRW, NVwZ 1991, 176 (177 f.).

[444] OVG NRW, NVwZ 1991, 176 (177).

[445] VGH Bay, BayVBl 1996, 597.

[446] OVG NRW, NVwZ 1991, 176 (178).

[447] VGH Mannheim, NVwZ-RR 1998, 126 (127), betreffend Äußerungen von Amtsleitern. Für eine Übertragbarkeit auf kommunale Wahlbeamte Oebbecke, NVwZ 2007, 30 (32).

[448] Oebbecke, NVwZ 2007, 30 (32).

[449] VGH Kassel, NVwZ 2006, 610 (612).

232 Auch dieser Einschränkung der grundsätzlichen Neutralitätspflicht ist dem Grunde nach zuzustimmen. Dies ergibt sich nicht zuletzt aus der Fürsorgepflicht, die sowohl gem. § 45 BeamtStG einem Dienstherrn gegenüber seinen Beamten obliegt als auch gem. §§ 617 bis 619 BGB einen Arbeitgeber gegenüber seinem Arbeitnehmer trifft. Aus dieser ergibt sich u. a., dass der Arbeitgeber ein Arbeitsumfeld schafft, das frei von Anfeindungen, Erniedrigungen, Entwürdigungen und Beleidigungen ist.[450] Ähnliches gilt auch für den Dienstherrn, der seinen Beamten vor ehrverletzenden Äußerungen zu schützen hat.[451] Diese Pflichten berechtigen den Hauptverwaltungsbeamten, jedenfalls dann amtliche Äußerungen vorzunehmen, wenn sein politischer Gegner die Qualität und Effektivität der Aufgabenerfüllung der betroffenen Dienststelle durch unsachliche Bemerkungen und Aussagen die Bediensteten betreffend herabwürdigt.[452]

233 Aber auch Angriffe auf den Hauptverwaltungsbeamten selbst können diesen zu grds. im Konflikt zum Neutralitätsgebot stehenden Äußerungen berechtigen. In der Süddeutschen Ratsverfassung genießt dieser eine herausgehobene Stellung. Wie bereits oben ausgeführt, ist er neben seiner Funktion des operativen Vorgesetzten aller Bediensteten auch Teil der politischen Leitung der Kommune. Daher obliegt ihm i. d. R. auch die repräsentative Vertretung der Kommune.[453] Da der Hauptverwaltungsbeamte aber „das Gesicht" der Kommune ist, könnten unbeantwortete Angriffe auf seine Persönlichkeit auch dem Ansehen der Kommune selbst schaden. Zwar wird in diesem Zusammenhang postuliert, der Hauptverwaltungsbeamte habe eine Duldungspflicht und dürfe allenfalls als Privatperson antworten.[454] Jedoch fehlt dieser Ansicht die notwendige Differenzierung der möglichen Angriffskonstellationen. Soweit diese ausschließlich den privaten Bereich des betroffenen Beamten betreffen, ist die Annahme einer Duldungspflicht bzw. die Beschränkung der Replikationsbefugnis auf die Rolle als privater Wahlkampfteilnehmer nachvollziehbar. Betreffen die Angriffe jedoch die Amtsführung und Aufgabenerfüllung, wirken sie auch unmittelbar auf das Ansehen der Kommune ein. Hier muss es dem Hauptverwaltungsbeamten möglich sein, in amtlicher Eigenschaft zu antworten, um seiner Aufgabe und Funktion vollumfänglich gerecht werden zu können. Damit ist insgesamt festzuhalten, dass die politische Neutralitätspflicht grundsätzlich im Falle einer berechtigten Replik einschränkbar ist. Die Befugnis zu einer solchen Replik kann sich zum einen aus einem Angriff auf die Verwaltung bzw. ihre Mitarbeiter ergeben, derer sich der Hauptverwaltungsbeamte bedient, um die kommunalen Aufgaben zu erfüllen und seinen politischen Gestaltungsauftrag wahrzunehmen. Zum anderen kann sie aber auch aus Angriffen auf die Person oder das Amt des Hauptverwaltungsbeamten selbst folgen.

bb) Übertragbarkeit auf andere kommunale Wahlbeamte

234 Zuletzt gilt es zu klären, ob und inwieweit hinsichtlich der Reichweite der Einschränkungskriterien zwischen den verschiedenen Typen von kommunalen Wahlbeamten differenziert

[450] LAG Rh.-Pf., BeckRS 2016, 69964. Dem zustimmend Kreitner in: Küttner, Personalbuch 23. Auflage, Rn. 18, 18a.

[451] Vgl. hierzu VGH Kassel, NVwZ-RR 1994, 596; Reich, BeamtStG 2. Auflage, § 45 Rn. 3.

[452] Vgl. z. B. BVerfGE 43, 154 (169) und BVerwGE 118, 10 (13) zur Schutzpflicht bei Diffamierungen in den Medien. Ausführlicher hierzu Groß, DVBl 1981, 247.

[453] So auch Lange, Kommunalrecht, S. 544 f. Vgl. dazu z. B. § 86 Abs. 1 S. 1 NKomVG, § 53 Abs. 1 S. 2 BbGKomVerf, § 57 Abs. 2 SachsAnhGO, zu NRW vgl. Lange, Kommunalrecht, S. 287 Rn. 21.

[454] So etwa VG Meiningen, 2 K 673/99.Me, juris Rn. 29.

werden muss. Auf kommunaler Ebene sind grds. drei verschiedene Typen von Wahlbeamten vorhanden:

1. Hauptverwaltungsbeamte
2. allgemeine Vertreter der Hauptverwaltungsbeamten
3. weitere Wahlbeamte, die zur Wahrnehmung von Leitungsfunktionen berufen werden

Der Untersuchung, ob und inwieweit die für die Hauptverwaltungsbeamten formulierten Einschränkungskriterien auf die übrigen Typen von Wahlbeamten angewendet werden können, begegnet die Problematik, dass die Rechte und Pflichten dieser weiteren Wahlbeamten in den Kommunalverfassungsgesetzen der einzelnen Bundesländern auf teils erheblich unterschiedliche Art und Weise ausgestaltet sind.[455] Da mit den Rechten und Pflichten entsprechend auch die Funktionen der anderen Wahlbeamten auf Zeit variieren, würde eine umfassende Untersuchung unter Berücksichtigung der Regelungen eines jeden einzelnen Bundeslandes über den vorliegend gebotenen Rahmen hinausgehen. Daher soll hier am Beispiel Niedersachsens eine exemplarische Analyse der Übertragbarkeit der einschränkenden Kriterien auf die anderen kommunalen Wahlbeamten vorgenommen werden. Aus den so gewonnenen Erkenntnissen lassen sich bei Bedarf auch Rückschlüsse auf die anderen Bundesländer ziehen, soweit man die vorhandenen Differenzen im Kommunalverfassungsrecht berücksichtigt. 235

Fraglich ist somit, ob die vorstehend formulierten Kriterien zur Einschränkung der Neutralitätspflicht unter Berücksichtigung des niedersächsischen Rechts auf die weiteren Wahlbeamten auf Zeit übertragen werden können. Zunächst ist hierbei auf die funktionsbedingte Einschränkbarkeit bei den allgemeinen Vertretern der Hauptverwaltungsbeamten einzugehen. Gem. § 81 Abs. 3 S. 1 NKomVG obliegt dem allgemeinen Stellvertreter in Niedersachsen die Stellvertretung des Hauptverwaltungsbeamten in den in § 81 Abs. 2 S. 1 und § 59 Abs. 3 NKomVG nicht genannten Fällen. Ausgenommen von den Aufgaben des allgemeinen Vertreters sind somit die repräsentative Vertretung der Kommune, die Einberufung der Kommunalvertretung und des Hauptausschusses einschließlich der Aufstellung der Tagesordnung, die Leitung der Sitzungen des Hauptausschusses und die Verpflichtung und Pflichtenbelehrung der Abgeordneten. Bei allen weiteren Funktionen des Hauptverwaltungsbeamten ist der allgemeine Vertreter zur Stellvertretung berechtigt und verpflichtet. Zu beachten ist hierbei insbesondere, dass es sich bei der Tätigkeit des allgemeinen Stellvertreters nicht um eine bloße Verhinderungsvertretung handelt. Zur Entlastung des Hauptverwaltungsbeamten ist der allgemeine Vertreter dazu berufen, diesen auch bei Anwesenheit bei allen Aufgaben zu unterstützen, die außerhalb der o. g., den ehrenamtlichen Stellvertretern aus der Mitte der Kommunalvertretung vorbehaltenen Tätigkeiten liegen. Hierbei hat der allgemeine Vertreter sogar dieselben Rechte und Befugnisse wie der Hauptverwaltungsbeamte selbst.[456] 236

Diese umfassenden Rechte und Befugnisse des allgemeinen Vertreters, die insbesondere im Bereich der Verwaltungsleitung mit denen des Hauptverwaltungsbeamten kongruent 237

455 Gern, Kommunalrecht, Rn. 388.

456 Vgl. hierzu sehr überzeugend Thiele, NKomVG, § 81 S. 258 f.; zustimmend Mielke in: Blum/Häusler/Meyer, NKomVG, § 81 Rn. 10; ebenso Mielke in: Praxis der Kommunalverwaltung, NKomVG, § 81 Rn. 11.

sind, deuten auf den ersten Blick darauf hin, dass eben diese Funktionen des allgemeinen Vertreters seine Pflicht zur politischen Neutralität ebenfalls einschränken könnten. Insbesondere der Umstand, dass der allgemeine Vertreter, soweit nicht ein Fall von § 81 Abs. 3 S. 2 a. E. NKomVG vorliegt, wie der Hauptverwaltungsbeamte auf Zeit gewählt wird und seine Amtsführung damit i. d. R. mit dem Bestreben einer Wiederwahl verbunden ist, spricht für eine solche Parallele, denn eine gewisse Nähe zur Politik kann diesen Amtsträgern nicht abgesprochen werden.

238 Bei genauerem Hinsehen ergeben sich jedoch einige essenzielle Unterschiede. Denn bei den allgemeinen Vertretern besteht nicht mehr das Spannungsfeld zwischen demokratischer Legitimation und dem verfassungsrechtlich in Art. 33 Abs. 2 GG verankerten Prinzip der Bestenauslese, wie dies bei den Hauptverwaltungsbeamten der Fall ist.[457] Daher entfaltet eben jenes Prinzip der Bestenauslese bei den durch die Kommunalvertretung berufenen Wahlbeamten eine weitaus stärkere Wirkung. Ihre Funktion hat zwar immer noch einen „politischen Einschlag", jedoch ist sie keinesfalls mit der des vom Volk gewählten Hauptverwaltungsbeamten zu vergleichen. Vielmehr rücken diese Amtsträger näher in die Richtung der klassischen Verwaltungsbeamten, mit der Besonderheit, dass sie für besonders herausgehobene Führungspositionen vorgesehen sind. Einen eigenen politischen Gestaltungsauftrag erhalten sie daher nicht.[458]

239 Weiterhin ist zu beachten, dass sich das funktionsbedingte Einschränkungskriterium bei dem Hauptverwaltungsbeamten vor allem aus dem politischen Teil seines Amtes ergibt. Doch gerade auf diesen politischen Bereich erstreckt sich der Aufgabenbereich des allgemeinen Vertreters nicht. Dies zeigt sich bereits deutlich an § 81 Abs. 3 S. 1 NKomVG, der die Stellvertretung bei den politischen Aufgaben aus § 81 Abs. 2 S. 1 und § 59 Abs. 3 NKomVG den ehrenamtlichen Vertretern aus der Mitte des politischen Organs der Kommunalvertretung vorbehält. Diese sind, wie auch der Hauptverwaltungsbeamte, direkt vom Volk gewählt, wodurch gewährleistet wird, dass die Wahrnehmung wichtiger politischer Aufgaben in der Kommunalverwaltung nur durch direkt demokratisch legitimierte Amtsträger erfolgt. Das – zugegebenermaßen weit gefasste und mit umfangreichen Befugnissen ausgestattete – Aufgabenfeld des allgemeinen Vertreters beschränkt sich daher auf die Vertretung des Hauptverwaltungsbeamten „im Verwaltungsgeschäft"[459]. Da eine politische Funktion des allgemeinen Vertreters somit – so gut wie – nicht vorhanden ist, entfällt die Notwendigkeit, seine Pflicht zur politischen Neutralität funktionsbedingt einzuschränken. Für die weiteren Beamten auf Zeit muss a maiore ad minus dasselbe gelten. Der Umfang ihrer Vertretungsbefugnisse ist noch geringer als der des allgemeinen Vertreters, die politische Funktion damit noch „unbedeutender". Insgesamt ist damit festzuhalten, dass die funktionsbedingte Einschränkung der politischen Neutralitätspflicht nicht auf andere Wahlbeamte als den Hauptverwaltungsbeamten angewendet werden kann.

---

[457] Bracher, DVBl. 2001, 19 (23 f.); zustimmend OVG Nds., NdsVBl 2008, 133.

[458] Anderer Ansicht ist wohl Pautsch, DVP 2014, 235 (238 ff.). Jedoch werden seine Thesen nachvollziehbar und überzeugend im Einklang mit dem bisherigen Schrifttum widerlegt von Schwind/Mehlhorn, NdsVBl. 2015, 97 ff.

[459] So Schwind/Mehlhorn, Nds. VBl. 2015, 97 (100); ähnlich Mielke in: Blum/Häusler/Meyer, NKomVG, § 81 Rn. 8, der den Abschnitt zu den Befugnissen des allgemeinen Vertreters mit „Verwaltungsaufgaben" überschreibt.

Bei der Frage, inwieweit die aufgabenbezogene Einschränkung der Neutralitätspflicht auf die allgemeinen Vertreter übertragbar ist, ist ebenso wie bei den Hauptverwaltungsbeamten vor allem der Ansatz einer Äußerungsbefugnis relevant, die aus dem kommunalen Selbstverwaltungsrecht aus Art. 28 Abs. 2 S. 1 NKomVG und der Organkompetenz des Hauptverwaltungsbeamten abgeleitet wird. Diese Äußerungsbefugnis ist grundsätzlich geeignet, die politische Neutralitätspflicht bei Hauptverwaltungsbeamten einzuschränken, solange und soweit die betroffene Äußerung zulasten oder zugunsten anderer politischer Akteure einen örtlichen Bezug hat und mit dem Sachlichkeits- und Verhältnismäßigkeitsgeboten im Einklang steht. Mit den obigen Ausführungen gilt, dass alle Rechte und Befugnisse des allgemeinen Vertreters streng akzessorisch vom Amt des Hauptverwaltungsbeamten abgeleitet werden. Da der allgemeine Vertreter jedoch nur zur Wahrnehmung eines Teils der Aufgaben des Hauptverwaltungsbeamten ermächtigt ist, muss sich eine evtl. aufgabenbezogene Einschränkung bei ihm entsprechend aus diesem zulässigen Aufgabenbereich ableiten. Die Äußerungsbefugnis, die die Gemeindeorgane nicht nur zu Tatsachenangaben, sondern auch zu Wertungen berechtigt, kann sich z. B. auch auf die Wahrnehmung von Schutzpflichten beziehen. So ist es ganz i. S. d. Osho-Entscheidung des OVG NRW[460] durchaus denkbar, dass der allgemeine Vertreter des Hauptverwaltungsbeamten in dessen Abwesenheit – die mit den vorstehenden Ausführungen jedoch nicht zwingend erforderlich ist – im Rahmen der Gefahrenabwehr öffentlich vor Sekten oder ähnlichen Bewegungen warnt, von denen eine Gefahr ausgeht. Dieser Gedanke lässt sich dann in geeigneten Fallkonstellationen auch auf politische Bewegungen und gar Parteien übertragen. Selbstverständlich wären auch Sachlichkeit und Verhältnismäßigkeit zu wahren. Eine Einschränkbarkeit der grundsätzlichen Pflicht des allgemeinen Vertreters zur politischen Neutralität ist also prinzipiell denkbar. Zu den Voraussetzungen, die beim Hauptverwaltungsbeamten an diese Einschränkbarkeit gestellt werden, kommt beim allgemeinen Vertreter jedoch hinzu, dass sich die Äußerung auf den ihm zugewiesenen Aufgabenkatalog beziehen muss. Äußerungen zu allgemeinen politischen Fragen, auch wenn sie einen örtlichen Bezug haben, stehen demnach im Widerspruch zur Neutralitätspflicht. Diese Befugnis bleibt ausschließlich dem wesentlich stärker politisch geprägten Amt des Hauptverwaltungsbeamten vorbehalten. Selbiges muss entsprechend für die weiteren kommunalen Wahlbeamten gelten. Ausschließlich im Rahmen ihrer durch die Hauptsatzung oder den Hauptverwaltungsbeamten zugewiesenen Kompetenzen sind Äußerungen zugunsten oder zulasten anderer politischer Akteure möglich. 240

Ähnlich gestaltet sich die Situation schließlich im Sonderfall der Replik. Diese ermächtigt den Hauptverwaltungsbeamten in Fällen von Angriffen politischer Gegner, die sich gegen einzelne Mitarbeiter oder die Aufgabenerfüllung der ihm unterstellten Verwaltung richten, zu einer entsprechenden Antwort, die auch negativ wertend ausfallen darf. Eben im Rahmen der gemeindlichen Aufgabenerfüllung, also im „Verwaltungsbereich", muss es dem allgemeinen Vertreter, der in diesem Bereich dieselben Rechte und Befugnisse wie der Hauptverwaltungsbeamte genießt, möglich sein, entsprechende Repliken vorzunehmen. Selbiges dürfte für die weiteren Wahlbeamten im Rahmen ihrer Zuständigkeit gelten. 241

[460] NVwZ 1991, 176 ff.

242 Im Ergebnis lässt sich somit festhalten, dass die Einschränkungskriterien, die für die Hauptverwaltungsbeamten identifiziert wurden, sich nicht ohne Weiteres auf die anderen kommunalen Wahlbeamten übertragen lassen. Dabei scheidet eine Übertragung der funktionsbedingten Einschränkung vollständig aus. Bei der aufgabenbezogenen Einschränkung und der Replik ist eine Übertragbarkeit zwar dem Grunde nach denkbar. Jedoch können diese Einschränkungen bei den anderen kommunalen Wahlbeamten nur greifen, soweit sie in ihr unmittelbares Aufgabenfeld fallen. Da wertende amtliche Stellungnahmen sich jedoch i. d. R. auf allgemeine politische Fragen und Aspekte beziehen und ein unmittelbarer Bezug zur kommunalen Aufgabenerfüllung die absolute Ausnahme bildet, ist dieses Feld der möglichen Übertragbarkeit als sehr eng anzusehen. Die Rolle der anderen kommunalen Wahlbeamten ist in Bezug auf die politischen Äußerungsbefugnisse daher eine eher untergeordnete. Aus diesem Grund sollen diese Amtsträger bei den weiteren Überlegungen dieser Arbeit außen vor gelassen werden.

b) Einfluss auf hergebrachten Grundsatz der Neutralitätspflicht

243 Nun ist fraglich, ob und inwieweit die drei tragfähigen Kriterien geeignet sind, den hergebrachten Grundsatz der politischen Neutralität für die Hauptverwaltungsbeamten einzuschränken. Insbesondere zu Hohenlohe nimmt eine solche Einschränkbarkeit an. Grundlage für ihre Argumentation ist dabei eine Entscheidung des BVerfG zu Wahl und Abberufung von Bürgermeistern,[461] in der das BVerfG klarstelle, dass die hergebrachten Grundsätze des Berufsbeamtentums für die kommunalen Wahlbeamten keine uneingeschränkte Geltung hätten. Zu diesen nicht geltenden Grundsätzen zähle insbesondere das Lebenszeitprinzip.[462]

244 Diese grundsätzliche Feststellung will zu Hohenlohe auch auf das Neutralitätsgebot ausweiten. Mit der flächendeckenden Einführung der Direktwahl habe der Gesetzgeber die Stellung der Bürgermeister spürbar gestärkt, insbesondere weil eine statusrechtliche Abhängigkeit von der Vertretung nicht mehr gegeben sei.[463] Des Weiteren könne nun von einer freien und schöpferischen Gestaltung der kommunalen Aufgabenerfüllung kaum noch die Rede sein, da den Kommunen in den letzten Jahren immer Aufgaben übertragen worden seien, ohne dass entsprechende finanzielle Deckungsmittel bereitgestellt wurden. Daher seien die Handlungsspielräume erheblich eingeschränkt worden.[464] Schließlich müsse davon ausgegangen werden, dass der amtierende Bürgermeister die Wiederwahl anstrebe und daher bestrebt sei, den verbliebenen Handlungsspielraum dazu einzusetzen, öffentlichkeitswirksam eigene politische Akzente zu setzen. Aus alledem folge der Schluss, dass zu den hergebrachten Grundsätzen, die das BVerfG aus dem Geltungsbereich der Bürgermeister herausnimmt, auch das Gebot der politischen – auch der parteipolitischen – Neutralität zähle.

461 BVerfGE 7, 155 ff.
462 Vgl. hierzu und zum Folgenden Zu Hohenlohe, VerwArch 2016, 62 (65).
463 Vgl. hierzu die Ausführungen zu den Kommunalverfassungstypen in Kap. DIII.2.
464 Vgl. Zu Hohenlohe, VerwArch 2016, 62 (66).

Die von zu Hohenlohe herangezogene Entscheidung des BVerfG beschäftigt sich mit der Verfassungsmäßigkeit der vorzeitigen Abberufungsmöglichkeit eines hauptamtlichen Bürgermeisters durch die Vertretung. Das OVG Schleswig, das dem BVerfG nach Art. 100 Abs. 1 GG die entsprechende Landesnorm zur Prüfung vorgelegt hatte, sah in dieser Norm eine Verletzung der in Art. 33 Abs. 5 GG gewährleisteten hergebrachten Grundsätze des Berufsbeamtentums. Denn diese Möglichkeit der Abberufung schwäche seine Position so stark, dass eine – von der Vertretung – unabhängige Amtsausübung nicht mehr gewährleistet sei.[465] Ganz offensichtlich meint das OVG damit das in den hergebrachten Grundsätzen verankerte Gebot der politischen Neutralität. Denn die Kommunalvertretungen werden – ähnlich wie die Parlamente – ganz überwiegend von politischen Parteien geprägt. 245

Diese Bedenken hält das BVerfG im Ergebnis überzeugenderweise für nicht nachvollziehbar. Die Ablehnung der Geltung einiger hergebrachter Grundsätze des Berufsbeamtentums für die Gruppe der Hauptverwaltungsbeamten ist für sich genommen vollkommen berechtigt. Schon im Hinblick auf das Lebenszeitprinzip wird auf den ersten Blick erkennbar, dass es für einen Beamten auf Zeit keine Geltung haben kann. 246

In Bezug auf die vom OVG Schleswig angesprochene (parteipolitische) Unabhängigkeit des Bürgermeisters hält das BVerfG fest, dass ein hauptamtlicher Bürgermeister keinesfalls in gleicher Weise und in gleichem Maße unabhängig sein kann wie der allgemeine Laufbahnbeamte.[466] Denn nicht zuletzt der Wunsch wiedergewählt zu werden, bringe ihn in eine Abhängigkeit von der Vertretung.[467] Damit lehnt das BVerfG im Ergebnis die Geltung des Gebots der politischen Neutralität für von der Vertretung berufene Bürgermeister ab. In dieser Konstellation überzeugen sowohl Argumente als auch das Ergebnis. Von keinem Hauptverwaltungsbeamten kann ernsthaft verlangt werden, dass er seine Amtsführung völlig unabhängig von den ihn tragenden Partei(en) – der er vielleicht auch noch selbst angehört – gestalten kann. 247

Zu klären ist nun, ob die von zu Hohenlohe ins Feld geführte gestärkte Position der vom Volk direkt gewählten Hauptverwaltungsbeamten zu einem anderen Ergebnis führt. Sie zieht diese Position heran, um die Hauptverwaltungsbeamten von Regierungsmitgliedern auf Länder- und Bundesebene abzugrenzen und so den vom BVerfG für Letztere entwickelten Kriterien zur politischen Neutralitätspflicht die Gültigkeit für die Hauptverwaltungsbeamten abzusprechen. Es erscheint jedoch naheliegender, direkt mit den Besonderheiten der Süddeutschen Bürgermeisterverfassung[468] zu argumentieren. Denn aus dieser erfolgen jene Aspekte, die oben beim Kriterium der funktionsbedingten Einschränkung dargestellt wurden.[469] 248

Der hergebrachte Grundsatz der politischen Neutralität kann seine Wirkung einerseits nur dort entfalten, wo die Unabhängigkeit des Beamten durch das Lebenszeitprinzip ab- 249

465 BVerfGE 7, 155 (159 f.).
466 BVerfGE 7, 155 (166).
467 Ebenda.
468 Vgl. zu diesen Kap. D.III.2.
469 Siehe oben Kap. D.III.3.a.aa.(2).

gesichert ist.[470] Doch eben dieses kann mit den obigen Ausführungen bei den Beamten auf Zeit keine Geltung haben. Des Weiteren ist der hergebrachte Grundsatz der politischen Neutralität dazu gedacht, dass der Beamte einen ausgleichenden Faktor gegenüber den konkurrierenden politischen Kräften bildet. Wenn jedoch der Beamte auf Zeit in Gestalt des Hauptverwaltungsbeamten selbst die politische Kraft und die politische Leitung ist, so entfällt eben jene Ausgleichsfunktion dieses Grundsatzes.

250 Nun ließe sich argumentieren, dass mit dem Erstarken der Position der Hauptverwaltungsbeamten und der verloren gegangenen Abhängigkeit von der Vertretung wieder eine unabhängige und damit politisch völlig neutrale Amtsführung möglich ist. Ein solches Argument würde jedoch außer Acht lassen, dass sich die politische Abhängigkeit der Hauptverwaltungsbeamten nicht aufgelöst, sondern nur gewandelt hat. Denn immer noch bedarf er der politischen Unterstützung, zwar nicht mehr vonseiten der Vertretung, sondern nun seitens seines Wahlvolks und den in diesem Wahlvolk vorherrschenden politischen Ansichten und Strömungen. Denn zum einen besteht die Möglichkeit, dass er vom Volk wieder abgewählt wird. Zwar wird in der Praxis nur selten von dieser Möglichkeit Gebrauch gemacht, jedoch zeigen empirische Untersuchungen, dass ein Hauptverwaltungsbeamter gerade dann gefährdet ist, wenn das Wahlvolk mit seiner Amtsführung – und den dieser zugrunde liegenden politischen Ansätzen – unzufrieden ist.[471] Des Weiteren muss davon ausgegangen werden, dass ein Hauptverwaltungsbeamter in seiner Amtsführung nicht zuletzt durch den Wunsch einer Wiederwahl geleitet wird.[472]

251 Damit wird klar, dass auch die weitestgehende Unabhängigkeit von der Vertretung einem Hauptverwaltungsbeamten keine generelle politische Unabhängigkeit bieten kann. Er ist immer noch abhängig von der Zustimmung und Unterstützung der tragenden und mehrheitsbildenden politischen Richtungen innerhalb seines Wahlvolks. Insgesamt ist zu schlussfolgern, dass der hergebrachte Grundsatz der politischen Neutralität bei den Hauptverwaltungsbeamten keine Wirkung entfalten kann, ebenso wenig wie es das Lebenszeitprinzip tun kann.

c) Einfluss auf die beamtenrechtliche Neutralitätspflicht

252 Die beamtenrechtliche Pflicht zur parteipolitisch neutralen und unparteiischen Amtsführung trifft dem Wortlaut des Gesetzes nach auf Beamte auf Zeit – und damit die hier erörterten kommunalen Wahlbeamten – ebenso zu wie auf die Laufbahnbeamten. Denn die Regelungen des § 33 Abs. 1 S. 1 und 2 BeamtStG und die jeweiligen speziellen Regelungen der Länder[473] gelten auch hier grundsätzlich in vollem Umfang. So ist auch die Regelung des § 6

[470] Vgl. hierzu schon die Ausführungen zu den politischen Beamten, Kap. D.II.3.

[471] Diese Risiken, die trotz der sonst starken Stellung des Hauptverwaltungsbeamten in der Süddeutschen Bürgermeisterverfassung bestehen können, anschaulich dargestellt bei Böhme, DÖV 2012, 55 (59–61).

[472] BVerfGE 7, 155 (166); ebenso Gärditz, NWVBl. 2015, 165 (167).

[473] Vgl. hierzu Ausführungen in Kap. C.III.3.b.

BeamtStG zu verstehen.[474] Zu keinem anderen Ergebnis führt auch die Einschränkung aus § 6 BeamtStG „soweit durch Landesrecht nichts anderes bestimmt ist". Die Ausführungen in Kap. C.III.3.b zeigen, dass keines der Bundesländer die Pflichten aus § 33 Abs. 1 S. 1 BeamtStG für irgendwelche Beamtengruppen ausgeschlossen hat.

253 Dennoch wird vereinzelt angenommen, dass diese gesetzliche Bestimmung auf die kommunalen Wahlbeamten keine Anwendung finden kann, ähnlich wie es schon beim hergebrachten Grundsatz der politischen Neutralität der Fall ist. Von diesem Ausschluss geht insbesondere Payandeh aus.[475] Er argumentiert zunächst, dass die Ratio der beamtenrechtlichen Neutralitätspflicht maßgeblich in der Rechtfertigung des Lebenszeitprinzips liege; diese lasse sich jedoch nicht auf Wahlbeamte übertragen.[476] Damit greift er einen Punkt auf, der bereits im vorstehenden Kap. D.III.3.b erörtert wurde. Zwischen der Pflicht zur politischen Neutralität und dem Lebenszeitprinzip besteht unbestritten ein unmittelbarer Zusammenhang.[477] Wo Letzteres nicht gilt, ist auch die Geltung des Ersteren nur schwer zu rechtfertigen. Daher spricht diese Erwägung tatsächlich gegen die Geltung der beamtenrechtlichen Neutralitätspflicht bei kommunalen Wahlbeamten.

254 Des Weiteren führt er die bürokratische Grundfunktion des Berufsbeamten an. Die Neutralitätspflicht diene dazu, die Amtsführung des Beamten von der politischen Ebene abzukapseln.[478] Daher bringe die beamtenrechtliche Neutralitätspflicht, die im Zusammenhang mit dem Aufgabenprofil des jeweiligen Amtes zu sehen sei, zum Ausdruck, dass den Berufsbeamten in der Regel keine politischen Gestaltungsspielräume zugesprochen werden. Auch diesem Argument ist im Grunde zuzustimmen. Das BVerfG spricht dem Berufsbeamten eine ausgleichende Funktion zu, gemäß welcher er im politischen Kräftespiel eine stabile und gesetzestreue Verwaltung sichern soll.[479] Darin ist durchaus auch die Vorstellung erkennbar, der Berufsbeamte bilde mit seiner politisch neutralen und bürokratischen Art der Amtsführung ein Gegengewicht zur politischen Leitung.[480] Damit ist die politische Neutralitätspflicht gleichzeitig Voraussetzung und Folge dieses Gleichgewichtsverhältnisses. Während die Erforderlichkeit dieser Pflicht für den „normalen" Laufbahn(berufs)beamten nachvollziehbar ist, gilt für den kommunalen Wahlbeamten das Gegenteil. Da er selbst Teil der politischen Leitung ist, kann er nicht gleichzeitig das Gegengewicht zu dieser bilden.

255 Entgegenzusetzen ist diesen dogmatischen Überlegungen jedoch der eindeutige Wortlaut der maßgeblichen beamtenrechtlichen Vorschriften aus dem Bundes- und Landesrecht. Eine Lösung dieses Widerspruchs könnte in einer Differenzierung der jeweils vorliegenden

474 Dieselbe Interpretation Reich, BeamtStG 2. Auflage, § 6 Rn. 2.

475 Sein Verweis auf eine übereinstimmende Ansicht bei zu Hohenlohe, VerwArch 2016, 62 (65 ff.) ist ungenau, da hier eine politische Auseinandersetzung mit der politischen Neutralität als hergebrachtem Grundsatz des Berufsbeamtentums erfolgt und nicht mit den beamtenrechtlichen Regelungen.

476 Payandeh, Der Staat 55, 519 (538 f.).

477 Vgl. zum Zusammenhang zwischen Neutralität und Lebenszeitprinzip ausführlich die Diskussion der Rechtsfigur des politischen Beamten unter Kap. D.II.3.c.

478 Vgl. hierzu und zum Folgenden Payandeh, Der Staat 55, 519 (539).

479 St. Rspr., siehe schon BVerfGE 8, 1 (14, 16); 11, 203 (210, 216 f.).

480 So Payandeh, Der Staat 55, 519 (539); ebenso Gärditz, NWVBl. 2015, 165 (167).

Kontexte sein. So wird vorgeschlagen, im Zusammenhang mit der Frage nach Umfang und Reichweite der politischen Neutralitätspflicht von Hauptverwaltungsbeamten nach dem jeweils vorliegenden Funktionskreis zu unterscheiden. Soweit der Hauptverwaltungsbeamte im operativen Sinne als Leiter einer Behörde agiert, habe er sich entsprechend den Anforderungen von § 33 Abs. 1 BeamtStG neutral zu verhalten. Wenn er jedoch in seiner kommunalpolitischen Rolle auftritt, so ruhen diese beamtenrechtlichen Pflichten.[481]

256 Der Grundgedanke dieser Differenzierung ist nachvollziehbar und richtig. Sie würde der Doppelrolle der Hauptverwaltungsbeamten gerecht werden können. Fraglich ist jedoch, ob eine solche Differenzierung tatsächlich umsetzbar ist. Hier ist bereits problematisch, dass die Hauptverwaltungsbeamten selbst, im Unterschied zu den tatsächlich verwaltenden Berufsbeamten, kaum bis gar keine Entscheidungen in der Sache treffen bzw. treffen können. Zwar tragen nach § 37 Abs. 3 VwVfG sämtliche schriftliche Verwaltungsakte, die eine Behörde verlassen, entweder seine Unterschrift oder sind von anderen Bediensteten in Vertretung oder im Auftrag des Hauptverwaltungsbeamten unterschrieben. Der äußere Eindruck, dass der Hauptverwaltungsbeamte jedes Mal selbst tätig werde, wird verstärkt durch die im Kopf eines jeden Bescheids wiedergegebene Organbezeichnung.

257 Dennoch muss klar sein, dass nicht sämtliche Entscheidungen und rechtlichen Maßnahmen vom Hauptverwaltungsbeamten selbst getroffen werden können. Dieser Umstand wird vor allem durch die Systematik der Süddeutschen Bürgermeisterverfassung unterstrichen. Denn während bei den anderen Kommunalverfassungssystemen die von der Vertretung gewählten Gemeinde-, Stadt- oder Kreisdirektoren eine entsprechende Befähigung nachweisen mussten, gibt es für die Hauptverwaltungsbeamten, die direkt vom Volk gewählt werden, keine Voraussetzungen solcher Art.[482] Daher kann der Hauptverwaltungsbeamte häufig schlicht nicht in der Lage sein, die rechtlich komplexen Sachverhalte richtig zu bewerten und entsprechend rechtmäßige Maßnahmen zu treffen. Aber auch wenn er grundsätzlich über die notwendigen Fachkenntnisse verfügt, so lässt ihm seine Doppelrolle des Verwaltungsleiters und Politikers nicht die Zeit, sich in die Fälle einzuarbeiten. Denn die „Einzelspitze" der Süddeutschen Bürgermeisterverfassung schreibt ihm sämtliche repräsentativen Aufgaben zu, die in einer „Doppelspitze" vom ehrenamtlichen Bürgermeister oder Landrat übernommen wurden, während sich der Gemeinde-, Stadt- oder Kreisdirektor vollständig den fachlichen Aufgaben und der Leitung der Verwaltung widmen kann.

258 Zu diesen Schwierigkeiten aus der Perspektive des Hauptverwaltungsbeamten kommt hinzu, dass sich auch die Aufgaben, die er zu erfüllen hat, häufig nicht in einen rein fachlichen und einen rein politischen Bereich aufteilen lassen. So spielen z. B. im Rahmen der Vergabe von Subventionen und der Wirtschaftsförderung, die vom Grundsatz her zu den (freiwilligen) fachlichen Aufgaben einer Kommunalverwaltung gehören, unbestritten auch politische Erwägungen eine Rolle. Denn bestimmte Strategien in diesem Zusammenhang gehören

[481] So eindeutig zu verstehen z. B. Gärditz, NWVBl. 2015, 165 (168); vgl. auch VG Berlin, BeckRS 2013, 58272.

[482] Für Niedersachsen Mielke in: Blum/Häusler/Meyer, NKomVG, § 80 Rn. 22 m. w. N.; die Kommunalgesetze der anderen Länder sehen ebenfalls keine Voraussetzungen hinsichtlich der Qualifikation vor, so auch der Umkehrschluss aus Lange, Kommunalrecht, S. 481–483 und Burgi, Kommunalrecht, S. 174 Rn. 5.

zur politischen Agenda eines Hauptverwaltungsbeamten, wegen der er vom Wahlvolk auch gewählt oder gar wiedergewählt wurde.[483]

Es wird deutlich, dass eine differenzierte politische Neutralitätspflicht zwar theoretisch ein brauchbarer Ansatz sein könnte, um die Konfliktsituation zu lösen, die aus den beamtenrechtlichen Bestimmungen einerseits und der kommunalverfassungsrechtlichen Stellung der Hauptverwaltungsbeamten andererseits entsteht. Diese Differenzierung begegnet jedoch unüberwindbaren praktischen Schwierigkeiten und kann daher nicht als Lösungsansatz dienen. 259

Die aufgezeigten Erwägungen führen zu der Schlussfolgerung, dass eine Ausweitung der beamtenrechtlichen Neutralitätspflicht auf die kommunalen Wahlbeamten, insbesondere die Hauptverwaltungsbeamten, deren systematischer Stellung im Beamten- und Kommunalrechtsgefüge widerspricht. Weder aus systematischer noch aus teleologischer Sicht ist diese Ausweitung sinnvoll. Daher bedarf es einer Reduktion des Wortlauts von § 6 BeamtStG jedenfalls in Bezug auf die Hauptverwaltungsbeamten. 260

d) Geltung der Mäßigungspflicht

Schließlich gilt es ergänzend zu klären, ob und inwieweit die kommunalen Wahlbeamten dem Mäßigungsgebot aus § 33 Abs. 2 BeamtStG unterliegen. Denn nach wie vor wird vor jeder Diskussion der Zulässigkeit von amtlichen Äußerungen zu politischen Themen eine Grundunterscheidung getroffen: Erfolgte die Äußerung in amtlicher Eigenschaft, oder wurde sie als Privatperson getätigt?[484] Die Kriterien zur Bestimmung von Inhalt und Reichweite der politischen Neutralitätspflicht in amtlicher Eigenschaft sind im vorstehenden Unterkapitel dargestellt und erörtert worden. Nun ist zu untersuchen, ob und inwieweit eine etwaiges Mäßigungsgebot die Äußerungsbefugnisse der kommunalen Wahlbeamten beschränken kann. 261

Ebenso wie die Pflicht zur politischen Neutralitätspflicht während der Amtsführung gehört das Mäßigungsgebot zu den hergebrachten Grundsätzen des Berufsbeamtentums.[485] Darüber hinaus ist dieses Gebot für die Hauptverwaltungsbeamten dem Grunde nach in § 33 Abs. 2 BeamtStG verankert. Denn ebenso wie die Bestimmungen des § 33 Abs. 1 BeamtStG soll auch das Mäßigungsgebot aus Absatz 2 dem Wortlaut Gesetzes nach auch für die Wahlbeamten gelten. Doch die vorstehenden Ausführungen haben gezeigt, dass der beamtenrechtliche Wortlaut im Zusammenhang mit der besonderen Stellung von kommunalen Wahlbeamten und insbesondere Hauptverwaltungsbeamten teilweise einer Reduktion unterzogen werden muss. 262

[483] So auch Payandeh, Der Staat 55, 519 (533).
[484] Für Mitglieder der BReg vgl. schon BVerfGE 44, 125 (141). Für Übertragbarkeit auf kommunale Ebene BVerwGE 104, 323; ebenso Oebbecke, NVwZ 2007, 30 (31).
[485] Vgl. nur BayVerfGH, NJW 1992, 226 (228).

263 Sowohl Rechtsprechung als auch Literatur haben die Frage nach der Geltung des Mäßigungsgebots für Bürgermeister bisher nur sehr beiläufig behandelt. Das BVerwG billigt den Hauptverwaltungsbeamten zu, bei Wahlen zu Vertretungen nicht nur von ihrem staatsbürgerlichen Wahlrecht, sondern im Vorfeld auch von ihrer Meinungsfreiheit aus Art. 5 Abs. 1 GG Gebrauch zu machen und sich zu den Wahlen zu äußern. Zwar dürften sie dies nicht ohne jegliche Einschränkung tun, jedoch sei ein völliges Verbot der Meinungsäußerung in der Öffentlichkeit nicht mit dem Grundgesetz vereinbar.[486] Was genau es unter „Einschränkung" versteht, dazu schweigt das BVerwG. Die einzige Konkretisierung, die es in dieser Richtung trifft, besteht in der Annahme, dass Wahlempfehlungen im Zweifel der amtlichen Eigenschaft zugeordnet werden,[487] insbesondere dann, wenn der Wahlbeamte die Möglichkeiten seines Amtes missbraucht.[488] Dies sind jedoch Kriterien der Angrenzung zwischen der amtlichen und privaten Sprecherrolle, keine Kriterien zur Bestimmung von Umfang und Reichweite der Mäßigungspflicht.

264 Unbestritten ist insoweit, dass auch Hauptverwaltungsbeamte sich als Privatpersonen grundsätzlich auf die Meinungsfreiheit berufen können. Die Meinungsfreiheit aller Grundrechtsträger kann nach Art. 5 Abs. 2 GG durch allgemeine Gesetze beschränkt werden. Für die Frage, ob § 33 Abs. 2 BeamtStG, der als allgemeines Gesetz in diesem Sinne zu sehen ist,[489] für die Hauptverwaltungsbeamten gelten kann, ist zunächst die Chancengleichheit bei Wahlen zu beachten. Diese ist aus zwei Perspektiven zu sehen. Zum einen ist da die Perspektive der Kandidaten, die gegen einen amtierenden Hauptverwaltungsbeamten antreten, der sich seinerseits zur Wiederwahl stellt. Diese Kandidaten haben ein Recht darauf, bei der Wahl dieselben Chancen zu haben wie der bereits amtierende Kandidat. Daher erscheint die Annahme einer Mäßigungspflicht für den amtierenden Wahlbeamten zunächst logisch. Nicht vergessen werden darf jedoch auch die Perspektive des bereits amtierenden Kandidaten. Denn auch dieser muss dieselben Chancen für eine Wiederwahl haben wie seine Gegenkandidaten für die Erstwahl. Würde man nun annehmen, dass ein amtierender Hauptverwaltungsbeamter für seinen Wahlkampf einer Mäßigungspflicht unterliegt, während seine Gegenkandidaten dies mangels Beamtenstatus nicht tun, würde das die Chancen des amtierenden Kandidaten erheblich schmälern können. Ein solches Ergebnis wäre unbillig. Daher ist eine Mäßigungspflicht für amtierende Hauptverwaltungsbeamte während des Wahlkampfes für die eigene Wiederwahl ausgeschlossen.

265 Fraglich ist jedoch auch, wie sich die Lage generell darstellt. Dazu ist vor allem auf Sinn und Zweck der beamtenrechtlichen Mäßigungsvorschrift abzustellen. Dieser besteht vor allem darin, die Funktionsfähigkeit der öffentlichen Verwaltung aufrechtzuerhalten und das Vertrauen der Bürger in diese Funktionsfähigkeit zu stärken und zu bewahren.[490] Die Situationen, in denen die politische Betätigung eines Beamten besagte Funktionsfähigkeit und das Vertrauen der Bürger stören kann, sind mit den Ausführungen des Kap. D.III.3.a.aa.

486 BVerwGE 24, 315 (319).

487 BVerwGE 104, 323 ff.

488 BVerwGE 118, 101 (107).

489 BVerfG, NJW 1983, 2691; Metzler/Müller in: Metzler-Müller/Rieger/u. a., BeamtStG 3. Auflage, § 33 S. 320; Wichmann in: Wichmann/Langer, Rn. 202, S. 373.

490 Siehe Kap. C.III.4.

(2) jedoch so gut wie ausschließlich im Bereich der „normalen" Laufbahnbeamten zu suchen. Da der kommunale Wahlbeamte selbst eine politische Figur in einem politischen Amt ist, ist nur schwer denkbar, dass der Bürger hier eine politisch neutrale Amtsführung erwarten wird. Ebenso fremd ist die Vorstellung, dass ein Hauptverwaltungsbeamter in seinem Kollegenkreis innerhalb der Dienststelle durch politische Agitationen Unfrieden stiftet. Schließlich ist auch logisch, dass er die Funktionsfähigkeit der Dienststelle nicht dadurch stören wird, dass er seinen Dienstherrn oder gar dessen Politik verunglimpft. Damit entfällt auch außerhalb von Wahlkampfkonstellationen die Notwendigkeit eines Mäßigungsgebots für die Hauptverwaltungsbeamten.

4. Ergebnis

Der vorliegende Unterabschnitt befasste sich mit den spezifischen Besonderheiten der 266
politischen Neutralitätspflicht bei den kommunalen Wahlbeamten. Dabei ergab sich zunächst, dass Maß und Umfang dieser Pflicht nicht unerheblich von dem zugrunde gelegten Kommunalverfassungstyp abhängen. Denn dieser bestimmt maßgeblich die Stellung, die Rechte und die Pflichten des kommunalen Wahlbeamten im Gefüge der Organe der Kommunalverfassung. Es wurden verschiedene Kriterien identifiziert, die herangezogen werden, um die Einschränkung der aus den Grundelementen folgenden grundsätzlichen Verpflichtung zur politischen Neutralität im Amt zu rechtfertigen. Eine Bewertung ergab, dass insbesondere die Kriterien der Funktion, der Aufgaben und der Sonderfall der Replik geeignet sind, eine solche Einschränkung zu bewirken. Zu achten ist jedoch auf die Notwendigkeit einer Differenzierung im Bereich der kommunalen Wahlbeamten. Alle angesprochenen Einschränkungskriterien gelten in vollem Umfang nur für die Hauptverwaltungsbeamten, nicht jedoch für etwaige weitere Wahlbeamte. Weiterhin wurde festgestellt, die Wirkung dieser Kriterien geht so weit, dass die Hauptverwaltungsbeamten im Unterschied zu den anderen Beamtengruppen weder einer politischen Neutralitätspflicht aus den hergebrachten Grundsätzen des Berufsbeamtentums noch einer solchen aus den beamtenrechtlichen Bestimmungen unterliegen können. Somit kann bei ihnen eine Neutralitätspflicht nur von den Grundelementen aus Kap. C.II getragen werden. Schließlich ergaben die Untersuchungen, dass auch die mit der Neutralitätspflicht im Zusammenhang stehende Mäßigungspflicht sich nicht auf die Hauptverwaltungsbeamten erstrecken kann.

E. VERGLEICH DER AUSGEWÄHLTEN AMTSTRÄGERGRUPPEN

267 Die vorstehenden Kapitel haben aufgezeigt, dass es für die Pflicht zur politisch neutralen Amtsführung im „Staatsdienst" verschiedenste ungeschriebene und geschriebene Grundlagen gibt. Dabei gibt es bestimmte Grundelemente der Neutralitätspflicht, die für alle untersuchten Formen von Staatsbediensteten gelten und wiederum andere, die nur für bestimmte Gruppen Geltung haben. Neben neutralitätspflichtbegründenden Ansätzen existieren aber auch solche, die diese Pflicht in bestimmten Situationen für bestimmte Amtsträger einschränken. Ziel dieses Kapitels ist es nun, einen Vergleich zwischen den untersuchten Gruppen vorzunehmen, um so zu untersuchen, ob und inwieweit der derzeitige Meinungsstand zu der Neutralitätspflicht in sich schlüssig und widerspruchsfrei ist oder bestimmte Ansätze argumentativ be- oder entkräftet werden können. Dazu werden drei Vergleichsgruppen zugrunde gelegt: die Amtsträger im öffentlich-rechtlichen Amtsverhältnis, die politischen Beamten und die kommunalen Wahlbeamten. Diese werden in drei Unterkapiteln jeweils miteinander verglichen.

I. DIE WAHLBEAMTEN UND DIE POLITISCHEN BEAMTEN

268 „Die Stellung des Bürgermeisters ist also vergleichbar der eines politischen Beamten geregelt, der stets vom Vertrauen der maßgebenden politischen Macht abhängt."[491] Dies sei vor allem auf die Abhängigkeit der beiden Gruppen von der maßgeblichen politischen Macht zurückzuführen.[492] Eine solche These drängt förmlich eine vergleichende Untersuchung zwischen den beiden Gruppen der Wahlbeamten und der politischen Beamten auf. Beiden Gruppen ist gemein, dass das Beamtenstatusrecht dem Grunde nach auf sie Anwendung findet. Eine weitere Gemeinsamkeit besteht darin, dass beide neben ihrer statusrechtlichen Beamteneigenschaft gleichzeitig jeweils Teil der politischen Führung des Bundes, des jeweiligen Landes oder der betroffenen Körperschaft des öffentlichen Rechts sind, der sie angehören. Die vorstehenden Untersuchungen ergaben jedoch auch einige strukturelle Unterschiede. Während die Pflicht zur politischen Neutralität, die zum einen aus den allgemeinen Grundelementen[493] und zum anderen aus den speziellen Beamtengrundsätzen und den beamtenrechtlichen Bestimmungen folgt,[494] unter Zugrundelegung des bisherigen für die politischen Beamten ohne Einschränkung und in vollem Umfang gelten muss,[495] haben sich für die Wahlbeamten einige Punkte ergeben, die sich beschränkend auf diese Pflicht auswirken. Trotz der unterschiedlichen Richtungen, die sich bei den Untersuchungen der

---

491 Herrmann, LKV 2012, 537 (541), unter Bezugnahme auf BVerfGE 7, 155 (164 f.).

492 Ebenda.

493 Vgl. hierzu Kap. C.II.

494 Siehe Kap. C.III.

495 Vgl. Kap. D.II.3.a.

politischen Neutralitätspflicht der beiden genannten Amtsträgergruppen ergaben,[496] lassen sich in Bezug auf die spezifischen Faktoren, die auf die Neutralitätspflicht der Wahlbeamten einwirken, vergleichende Überlegungen anstellen.

In Kapitel D.III.3.a sind die verschiedenen Kriterien, die von der Rechtsprechung, vor allem aber von der Literatur herangezogen werden, um die sich aus den allgemeinen Grundsätzen und beamtenrechtlichen Regelungen ergebende politische Neutralitätspflicht der Wahlbeamten einzuschränken, dargestellt und diskutiert worden. Zu untersuchen ist nun, inwieweit sich diese Ansätze auf die Rechtsfigur des politischen Beamten übertragen lassen. Unter dem Begriff der „kommunalen Wahlbeamten" sind dabei grundsätzlich nur die Amtsträger in der Funktion eines Hauptverwaltungsbeamten zu verstehen. Nur in den wenigen Ausnahmefällen, in denen die Einschränkungskriterien auch auf die weiteren kommunalen Wahlbeamten übertragbar sind,[497] sind Letztere einzubeziehen. 269

1. Staatsorganisationsrechtliche Einschränkung

Die in Literatur und Rechtsprechung teils vertretene staatsorganisationsrechtliche Einschränkung, nach der der Staat bei der Willensbildung des Volkes mitwirken solle,[498] wobei sogar eine staatliche Teilnahme am politischen Diskurs notwendig sei, um die in einer Demokratie notwendige Rückkopplung zwischen Staat und Volk zu gewährleisten, wurde aufgrund der nur wenig überzeugenden Argumentation abgelehnt.[499] Für den Vergleich der beiden Amtsträgergruppen bedeutet dies zunächst, dass anhand dieses Einschränkungskriteriums kein Unterschied auszumachen ist. Insoweit unterliegt die politische Neutralitätspflicht der Wahlbeamten keiner größeren Einschränkung als die der politischen Beamten. 270

2. Funktionsbedingte Einschränkung

Darüber hinaus wird bei den Wahlbeamten eine Einschränkung ihrer politischen Neutralitätspflicht aus ihren kommunalverfassungsrechtlichen Grundfunktionen angenommen. Denn im Unterschied zu den auf Lebenszeit abgesicherten Laufbahnbeamten sind die Wahlbeamten gerade nicht dazu da, „gegründet auf Sachwissen, fachliche Leistung und loyale Pflichtenerfüllung eine stabile Verwaltung [zu] sichern und damit einen ausgleichenden Faktor gegenüber den das Staatswesen gestaltenden politischen Kräften [zu] bilden [...]."[500] Ihre Funktion besteht nicht in dem Ausgleich zwischen den politischen Kräften, sondern gerade in der Gestaltung eben jener politischen Kräfte. Da ihr Amt an (Wieder-) 271

[496] Während sich die Ausführungen bei den Wahlbeamten tatsächlich „nur" um Umfang und Reichweite der Neutralitätspflicht drehten, ergab sich bei den politischen Beamten das Problem, dass die Rechtsfigur dieser Beamtenart per se schon im Widerspruch zur politischen Neutralitätspflicht steht.

[497] Vgl. hierzu Kap. D.III.3.a.bb.

[498] Gärditz, NWVBl. 2015, 165 (169).

[499] Zu den Gründen der Ablehnung vgl. Kap. D.III.3.a.aa.(1).

[500] BVerfGE 119 (247 (260 f.).

Wahlen gekoppelt ist, müssen sie politisch agieren. Gerade in der zeitlichen Beschränkung des Amtes lässt sich eine Parallele zu den politischen Beamten erkennen. Diese sind zwar dem Statusrecht nach grundsätzlich auf Lebenszeit angestellte Laufbahnbeamte. Faktisch hat das Lebenszeitprinzip bei diesen Amtsträgern keine Wirkung. Sie können jederzeit ohne Begründung in den einstweiligen Ruhestand versetzt werden, was eine klare Durchbrechung eben jenes Lebenszeitprinzips ist. Die Zulässigkeit dieser Durchbrechung ist an dieser Stelle nicht weiter zu diskutieren, wohl aber ist die Durchbrechung als anerkannte Praxis hinzunehmen.[501]

272 Die eingangs zitierte These von Herrmann plädiert für eine Vergleichbarkeit der beiden Gruppen, was wiederum, legt man die Ergebnisse von Kap. D.III zugrunde, auf eine Einschränkbarkeit der Neutralitätspflicht von politischen Beamten hindeutet. Fraglich ist somit, ob neben der Durchbrechung des Lebenszeitprinzips, das in unmittelbarem Zusammenhang mit der Neutralitätspflicht steht, eine Einschränkung dieser Pflicht aus den Grundfunktionen der politischen Beamten denkbar ist. Diese bestehen im Wesentlichen aus zwei Bereichen. Zum einen ist da die Transformation politischer Zielsetzungen und Vorgaben in die Administration. Um diese Funktionen effektiv wahrnehmen zu können, fungieren die politischen Beamten jeweils als Amtschefs in den jeweiligen Ressorts bzw. als Leiter bedeutender Dienststellen mit besonderer politischer Sensibilität, wie etwa eines Großverbands der Polizei – i. d. R. Polizeipräsidium –, eines Landesamtes für Verfassungsschutz oder der Bundesanwaltschaft. In diesen Leitungspositionen ist durchaus eine Parallele zur Funktion eines Hauptverwaltungsbeamten der Süddeutschen Bürgermeisterverfassung[502] erkennbar, der als Wahlbeamter die Amtsgeschäfte der jeweiligen Kommunalverwaltung leitet. Beide Beamtengruppen erfüllen also in erster Linie Leitungsfunktionen.

273 Neben der Leitung der jeweiligen Dienststelle fungiert der politische Beamte gleichzeitig als Repräsentant der Politik der jeweiligen Regierung in den einzelnen Ressorts oder bedeutenden Dienststellen. Daher trägt er auch die politische Verantwortung für das Gelingen bestimmter Vorhaben, ebenso aber auch für die Misserfolge oder Probleme bei der Aufgabenbewältigung. Nicht viel anders ist dies auch bei den Wahlbeamten, deren Wahl und Amtsführung sich auf eine konkrete politische Agenda bezieht. Während bei den Wahlbeamten die Übernahme der besagten politischen Verantwortung durch Rücktritt, fehlende Wiederwahl oder gar vorzeitige Abwahl erfolgt, resultiert sie beim politischen Beamten in der Versetzung in den einstweiligen Ruhestand.

274 Der Vergleich der Grundfunktionen der beiden Beamtengruppen könnte auf den ersten Blick zur Annahme einer erheblichen Ähnlichkeit führen, was wiederum den Schluss zulassen könnte, dass das vorliegende Einschränkungskriterium auch für den politischen Beamten gelten könnte. Gegen eine solche Übertragbarkeit spricht jedoch der Unterschied zwischen der Stellung der beiden vorliegenden Beamtengruppen im Staats- bzw. Verwaltungsgefüge. Der Hauptverwaltungsbeamte in der gegenwärtig vorherrschenden

501 Zur grundsätzlichen Unvereinbarkeit der Rechtsfigur des politischen Beamten mit Lebenszeit-, Leistungs- und Neutralitätsprinzip vgl. ausführlich Kap. D.II.3. bis 5.

502 Zu den einzelnen Kommunalverfassungstypen und ihren Einflüssen auf die Stellung der Wahlbeamten vgl. näher Kap. D.III.2.

Süddeutschen Bürgermeisterverfassung wird vom Volk direkt gewählt und erfüllt die Funktion des direkt demokratisch legitimierten „Regierungschefs". Als solcher bestimmt er gemeinsam mit der kommunalen Vertretung die Richtlinien der kommunalen Politik.[503] Die Erledigung kommunaler Aufgaben und damit auch gleichzeitig die Umsetzung der kommunalpolitischen Ziele werden von der Kommunalverwaltung wahrgenommen, die sich ihrerseits in unselbstständige Dienststellen in Form von Dezernaten, Ämtern und Abteilungen gliedert.[504] Diese unselbstständigen Dienststellen werden als Organisationseinheiten von Dezernenten, Amts- und Abteilungsleitern bzw. Fachbereichs-, Fachdienst- und Teamleitern geführt. An dieser Stelle ist es wichtig, den Unterschied zwischen dem Amt des Hauptverwaltungsbeamten einerseits und den Ämtern der sonstigen Führungskräfte in der Kommunalverwaltung deutlich zu machen. Dabei spielt das Rechtsverhältnis, in dem diese Führungskräfte zur Kommune stehen, keine bedeutende Rolle. Völlig unabhängig von dem Umstand, ob es sich bei ihnen um Wahlbeamte auf Zeit, um Laufbahnbeamte oder aber um Beschäftigte in einem zivilrechtlichen Arbeitsverhältnis handelt, gilt eines immer: Sie sind dem Hauptverwaltungsbeamten unterstellt und unterstützen ihn der bei Verwaltungsleitung und kommunalen Aufgabenerfüllung.

Es drängt sich die Frage auf, ob sich die politischen Beamten auf Landes- und Bundesebene 275
mit diesen kommunalen Führungskräften auf funktionaler Ebene vergleichen lassen. Wäre dies der Fall, würde eine Vergleichbarkeit mit den Hauptverwaltungsbeamten im Hinblick auf die funktionsbedingte Einschränkung der Neutralitätspflicht ausscheiden.[505] Die Hauptgemeinsamkeit der beiden Vergleichsgruppen besteht darin, dass sowohl die kommunalen Führungskräfte als auch die politischen Beamten keine eigene politische Agenda und auch keinen eigenen politischen Gestaltungsauftrag haben. Auftrag der Kommunalverwaltungsführungskräfte und eines großen Teils der politischen Beamten ist die Leitung der ihnen zugeordneten – unselbstständigen – Dienststellen und die gleichzeitige Umsetzung der politischen Zielsetzungen und Vorgaben aus den originär politischen Organen; auf kommunaler Ebene sind diese Organe die Vertretung, der Hauptverwaltungsbeamte und der Hauptausschuss, auf Landes- und Bundesebene die gesetzgebenden Organe und die Regierungen. Insoweit ist eine Vergleichbarkeit erkennbar.

Problematisch dabei ist jedoch der Umstand, dass nicht alle politischen Beamten als „bloß 276
administrative" Führungskräfte, die den politischen Willen in Verwaltungshandeln transformieren, eingesetzt werden. Ein Teil von ihnen hat zusätzlich dazu eine ausgeprägte Repräsentationsfunktion. Zu nennen sind da insbesondere Amtsträger wie Polizeipräsidenten, Leiter der Verfassungsschutzämter[506] oder der Generalbundesanwalt. Gerade

[503] Vgl. bereits BVerfGE 7, 155 (164 f.). So hat der HVB in Baden-Württemberg, Bayern, Nordrhein-Westfalen, Rheinland-Pfalz, Sachsen, Thüringen und im Saarland den Vorsitz in der Vertretung. Aber auch in anderen Bundesländern mit Süddeutscher Bürgermeisterverfassung hat er eine starke Stellung, so bezeichnet ihn Ipsen, Nds. Kommunalrecht, Rn. 358a, der den HVB als „Stadt-(Gemeinde-)Oberhaupt" ansieht.

[504] Diese traditionelle Art der Verwaltungsgliederung siehe z. B. bei Gern, Deutsches Kommunalrecht, Rn. 368. Heutzutage ist wohl eher die Gliederung in Fachbereiche, Fachdienste und Teams gebräuchlich.

[505] Vgl. hierzu die Differenzierung zwischen den Hauptverwaltungsbeamten und den anderen Wahlbeamten auf Zeit aus Kap. D.III.3.a.bb.

[506] Zu einer Übersicht über die landestypischen Zuordnungen verschiedener Ämter zum Bereich der politischen Beamten vgl. Lindner, ZBR 2011, 150 (153 f.).

diese sicherheits- und rechtspolitisch sensiblen Bereiche stehen im besonderen Fokus der Öffentlichkeit, was die Funktion ihrer Leiter als Repräsentanten der jeweiligen Regierungs- bzw. Ressortpolitik unterstreicht.[507] Aufgrund dieser Repräsentationsfunktion entsteht eine besondere Politisierung dieser Ämter, ein Umstand der für eine funktionsbedingte Einschränkung der politischen Neutralitätspflicht sprechen könnte. Bedenkt man, dass eines der Hauptargumente für eine solche Einschränkung bei den Hauptverwaltungsbeamten ihre Angehörigkeit zur politischen Leitung ist,[508] so lässt sich durchaus der Schluss ziehen, dass auch eben jene politischen Beamten eine ähnliche Angehörigkeit aufweisen.

277 Eine genauere Betrachtung belehrt jedoch auch hier eines Besseren. Denn es muss gesehen werden, dass die Hauptverwaltungsbeamten sich trotz aller – vermeintlicher – Gemeinsamkeiten dennoch fundamental von den politischen Beamten, auch von Polizei- und Verfassungsschutzpräsidenten unterscheiden, was Letztere doch in die Nähe der weiteren kommunalen Wahlbeamten auf Zeit und sonstiger kommunaler Führungskräfte rückt, bei denen eine funktionsbedingte Einschränkung der politischen Neutralitätspflicht wiederum grundsätzlich nicht greift.[509] Denn im Gegensatz zu den Hauptverwaltungsbeamten in der Süddeutschen Bürgermeisterverfassung fehlt allen politischen Beamten eine durch einen Wahlakt erfolgte demokratische Legitimierung. Sie sind in dieser Hinsicht sogar noch weiter „entpolitisiert" als die weiteren kommunalen Wahlbeamten auf Zeit, werden Letztere doch wenigstens durch das politische Organ der Vertretung gewählt. Der Mangel eines solchen Wahlakts ordnet die politischen Beamten daher stärker der Sphäre der „normalen" Laufbahnbeamten zu, als welche sie aus statusrechtlicher Perspektive ja auch anzusehen sind. Daher ist es für die politischen Beamten ebenso wie für die übrigen Laufbahnbeamten nicht erforderlich, im Wege politischer Forderungen und politischer Außenwirkung auf ihre Wahl hinzuwirken. Sie sind zwar Teil der politischen Leitung mit weitreichenden administrativ-operativen Befugnissen, jedoch ist ihre Funktion in eben jener politischen Hinsicht sehr abhängig und unselbstständig. Ein eigener politischer Gestaltungsfreiraum besteht in keiner Hinsicht.

278 Die politischen Beamten sind damit ebenso wie die kommunalen Führungskräfte „lediglich" ausführende Unterstützungskräfte, derer sich die politischen Amtsträger bzw. politischen Organe zur Wahrnehmung ihres jeweiligen politischen Gestaltungsauftrags bedienen. Zwar haben einige der politischen Beamten eine etwas stärker ausgeprägte Repräsentationsfunktion. Jedoch beschränkt sich diese Repräsentation streng auf die Politik des jeweiligen politischen Vorgesetzten. Eine eigene politisch-gestalterische Betätigung findet im Amt nicht statt bzw. ist nicht vorgesehen. Eine Vergleichbarkeit mit den Hauptverwaltungsbeamten kann daher hinsichtlich der Grundfunktionen nicht hergestellt werden. Daher ist eine Übertragung des Kriteriums der funktionsbedingten Einschränkbarkeit der Neutralitätspflicht auf die politischen Beamten nicht tragfähig.

507 Als Beispiel für die Öffentlichkeitswirksamkeit mancher politischen Beamter und ihrer Betätigungsfelder lässt sich die sog. „Range-Affäre" um den Generalbundesanwalt a. D. Range heranziehen, siehe dazu http://www.sueddeutsche.de/politik/anzeigegegenblogger-skandalstueck-mit-vier-darstellern-1.2592126.

508 Vgl. hier erneut Kap. D.III.3.a.aa.(2).

509 Vgl. Kap. D.III.3.a.bb.

3. Aufgabenbezogene Einschränkung

Weiterhin wird im Bereich der Wahlbeamten eine Einschränkung ihrer politischen Neutralitätspflicht aufgrund ihrer spezifischen Aufgaben vorgenommen. Diese Einschränkung wird insbesondere im Bereich öffentlicher Äußerungen gesehen, die zulasten oder zugunsten anderer politischer Akteure getätigt werden. Denn Art. 28 Abs. 2 S. 1 GG i. V. m. der kommunalrechtlichen Organkompetenz der Wahlbeamten ermächtigt diese zu kommunalpolitischen Stellungnahmen, die auch wertenden Charakter haben dürfen.[510] Im Ergebnis der obigen Untersuchung wurde jedoch festgestellt, dass eine solche Einschränkung der politischen Neutralitätspflicht der Wahlbeamten nur unter zwei Voraussetzungen wirkt: 279

- Die öffentlichen Äußerungen haben einen örtlichen Bezug.
- Die Äußerungen sind sachlich und verhältnismäßig.

Problematisch ist hier insbesondere die Übertragung der Ermächtigung aus Art. 28 Abs. 2 S. 1 GG i. V. m. mit der kommunalverfassungsrechtlichen Organkompetenz auf die politischen Beamten. Die Funktion des in Art. 28 Abs. 2 S. 1 GG niedergeschriebenen Selbstverwaltungsrechts liegt vor allem in einer Dezentralisierung der Administration, was wiederum bedeutet, dass bestimmte – selbstgewählte – administrative Aufgaben von den Kommunen eigenverantwortlich wahrgenommen werden.[511] Die Kommunikation mit den Einwohnern – auch wenn diese nicht reziprok, sondern „einseitig" durch öffentliche Äußerungen erfolgt – ist eine solche Aufgabe, solange sie eine Angelegenheit der örtlichen Gemeinschaft i. S. d. der verfassungsrechtlichen Regelung betrifft. Eine direkte Übertragbarkeit dieses Grundsatzes auf die politischen Beamten scheitert bereits offensichtlich daran, dass diese nicht in Kommunalverwaltungen, sondern ausschließlich auf Bundes- und Landesebene zu finden sind. Dies ergibt sich bereits aus der gesetzlichen Formulierung „ein Amt bekleiden, bei dessen Ausübung sie in fortdauernder Übereinstimmung mit den grundsätzlichen politischen Ansichten und Zielen der Regierung stehen müssen".[512] Gemeint sind Bundesregierung und Landesregierungen. Eine Übertragung des gemeindlichen Selbstverwaltungsrechts aus Art. 28 Abs. 2 S. 1 GG auf die Bundes- oder Landesebene ist vor dem Hintergrund des diesem innewohnenden Dezentralisierungsgedankens undenkbar. 280

Fraglich ist daher, ob sich nicht aus anderen spezifischen Aufgaben der politischen Beamten eine Einschränkbarkeit der politischen Neutralitätspflicht herleiten lässt. So gehört zu den Aufgaben eines Staatssekretärs in einem Bundes- oder Landesministerium u. a. die Vertretung des Ministers bei anderen Behörden.[513] Bei entsprechenden „Unterkabinettskonferenzen"[514], in denen die Staatssekretäre untereinander verschiedenste Belange erörtern und jeweils Stellungnahmen zu Ansichten und Interessen ihres jeweiligen Ministeriums abgeben, geht es entsprechend auch um politische Themen und Fragestel- 281

510 Vgl. Kap. D.III.3.a.aa.(3).
511 Vgl. nur Mehde in: Maunz/Düring, GG, Art. 28 Abs. 2 Rn. 43; Hellermann in: BeckOK GG, Art. 28 Rn. 30.
512 § 30 Abs. 1 S. 1 BeamtStG.
513 Kugele, Der politische Beamte, S. 218.
514 Ebenda.

lungen. Jedoch ist hierbei zu beachten, dass dieses politische Betätigungsfeld der Beamten ausschließlich in der staatlichen Sphäre stattfindet. Da diese Arbeit interministeriell erfolgt und damit keine unmittelbare Außenwirkung entfaltet, besteht keine Notwendigkeit, die beamtenrechtliche Pflicht zur politischen Neutralität in irgendeiner Form einzuschränken. Damit ist eine Vertretung des Ministers nur in der Funktion als Leiter einer Bundesbehörde vorgesehen, also eine Vertretung „im Amt". Eine starke Parallele zu den allgemeinen Vertretern von Hauptverwaltungsbeamten ist hierbei erkennbar. Eine Vergleichbarkeit mit der Befugnis zu amtlichen Äußerungen, die den Hauptverwaltungsbeamten im Rahmen ihres Selbstverwaltungsrechts zukommt, kann hier nicht hergestellt werden. Nichts anderes ergibt sich aus der Aufgabe der Staatssekretäre, die Minister bei Kabinettssitzungen zu vertreten, an denen sie mit beratender Stimme teilnehmen. Zwar ist diese Vertretungsbefugnis durchaus politisch bedeutsam, da der Staatssekretär bei den Stellungnahmen im Namen seines Ministers seine eigene subjektive Interpretation von dessen Ansichten präsentieren kann und dabei auch auf eigene Gedanken und Argumente zurückgreifen kann.[515] Diese politische Bedeutung spielt sich jedoch wiederum nur im Kabinett ab. Eine Wirkung nach außen entfaltet sie nicht.

282 Einen besonderen Status im Bereich der Äußerungen an die Öffentlichkeit nehmen die Pressesprecher ein. Auf Bundesebene sowie in einigen Ländern haben die Pressesprecher der Regierungen den Status eines politischen Beamten.[516] Ihre Aufgabe besteht im Wesentlichen aus zwei Feldern. Zum einen müssen sie und der ihnen untergeordnete Apparat ihren jeweiligen Dienstvorgesetzten über alle wichtigen Nahrichten informieren, die in der Druckpresse, dem Fernsehen und den sozialen Medien zur Geltung kommen. Dazu kommen bedeutende Entwicklungen in der Fachliteratur einschließlich der für das jeweilige politische Betätigungsfeld relevanten Rechtsprechung.[517] So wird sichergestellt, dass der jeweilige politische Amtsträger über alle für ihn wichtigen Entwicklungen in der Gesellschaft im Bilde ist. Das andere Feld besteht in der Funktion des „Sprachrohrs" des politischen Amtsträgers oder Organs, dem er zugeordnet ist. Die Meinungsäußerung ist, wie die Freiheit dieser Äußerung, ein Grundpfeiler der Demokratie. Daher ist die Beteiligung am politischen Diskurs, einschließlich aller die Gesellschaft beschäftigenden Themen, Probleme und Herausforderungen, ein Grundelement politischen Handelns. Nicht zuletzt aus wahltaktischen Gründen ist es für politische Amtsträger daher wichtig, einen besonders guten Bezug zur Öffentlichkeit und damit auch einen guten Kontakt zur Presse zu haben.[518] Dieser Kontakt mit Öffentlichkeit und Presse wird von den politischen Amtsträgern teils höchstpersönlich in Form amtlicher Äußerungen auf den verschiedensten Kanälen wahrgenommen.[519]

283 Ein großer Teil dieser Kommunikation wird jedoch von den jeweiligen Pressesprechern wahrgenommen. Nach allem bisher Gesagten müsste nun für diese Pressesprecher mit

---

515 So Echtler, Der beamtete Staatssekretär, S. 147; dem zustimmend Kugele, Der politische Beamte, S. 220 f.

516 Vgl. hier erneut die Übersicht bei Lindner, ZBR 2011, 150 (153 f.).

517 Vgl. hierzu und zum Folgenden Kugele, Der politische Beamte, S. 257.

518 Vgl. ebenda.

519 Vgl. zu den jeweiligen Anforderungen an die Neutralität im Zusammenhang mit solchen Äußerungen die einzelnen Kapitel zu den konkreten Amtsträgergruppen.

dem Status eines politischen Beamten eine umfassende Pflicht zur politischen Neutralität angenommen werden. Dies würde jedoch dazu führen, dass das „Sprachrohr", dessen sich der politische Amtsträger zur Teilnahme am politischen Diskurs bedienen muss, da es für ihn schlichtweg unmöglich ist, diese Teilnahme in nötigem und angemessenem Umfang und Rahmen selbst zu bewältigen,[520] seine Ansichten, Stellungnahmen und Botschaften verzerrt übermittelt. Bei der Ausarbeitung aller Stellungnahmen müsste sich der Pressesprecher jedes Mal rückversichern, dass er seiner aus dem Beamtenrecht und den hergebrachten Grundsätzen abgeleiteten Pflicht zur politischen Neutralität nachkommt. Es würde ein unbilliger Dissens zu der Äußerungsbefugnis des jeweiligen politischen Amtsträgers entstehen. Daher muss an dieser Stelle eine aufgabenbezogene Einschränkung der politischen Neutralitätspflicht vorgenommen werden. Eine rein technische Betrachtung des Pressesprecheramtes könnte zwar zu dem Ergebnis führen, dass diese Einschränkung nicht notwendig sei, da der Sprecher im Sinne des „Sprachrohrs" ja nur den politischen Amtsträger wiedergebe, ohne auf den Inhalt des Geäußerten Einfluss zu nehmen. Eine solche Sichtweise würde jedoch offensichtlich an der Wirklichkeit vorbeigehen. Es ist keineswegs denkbar, dass der politische Amtsträger alle Verlautbarungen seines Sprechers inhaltlich selbst verfasst. Spätestens in solchen Pressekonferenzen, in denen Fragen zugelassen werden, muss der Sprecher selbst Antworten finden und formulieren und ist daher als geistiger Urheber der jeweiligen Äußerung anzusehen. Daher ist hier festzuhalten, dass die politische Neutralitätspflicht, die für politische Beamte grundsätzlich in vollem Umfang gilt, im Bereich der Pressesprecher einzuschränken ist.

Andere spezifische Aufgaben politischer Beamter, die sich einschränkend auf ihre Pflicht 284
zur politischen Neutralität auswirken könnten, sind insoweit nicht ersichtlich. Daher scheidet eine Vergleichbarkeit mit den kommunalen Wahlbeamten auch auf der Ebene der Aufgaben grundsätzlich aus. Nur für den spezifischen Kreis der Pressesprecher gilt eine Einschränkung, die sich ähnlich wie bei den kommunalen Wahlbeamten aus der Befugnis bzw. der Aufgabe ergibt, politische Äußerungen zu tätigen.

4. Sonderfall der Replik

Im Sonderfall der Replik ist es dem Hauptverwaltungsbeamten möglich, auf Angriffe po- 285
litischer Kontrahenten zu reagieren und hierbei entsprechend wertende Äußerungen zu deren Lasten zu tätigen. Diese Möglichkeit besteht sowohl im Hinblick auf Angriffe, die sich sowohl direkt gegen den Hauptverwaltungsbeamten selbst, als auch für solche, die sich gegen die kommunale Aufgabenerfüllung an sich bzw. die mit dieser jeweils betrauten Bediensteten richten. Insoweit wirkt diese „Reaktionsbefugnis" einschränkend auf die politische Neutralitätspflicht der Hauptverwaltungsbeamten.

[520] Die Vorgehensweise des amtierenden US-Präsidenten, der am Tag im Durchschnitt vier bis fünf Botschaften über den Messaging-Dienst „Twitter" veröffentlicht (alle Tweets sind einsehbar unter http://www.trumptwitterarchive.com/archive, abgerufen am 19.05.2017) mag vielleicht auf eine andere Entwicklung hindeuten. Da dieser jedoch aktuell weiterhin einen Pressesprecher beschäftigt, kann in dieser Hinsicht noch nicht von einem Paradigmenwechsel ausgegangen werden.

286 Die Funktion, die am häufigsten mit politischen Beamten besetzt wird, ist die des beamteten Staatssekretärs in den einzelnen Ministerien der Länder und des Bundes. Hier fungiert dieser als Amtschef und damit als Dienstvorgesetzter aller Ministeriumsmitarbeiter. Er hat somit für die Funktionsfähigkeit des gesamten Ministeriums zu sorgen und diese auch direkt zu verantworten. Um diese Funktionsfähigkeit herstellen zu können, hat er das Recht, sich über jede einzelne Angelegenheit quer über alle hierarchischen Stufen und inhaltlichen Felder hinweg informieren zu lassen. Entsprechend kann er sich in jeden Vorgang direkt einschalten und einzelne Weisungen erteilen.[521] Hierin ist durchaus eine Parallele zu den umfassenden Befugnissen des allgemeinen Vertreters des Hauptverwaltungsbeamten zu erkennen. Zwar ist der Staatssekretär nicht durch ein politisches Organ gewählt, was seine „Politiknähe" einerseits schmälert. Dies wird jedoch ausgeglichen durch seine Einbindung in politische Entscheidungsprozesse, z. B. durch die beratende Teilnahme an Kabinettssitzungen oder die Arbeit in den sog. „Unterkabinettskonferenzen", die zwar formal keine Befugnis zu politischen Entscheidungen haben, deren Tätigkeit sich jedoch dennoch auf die Entscheidungsprozesse auswirkt. Daher erscheint es als durchaus vertretbar, die politische Neutralitätspflicht für die Staatssekretäre im Sonderfall der Replik entsprechend einzuschränken. Ähnliches dürfte für politische Beamte mit besonderer Repräsentationsfunktion gelten, die selbstständige Dienststellen leiten, wie z. B. Polizeipräsidenten, Verfassungsschutzleiter u. Ä. Eine weitere Ausbreitung dieser Einschränkung auf politische Beamte untergeordneter Stellen, wie Hauptabteilungsleiter o. Ä., erscheint dagegen nicht mehr angemessen.

5. Ergebnis

287 Die These von Herrmann, die eingangs als Ansatz für die vorgenommene Vergleichsuntersuchung zugrunde gelegt wurde, lässt sich somit im Hinblick auf die Pflicht zur politisch neutralen Amtsführung nur ausnahmsweise stützen. Eine Vergleichbarkeit zwischen politischen Beamten und kommunalen Wahlbeamten im Amt eines Hauptverwaltungsbeamten ist, abgesehen von der speziellen Funktion des Pressesprechers und des Sonderfalls der Replik, insoweit nicht erkennbar. Einschränkungen, die auf die Neutralitätspflicht der Hauptverwaltungsbeamten aufgrund ihrer spezifischen politischen Funktion Wirkung entfalten, kommen bei den politischen Beamten nicht zum Tragen. Dagegen haben sich Parallelen zwischen den politischen Beamten und den weiteren kommunalen Wahlbeamten gezeigt. So sind die allgemeinen Vertreter der Hauptverwaltungsbeamten hinsichtlich Stellung, Funktion und Aufgaben den beamteten Staatssekretären in den Ministerien sehr ähnlich. Auch politische Beamte als Leiter selbstständiger Dienststellen lassen sich dieser Gruppe zuordnen. Sofern jedoch politische Beamte mit Ämtern auf untergeordneten hierarchischen Stufen betrachtet werden, so lassen sich diese wiederum eher mit den weiteren kommunalen Wahlbeamten auf Zeit vergleichen. Die hier gewonnenen Erkenntnisse unterstreichen die Ausführungen in Kap. D.II.3.a, wonach die politische Neutralitätspflicht bei den politischen Beamten dem Grunde nach

[521] Zu den weiterreichenden Befugnissen des Staatssekretärs vgl. Echtler, Der beamtete Staatssekretär, S. 121–124; dem zustimmend Kugele, Der politische Beamte, S. 216.

in vollem Umfang gilt, und Kap. D.III.3.a, wonach sie bei den Hauptverwaltungsbeamten starken Einschränkungen unterliegen kann. Aufgrund ihrer politischen Leitungs- und Gestaltungfunktionen muss den Hauptverwaltungsbeamten ein weiterer Spielraum bei politischen Äußerungen und der politischen Kommunikation im Allgemeinen eingeräumt werden. Dieser Umstand wird später im Rahmen der Untersuchung konkreter Anwendungsfälle in Kap. F zu beachten sein.

II. DIE POLITISCHEN BEAMTEN UND DIE AMTSTRÄGER IM ÖFFENTLICH-RECHTLICHEN AMTSVERHÄLTNIS

Der zweite Abschnitt dieses Vergleichskapitels soll sich beschäftigen mit den Staatsdie- 288
nern mit der Eigenschaft eines politischen Beamten einerseits und den Amtsträgern, die in einem öffentlich-rechtlichen Amtsverhältnis stehen andererseits. Bevor der eigentliche Vergleich erfolgt, gilt es jedoch zunächst zu klären, ob innerhalb der Vergleichsgruppe der „Regierungsmitglieder" noch weiterer Differenzierungsbedarf besteht.

1. Differenzierung innerhalb des öffentlich-rechtlichen Amtsverhältnisses

Zunächst ist jedoch zu klären, welche Amtsträger aus dem öffentlich-rechtlichen Amtsver- 289
hältnis genau bei dieser Vergleichsuntersuchung zu berücksichtigen sind. Offensichtlich ist hierbei zunächst, dass der Bundespräsident mit seiner Sonderstellung aus diesem Vergleich herausfällt. Fraglich ist jedoch, wie mit dem Bereich der Regierungen zu verfahren ist. Wie bereits zuvor festgestellt, treffen weder die Rechtsprechung noch die Literatur im Bereich der Bundes- bzw. Landesregierungen bezüglich der Anforderungen an die politische Neutralitätspflicht irgendwelche Differenzierungen zwischen den Regierungschefs einerseits und den „übrigen" Regierungsmitgliedern – Ministern und Senatoren – andererseits. Fraglich ist, ob ein solches Vorgehen tatsächlich geboten ist.

Für die Notwendigkeit einer solchen Differenzierung spricht zunächst die Richtlinien- 290
kompetenz der Regierungschefs. Denn sie verleiht diesen eine besonders herausgehobene Stellung. Unter dieser Richtlinienkompetenz wird v. a. die Staatsleitung verstanden.[522] Diese wiederum bedeute die „schöpferische Entscheidung über die das staatliche Ganze berührenden Ziele und die Erringung und Ausübung sozialer Macht zu ihrer Durchsetzung".[523] Daher hat der Regierungschef die für den Bund bzw. das jeweilige Land notwendigen grundlegenden, staatsrichtungsbestimmenden Gestaltungsentscheidungen zu treffen[524] und

522 So z. B. Hermes in: Dreier, GG, Art. 65 Rn. 18; ähnlich Schröder in: v. Mangoldt/Klein/Stark, GG, Art. 65 Rn. 14; ebenso Epping in: BeckOK GG, Art. 62 Rn. 18.

523 Scheuner in: ders., Staatstheorie und Staatsrecht, 455 (472).

524 So für den Bund Junker, Richtlinienkompetenz des Bundeskanzlers, S. 55.

damit allgemeine, ausfüllungsbedürftige Grundsätze politischen Handelns zu definieren[525]. Dieser weitreichende Unterschied in den politischen Befugnissen und Gestaltungsrechten spricht durchaus für die Notwendigkeit einer Differenzierung bei der Bestimmung von Umfang und Reichweite der politischen Neutralitätspflicht i. R. d. Amtsführung.

291 Ein weiterer gewichtiger Unterschied zwischen den beiden betrachteten Typen von Regierungsmitgliedern liegt in der Art. wie diese jeweils in ihr Amt gelangen bzw. aus diesem ausscheiden. Denn sowohl auf Bundes- als auch auf Länderebene werden die Regierungschefs ausschließlich von den jeweiligen Parlamenten gewählt und gleichzeitig mit der Regierungsbildung beauftragt.[526] Die Einsetzung der Minister und Senatoren erfolgt dagegen jeweils immer durch Ernennung. Über die Frage, wer zum Minister oder Senator ernannt wird, entscheidet grundsätzlich der Regierungschef. Natürlich ist diese Entscheidungsbefugnis im Einzelfall durch Koalitionsverträge oder andere Vereinbarungen und politische Erwägungen und Notwendigkeiten – Frauenanteil, Länder- bzw. Regionalrepräsentanz u. Ä. – determiniert. Der Grundunterschied zwischen Wahl und Ernennung bleibt jedoch bestehen. Dieser Unterschied hat in Bezug auf die untersuchte politische Neutralitätspflicht verschiedene Folgen. Zum einen ist der Regierungschef, was den „Fortbestand" seiner eigenen Amtstätigkeit angeht, nicht so abhängig wie die übrigen Regierungsmitglieder. Denn entsprechend den vorstehenden Ausführungen ist es einem Regierungschef grundsätzlich faktisch jederzeit möglich, seine Minister bzw. Senatoren auszutauschen, unabhängig davon, ob der Grund dafür in persönlichen Differenzen, inhaltlichen Meinungsverschiedenheiten, einer mangelhaften Aufgabenerfüllung im Geschäftsbereich des Ministers oder dessen persönlichen dienstlichen oder außerdienstlichen Verfehlungen liegt. Das Zitat „Ein Minister ist ein Staatsdiener mit eintägiger Kündigungsfrist"[527] bringt diesen Zusammenhang mehr als deutlich auf den Punkt. So „prekär" ist es um die Amtszeit der Regierungschefs nicht bestellt. Unfreiwillig kann sein Amt nur durch ein Misstrauensvotum enden.[528] „Gezwungen freiwillig" ist dies ansonsten auch durch die Vertrauensfrage möglich, wenn ihm durch die Mehrheit des Parlaments nicht mehr das Vertrauen ausgesprochen wird. Offensichtlich ist, dass die Hürden für eine Amtsenthebung bei den Regierungschefs – berechtigterweise – wesentlich höher sind als bei den übrigen Regierungsmitgliedern. Daher ist Ersterer weit weniger abhängig von anderen Amtsträgern und kann seine Amtsführung somit wesentlich freier und unabhängiger gestalten. Gerade eine solche Unabhängigkeit ist Garant für die Möglichkeit einer politisch neutralen Amtsführung.[529]

292 Jedoch wirkt der Umstand der Amtserlangung – und des Amtsverlustes – durch Wahl bzw. Abstimmung in Bezug auf die Pflicht zur Neutralität auch andersherum. Denn während die stärkere persönliche Unabhängigkeit während der Amtszeit den Regierungschefs einerseits

[525] Uhle/Müller-Franken in: Schmidt-Bleibtreu/Hofmann/Henneke, GG, Art. 65 Rn. 12.

[526] Dies ergibt sich bereits aus Art. 64 GG. Siehe auch Epping in: BeckOK GG, Art. 62 Rn. 18.

[527] Georg Leber, SPD, Bundesminister für Verkehr (1966–1972), für das Post- und Fernmeldewesen (1969–1972) und für Verteidigung (1972–1978).

[528] Die Modalitäten zu den Misstrauensvoten variieren. So sind für den Bund und für einige Länder wie etwa Baden-Württemberg oder Brandenburg für den „Sturz" Regierungschefs ausschließlich konstruktive Misstrauensvoten vorgesehen. Andere Länder wie Berlin oder Hessen kennen dagegen auch destruktive Misstrauensvoten.

[529] Vgl. hierzu Kap. D.II.3.b und c.

eine entsprechend unabhängige Amtsführung ermöglicht, bewirkt der Umstand, dass sie durch Wahlen ins Amt gelangen, gleichzeitig auch, dass sie sich doch stark von politischen Erwägungen leiten lassen müssen. Gerade im Rahmen der Interaktion mit der Öffentlichkeit bzw. bei öffentlichkeitswirksamen Entscheidungen und Maßnahmen ist die Unabhängigkeit der Regierungschefs durchaus eingeschränkt. Denn sie sind die maßgeblichen Identifikationsfiguren für die Regierungspolitik. Gleichzeitig ist ihre Amtsführung – wie es sich aus dem Wesen der Demokratie ergibt – grundsätzlich immer darauf ausgerichtet, die Zustimmung des Wahlvolks zu finden.[530] Logisch und nachvollziehbar ist dabei immer das Bestreben, wiedergewählt zu werden bzw. der eigenen politischen Couleur eine günstige Ausgangssituation für die nächsten Wahlen zu verschaffen.[531] Dieses nachvollziehbare Bestreben erschwert ein politisch neutrales Handeln in diesem öffentlichkeitswirksamen Bereich der Amtsführung ungemein. Somit ist in Bezug auf den Unterschied zwischen den beiden Typen von Regierungsmitgliedern, der sich auf die Art der Amtserlangung bezieht, festzustellen, dass dieser Unterschied zum einen die Annahme einer schärferen politischen Neutralitätspflicht bei den Regierungschefs stützt, zum anderen aber gleichzeitig eine Abhängigkeit vom Wahlvolk aufzeigt, die wiederum einer verschärften Neutralitätspflicht entgegensteht. Da diese Punkte jeweils in die entgegengesetzte Richtung wirken, ist in der (Ab-)Wählbarkeit der Regierungschefs per se kein Kriterium zu sehen, das ihre Neutralitätspflicht gegenüber den übrigen Kabinettsmitgliedern erheblich abschwächt oder verschärft. Das einzige Kriterium, das abschwächend wirkt, ist demnach ihre aus der Richtlinienkompetenz folgende größere politische Gestaltungskraft.

Gegen eine Differenzierung zwischen den beiden Typen spricht weiterhin der Umstand, 293
dass die Pflicht dieser Amtsträger zur politisch neutralen Amtsführung sich auf allgemein geltende Grundsätze stützt. So haben alle Amtsträger im Staatsdienst, völlig unabhängig von der Rechtsform, in der sie sich befinden, das Demokratieprinzip, die Chancengleichheit der Parteien und selbstverständlich auch die Grundrechte zu achten und zu wahren.[532] Wenn nun in Bezug auf diese Grundkriterien schon nicht zwischen den verschiedenen Rechtsformen des öffentlichen Dienstes differenziert wird, erscheint eine entsprechende Differenzierung a maiore ad minus erst recht unlogisch innerhalb ein und derselben Rechtsform, hier dem öffentlich-rechtlichen Amtsverhältnis. Davon scheint auch die Rechtsprechung auszugehen, die diese Grundkriterien bei ihren Entscheidungen über die Verletzung der Neutralitätspflicht zugrunde legt.[533]

---

[530] Dies bedeutet zwar nicht, dass Regierungen nie eine Politik betreiben würden, die unbeliebt beim Volk ist. Ein Beispiel für eine solche Politik ist die Agenda 2010, die in den Jahren 2003 bis 2005 von der Bundesregierung umgesetzt wurde. Diese Politik, deren Wirksamkeit nach wie vor umstritten ist (vgl. dazu ausführlich Hegelich/Knollmann/Kuhlmann, Agenda 2010) führte zu großer Unzufriedenheit mit der Regierungspolitik, die schließlich in einer Auflösung des Bundestags nach dem negativen Ausgang der Vertrauensfrage vom 01.07.2005 gipfelte. Dieses Beispiel zeigt aber deutlich, wie sehr die Regierungen von der Zustimmung des Wahlvolks abhängig sind, und macht das Bestreben, stets eine solche Zustimmung zu erhalten, nachvollziehbar.

[531] Vgl. zur Problematik der Wiederwahlbestrebungen auch ausführlich Kap. D.III.3.a.aa.(2) (Wahlbeamte) mit entsprechenden Verweisen auf ähnliche Ansätze in der Literatur.

[532] Ausführlich zu diesen Grundkriterien, die eine politische Neutralitätspflicht begründen, siehe Kap. C.II.

[533] Vgl. hierzu ausführlich Kap. C.II.

294 In diesem Zusammenhang sind auch die Rechtsvorschriften zu beachten, die die Rechte und Pflichten der Regierungsmitglieder regeln. Auf Bundesebene ist dies das Bundesministergesetz (BMinG), auf Landesebene die entsprechenden landesrechtlichen Regelungen.[534] Zum einen fällt hierbei auf, dass diese die Grundpflichten der Regierungsmitglieder regelnden Gesetze keine spezifischen Regelungen zu einer etwaigen politischen Neutralitätspflicht i. R. d. Amtsführung enthalten. Diese Regelungslücke betrifft dabei aufgrund der einheitlichen Regelungssystematik die Regierungschefs und die übrigen Regierungsmitglieder gleichermaßen. Eben diese einheitliche Regelungssystematik spricht daher gegen die Notwendigkeit einer Differenzierung bei der – in diesen Vorschriften nicht näher geregelten – politischen Neutralitätspflicht.

295 Insgesamt ist damit festzuhalten, dass lediglich die Richtlinienkompetenz der Regierungschefs, die diesen weitreichende politisch-gestalterische Befugnisse einräumt, für die Notwendigkeit der hier erörterten Differenzierung spricht. Dagegen deuten die jeweils einheitlich für alle Regierungsmitglieder geltenden Rechtsvorschriften, die keine konkreten Regelungen zur Neutralitätspflicht enthalten, und die grundsätzlich für alle Arten von Amtsträgern geltenden Grundelemente der politischen Neutralitätspflicht darauf hin, dass eine solche Unterscheidung nicht geboten ist. Gerade die für alle gleich geltenden Grundelemente und die einheitlichen Rechtsvorschriften zeigen auf, dass eine Differenzierung bei Umfang und Reichweite der Neutralitätspflicht nicht geboten ist.

2. Gemeinsamkeiten zwischen den Vergleichsgruppen

296 Auf den ersten Blick erscheint ein Vergleich von politischen Beamten und Regierungsmitgliedern wenig zielführend, haben die bisherigen Ausführungen doch ergeben, dass die politischen Beamten immer in einem absoluten Abhängigkeitsverhältnis zur Bundes- oder jeweiligen Landesregierung bzw. dem entsprechenden Minister stehen. Daraus folgt für die vorliegende Vergleichsuntersuchung, dass die erste Vergleichsgruppe von der zweiten abhängt. Ein solcher Unterschied der Stellungen spricht per se stark gegen eine Vergleichbarkeit im Hinblick auf die Pflicht zur politischen Neutralität. Dies wird grundsätzlich auch durch die bisherigen Untersuchungen bestätigt, aus denen hervorging, dass die Neutralitätspflicht von Amtsträgern im öffentlich-rechtlichen Amtsverhältnis durchaus eingeschränkt sein kann, während sie bei den politischen Beamten grundsätzlich in vollem Umfang gilt.

297 Dennoch lassen sich bei näherer Betrachtung einige Gemeinsamkeiten zwischen den beiden hier betrachteten Gruppen finden, die einige vergleichende Überlegungen durchaus rechtfertigen. Teils werden solche Gemeinsamkeiten fälschlicherweise angenommen, wie etwa in einem Online-Rechtslexikon bzw. dessen Erklärung des Begriffs „Beamter": „An der Spitze [der Behörde] stehen jeweils politische Beamte (Minister, Staatssekretäre, Ministerialdirigenten und -direktoren), die bei einer Änderung der politischen Mehrheiten entwe-

[534] So wie etwa das MinG ND (Nds.), das BbGMinG, das MinG SH, das bayerische Gesetz über die Rechtsverhältnisse der Mitglieder der Staatsregierung (keine amtl. Abkürzung vorhanden), das SächsMinG, das MinG BW, das SenG (Berlin) oder das SenatsG HH.

der ganz ausscheiden oder in den einstweiligen Ruhestand versetzt werden. Ihre Ämter sind stark parteipolitisch beeinflußt."[535] Offensichtlich geht diese Erklärung davon aus, dass zwischen politischen Beamten in den Ämtern von Staatssekretären, Ministerialdirektoren und -dirigenten einerseits und den Ministern andererseits kein Unterschied besteht, da beide Gruppen „an der Spitze" stünden. Zurückgeführt wird dies wohl auf den Umstand, dass Änderungen politischer Mehrheiten dazu führten, dass diese „Spitzenamtsträger" aus ihren Ämtern ausscheiden. Trotz der offensichtlichen inhaltlichen Fehlerhaftigkeit dieser Erläuterung, denn zweifelsohne sind Minister keine politischen Beamten, bietet sie einen argumentativen Ansatz für die Annahme einer Gemeinsamkeit zwischen den politischen Beamten einerseits und den Regierungsmitgliedern andererseits. Dieser besteht darin, dass beide Amtsträgergruppen ihre Amtszeiten im Wesentlichen an Legislaturperioden gekoppelt sehen. Denn es liegt in der Natur der Sache, dass die Amtszeit der Kabinettsmitglieder an das Bestehen des jeweiligen Kabinetts gekoppelt ist. Und auch im Bereich der politischen Beamten ergibt sich häufig ein Personalwechsel, der mit Mehrheitenwechsel bzw. Regierungswechsel einhergeht. Betrachtet man die Definition des politischen Beamten, die in dem Ansatz besteht, dass dieser stets mit den politischen Ansichten und Zielen der Regierung übereinstimmen muss, so ist eine solche Akzessorietät der Amtszeiten in der Tat logisch. Denn ein Wechsel der politischen Mehrheiten bzw. ein Regierungswechsel bedeutet nahezu immer auch einen Wechsel politischer Ansichten und Ziele in der politischen Führung. Sofern jedoch bei den politischen Beamten eine Übereinstimmung mit der bisherigen politischen Führung vorhanden war, kann diese logischerweise in Bezug auf die neue politische Leitung nicht mehr bestehen.

Eine weitere Gemeinsamkeit von politischen Beamten und Regierungsmitgliedern besteht 298
darin, dass sie zu hundert Prozent von – anderen – politischen Amtsträgern oder Organen abhängen. Beim politischen Beamten folgt diese Abhängigkeit aus der Regelung des § 30 Abs. 1 S. 1 BeamtStG.[536] Danach bekleidet er ein Amt, bei dem er in fortdauernder Übereinstimmung mit den Ansichten und Zielen der jeweiligen Regierung stehen muss. Der Begriff der Regierung ist hier jedoch weit auszulegen. Darunter fallen auch Verfassungsorgane, denen der politische Beamte unterstellt ist,[537] aber auch Teile von Verfassungsorganen wie etwa Bundes- oder Landesminister. Daher können auch „atmosphärische Störungen zwischen Beamten und Minister" genügen, um eine Versetzung in den einstweiligen Ruhestand zu rechtfertigen.[538] Die Minister sind ihrerseits vollständig vom Vertrauen des jeweiligen Regierungschefs abhängig.[539] Zwar leiten die Minister ihre Geschäftsbereiche entsprechend dem Ressortprinzip selbstständig. Eine Entlassung des Ministers ist jedoch jederzeit möglich.[540] Die Regierungschefs schließlich hängen vom Vertrauen des jeweiligen Parlaments ab, das sie gewählt hat.

---

535 http://www.rechtslexikon.net/d/beamte/beamte.htm, abgerufen am 24.05.2017.

536 Zur Anwendbarkeit der Regelung auf alle Arten von politischen Beamten vgl. Kap. D.II.1.

537 BVerwGE 115, 89 (95), das die Übereinstimmung eines Landesparlamentsdirektors mit dem Landesparlament bzw. dessen gewählten Präsidenten für notwendig hält.

538 Battis, BBG, § 54 Rn. 9 m. w. N.

539 Vgl. hierzu oben Kap. D. I.2.c

540 Bzgl. der Bundesebene vgl. Herzog in: Maunz/Dürig, GG, Art. 64 Rn. 49. Auf Landesebene besteht ein ähnliches Verhältnis zwischen den Ministern und den jeweiligen Regierungschefs.

299 Weiterhin ist den beiden betrachteten Gruppen gemein, dass sie nicht direkt vom Volk gewählt werden. Bei den Regierungschefs erfolgt die Wahl durch das jeweilige Parlament, die übrigen Kabinettsmitglieder gelangen durch Ernennung ins Amt. Damit stehen sie in einem besonderen Gegensatz zu den Hauptverwaltungsbeamten. Besonders bei Letzteren lag eines der gewichtigsten Argumente für die Einschränkung ihrer Neutralitätspflicht darin, dass ihre Amtsführung durch die Wahl bzw. das Anstreben der Wiederwahl einer ganz besonderen Politisierung unterliegt, die sich nur sehr schwer mit einer politischen Neutralitätspflicht verbinden lässt. Dieses spezielle Argument kann nun also weder für die politischen Beamten noch für die Minister gelten.

3. Unterschiede

300 Dennoch ergab die Untersuchung in Kap. D. I.2, die sich auf das bisher vorhandene Meinungsspektrum bezieht, dass die politische Neutralitätspflicht von Kabinettsmitgliedern unter bestimmten Voraussetzungen durchaus nur eingeschränkt besteht. Unter Einhaltung der genannten Voraussetzungen ist es für Kabinettsmitglieder daher möglich, sich öffentlich und in amtlicher Funktion zugunsten bzw. zulasten anderer politischer Akteure zu äußern. Fraglich ist daher, ob in der Annahme einer solchen Einschränkung der Neutralitätspflicht bei Kabinettsmitgliedern unter der gleichzeitigen Ablehnung einer solchen Einschränkung bei den politischen Beamten vor dem Hintergrund der aufgezeigten Ähnlichkeiten zwischen diesen beiden Gruppen von Staatsdienern ein Wertungswiderspruch zu sehen ist.

a) Unterscheidung nach Amtszeit

301 Gegen die Annahme eines solchen Widerspruchs lässt sich zunächst anführen, dass entgegen der Angabe des zitierten Rechtslexikons die Amtszeit der politischen Beamten im Gegensatz zu den Ministern statusrechtlich nicht an das Bestehen einer bestimmten politischen Mehrheit gekoppelt ist. Denn auch Beamte mit der besonderen Stellung eines politischen Beamten sind aus statusrechtlicher Sicht Berufsbeamte auf Lebenszeit. Rein rechtlich ist damit die angenommene Gemeinsamkeit nicht vorhanden. Faktisch sieht es jedoch etwas anders aus. Tatsächlich ist es so, dass Regierungswechsel im Bereich der „Führungsetagen" von Ministerien und anderen obersten Bundes- und Landesbehörden, vor allem im Bereich der politischen Beamten, zu sehr großen Personalrotationen führen. So wird in diesen Phasen ganz besonders rege von der Möglichkeit der Versetzung in den Ruhestand bei fehlender Übereinstimmung mit der Regierung Gebrauch gemacht.[541] Daraus folgt wiederum, dass das Ende der Amtszeit der politischen Beamten in ihrer konkreten Funktion i. d. R. spätestens an das Ende der Amtszeit der jeweiligen Regierung gekoppelt ist. Damit besteht auch eine Akzessorietät an die Amtszeit des jeweiligen Ministers. Jedoch ist ein Regierungswechsel nicht einmal unbedingt notwendig. Auch bei einem Ministerwechsel im Rahmen derselben Regierung bzw. Regierungskoalition ist es nicht unüblich, dass der neue Minister seinen

[541] Vgl. hierzu Kap. D.II.5.c.

eigenen Staatssekretär ernennt.[542] Schließlich deuten konkrete Personalstatistiken sogar darauf hin, dass die Verweildauern von Staatssekretären insgesamt weit unter denen der Regierungen und einzelnen Ministern liegen.[543] Daraus lässt sich folgern, die politisch bedingte Fluktuation der politischen Beamten im Vergleich zu den Ministern keine ähnliche, sondern eine noch viel mehr ausgeprägte ist. Diese Vergänglichkeit macht die Befolgung eines politischen Neutralitätsgebots äußerst schwierig, wird diese Befolgung doch eigentlich vor allem durch die lebenslange Anstellung abgesichert. Somit spricht der Ansatz über die Amtszeit eher für als gegen eine Vergleichbarkeit zwischen politischen Beamten und Ministern, was wiederum erneut auf den besagten Wertungswiderspruch hindeutet.

b) Unterscheidung nach gesetzlichen Pflichten

Gegen die Annahme eines solchen Widerspruchs spricht jedoch der Umstand, dass für die politischen Beamten im Gegensatz zu den im öffentlich-rechtlichen Amtsverhältnis stehenden Ministern Pflichten gelten, die sich aus den beamtenrechtlichen Bestimmungen und den hergebrachten Grundsätzen des Berufsbeamtentums ergeben. Zu diesen Pflichten zählt u. a. das Gebot der politisch neutralen Amtsführung. Schon die Urfassung des Reichsministergesetzes von 1930 bestimmte in § 1 Abs. 2, dass sämtliche beamtenrechtlichen Vorschriften auf Reichskanzler und Reichsminister keine Anwendung finden sollten. Dies wurde so auch im Bundesministergesetz von 1952 fortgeführt. Zwar gab es nun nicht mehr eine explizite Regelung, wie es bei § 1 Abs. 2 des Reichsministergesetzes der Fall war. Jedoch bestimmte das Bundesministergesetz an einzelnen Stellen,[544] wann beamtenrechtliche Vorschriften auch für Minister gelten, woraus e silentio zu folgern ist, dass das Beamtenrecht ansonsten keine Wirkung entfalten sollte. Diese klare „Herausnahme" der Kabinettsmitglieder aus dem Bereich der Beamten deutet stark darauf hin, dass auch die hergebrachten Grundsätze des Berufsbeamtentums auf diese keine Wirkung mehr entfalten sollten.[545] Damit wird die Geltung der Pflicht zur politischen Neutralität für politische Beamte stark durch die entsprechenden beamtenrechtlichen Vorschriften und die hergebrachten Grundsätze des Berufsbeamtentums gestützt, während bei den Ministern eine solche „Stütze" nicht vorhanden ist. Hierin liegt ein relevanter Unterschied zwischen den betrachteten Gruppen. 302

c) Ressortprinzip als Unterscheidungskriterium

Ein weiterer Unterschied zwischen den beiden untersuchten Gruppen könnte in dem für die Minister geltenden Ressortprinzip aus Art. 65 S. 2 GG bzw. den entsprechenden landes- 303

[542] So z. B. im Bundesverteidigungsministerium im Jahr 2014, siehe http://www.faz.net/aktuell/politik/verteidigungsministerium-von-der-leyen-entlaesst-staatssekretaer-beemelmans-12811277.html, abgerufen am 24.05.2017.

[543] Vgl. erneut Bogumil/Jann, Verwaltung und Verwaltungswissenschaft, S. 163; BT-Drucksache 15/5435, S. 2.

[544] So etwa in § 10 Abs. 1 Buchst. a oder § 12 Abs. 2.

[545] So zu verstehen auch BT-Drs. 1/3551, S. 6; siehe auch Hofmann, ZTR 1992, 362 (365) und Frenzel, ZBR 2008, 243 (244).

verfassungsrechtlichen Regelungen[546] bestehen. Danach leitet der Minister bzw. Senator innerhalb der Richtlinien seines Regierungschefs seinen Geschäftsbereich selbstständig und in eigener Verantwortung. Unter diesem Prinzip wird vor allem die Letztentscheidungskompetenz des Ministers in allen Sach-, Organisations-, Personal- und Haushaltsfragen verstanden.[547] Hierbei ist zunächst die Richtlinienkompetenz des Regierungschefs zu beachten. Diese ist von den Ministern und Senatoren zwingend zu beachten und zu verwirklichen. So schreibt z. B. § 1 Abs. 1 S. 3 GO BReg vor, dass bei Zweifeln in Bezug auf die Richtlinienkonformität des ministeriellen Handelns die Entscheidung des Bundeskanzlers einzuholen ist. Des Weiteren hat der Bundeskanzler nach § 1 Abs. 2 GO BReg das Recht und sogar die Pflicht, auf die Durchführung seiner Richtlinien zu achten. Daraus ergibt sich, dass die Richtlinienkompetenz der Regierungschefs grundsätzlich dazu geeignet ist, die Befugnisse der einzelnen Minister und Senatoren in ihren Ressorts zu determinieren.[548] Eine solche Determinierung der Ressortkompetenz könnte gegen deren unterscheidende Wirkung in Bezug auf die beiden untersuchten Amtsträgergruppen und ihre jeweilige politische Neutralitätspflicht hindeuten.

304 Diese Determinierung ist jedoch nur sehr allgemeiner Natur, was sich bereits aus dem Begriff der Richtlinienkompetenz ergibt. Daraus folgt, dass der Regierungschef nur die allgemeine politische Richtung vorgibt. Einzelne Maßnahmen, Kampagnen oder auch allgemeinere Strategien sind dagegen Sache des Ministers. Dem Regierungschef steht nach überwiegender Ansicht bei diesen Maßnahmen kein Selbsteintritts- bzw. Durchgriffsrecht zu.[549] Hierin liegt ein entscheidender Unterschied zwischen dem Verhältnis Regierungschef–Minister und dem Verhältnis Minister–Politischer Beamter (Staatssekretär). Denn im Letzteren besteht ein solcher Schutz des Staatssekretärs vor einem Selbsteintritt oder Durchgriff des Ministers in einzelne Vorgänge und Maßnahmen nicht.

305 Gegen das Ressortprinzip als Unterscheidungskriterium könnte jedoch der Ansatz sprechen, der davon ausgeht, dass ein Kabinettsmitglied als „Gelenk- und Schaltstelle zwischen Politik und Verwaltung“[550] agiert. Dieser Ansatz basiert auf der Doppelrolle eines Kabinettsmitglieds, die sich aus den beiden Funktionen des Politikers als Mitglied des politischen Organs der Regierung einerseits und des Leiters einer obersten Bundesbehörde andererseits zusammensetzt.[551] Diese Qualifizierung als Gelenk- und Schaltstelle zwischen Politik und Verwaltung erinnert stark an die Transformationsfunktion der politischen Beamten, aus

546 So z. B. Art. 37 Abs. 1 S. 2 Nieders. Verf.; Art. 51 Abs. 1 Bayer. Verf.; Art. 48 Abs. 1 S. 4 Verf. BW; Art. 120 S. 1, 2 BremVerf; Art. 36 Abs. 2 Verf SH.

547 Epping in: BeckOK GG, Art. 65 Rn. 6; ähnlich, aber ausführlicher Herzog in: Maunz/Dürig, GG, Art. 65 Rn. 57 ff.; auf Landesebene siehe z. B. für Nds. Hageböllig in: PdK Nds; NV, Art. 37 S. 151.

548 So auch deutlich Sachs, GG, Art. 65 Rn. 24; vgl. auch erneut Epping in: BeckOK GG, Art. 65 Rn. 6.

549 Vgl. Mager in: v. Münch/Kunig, GG, Art. 65 Rn. 11; Hermes in: Dreier, GG, Art. 65 Rn. 31; Epping in: BeckOK GG, Art. 65 Rn. 6; Detterbeck, HdbStR, Bd. III, § 66 Rn. 19; ähnlich auch Oldiges in Sachs, GG, Art. 65 Rn. 25, der vom „Evokationsrecht“ des Bundeskanzlers spricht.

550 Schneider in: AK-GG, Band II, Art. 65 Rn. 7; Schröder in: v. Mangoldt/Klein/Starck, GG, Art. 65 Rn. 29; Stern, Staatsrecht II, § 31 II 4 c ß.

551 So zu verstehen Oldiges in: Sachs, GG, Art. 65 Rn. 19; deutlicher Hermes in: Dreier, GG, Art. 62 Rn. 19; ebenso deutlich Herzog in: Maunz/Dürig, GG, Art. 65 Rn. 58.

der ebenso eine „Nahtstellenfunktion" zwischen Politik und Verwaltung gefolgert wird.[552] Diese Ähnlichkeit spricht wiederum gegen eine Unterscheidung von Kabinettsmitgliedern und politischen Beamten bei der Neutralitätspflicht.

Bei näherer Betrachtung wird jedoch deutlich, dass diese Ähnlichkeit nicht inhaltlich- 306
substanzieller Natur ist. Denn in ihren einzelnen Wirkungsbereichen unterscheiden sich die Minister von den politischen Beamten stark. Zwar fungieren beide Gruppen als Leiter der Ministerien, die als oberste Bundesbehörden einerseits und als einem Regierungsorgan unterstellte Geschäftsstelle andererseits[553] anzusehen sind. Dennoch ist die Prägung der beiden Ämter sehr unterschiedlich. Denn der Minister hat einen politischen Gestaltungsauftrag, was bereits aus seiner Mitgliedschaft im Kabinett folgt. Die politischen Positionen und die daraus folgenden Ziele bringt er in sein Ministerium ein. Unterstrichen wird diese überwiegend politische Prägung seines Amtes z. B. durch die wichtige Rolle im Rahmen der Gesetzgebung, etwa durch die Gegenzeichnung von Gesetzen, die den eigenen Geschäftsbereich betreffen.[554] Noch deutlicher wird diese Rolle durch die Verordnungskompetenz aus Art. 80 Abs. 1 S. 1 GG. Hierdurch wird dem Amt des Ministers die überragend wichtige Aufgabe der Rechtsetzung zugeordnet. Zwar erfolgt die inhaltliche Ausarbeitung der Verordnungen in den Fachabteilungen des Ministeriums immer unter der Gesamtleitung eines politischen Beamten. Dennoch orientiert sich diese Ausgestaltung an den politischen Ansichten und Zielsetzungen der Regierung bzw. des Ministers. Diesem kommt die politische Gestaltungsmacht zu. Besiegelt wird der sich aus dem Ressortprinzip ergebende Unterschied zwischen Ministern und politischen Beamten durch die Modalitäten, die die Vertretung des Ministers betreffen. Denn während die Vertretung für den „gubernativen Verwaltungsteil" des Ministeramtes den politischen Beamten obliegt, erfolgt die Vertretung im politischen Organ Kabinett immer durch andere Kabinettsmitglieder.[555] Daraus folgt eine eindeutige Abtrennung der politischen Beamten von den originär politischen Tätigkeitsfeldern der Minister. Somit ist in Bezug auf das Ressortprinzip insgesamt zu schlussfolgern, dass dieses für eine Unterscheidung der politischen Beamten von den Ministern und damit gegen den zur Diskussion stehenden Wertungswiderspruch hinsichtlich der Pflicht zur politischen Neutralität spricht.

---

552 Vgl. hierzu ausführlicher oben Kap. D.II.2.

553 In diese Richtung Oldiges in: Sachs, GG, Art. 65 Rn. 19.

554 Mager in: v. Münch/Kunig, GG, Art. 65 Rn. 19 bezugnehmend auf Art. 82 Abs. 1 S. 1 GG und § 29 Abs. 1 GO BReg.

555 Für den Bereich des Bundes: Epping in: BeckOK GG, Art. 62 Rn. 27–29; Herzog in: Maunz/Dürig, GG, Art. 62 Rn. 42–44; Kugele, Der politische Beamte, S. 220. Der bundesrechtliche Grundsatz, dass nur Regierungsmitglieder einander im Kabinett vertreten können, muss auch übertragen werden auf Landesebene. Zur Zusammensetzung der Regierung aus Ministerpräsidenten und Ministern bzw. Erstem oder Regierendem Bürgermeister und Senatoren vgl. z. B. Art. 28 Abs. 2 NV (Nds.); Art. 33 Abs. 1 S. 2 Verf SH; Art. 55 Abs. 2 BlnVerf. Die politischen Staatssekretäre in Baden-Württemberg ebenso wie die parlamentarischen Staatssekretäre sind von den beamteten Staatssekretären zu unterscheiden. Sie vertreten den Minister ausschließlich in politischen Angelegenheiten. Gem. § 2 Abs. 1StSG (BW) stehen sie zum Land in einem öffentlich-rechtlichen Amtsverhältnis und sind daher streng von den politischen Beamten abzugrenzen. In Bayern stehen die Staatssekretäre ebenso wie in Baden-Württemberg in einem öffentlich-rechtlichen Amtsverhältnis zum Freistaat. Jedoch sind sie gleichzeitig neben dem Ministerpräsidenten und den Staatsministern auch Kabinettsmitglieder. Daher sind die Kriterien, die bezüglich der politischen Neutralitätspflicht für „die Minister" zugrunde gelegt wurden, auch auf die bayerischen Staatssekretäre anzuwenden.

d) Repräsentationsfunktion

307 Ein weiteres Unterscheidungskriterium zwischen den beiden untersuchten Gruppen liegt in der Repräsentationsfunktion. So kommt zwar auch der Gruppe der politischen Beamten eine Repräsentationsfunktion zu. Diese besteht jedoch maßgeblich darin, die Politik der jeweiligen Regierung zu repräsentieren.[556] Die Repräsentationsfunktion eines Ministers hat einen etwas anderen Einschlag. So steht auch er im Grunde genommen für die politische Richtung der jeweiligen Regierung. Doch hat er neben der allgemeinen Regierungspolitik im Rahmen seines Geschäftsbereichs auch das Recht und gar den Auftrag, eine eigene politische Agenda zu entwickeln und zu verwirklichen. Das bedeutet, er selbst fungiert als konkrete politische Gestaltungskraft. Auf welche Weise dies erfolgt, ist dabei nachrangig, sei dies durch Wahrnehmung seiner Verordnungskompetenz aus Art. 80 Abs. 1 S. 1 GG, durch den Erlass von Verwaltungsvorschriften oder durch die Vorbereitung und Realisierung von einzelnen Maßnahmen und Kampagnen.[557] Und eben hierin liegt der Unterschied zwischen den politischen Beamten und den Ministern. Denn während Erstere mangels eigenen politischen Gestaltungsauftrags immer die Politik „eines anderen" repräsentieren, verkörpern die Minister – zumindest auch – ihre ganzen eigenen politischen Zielsetzungen, Handlungen und Maßnahmen. Eben dieser Unterschied in den Repräsentationsfunktionen spricht wiederum gegen den diskutierten Wertungswiderspruch bei der politischen Neutralitätspflicht.

e) Rollendifferenzierung und Mäßigungspflicht

308 Des Weiteren ist für die Unterscheidung zwischen den politischen Beamten und den Ministern auf die sog. „Rollendifferenzierung" einzugehen. Gemeint ist hiermit die von der Rechtsprechung vorgenommene – von der Literatur jedoch in Teilen kritisierte[558] – Aufspaltung der Tätigkeiten eines öffentlichen Amtsträgers. Danach wird den Amtsträgern durchaus zugestanden, sich unter Berufung auf die Meinungsfreiheit aus Art. 5 Abs. 1 GG am politischen Meinungskampf zu beteiligen. Dies dürfen sie jedoch ausschließlich als Private tun, eine Bezugnahme auf das bekleidete öffentliche Amt hat dabei vollständig zu unterbleiben. Lässt man die Kritik an der praktischen Umsetzbarkeit einer solchen Unterscheidung einmal bei Seite und betrachtet ausschließlich den dogmatischen Zusammenhang, so fällt eines auf: Während bei Beamten, egal welchem Dienstherrn sie zugeordnet sind, aus § 33 Abs. 2 BeamtStG und § 60 Abs. 2 BBG die sog. „Mäßigungspflicht" greift, sucht man

[556] Vgl. hierzu oben Kap. D.II.2.

[557] Ein Beispiel für die weitreichenden politischen Folgen solcher konkreten Kampagnen ist die „Bauernregel-Kampagne" des Bundesumweltministeriums. Der Bundeslandwirtschaftsminister, der seinerseits durch zahlreiche Kampagnen heraussticht, sah sich in diesem Fall sogar dazu veranlasst, das Vorgehen der Bundesumweltministerin öffentlich zu verurteilen, vgl. hierzu ZeitOnline vom 03.02.2017, http://www.zeit.de/politik/deutschland/2017-02/neue-bauernregeln-pr-kampagne-umweltministerium-bauernverbaende-kritik, abgerufen am 08.06.2017.

[558] Beispielhaft für die Unterstützung dieser Trennung siehe Mandelartz, DÖV 2015, 326. Als Beispiel für die Ablehnung dieser strikten Trennung vgl. Payandeh, Der Staat 55, 519 (534 f.).

bei den Ministern und auch allen anderen Amtsträgern, die in einem öffentlich-rechtlichen Amtsverhältnis stehen, eine solche vergeblich.

Fraglich ist daher, ob dieser Unterschied auf die hier untersuchte Pflicht zur politischen Neutralität im Rahmen der Amtsausübung einen Einfluss hat. Dies scheint auf den ersten Blick nicht so. Denn aus der Mäßigungspflicht folgt, dass sich der Beamte bei seiner politischen Betätigung in seiner Freizeit soweit zurückhalten und mäßigen muss, wie es entsprechend seiner Stellung gegenüber der Allgemeinheit und den Pflichten seines Amtes erforderlich ist.[559] Dabei ergaben die bisherigen Untersuchungen, dass diese Pflicht, trotz ihrer Normierung als allgemeine Statuspflicht eines Beamten, nicht für alle Beamtengruppen gelten kann. So wurde für den Bereich der Hauptverwaltungsbeamten die Geltung des § 33 Abs. 2 BeamtStG ausgeschlossen.[560] Die Gründe, die diesen Ausschluss tragen, können jedoch nicht auf die Rechtsfigur des politischen Beamten übertragen werden. Denn dieser benötigt zum einen mangels Wählbarkeit keine Chancengleichheit gegenüber anderen Kandidaten, was einem Ausschluss der Mäßigungspflicht während eines Wahlkampfes entgegensteht. Was die Zeiten außerhalb des Wahlkampfes angeht, so lag die Begründung für den Ausschluss der Mäßigungspflicht bei den Hauptverwaltungsbeamten maßgeblich in der Funktion dieser Pflicht. Da der politische Beamte, trotz der darauf hindeutenden Bezeichnung seiner Rechtsfigur, aber gerade kein politisches Amt bekleidet, in dem er einen politischen Gestaltungsauftrag hat, sondern dem administrativen Teil der Exekutive angehört, läuft die Grundfunktion der Mäßigungspflicht bei ihm eben nicht ins Leere. Dem lässt sich natürlich grundsätzlich entgegenhalten, dass ein politischer Beamter die Funktionsfähigkeit der Verwaltung und das Vertrauen der Bürger in diese durch Verunglimpfung der Regierungspolitik allein deshalb schon unterlassen wird, weil ihm sonst sehr schnell die Versetzung in den einstweiligen Ruhestand droht. Denn im Falle einer solchen Verunglimpfung wäre die für sein Amt erforderliche Übereinstimmung mit der Regierung offensichtlich nicht mehr gegeben. Hierbei muss jedoch beachtet werden, dass die Absicherung der Regierungspolitik über die Mäßigungspflicht der über die Androhung des einstweiligen Ruhestands vorzuziehen ist. Denn im Falle von Verstößen gegen diese Grundpflicht stehen dem Dienstherrn die entsprechenden disziplinarrechtlichen Instrumente zur Verfügung. Diesen ist in Bezug auf die Versetzung in den einstweiligen Ruhestand schon aus haushaltstechnischen und -rechtlichen Gründen Vorrang einzuräumen. Bereits der bloße Eindruck von unbilliger Versorgung ungeliebter Amtsträger[561] würde so vermieden werden. Insoweit ist festzuhalten, dass die Mäßigungspflicht in vollem Umfang Geltung für die politischen Beamten hat. 309

Aus eben dieser mit der Rollendifferenzierung einhergehenden Mäßigungspflicht ist nun ein weiterer Unterschied zwischen den politischen Beamten und den Ministern zu folgern. Denn die angesprochene Rollendifferenzierung wird für alle hier behandelten Gruppen 310

[559] Ausführlich zu grundsätzlichem Inhalt und Reichweite der Mäßigungspflicht von Beamten vgl. oben Kap. C.III.4.

[560] Siehe hierzu Kap. D.III.3.d.

[561] Vgl. hierzu z. B. die große mediale Aufregung um eine in den einstweiligen Ruhestand versetzte 37-jährige Berliner Regierungssprecherin, SpiegelOnline vom 20.09.2016, http://www.spiegel.de/politik/deutschland/berlin-michael-mueller-verabschiedet-daniela-augenstein-a-1113137.html, abgerufen am 13.06.2017.

von Amtsträgern vorgenommen, ganz gleich ob es sich dabei um Beamte jeglicher Art oder Bedienstete im öffentlich-rechtlichen Amtsverhältnis handelt. Legt man nun den Umstand zugrunde, dass die Minister sich in ihrer Rolle als Staatsbürger bzw. Parteimitglieder im politischen Meinungskampf innerhalb und außerhalb des Wahlkampfes beliebig – unter Beachtung der sonstigen Vorschriften, wie etwa §§ 185 ff. StGB – zugunsten und zulasten anderer politischen Akteure äußern können, so fällt hierin deutlich eine Diskrepanz zu den politischen Beamten auf. Denn eben diese Freiheit haben diese aufgrund der angesprochenen Mäßigungspflicht nicht. Da sie gerade keine politischen Organe, sondern administrative Funktionsträger sind, haben sie sich bei ihrer privaten politischen Betätigung zu mäßigen. Diese Mäßigungspflicht betrifft die in dieser Arbeit untersuchte Pflicht zur politischen Neutralität im Rahmen der Amtsführung zwar nicht unmittelbar. Dennoch ist diese Einschränkung der politischen Meinungsfreiheit der politischen Beamten ein starkes Indiz für ihre im Verhältnis zu den Ministern schwächere Stellung, was die Befugnisse zu politischen Äußerungen angeht. Auch hier wird eine stärkere Zuordnung in Richtung des Verwaltungsapparats als zur politischen Leitung deutlich. Mit dieser Entfernung von der eigentlichen politischen Leitung ist wiederum eine Unterscheidung zu den Ministern in Bezug auf die politische Neutralitätspflicht im Rahmen der Amtsführung nachvollziehbar. Damit spricht auch die beamtenrechtliche Mäßigungspflicht zumindest mittelbar gegen einen Wertungswiderspruch bezüglich Umfang und Reichweite der politischen Neutralitätspflicht von politischen Beamten einerseits und Ministern bzw. Kabinettsmitgliedern andererseits.

4. Zusammenfassung

311 Zusammenfassend ist festzuhalten, dass ein Vergleich von politischen Beamten und Amtsträgern im öffentlich-rechtlichen Amtsverhältnis per se nur in Teilen möglich ist. So können in einem solchen Vergleich wegen ihrer speziellen Stellung und den damit einhergehenden spezifischen Rechten und Pflichten weder die Regierungschefs noch der Bundespräsident wirklich berücksichtigt werden. Bezüglich der (anderen) Kabinettsmitglieder, die als Minister auf Bundes- und Landesebene bzw. als Senatoren agieren, konnten in Bezug auf die Pflicht zur politischen Neutralitätspflicht einige Gemeinsamkeiten mit den politischen Beamten festgestellt werden. So weisen beide Amtsträgergruppen jeweils eine starke Abhängigkeit von „jemand anderem" auf. Während die Minister stark von den jeweiligen Regierungschefs abhängen, sind die politischen Beamten ihrerseits von den für ihren Bereich zuständigen Ministern und Senatoren abhängig. Dies bewirkt bei beiden Gruppen die Notwendigkeit einer bestimmten politischen Prägung bzw. politischen Ausrichtung ihrer Ämter, was sich wiederum bei beiden schwer mit einer politischen Neutralitätspflicht in Einklang bringen lässt. Des Weiteren sind die Amtszeiten beider Gruppen von nur beschränkter Dauer. Diese Beschränkung ist bei den politischen Beamten zwar nicht rechtlicher, sondern rein faktischer Natur. Diese faktische Ebene ist jedoch für die vorliegende Betrachtung der politischen Neutralitätspflicht alles andere als irrelevant. Denn eine entsprechende Neutralitätspflicht läuft immer dort ins Leere, wo sie mangels praktischer Umsetzbarkeit an der Verfassungswirklichkeit vorbeigeht. Schließlich ist beiden Gruppen gemein, dass beide nicht durch einen Wahlakt, sondern durch Ernennung ins Amt gelangen.

Dieser Umstand spricht bei beiden Gruppen wiederum für die Annahme einer umfassenden Neutralitätspflicht, denn die Notwendigkeit einer Ausrichtung an politischen Erwägungen besteht mangels Wählbarkeit bzw. dem Bestreben, wiedergewählt zu werden, nicht.[562]

Die vorherigen Untersuchungen zum bisher bestehenden Meinungsbild haben ergeben, 312
dass die politischen Beamten einer wesentlich weiter reichenden und umfassenderen Pflicht zur politischen Neutralität unterliegen als die Amtsträger im öffentlich-rechtlichen Amtsverhältnis. Die eben aufgezeigten Gemeinsamkeiten führen dennoch nicht zu einem Wertungswiderspruch, denn die ermittelten Unterschiede überwiegen diese Gemeinsamkeiten. Ein ganz gewichtiger Unterschied liegt auf rechtlicher Ebene bereits darin, dass für Kabinettsmitglieder, völlig gleich ob auf Bundes- oder auf Landesebene, keine Grundpflicht mit dem Inhalt einer politischen Unparteilichkeit vorgesehen ist. Bei den politischen Beamten ist dies dagegen, wie bei allen anderen statusrechtlichen Lebenszeitbeamten, der Fall. Darüber hinaus sind die Kabinettsmitglieder im Gegensatz zu den politischen Beamten Träger politischer Ämter. So ist es zwar zutreffend, dass sie gleichzeitig auch als Leiter oberster Bundesbehörden und damit auch in der administrativen Sphäre der Exekutive fungieren. Dennoch zeigen gerade das Ressortprinzip und die damit verbundenen politischen Gestaltungs- und Repräsentationsrechte der Minister und Senatoren, dass ihre Ämter eine überwiegend politische Prägung erfahren. Nicht zuletzt die Modalität der Vertretungen im Ministerium unterstreicht hierbei den klaren Unterschied zu den politischen Beamten, die eindeutig ausschließlich der administrativen Sphäre zuzuordnen sind. Schließlich unterstreicht – zumindest mittelbar – auch die mit der Rollendifferenzierung einhergehende beamtenrechtliche Pflicht zur politischen Mäßigung die aufgezeigten Unterschiede zwischen den beiden betrachteten Gruppen. Denn während die Beamten nicht nur während des Dienstes der Grundpflicht der politischen Unparteilichkeit unterliegen, sondern sich auch bei ihrer freizeitlichen politischen Betätigung zu mäßigen haben, sind die Minister im Rahmen ihres politischen Meinungskampfes in der Rolle als Parteipolitiker solchen Mäßigungsgeboten nicht unterworfen. Unter Beachtung der Strafvorschriften – insbesondere bei den Äußerungsdelikten – sind sie in der Gestaltung dieses politischen Meinungskampfes völlig frei. Auch dies spricht deutlich für die genannte politische Prägung der Gruppe der Amtsträger im öffentlich-rechtlichen Amtsverhältnis.

Daher muss aus dieser Vergleichsuntersuchung – fast ebenso wie dies schon im vorste- 313
henden Kap. E.I der Fall war – die Schlussfolgerung gezogen werden, dass der Vergleich von politischen Beamten und Regierungsmitgliedern erneut unterstreicht, dass zum einen die politischen Beamten trotz der nicht zu verkennenden politischen Prägung ihrer Ämter einer umfassenden Pflicht zur politischen Neutralität unterworfen werden müssen. Anders sieht es dagegen bei den Amtsträgern im öffentlich-rechtlichen Amtsverhältnis, namentlich den hier schwerpunktmäßig betrachteten Regierungsmitgliedern auf Bundes- und Länderebene, aus. Die Erkenntnisse des Vergleichs unterstreichen bei ihnen, wie schon im vorstehenden Unterabschnitt bei den Hauptverwaltungsbeamten, die Notwendigkeit, einen weiteren Spielraum für politische Kommunikation einzuräumen, die Grenzen für politische Neutralitätspflicht also eher weiter zu fassen.

---

[562] Vgl. zu diesen die Neutralitätspflicht einschränkenden Erwägungen oben Kap. D.III.3.a.aa.(2).

III. DIE WAHLBEAMTEN UND DAS ÖFFENTLICH-RECHTLICHE AMTSVERHÄLTNIS

314 Schließlich ist zu untersuchen, ob und inwieweit die kommunalen Wahlbeamten mit den Amtsträgern im öffentlich-rechtlichen Amtsverhältnis hinsichtlich Umfang und Reichweite der politischen Neutralitätspflicht miteinander vergleichbar sind. Hierbei soll, ebenso wie dies bereits in den vorstehenden Unterabschnitten geschehen ist, im Hinblick auf die Wahlbeamten eine Betrachtung anhand des niedersächsischen Kommunalverfassungsrechts vorgenommen werden. Innerhalb der Amtsträger im öffentlich-rechtlichen Amtsverhältnis soll unterschieden werden zwischen dem sich in einer Sonderstellung befindenden Bundespräsidenten und den Regierungsmitgliedern.

1. Bundespräsident und Hauptverwaltungsbeamter

315 Auch an dieser Stelle soll ein Zitat den Ausgangspunkt für die Vergleichsuntersuchung bilden. „Nach allem unterstehen (Ober)Bürgermeister nicht einer umfassenden Neutralitätspflicht. (Ober)Bürgermeister haben bei der Wahrnehmung ihrer Repräsentations- und Integrationsfunktion zugunsten der örtlichen Gemeinschaft die Befugnis, sich politisch zu äußern."[563] In diesem Satz geht zu Hohenlohe klar von einer Vergleichbarkeit zwischen dem Bundespräsidenten und den Hauptverwaltungsbeamten aus.[564] Für die Begründung ihrer These, die Hauptverwaltungsbeamten unterlägen keiner umfassenden Neutralitätspflicht, bedient sie sich u. a. zweier Kernelemente der „Spinner"-Entscheidung des BVerfG, in dem sich dieses mit der politischen Neutralitätspflicht des Bundespräsidenten beschäftigt. Hauptsächlich unter Bezugnahme auf diese beiden Punkte lehnt es eine solche Neutralitätspflicht dabei ab. Im Rahmen dieses Unterkapitels ist zunächst zu klären, ob diese Vergleichbarkeit hinsichtlich der Repräsentations- und Integrationsfunktion tatsächlich vorhanden ist. Nachdem das geklärt ist, wird zu untersuchen sein, welchen Einfluss die vorhandene Parallele bzw. ihr Fehlen bei dem Vergleich der Neutralitätspflicht des Bundespräsidenten mit der der Hauptverwaltungsbeamten hat.

a) Repräsentations- und Integrationsfunktion

316 Fraglich ist somit zunächst, ob dem Amt des Hauptverwaltungsbeamten[565] eine vergleichbare Repräsentations- und Integrationsfunktion zukommt. Dazu gilt es zunächst etwas näher zu

[563] Zu Hohenlohe, VerwArch 2016, 62 (84).

[564] Dies wird insbesondere deutlich aus dem Wortlaut „Andererseits ist seine Repräsentations- und Integrationsbefugnis durchaus mit derjenigen des Bundespräsidenten vergleichbar, auch wenn sie auf den örtlichen Wirkungskreis beschränkt ist", VerwArch 2016, 62 (81).

[565] Wiederholend zur Klarstellung: Betrachtet wird hier ausschließlich die kommunalverfassungsrechtliche Situation in Niedersachsen. Die gewonnenen Erkenntnisse lassen sich jedoch bei Bedarf unter Beachtung der jeweiligen Unterschiede auch für die Bewertung in den anderen Bundesländern verwenden.

beschreiben, was genau unter der Repräsentations- und Integrationsfunktion des Bundespräsidenten zu verstehen ist. Dieses Amt ist durch den Verfassungsgeber geschaffen worden in eindeutiger Abgrenzung zum Amt des Reichspräsidenten der Weimarer Republik. Das Bundespräsidentenamt sollte eben nicht mit einer entsprechend erheblichen Macht ausgefüllt sein. Dennoch sollte es weiterhin die Funktion der „Staatsspitze" erfüllen. Denn nur wer an der Spitze des Staates steht, ohne dabei der Legislative, Exekutive oder Judikative zugeordnet zu sein, kann ein echter „Repräsentant der Volkseinheit"[566] sein. In der Herstellung dieser Einheit besteht auch die Integrationsfunktion. Diese Integration erfolgt über den Ausgleich aller widerstrebenden Interessen zwischen Teilen der Bevölkerung und des Staatsapparats.

Auch dem Amt des Hauptverwaltungsbeamten kommt grundsätzlich eine Repräsentationsfunktion zu. Dies folgt bereits aus der Regelung des § 86 Abs. 1 S. 1 NKomVG zur repräsentativen Vertretung der Kommune. Problematisch daran ist jedoch, dass es bei dieser Regelung nicht um die Repräsentation der Einwohner bzw. des kommunalen Wahlvolks geht, sondern vielmehr um die Repräsentation der politischen Körperschaft Kommune per se.[567] Die Parallele zur Repräsentationsfunktion des Bundespräsidenten, der Staat und Volk gleichsam nach außen wie nach innen vertritt,[568] folgt aus dieser Vorschrift nur teilweise, wenn man den Begriff des „Staates" unter Berücksichtigung der kommunalen Ebene mit der Figur der „Kommune" vergleichen will. Gleichzeitig ist hierbei zu beachten, dass die repräsentative Vertretungsbefugnis des Hauptverwaltungsbeamten sich ausschließlich nach außen richtet,[569] worin ein weiterer Unterschied zum Amt des Bundespräsidenten besteht. Eine unmittelbare Repräsentation der Einwohner als allgemeine Funktion bzw. Aufgabe, wie dies für den Bundespräsidenten angenommen wird, ergibt sich für die Hauptverwaltungsbeamten im niedersächsischen Kommunalverfassungsrecht dagegen nicht.[570] Somit ist zunächst festzuhalten, dass die Ämter des Bundespräsidenten einerseits und der Hauptverwaltungsbeamten andererseits hinsichtlich der Repräsentationsfunktion nur teilweise miteinander vergleichbar sind. 317

Zu klären ist nun, wie es mit der Vergleichbarkeit hinsichtlich der Integrationsfunktion aussieht. Wie eben erwähnt, ist unter der Integration durch den Bundespräsidenten der Ausgleich aller widerstrebenden Interessen im Volk und im Staatsapparat zu verstehen, um somit die größtmögliche Einheit in Volk und Staat herzustellen. Die Integration steht damit in unmittelbarem Zusammenhang mit der umfassenden Repräsentationsaufgabe des Bundespräsidenten. Um diese Integration gewährleisten zu können, muss er neben der beschriebenen Repräsentation des gesamten Volkes auch die erforderliche Distanz zu allen Teilen des Staatsapparats wahren, weswegen er auch nicht als Teil einer der drei Staatsgewalten anzusehen ist. Wie eben dargestellt, kommt dem Amt des Hauptverwal- 318

566 So z. B. Herzog in: Maunz/Dürig, GG, Art. 54 Rn. 28.

567 Mielke in: Blum/Häusler/Meyer, NKomVG, § 86 Rn. 3.

568 Vgl. hier statt Vieler BVerfGE 136, 323 (332).

569 Mielke in: Blum/Häusler/Meyer, NKomVG, § 86 Rn. 3; Ipsen in: Ipsen, NKomVG, § 86 Rn. 3; siehe auch Blum in KVR Nds., NGO, § 63 Rn. 2 und allgemein für Bürgermeister Gern, Kommunalrecht, S. 242 Rn. 369.

570 Vgl. hierzu insbesondere die Ausführungen in Ipsen, Nds. Kommunalrecht, Rn. 359–406; Seybold/Neumann/Weidner, Nds. Kommunalrecht, S. 146–151; Sandfuchs, Allg. Nds. Kommunalrecht, S. 347–352. Nirgends wird eine solche allgemeine Repräsentation der Einwohner erwähnt.

tungsbeamten – in Niedersachsen – keine allumfassende Repräsentationsbefugnis zu, womit die erste Voraussetzung für die Annahme einer Integrationsbefugnis, die der des Bundespräsidentenamtes entspricht, nicht vollständig erfüllt ist. Doch auch das Vorliegen der zweiten Bedingung hierfür ist problematisch. Im Gegensatz zum Bundespräsidenten ist der Hauptverwaltungsbeamte sehr wohl Teil einer der oben genannten Staatsgewalten, nämlich der Exekutive.[571] Die für den Bundespräsidenten geltenden Grundsätze auf die kommunale Ebene übertragend ist festzuhalten, dass die Hauptverwaltungsbeamten als Leiter der Verwaltung und gleichzeitig Teil der Kommunalvertretung eben nicht die Distanz zu den Organen der Kommune haben, die erforderlich wäre, um ausgleichend zwischen diesen zu wirken. Der Hauptverwaltungsbeamte als politisches Leitungsorgan kann nicht der pouvoir neutre sein. Daher ist eine mit dem Bundespräsidentenamt vergleichbare Integrationsfunktion nicht gegeben.

319 Zum Teil wird die Annahme einer Integrationsfunktion der Hauptverwaltungsbeamten auch mit etwas anderen argumentativen Ansätzen begründet. So gehöre es zu den Aufgaben eines Hauptverwaltungsbeamten, sich um die örtliche Gemeinschaft zu sorgen. In diesem Zusammenhang habe er darauf hinzuwirken, dass zwischen den Einwohnern ein sozialer und durch einen Konsens „im Hinblick auf bestimmte Werte gekennzeichneter Zusammenhalt"[572] besteht. Hierzu ist anzumerken, dass der Ansatz des sozialen Zusammenhalts über einen Wertekonsens zwar begrifflich und inhaltlich mit dem Punkt Integration zusammenhängt. Jedoch darf nicht übersehen werden, und darauf nimmt auch zu Hohenlohe in ihren Ausführungen Bezug, dass sich der Wirkungsbereich eines Hauptverwaltungsbeamten auf das Gebiet „seiner" Kommune beschränkt. Entscheidend ist hierbei der Ansatz über die örtliche Gemeinschaft. Das Selbstverwaltungsrecht, das sich auf die Angelegenheiten der örtlichen Gemeinschaft bezieht, wirkt sich tatsächlich einschränkend auf die politische Neutralitätspflicht der Hauptverwaltungsbeamten aus.[573] Diese Einschränkung erfolgt jedoch über Art. 28 Abs. 2 S. 1, 2 GG und die Organkompetenzen des Hauptverwaltungsbeamten. Darüber hinaus ist die Annahme, die Integration würde über den Hauptverwaltungsbeamten in den Grenzen der örtlichen Gemeinschaft erfolgen, auch sachfremd aus einem anderen Grund: Per Definition sind Angelegenheiten der örtlichen Gemeinschaft nur solche, die den Einwohner gerade als solchen gemeinsam sind. Betrachtet man nun die hier formulierten Werte von Integration und Toleranz, so sind dies keine typischen Angelegenheiten, die den Einwohner gerade als solchen gemeinsam sind. Es handelt sich dabei eher um gesamtheitliche Leitwerte, deren Wirkungsbereich keinesfalls auf das Gebiet einer bestimmten Kommune beschränkt ist. Daher ist ihre Etablierung keine klassische Funktion eines kommunalen Amtsträgers. Der Aussage, dass ein Hauptverwaltungsbeamter auch Missstände ansprechen darf, die nicht in den örtlichen Zuständigkeitsbereich der Kommune fallen,[574] kann zwar per se nicht widersprochen werden. Jedoch lässt sich aus dem Umstand, dass eine Aktion nicht verboten ist, keinesfalls schlussfolgern, dass sie aufgrund des Mangels an Verbot automatisch in den Funktionsbereich des Handelnden fällt.

---

571 Vgl. nur Sandfuchs, Allg. Nds. Kommunalrecht, S. 50.

572 Vgl. hierzu und zum Folgenden Zu Hohenlohe, VerwArch 2016, 62 (79 f.).

573 Vgl. hierzu ausführlich Kap. D.III.3.a.aa.(3).

574 Vgl. zu Hohenlohe, VerwArch 2016, 62 (79).

Schließlich führt zu Hohenlohe in ihren Gedanken zur Vergleichbarkeit von Hauptverwaltungsbeamten- und Bundespräsidentenamt aufgrund der Repräsentations- und Integrationsfunktion aus, dass sich diese Funktion bei den Hauptverwaltungsbeamten auch daraus ergebe, dass die Verfassung selbst bestimmten Werten und Positionen nicht meinungsneutral gegenübersteht.[575] Dieser Ansatz ist als grundsätzlich neutralitätspflichteinschränkendes Element zwar durchaus nachvollziehbar. Jedoch ist nicht ersichtlich, in welchem Maße sich daraus eine kommunal-örtliche Repräsentations- oder Integrationsfunktion eines Hauptverwaltungsbeamten ergibt. Zwar ließe sich auch hier, wenn man denn eine solche „Voreingenommenheit" der Verfassung gegenüber extremistischen und ähnlichen intoleranten Positionen bejahen würde, eine sachliche Nähe zum Begriff der Integration erkennen. Ein konkreter Bezug dieses allgemeinen verfassungsrechtlichen Dogmas zum Amt der Hauptverwaltungsbeamten bzw. zu den Kommunen an sich ist jedoch nicht sichtbar. 320

Damit zeigt der Vergleich zwischen den Hauptverwaltungsbeamten und dem Bundespräsidenten auf, dass Parallelen hinsichtlich der Repräsentations- und Integrationsfunktion nicht wirklich existieren. Dieses Kriterium, das die Rechtsprechung – berechtigterweise – als grundsätzlich einschränkend auf die politische Neutralitätspflicht des Bundespräsidenten betrachtet, kann somit nicht für den Hauptverwaltungsbeamten gelten. Zwar hat auch dieser eine Repräsentationsfunktion. Diese bezieht sich jedoch ausschließlich auf die Kommune als politische Körperschaft, nicht auf die Einwohner. Des Weiteren wirkt sie ausschließlich nach außen und nicht wie beim Bundespräsidenten auch nach innen. Daraus ergibt sich gleichzeitig, dass dem Hauptverwaltungsbeamten keine vergleichbare Integrationsfunktion zukommt. Neben den Mangel an Repräsentation tritt hier auch die eigene „Eingebundenheit" in den Verwaltungsapparat der Kommune sowie ihre politische Leitung. Diese macht die für einen integrativen Ausgleich zwingend erforderliche Distanz unmöglich. 321

b) Auswirkungen und andere Vergleichselemente

Die vorangegangenen Untersuchungen haben gezeigt, dass der Bundespräsident zwar einer grundsätzlichen Pflicht zur politischen Neutralität unterliegt, diese jedoch wegen der eben diskutierten Repräsentations- und Integrationsbefugnis eingeschränkt ist. Wenn man nun davon ausgeht, dass dieses Einschränkungskriterium nicht für die Hauptverwaltungsbeamten gilt, so wäre bei diesen unter Umständen eine strengere politische Neutralitätspflicht als beim Bundespräsidenten anzunehmen. Fraglich ist daher, ob die übrigen für die Hauptverwaltungsbeamten geltenden Einschränkungskriterien andersherum auf den Bundespräsidenten anwendbar sind. Wäre dies der Fall, so wäre die Annahme einer relativ schärferen Neutralitätspflicht bei den Hauptverwaltungsbeamten unvermeidbar, da das Amt des Bundespräsidenten im Ergebnis mehr Einschränkungskriterien ausgesetzt wäre als das der Hauptverwaltungsbeamten. 322

---

[575] Zu Hohenlohe, VerwArch 2016, 62 (79) und (80) unter Bezugnahme auf Gärditz, NWVBl. 2015, 165 (169 f.). Dieser vertritt den genannten Ansatz tatsächlich als Element, das die politische Neutralitätspflicht von Hauptverwaltungsbeamten einschränkt. Jedoch schlussfolgert er daraus weder eine Repräsentations- noch eine Integrationsfunktion für diese.

aa) Funktionsbedingte Einschränkung

323 Die in Kap. D.III.3.a.aa.(2) erarbeitete funktionsbedingte Einschränkung der Neutralitätspflicht der Hauptverwaltungsbeamten besteht beim Bundespräsidenten in den eben erörterten Funktionen der Repräsentation und der Integration. Diese Funktionselemente sind mit den vorstehenden Ausführungen nicht auf die Hauptverwaltungsbeamten anwendbar.

324 Fraglich ist jedoch, ob andersherum eben jene Funktionselemente, die die Neutralitätspflicht der Hauptverwaltungsbeamten einschränken, auf den Bundespräsidenten anwendbar sind. Kap. D.III.3.a.aa.(2) legt den dort angestellten Überlegungen zugrunde, dass es zu den (Kern-)Funktionen der Hauptverwaltungsbeamten gehört, Teil der gestaltenden politischen Kraft zu sein, die politischen Ziele zu formulieren und entsprechend politisch zu agieren. Eben solche politischen Gestaltungsfunktionen kommen dem Amt des Bundespräsidenten hingegen nicht zu. Gerade in Abgrenzung zur WRV sollten seine politischen Funktionen und Befugnisse auf das notwendige Minimum beschnitten werden. Seine Rolle im politisch-gestalterischen und dem damit verbundenen gesetzgebenden Prozess ist faktisch betrachtet eine eher untergeordnete. Dem ließe sich zwar entgegnen, dass gerade das vieldiskutierte Ausfertigungsverweigerungsrecht dem Bundespräsidenten doch eine starke Stellung im gesetzgeberischen Gestalten einräumen kann. Legt man jedoch die hier vertretene Evidenztheorie zugrunde, wonach der Bundespräsident die Ausfertigung bei klar erkennbaren evidenten Verstößen gegen die Verfassung die Ausfertigung eines Gesetzes verweigern darf,[576] so beschränkt sich seine Rolle wiederum auf ein Minimum. Eine Gesamtschau ergibt daher, dass das Amt des Bundespräsidenten sich bis auf wenige kleinere Ausnahmen auf die bereits erörterten repräsentativen und integrativen Funktionen beschränkt, eine wirkliche politische Gestaltungsfunktion kommt ihm nicht zu.

325 Damit ist als Zwischenergebnis festzuhalten, dass das Amt des Bundespräsidenten durchaus einer funktionsbedingten Einschränkung der politischen Neutralitätspflicht unterliegt. Diese beschränkt sich jedoch ausschließlich auf die Repräsentations- und Integrationsfunktion und gründet sich nicht, wie dies bei den Hauptverwaltungsbeamten der Fall ist, auf eine politische Gestaltungsfunktion.

bb) Aufgabenbezogene Einschränkung

326 Ein weiteres Einschränkungskriterium, das bei den Hauptverwaltungsbeamten auf die politische Neutralitätspflicht einwirkt, liegt in den Aufgaben, die ihrem Amt zukommen. Kap. D.III.3.a.aa.(3) nimmt dabei vor allem Bezug auf das Selbstverwaltungsrecht der Gemeinden aus Art. 28 Abs. 2 S. 1 GG i. V. m. der Organkompetenz der Hauptverwaltungsbeamten. Daraus wird geschlussfolgert, dass es zu den Aufgaben eines Hauptverwaltungsbeamten gehört, sich zu bestimmten politischen Vorgängen und Angelegenheiten zu äußern. Diese Äußerungen dürfen dabei durchaus auch wertend ausfallen, was dazu führen kann, dass

[576] Vgl. zur Problematik des Prüfungsrechts des Bundespräsidenten ausführlich Linke, DÖV 2009, 434 ff. und Hauk, JA 2017, 93 ff.

sich Hauptverwaltungsbeamte zugunsten oder auch zulasten politischen Mitbewerber aussprechen. Dies wirkt sich entsprechend einschränkend auf die Pflicht zur politischen Neutralität aus. Diese Einschränkung greift jedoch nur unter der Voraussetzung, dass die Angelegenheit einen örtlichen Bezug aufweist und der Hauptverwaltungsbeamte die Grundsätze von Sachlichkeit und Verhältnismäßigkeit beachtet.

Fraglich ist daher, ob und inwieweit auch mit dem Amt des Bundespräsidenten Aufgaben verbunden sind, die sich in ähnlicher Art und Weise einschränkend auf seine Neutralitätspflicht auswirken können. Einige wesentliche Aufgaben ergeben sich aus der bereits ausführlich diskutierten Repräsentations- und Integrationsfunktion des Bundespräsidenten. Hierzu zählen z. B. die Festlegung der Staatssymbole, soweit der Gesetzgeber nicht tätig wird, und die Anordnung von Staatsbegräbnissen oder anderer Staatsakte. Aber auch Auftritte in der Öffentlichkeit und Teilnahmen an Veranstaltungen oder die Übernahme von Schirmherrschaften, die die staatliche Würdigung in der Person des Bundespräsidenten zum Ausdruck bringen, gehören als Teilbereiche zu der genannten Funktion.[577] Inwieweit diese Aufgaben sich einschränkend auf die Neutralitätspflicht auswirken können, wurde bereits ausführlich erörtert. 327

Ein weiterer großer Teil der mit dem Bundespräsidentenamt verbundenen Aufgaben ergibt sich v. a. aus dem Abschnitt V., aber auch aus anderen Teilen des Grundgesetzes. So wirkt der Bundespräsident gem. Art. 63 Abs. 1 und Abs. 2, Art. 64 Abs. 1 GG bei der Regierungsbildung mit, indem er dem Bundestag den Kanzler zur Wahl vorschlägt, den Gewählten ernennt und auch die Bundesminister ernennt und entlässt. Da er bei diesen Akten jedoch keinerlei politischen Spielraum hat,[578] kann auch nicht davon ausgegangen werden, dass sich diese Aufgaben einschränkend auf seine politische Neutralitätspflicht auswirken. Ebenso verhält es sich bei der Ernennung von Bundesrichtern, Bundesbeamten, Offizieren und Unteroffizieren. Zwar wurde in der früheren Literatur durchaus ein Ermessen des Bundespräsidenten in diesen Angelegenheiten bejaht.[579] Einer solchen Ansicht ist jedoch jedenfalls hinsichtlich eines politischen Spielraums nicht zu folgen.[580] Daher lässt sich auch hieraus keine Einschränkung der Neutralitätspflicht herleiten. Ebenso verhält sich dies beim Gnadenrecht aus Art. 60 Abs. 2 GG. Zum einen ist der Anwendungsbereich des Gnadenrechts des Bundespräsidenten aufgrund der Tatsache, dass es sich nur auf den Bereich des Bundes bezieht, sehr eingeschränkt.[581] Zum anderen ist es zwar so, dass die 328

[577] Vgl. hierzu und auch zu den nachfolgend beschriebenen Aufgaben den Katalog auf der Homepage des Bundespräsidenten, http://www.bundespraesident.de/DE/Amt-und-Aufgaben/amt-und-aufgaben-node.html, abgerufen am 22.08.2017.

[578] Beim Vorschlag und der Ernennung des Bundeskanzlers ist dem Bundespräsidenten naturgemäß kein Ermessen eingeräumt, vgl. auch den Wortlaut von Art. 63 Abs. 2 S. 2 GG. Zum fehlenden Entscheidungsspielraum bei Ministern nach Art. 64 Abs. 1 vgl. nur Epping in: BeckOK GG, Art. 64 Rn. 8; Herzog in: Maunz/Dürig, GG, Art. 64 Rn. 8.

[579] So z. B. Busse, DÖV 1965, 469 (474); siehe auch Menzel, DÖV 1965, 581 (585 ff.).

[580] So auch v. Arnauld in: v. Münch/Kunig, GG, Art. 60 Rn. 5; ebenso Nierhaus in: Sachs, GG 7. Auflage, Art. 60 Rn. 7 f.; gleichsam Pieper in: BeckOK GG, Art. 60 Rn. 4.1; a.A. wohl Herzog in: Maunz/Dürig, GG, Art. 60 Rn. 18.

[581] Vgl. hierzu näher Pieper in: BeckOK GG, Art. 60 Rn. 7; siehe auch http://www.bundespraesident.de/DE/Amt-und-Aufgaben/Wirken-im-Inland/Amtliche-Funktionen/amtliche-funktionen.html, abgerufen am 22.08.2017.

Frage, ob und wieweit er von seinem Gnadenrecht Gebrauch macht, durchaus im Ermessen des Bundespräsidenten liegt. Jedoch ist eine Konstellation, in der er bei der Ausübung dieses Ermessens gezwungen wäre, politisch parteiisch zu agieren, nicht wirklich vorstellbar.

329 Eine ebenfalls sehr bedeutsame Aufgabe, die mit dem Bundespräsidentenamt verbunden ist, ist die Ausfertigung von Gesetzen nach Art. 82 Abs. 1 GG. Hierbei ist insbesondere die Frage nach einem etwaigen Ausfertigungsverweigerungsrecht bzw. einem Prüfungsrecht des Bundespräsidenten Gegenstand eines lang geführten Streits. Eine Auswirkung auf die Pflicht zur politischen Neutralität hat dieser Streit jedoch nicht, dreht sich die Diskussion doch einzig und allein um die Frage, ob der Bundespräsident die Gesetze auf ihre Verfassungsmäßigkeit prüfen darf. Ein Recht zur Prüfung auf ihre politische Sinnhaftigkeit wird dem Präsidenten dabei von keiner Seite zugesprochen.

330 Ein weiteres wichtiges Aufgabenfeld des Bundespräsidenten ergibt sich aus Art. 59 Abs. 1 S. 1 und S. 2 GG. Danach vertritt er den Bund völkerrechtlich und schließt im Namen des Bundes Verträge mit auswärtigen Staaten. Daraus könnte gedeutet werden, dass dem Bundespräsidenten neben der Bundesregierung ein eigenes Gestaltungsfeld in der Außenpolitik eingeräumt wird. Denn zwar ist es so, dass der Bundeskanzler gem. Art. 65 GG die Richtlinien der Politik bestimmt und in diesem Rahmen eine außenpolitische Agenda formuliert, die der Außenminister in eigener Ressortverantwortung umsetzt.[582] Diese Richtlinienkompetenz erfasst jedoch nicht die anderen Verfassungsorgane, so fallen weder Bundestag noch Bundesrat unter diese. Daher ließe sich grundsätzlich schlussfolgern, dass dem Bundespräsidenten durchaus entsprechend den in Art. 59 Abs. 1 S. 1, 2 formulierten Befugnissen ein inhaltlicher Wirkungsbereich zugesprochen ist.[583]

331 Die Annahme eines solchen Gestaltungsspielraums des Bundespräsidenten, der neben der Außenpolitikkompetenz der Bundesregierung steht, würde jedoch nach hier vertretener Auffassung zu praktischen Schwierigkeiten führen. Gerade in dem politischen Wirken nach außen ist der Effektivität dieser Außenpolitik halber unerlässlich, ein geschlossenes Auftreten und eine einheitliche politische Richtung zu haben. Stünde nun dem Bundespräsidenten ein eigenes außenpolitisches inhaltliches Betätigungsfeld zu, könnte dies im Einzelfall dazu führen, dass er aufgrund abweichender Meinung einen von der Richtung der Bundesregierung abweichenden Kurs verfolgen könnte. Dies wäre vor dem Hintergrund der eben formulierten Erfordernisse höchst nachteilig für die gesamtstaatliche Außenpolitik. Darüber hinaus beschränkt die Verfassung selbst im Bereich der völkerrechtlichen Verträge das Wirken des Bundespräsidenten durch den Gesetzesvorbehalt in Art. 59 Abs. 2 GG. Dies und auch die generelle systematisch in Fragen der politischen Gestaltung der Bundesregierung nachgeordnete Position des Bundespräsidenten sprechen stark für die herrschende Meinung,[584] die eine eigene Gestaltungskompetenz des Bundespräsidenten ablehnt und die Repräsentationsbefugnis nur formal, aber nicht inhaltlich versteht. Damit ergibt sich auch hier keine Einschränkungsmöglichkeit in Bezug auf die politische Neutralitätspflicht.

[582] So in etwa Pernice in: Dreier, GG, Art. 59 Rn. 22; ähnlich auch Rauschning in: BK-GG, Art. 59 Rn. 27; zustimmend Pieper in: BeckOK GG, Art. 59 Rn. 13.

[583] Vgl. hierzu mit sehr ausführlicher Argumentation Pieper in: BeckOK GG, Art. 59 Rn. 13.1.

[584] So auch Pieper selbst.

Dem Amt des Bundespräsidenten kommen durchaus noch andere Aufgaben zu, auch solche, die nicht ausdrücklich in der Verfassung oder im einfachen Recht geregelt sind. Unter diesen sind jedoch keine, die in Bezug auf eine etwaige Einschränkung der politischen Neutralitätspflicht erörterungsbedürftig sind. Demnach ist im Ergebnis festzuhalten, dass für den Bundespräsidenten eine dem Hauptverwaltungsbeamtenamt entsprechende aufgabenbezogene Einschränkung der politischen Neutralitätspflicht nicht existent ist. 332

cc) Anwendbarkeit des Sonderfalls der Replik

Fraglich ist zuletzt, ob die für die Hauptverwaltungsbeamten entwickelte besondere Konstellation der Replik geeignet ist, einschränkend auf die grundsätzliche Neutralitätspflicht des Bundespräsidenten einzuwirken. 333

Entsprechend den Ausführungen aus Kap. D.III.3.a.aa.(4) ist dieses Einschränkungskriterium vor allem für solche Fälle relevant, bei denen die Wahlbeamten sich öffentlichen verbalen Angriffen ihrer politischen Widersacher ausgesetzt sehen. Insbesondere da, wo diese Angriffe einen bestimmten Polemisierungsgrad überschreiten und/oder im Zusammenhang mit anstehenden Wahlen erfolgen, wird den betroffenen Wahlbeamten zugesprochen, sich entsprechend zur Wehr setzen zu können, wobei in Kauf zu nehmen ist, dass dieses Zurwehrsetzen in amtlicher Eigenschaft zulasten des politischen Gegners erfolgt, was wiederum im Widerspruch zur grundsätzlichen Pflicht zur politischen Neutralität im Amt steht. 334

Eine Anwendung dieser Grundsätze auf das Amt des Bundespräsidenten zeigt, dass bei diesem solche Konstellationen nur schwer denkbar sind. Zwar kommt es regelmäßig dazu, dass Bundespräsidenten sich nach ihrer ersten Amtszeit der Wiederwahl stellen und sie dann mit anderen Mitbewerbern um das Amt konkurrieren. Im klaren Gegensatz zu allen Bundestags-, Landtags- und auch Kommunalwahlen sind dem Wahlkampf hier jedoch polemische Angriffe auf den Amtsinhaber, die das Ziel verfolgen, ihn zu diffamieren, um so die Wahlen zu beeinflussen, so gut wie völlig fremd. Dies liegt sicherlich zum einen daran, dass dem Amt des Staatsoberhaupts ganz besondere Würde und Respekt zukommt, was dazu führt, dass der bei anderen Wahlen verbal sehr scharf geführte Wahlkampf hier wesentlich milder abläuft. Zum anderen sind die Wahlmodalitäten mit der Bundesversammlung im Gegensatz zur Wahl durch das Volk dadurch gekennzeichnet, dass sich bereits im Vorfeld der Wahlen i. d. R. eine klare Mehrheit für einen bestimmten Kandidaten abzeichnet. Zwar ist es nicht jedes Mal so, dass der favorisierte Kandidat im ersten oder zweiten Wahlgang die erforderliche absolute Mehrheit erhält. Spätestens im dritten Wahlgang, in dem eine relative Mehrheit ausreicht, wurde der Favorit bisher gewählt, Überraschungen gab es noch nie. 335

Damit entfällt für das Amt des Bundespräsidenten die Sonderkonstellation der Replik so gut wie grundsätzlich. Somit kann auch dieses für die Hauptverwaltungsbeamten geltende Einschränkungskriterium keine Wirkung auf die grundsätzliche politische Neutralitätspflicht des Bundespräsidenten entfalten. 336

c) Ergebnis

337 Insgesamt ist für den Vergleich zwischen den Ämtern eines Hauptverwaltungsbeamten einerseits und des Bundespräsidenten Folgendes festzuhalten: In Bezug auf die Neutralitätspflicht haben diese beiden Ämter zunächst gemein, dass es weder hergebrachte Grundsätze mit Rang von Verfassungsrecht noch sonstige gesetzliche Vorschriften gibt, die diese Pflicht regeln. Die sich aus den Grundelementen i. S. d. Kap. C.II ergebende Pflicht zur politischen Neutralität erfährt bei den Amtsträgern eine funktionsbedingte Einschränkung. Doch während sich diese Einschränkung beim Amt des Bundespräsidenten aus seiner Repräsentations- und Integrationsfunktion ergibt, ist es beim Hauptverwaltungsbeamten eher seine das Amt maßgeblich prägende politische Gestaltungsfunktion, die sich beschränkend auf diese Pflicht auswirkt. Die weiteren für den Hauptverwaltungsbeamten greifenden Einschränkungskriterien entfalten beim Bundespräsidenten dagegen keine Wirkung.

338 Damit liegt hinsichtlich der Einschränkungswirkung bereits rein quantitativ betrachtet ein Übergewicht aufseiten der Hauptverwaltungsbeamten vor. Weiterhin spricht auch die Qualität der Kriterien deutlich dafür, bei ihnen eine stärkere Beschränkung der Neutralitätspflicht anzunehmen, als dies beim Bundespräsidenten der Fall ist. Sicherlich ist die Repräsentations- und Integrationsfunktion ein starkes Argument, das den Grundelementen der Neutralitätspflicht entgegenwirkt. Die Aufgabe von Repräsentation und Integration ist jedoch, wie eben ausgeführt, nur eines von vielen Betätigungsfeldern des Bundespräsidenten. Dagegen ist bei einem Hauptverwaltungsbeamten die politische Gestaltungsfunktion eine der zentralen Aufgaben, die mit seinem Amt verbunden sind. Aus all dem folgt der logische Schluss, dass, wenn die grundsätzliche Neutralitätspflicht der Hauptverwaltungsbeamten stärker eingeschränkt wird als beim Bundespräsidenten, sie e contrario bei Letzteren auch stärker ausgeprägt sein muss. Kap. D. I.1 kam jedoch zu dem auch vom BVerfG geteilten Ergebnis, dass der Bundespräsident einer nur eingeschränkten Pflicht zur politischen Neutralität unterliegt, wobei dieses diese Einschränkung nicht einmal für die heiße Phase des Wahlkampfes aussetzen will. Damit würde der Umfang der Pflicht trotz der unterschiedlichen Einschränkungswirkung derselbe sein. Dies stellt zu den Ergebnissen aus dem vorstehenden Vergleich einen Wertungswiderspruch dar. Dieser kann nach den hier vertretenen Ansätzen nur aufgelöst werden, wenn für den Bundespräsidenten eine schärfere Pflicht angenommen wird, denn eine Lösung in die andere Richtung, bei der die politische Neutralitätspflicht bei den Hauptverwaltungsbeamten vollständig abgelehnt wird, ist aufgrund der gewichtigen Güter, die den Grundelementen dieser Pflicht zugrunde liegen, nicht denkbar. Damit spricht der Vergleich hier deutlich gegen die Annahme einer „abgemilderten" Pflicht zur politischen Neutralität beim Bundespräsidenten.

2. Regierungsmitglieder und Hauptverwaltungsbeamte

339 „Den Typ des angeblich unpolitischen überparteilichen Beamtenministers, der im Wilhelminischen Staat vertreten war – der sich im Übrigen in Wirklichkeit durch eine konservative Einstellung auszeichnete –, gibt es nicht mehr."[585] Offensichtlich ging RiBVerfG

[585] BVerfGE 44, 125 (181 f.), Sondervotum Rottmann.

Rottmann bei dieser These davon aus, dass es einen Unterschied zwischen Beamten und Ministern geben muss, der dazu führt, dass Erstere ihr Amt überparteilich auszuüben haben, während Letztere von einer solchen Pflicht nicht betroffen sind. Daher soll die nächste vergleichende Untersuchung stattfinden zwischen den beiden Amtsträgergruppen der Regierungsmitglieder – hierunter zu verstehen sind Bundes- und Landesebene – und der Hauptverwaltungsbeamten. Eine Unterscheidung bei den Regierungsmitgliedern hat auch hier nicht zu erfolgen.[586] In dem Vergleich erfolgt zunächst eine Betrachtung anhand einiger allgemeiner Punkte, die für beide Amtsträgergruppen zutreffen. Danach soll eine Untersuchung anhand der Einschränkungskriterien aus Kap. D.III.3.a.aa erfolgen.

a) Allgemeine Kriterien

Grundsätzlich gemein ist den beiden Vergleichsgruppen der Umstand, dass die Grundelemente der Neutralitätspflicht aus Kap. C.II eine grundsätzliche Geltung erfahren. Weiterhin gibt es sowohl für die Regierungsmitglieder als auch für die Hauptverwaltungsbeamten jedoch keine unmittelbar geltenden gesetzlichen Regelungen zu einer politischen Neutralitätspflicht. Dementsprechend können nur die angesprochenen Grundelemente zur Begründung einer Pflicht zur politisch neutralen Amtsführung herangezogen werden. Ebenfalls gemein ist beiden Vergleichsgruppen die Problematik der Rollendifferenzierung. Denn sowohl Regierungsmitglieder als auch die Hauptverwaltungsbeamten haben in der Regel neben ihrer amtlichen Stellung die private Rolle eines Parteipolitikers inne. Da jedoch auch ihre Ämter stark politisch geprägt sind, fällt es im Einzelfall sehr schwer, die entsprechende Rollendifferenzierung zu treffen, d. h. zu entscheiden, ob die betroffene Person gerade in ihrer Stellung als Amtsträger oder aber als Privatperson und Parteipolitiker agiert. Mit der Problematik einher geht ein weiterer Punkt, der zwar keinen unmittelbaren Bezug zur Neutralitätspflicht im Amt hat, faktisch mit dieser dennoch in einem erkennbaren Zusammenhang steht. Dieser Punkt ist die Mäßigungspflicht außerhalb des Dienstes. Entsprechend den Ausführungen in Kap. D.III.3.d und E.II.2.e unterliegen weder die Hauptverwaltungsbeamten noch die Regierungsmitglieder dieser Pflicht. Diese Gemeinsamkeit deutet bereits für sich genommen auf eine abgeschwächte Pflicht zur politischen Neutralität im Amt hin. Vor dem Hintergrund dieser Gemeinsamkeiten ist nun fraglich, ob auch die für die Hauptverwaltungsbeamten geltenden Einschränkungskriterien auf die Regierungsmitglieder Anwendung finden können. 340

b) Funktionsbedingte Einschränkung

Entsprechend den wiederholten Ausführungen, die sich zuvor mit den Hauptverwaltungsbeamten beschäftigten, unterliegt deren grundsätzliche Pflicht zur politischen Neutralität einer funktionsbedingten Einschränkung. Fraglich ist vorliegend, ob auch für die Regierungsmitglieder eine entsprechende Einschränkung infrage kommt. Ausgangspunkt für die 341

[586] Vgl. hierzu näher Kap. E.II.1.

Annahme einer funktionsbedingten Einschränkung bei den Hauptverwaltungsbeamten ist ihre politische Gestaltungsfunktion. Denn im Gegensatz zu den „normalen" Laufbahnbeamten, deren Kernfunktion die Sicherung einer stabilen Verwaltung und der Ausgleich zu den gestaltenden politischen Kräften ist, sind die Hauptverwaltungsbeamten selbst Teil dieser gestaltenden politischen Kräfte. Ein Ausgleich ist hier nicht angezeigt, und die Forderung nach einer politischen Neutralität würde bedeuten, dass zum Teil eine Neutralität gegenüber „sich selbst" erforderlich ist.

342 Ganz ähnlich stellt sich die Situation bei den Regierungsmitgliedern auf Bundes- und Landesebene dar. In mindestens demselben Maße wie die Hauptverwaltungsbeamten – wegen der Reichweite ihrer Tätigkeitsfelder und Maßnahmen wohl eher in größerem Maße – sind die Regierungsmitglieder Teil der gestaltenden politischen Kräfte. Anders gesagt lässt sich kaum ein staatliches Organ finden, das im größeren Umfang als die Bundes- oder eine Landesregierung politisch gestalten kann. Insoweit ist hier eine klare Parallele zu den Hauptverwaltungsbeamten erkennbar.

343 Zu beachten ist allerdings, dass bei der funktionsbedingten Einschränkung der Neutralitätspflicht der Hauptverwaltungsbeamten ein nicht unerhebliches Argument darin bestand, dass diese in ihrer Kommunikation auch deshalb politisch agieren müssen, weil sie i. d. R. auf eine Wiederwahl hinarbeiten bzw. die richtige „politische Landschaft" für einen Kandidaten ihrer eigenen politischen Couleur vorbereiten wollen. Betrachtet man nun die Ämter der Regierungsmitglieder, so fällt auf, dass keine von ihnen, auch nicht die Regierungschefs in Gestalt des Bundeskanzlers, der Ministerpräsidenten o. Ä., direkt vom Volk gewählt werden. Während Letztere per Wahl durch das jeweilige Parlament ins Amt gelangen, gibt es bei den übrigen Kabinettsmitgliedern überhaupt keinen Wahlakt, sie erhalten ihr Amt durch Ernennung. Hierin ist ein klarer Unterschied zu den Hauptverwaltungsbeamten erkennbar. Kann man diesen noch zugutehalten, dass sie faktisch gezwungen sind, politisch zu agieren und entsprechend auch politisch öffentlichkeitswirksam zu kommunizieren, weil sie unmittelbar vom Wahlvolk abhängen, so lässt sich eine solche unmittelbare Abhängigkeit bei den Regierungsmitgliedern nicht feststellen.

344 Fraglich ist daher, ob bei diesen eine funktionsbedingte Einschränkung dennoch angenommen werden kann oder ob sie selbst wiederum nur eingeschränkt wirken kann. Zwar ist es so, dass weder der Regierungschef noch seine Kabinettsmitglieder unmittelbar durch das Volk gewählt werden. Dennoch ist zu beachten, dass bei den der Regierungsbildung unmittelbar vorhergehenden Parlamentswahlen eine starke Fokussierung auf die Spitzenkandidaten der jeweiligen Parteien stattfindet. Paradebeispiel hierfür ist der Wahlkampf zur Bundestagswahl am 24.09.2017. Absolut im Vordergrund des Wahlkampfes der beiden „großen" Parteien CDU und SPD standen ihre „Kanzlerkandidaten".[587] Daher ist bei den Regierungschefs hinsichtlich der Abhängigkeit von Wahlen und der generellen Zustimmung beim Wahlvolk durchaus eine Ähnlichkeit zu der Situation der Hauptverwaltungsbeamten erkennbar.

[587] So hat FAZ.net für die Dauer des Wahlkampfes eine eigene Unterrubrik „Kanzlerkandidatur" eingerichtet, die tagesaktuell über alle Entwicklungen betreffend die Kanzlerkandidaten berichtet, siehe unter http://www.faz.net/aktuell/politik/thema/kanzlerkandidatur, abgerufen am 24.08.2017.

Etwas schwieriger gestaltet sich dieser Punkt bei den sonstigen Kabinettsmitgliedern. Bereits der Vergleich zwischen Regierungsmitgliedern und politischen Beamten hat gezeigt, dass es beim Punkt der Erlangung des Amtes diesen gewichtigen Unterschied zwischen den Regierungschefs und den übrigen Kabinettsmitgliedern gibt.[588] Hinsichtlich dieses speziellen Punkts ergibt sich bei den übrigen Kabinettsmitgliedern eine Parallele zu den politischen Beamten, während die Regierungschefs, wie eben beschrieben, Gemeinsamkeiten mit den Hauptverwaltungsbeamten aufweisen. Zu einem anderen Ergebnis könnte der Gedanke des „Schattenkabinetts" führen. So kommt es vor, dass einige Spitzenkandidaten z. B. mit einem sog. „Kompetenzteam" antreten, dem ihre jeweiligen Wunschkandidaten für bestimmte Ressorts angehören.[589] Jedoch ist es zum einen so, dass nicht alle Spitzenkandidaten zwangsweise ein solches Schattenkabinett benennen,[590] und zum anderen werden solche Schattenkabinette längst nicht immer zu 100 % Wirklichkeit, nicht zuletzt aufgrund der Postenzuweisung im Rahmen von Koalitionsverhandlungen. 345

Daher ist im Ergebnis festzuhalten, dass die bei den Hauptverwaltungsbeamten angenommene funktionsbedingte Einschränkung sich so gut wie vollständig auf die Regierungschefs auf Bundes- und Länderebene übertragen lässt. Die Argumentation ist dabei eine völlig identische. Nicht ganz vollständig lässt sich eine solche Übertragung auf die übrigen Kabinettsmitglieder anstellen. Zwar sind diese in ihrer Amtsführung ähnlich wie die Hauptverwaltungsbeamten gezwungen, politisch zu agieren und entsprechend eine politische Kommunikation nach außen zu gestalten. In ihr Amt gelangen sie jedoch nicht durch Wahl, sondern durch Ernennung. Daher kann eine funktionsbedingte Einschränkung der politischen Neutralitätspflicht bei ihnen nur in etwas abgeschwächter Form angenommen werden. 346

c) Aufgabenbedingte Einschränkung

Des Weiteren ist fraglich, ob und inwieweit die bei den Hauptverwaltungsbeamten angenommene aufgabenbezogene Einschränkung bei den Regierungsmitgliedern wirken kann. Bei Ersteren wird diese vor allem auf das Selbstverwaltungsrecht aus Art 28 Abs. 2 S. 1 GG und die ihnen zukommende Organkompetenz gestützt.[591] Daraus geht hervor, dass der Hauptverwaltungsbeamte in manchen Situationen das Recht oder gar die Pflicht hat, sich zu bestimmten politischen Angelegenheit, soweit sie die örtliche Gemeinschaft betreffen, zu äußern. Diese Äußerungsbefugnis schließt auch das Recht zu wertenden Stellungnahmen bezüglich anderer politischer Akteure ein. 347

---

[588] Vgl. hierzu Kap. E.II.2.

[589] So z. B. der Spitzenkandidat der CDU bei der Landtagswahl 2017 in NRW, siehe https://www.cdu-nrw.de/kompetente-koepfe-fuer-kehrtwende-bei-schule-und-kultur, abgerufen am 29.08.2017.

[590] Vgl. z. B. Wahlkampf des SPD-Spitzenkandidaten bei der Bundestagswahl 2017, der ausdrücklich kein Schattenkabinett wollte, http://www.sueddeutsche.de/news/politik/parteien-bild-schulz-will-kein-schatten-kabinett-benennen-dpa.urn-newsml-dpa-com-20090101-170324-99-801314, abgerufen am 24.08.2017.

[591] Vgl. hierzu erneut ausführlich Kap. D.III.3.a.aa.(3).

348 Eine Berufung auf ein dem gemeindlichen Selbstverwaltungsrecht entsprechendes Rechtsinstitut stellt sich bei den Regierungsmitgliedern für sich betrachtet als schwierig dar. Setzt man sich jedoch näher mit dem Sinn und Zweck der aufgabenbezogenen Einschränkung bei den Hauptverwaltungsbeamten auseinander, so kommt man zu dem Ergebnis, dass eine Übertragung dennoch vollkommen sinnhaft ist. Denn vor allem geht es bei dieser Einschränkung unter Berufung auf das genannte Selbstverwaltungsrecht darum, dass der Hauptverwaltungsbeamte als direkt gewählter politischer Akteur, der gleichzeitig Chef des kommunalen Verwaltungsapparats ist, das primäre Recht hat, sich politisch mit den Angelegenheiten der örtlichen Gemeinschaft auseinanderzusetzen und entsprechend dazu Stellung zu beziehen. Ausgedrückt und unterstrichen wird hierbei die grundsätzliche Unabhängigkeit der Gemeinden bei ihrer Aufgabenerfüllung, zu der eben auch der Umgang mit örtlichen politischen Themen und Anliegen zu zählen ist. Als direkt vom Volk gewählten politischen Funktionsträger und Chef der Kommunalverwaltung kommt entsprechend auch dem Hauptverwaltungsbeamten im Rahmen seiner Organkompetenz das Recht zu, diese Erfüllung der örtlichen Aufgaben zu leiten und entsprechend zu allen damit verbundenen Angelegenheiten Stellung zu beziehen.

349 Diese Konstruktion lässt sich nun von der kommunalen auf die Länder- und gar die Bundesebene übertragen. Denn ebenso wie es Sache eines Hauptverwaltungsbeamten ist, sich mit der kommunalen Aufgabenerfüllung zu beschäftigen, liegt es in der Kompetenz der Landesregierungen, sich mit den Aufgaben und Themen des Staates auf Landesebene zu befassen. In demselben Umfang obliegen ihnen auch die Kommentierung dieser Aufgabenerfüllung und die Stellungnahme zu allen damit verbundenen Fragen. Ebenso muss zu diesen Äußerungsbefugnissen auch das Recht gehören, sich in bestimmten Situationen kritisch zu Themen, Einstellungen und Forderungen der politischen Gegner zu äußern. Zu beachten ist hierbei, ebenso wie es bei den Hauptverwaltungsbeamten hinsichtlich der Voraussetzung „Angelegenheit der örtlichen Gemeinschaft" der Fall ist, dass es sich um Themen und Angelegenheiten handeln muss, die einen sachlichen Bezug zur staatlichen Aufgabenerfüllung auf Landesebene haben. Darüber hinaus ist darauf zu achten, dass es um Angelegenheiten geht, die das „eigene" Bundesland betreffen.[592] Ebenso verhält es sich auf Bundesebene. Zu Angelegenheiten, die die staatliche Aufgabenerfüllung auf Bundesebene betreffen, muss es Mitgliedern der Bundesregierung möglich sein, auch wertend gegenüber dem politischen Gegner in amtlicher Eigenschaft Stellung zu beziehen.

350 Schließlich ist noch auf die Differenzierung zwischen den Regierungschefs und den übrigen Kabinettsmitgliedern einzugehen. Was die Regierungschefs angeht, so sind diese, wie auch schon auf anderen Ebenen der Vergleichsuntersuchung zuvor, durchaus mit den Hauptverwaltungsbeamten gleichzusetzen. Zwar gewährt das Ressortprinzip den Kabinettsmitgliedern mehr Unabhängigkeit bei ihrer Amtsführung, als dies bei den Führungskräften auf kommunaler Ebene der Fall ist.[593] Dennoch tragen die Regierungschefs nicht zuletzt aufgrund ihrer Richtlinienkompetenz die Gesamtverantwortung für das Regierungshandeln

[592] Vgl. hierzu auch schon die Ausführungen in Kap. D. I.2.c.bb.(2).

[593] Vgl. erneut ausführlich Schwind/Mehlhorn, NdsVBl 2015, 97 ff; a.A. in Bezug auf die weiteren Beamten auf Zeit wohl Pautsch, DVP 2014, 235 ff.

und die staatliche Aufgabenerfüllung im Rahmen ihres Verbands.[594] Daher haben sie auch im Rahmen dieser Aufgabenerfüllung das Recht, sich in amtlicher Eigenschaft zu den mit der Aufgabenerfüllung im Zusammenhang stehenden Themen und Fragen zu äußern. Das eben angesprochene Ressortprinzip räumt dabei auch den Ministern im Rahmen ihres Geschäftsbereichs ein ähnliches Recht ein.

Damit ist im Hinblick auf die aufgabenbezogene Einschränkbarkeit der politischen Neu- 351
tralitätspflicht festzuhalten, dass diese auch für Regierungsmitglieder auf Bundes- und Länderebene gilt. Zu beachten ist dabei, dass sie ihre Wirkung nur im Rahmen des dem jeweils betroffenen Amtsträger zugewiesenen Feldes der Aufgabenerfüllung entfalten kann. Trotz der grundsätzlichen Befugnis, auch wertende Äußerungen zu treffen und sich damit zugunsten oder zulasten anderer politischen Akteure auszusprechen, muss zwingend auf die Einhaltung der Grundsätze von Sachlichkeit und Verhältnismäßigkeit geachtet werden.

d) Sonderfall der Replik

Abschließend ist für den vorliegenden Vergleich zu klären, wie es sich mit dem Sonderfall 352
der Replik verhält. Dieser Sonderfall, der den Hauptverwaltungsbeamten in bestimmten Situationen dazu berechtigt, sich in amtlicher Eigenschaft zulasten seiner politischen Gegner zu äußern, ist grundsätzlich in zwei Konstellationen denkbar. Zum einen ist eine solche Ermächtigung vorhanden, wenn sich der politische Gegner zuvor negativ über die Aufgabenerfüllung in der dem Beamten unterstellten Verwaltung geäußert hat und dabei einen Polemisierungsgrad überschritten hat. Zum anderen sollen aber auch entsprechend polemische Angriffe gegen die Person bzw. das Amt des Hauptverwaltungsbeamten selbst diesen berechtigen, sich entsprechend zur Wehr zu setzen.

Beide Konstellationen sind ebenso denkbar im Bereich der Regierungsmitglieder. Sowohl 353
die Regierungschefs als auch die übrigen Kabinettsmitglieder sind neben ihrer Rolle als politischer Amtsträger im Rahmen der Regierung jeweils oberster Dienstvorgesetzter einer Organisationseinheit. In dieser Funktion treffen sie dieselben Schutz- und Fürsorgepflichten wie die Hauptverwaltungsbeamten, ganz gleich ob sich diese für ihnen unterstellte Beamte aus §§ 45 BeamtStG, 78 BBG oder die arbeitsrechtlich Beschäftigten aus §§ 617 bis 619 BGB ergeben. Bei Angriffen auf seine Mitarbeiter hat das jeweilige Regierungsmitglied sich schützend vor den Bediensteten zu stellen.[595] Gleiches gilt für die Situation, in der das Re-

[594] Gemeint ist der Bund bzw. das jeweilige Bundesland.

[595] Ein aktuelles Beispiel für einen solchen Angriff stellen die Äußerungen des AfD-Spitzenkandidaten über die Person der Integrationsbeauftragten der Bundesregierung, die im Rang einer Staatsministerin dem Bundeskanzleramt zugeordnet ist, siehe z. B. http://www.zeit.de/politik/deutschland/2017-08/afd-alexander-gauland-aydan-oezuguz-reaktionen, abgerufen am 29.08. 2017. Der Spitzenkandidat spricht davon, dass die Staatsministerin „in Anatolien entsorgt" werden müsse. Der notwendige Polemisierungsgrad, der die Bundeskanzlerin zu einer entsprechenden Replik ermächtigt, ist offensichtlich erreicht, völlig unabhängig von der Frage, ob sich die Äußerungen mit einem rassistischen Hintergrund gegen die Person der Staatsministerin oder gegen das von ihr bekleidete Amt richten.

gierungsmitglied selbst Objekt eines polemisch-politischen Angriffs wird. Als Repräsentant des jeweils bekleideten Amtes hat es das Recht auf eine Replik in amtlicher Eigenschaft, um die Integrität des betroffenen Amtes effektiv schützen zu können.

e) Ergebnis

354 Der Vergleich von Regierungsmitgliedern und Hauptverwaltungsbeamten zeigt im Ergebnis, dass die für beide Vergleichsgruppen in den Kap. D. I.2 und D.III aufgestellten Grundsätze keine Wertungswidersprüche ergeben. So findet sich bei den beiden Amtsträgergruppen eine große Basis von Gemeinsamkeiten im Hinblick auf die Pflicht zur politischen Neutralität. Die stark politisch geprägten Ämter unterliegen weder speziellen verfassungsrechtlichen oder einfachgesetzlichen Neutralitätsverpflichtungen, noch haben sich die Amtsträger außerhalb des Dienstes politisch zu mäßigen. Einzig die Grundelemente finden bei beiden im selben Maße Anwendung. Auch auf der Ebene der Einschränkungen der aus den Grundelementen grundsätzlich folgenden Neutralitätsverpflichtung lassen sich starke Gemeinsamkeiten erkennen. So treffen alle für die Hauptverwaltungsbeamten identifizierten Einschränkungskriterien für die Regierungschefs zu. Ähnlich ist dies bei den übrigen Kabinettsmitgliedern, mit dem kleinen Unterschied, dass diese nicht durch einen Wahlakt in ihr Amt gelangen und bei ihnen die funktionsbedingte Einschränkung daher nicht in vollem Umfang, wie bei den Regierungschefs und den Hauptverwaltungsbeamten, greifen kann. Da das Argument der Wählbarkeit jedoch nicht der einzige Argumentationsansatz für die funktionsbedingte Einschränkung ist, fällt dieser Unterschied nicht allzu erheblich aus.

3. Zusammenfassung

355 Insgesamt haben sich aus dem Vergleich der Hauptverwaltungsbeamten mit den Amtsträgern im öffentlich-rechtlichen Amtsverhältnis verschiedene Erkenntnisse ergeben. Die Heterogenität dieser Erkenntnisse hängt vor allem mit der Notwendigkeit der Differenzierung zwischen den beiden relevanten Gruppen der Amtsträger im öffentlich-rechtlichen Amtsverhältnis zusammen. Hierbei muss das Amt des Bundespräsidenten klar von den Ämtern der Regierungsmitglieder getrennt werden. Denn der Vergleich mit den Hauptverwaltungsbeamten kam zu dem Ergebnis, dass diese beiden Amtsträgergruppen hinsichtlich ihrer Pflicht zur politischen Neutralität nicht gleichgestellt werden können, Vielmehr ist es so, dass die Hauptverwaltungsbeamten hier „privilegiert" werden müssen, also einer weitaus schwächeren Neutralitätspflicht unterliegen. Die Zugrundelegung der in Kap. D. I.1 dargelegten Ansätze führt jedoch zu einem anderen Ergebnis, was im Hinblick auf die Vergleichsuntersuchung einen Wertungswiderspruch darstellt. Um es deutlich auf den Punkt zu bringen: Das Amt des Bundespräsidenten unterliegt einer wesentlich umfassenderen Pflicht zur politischen Neutralität als das Amt eines Hauptverwaltungsbeamten. Ganz anders sieht es dagegen bei den Regierungsmitgliedern aus. Unter Zugrundelegung der in Kap. D. I.2 und D.III dargestellten Ansätze hat der Vergleich gezeigt, dass die Ablehnung

einer umfassenden Neutralitätspflicht sowohl bei den Regierungsmitgliedern – unabhängig, ob auf Bundes- oder Länderebene – als auch bei den Hauptverwaltungsbeamten im Wesentlichen auf den gleichen dogmatischen Argumentationsansätzen beruht. Einzig der Umstand, dass die Minister und Senatoren nicht durch einen Wahlakt in ihr Amt gelangen, unterscheidet sie von den Hauptverwaltungsbeamten. Dieser eine Unterschied darf jedoch vor dem Gesamthintergrund der Argumentationsbasis durchaus als unerhebliche Nuance gewertet werden.

F. ANWENDUNG AUF PRAKTISCHE PROBLEMFÄLLE

356 Im letzten Schritt dieser Arbeit gilt es nun, alle zuvor herausgearbeiteten, dargestellten und durch eine Vergleichsuntersuchung kritisch hinterfragten Ansätze auf einige Problemfälle aus der Praxis zu übertragen, um sie so besser veranschaulichen zu können. Insbesondere die Erkenntnisse aus der Vergleichsuntersuchung in Kap. E sollen eine tragende Rolle spielen und bei unbilligen Ergebnissen als Korrektiv dienen. Hierfür sollen die einzelnen zuvor problematisierten Amtsträgergruppen getrennt betrachtet werden. Bisher haben sich im Laufe dieser Arbeit folgende im Hinblick auf die politische Neutralitätspflicht zusammengehörige Amtsträgergruppen identifizieren lassen:

- klassische Laufbahnbeamte
- politische Beamte
- kommunale Wahlbeamte im Amt eines Hauptverwaltungsbeamten
- weitere kommunale Wahlbeamte
- Regierungsmitglieder auf Bundes- und Länderebene
- Amt des Bundespräsidenten

357 Bezüglich der klassischen Laufbahnbeamten wurde festgestellt, dass diese einer umfassenden Pflicht zur politischen Neutralität unterliegen, die einerseits auf den Grundelementen aus Kap. C.II und andererseits auf den hergebrachten Grundsätzen aus Art. 33 Abs. 5 GG und den speziellen beamtenrechtlichen Bestimmungen fußt. Inhalt und Umfang dieser Pflicht sind in den angesprochenen einfachgesetzlichen Bestimmungen konkret ausgestaltet und in Literatur und Rechtsprechung auch nicht weiter umstritten. Daher bedarf es keiner weiteren Auseinandersetzung mit dieser Gruppe.

358 Hinsichtlich der politischen Beamten haben die Untersuchungen ergeben, dass auch diese Gruppe in demselben Umfang der Neutralitätspflicht unterliegt, wie es die anderen Laufbahnbeamten tun. Sowohl der hergebrachte Grundsatz der politisch neutralen Amtsführung als auch die beamtenrechtlichen Bestimmungen entfalten hier neben den Grundelementen volle Wirkung. Dagegen gibt es keine dogmatischen Ansätze, die zur Einschränkung dieser Pflicht herangezogen werden können. Da jedoch die Konstruktion dieser Rechtsfigur an sich eine politisch neutrale Amtsführung jedenfalls faktisch unmöglich macht, ist in ihr im Übrigen per se ein Verstoß gegen die Neutralitätspflicht zu sehen. Daher sind auch hier weitere Ausführungen zu praktischen Problemfällen nicht erforderlich.

359 Ähnlich verhält es sich schließlich mit den weiteren kommunalen Wahlbeamten auf Zeit. Im Unterschied zu den Hauptverwaltungsbeamten greifen für sie grundsätzlich keine der einschränkenden Kriterien. Daher unterliegen sie, wie die zuvor genannten Beamtengruppen, mit Ausnahme der wenigen zuvor genannten Ausnahmefälle, einer umfassenden Pflicht zur politisch neutralen Amtsführung. Demzufolge sind auch bei dieser Gruppe Ausführungen zu praktischen Problemfällen entbehrlich.

Übrig bleiben also nur noch das Amt des Bundespräsidenten, die Regierungsmitglieder und die Hauptverwaltungsbeamten. Anhand einiger bereits in der Rechtsprechung behandelter, aber auch einiger eigens konstruierter Konstellationen sollen nun die bisherigen Erkenntnisse veranschaulicht werden. 360

I. DER BUNDESPRÄSIDENT

Beginnen sollen die Überlegungen zu den ausgewählten praktischen Problemen anhand des Bundespräsidentenamtes. Angenommen werden soll, dass sich der Bundespräsident abfällig über bestimmte politische Akteure äußert. Dieser Fall soll in verschiedenen Konstellationen durchgespielt werden. Dabei soll zum einen unterschieden werden, ob sich die Äußerungen im Rahmen einer anstehenden Wahl, also in einer „heißen Wahlkampfphase"[596], oder außerhalb eines Wahlkampfes erfolgen. Zum anderen soll danach unterschieden werden, ob sich die Äußerungen gegen eine politische Partei, eine Wählergemeinschaft oder aber eine andere politische Gruppierung richten. Schließlich soll auch auf den Sonderfall eingegangen werden, in dem der Amtsträger zum Boykott einer Versammlung bzw. zu einer Gegendemonstration aufruft. 361

1. Situation im Wahlkampf

a) Äußerungen zulasten einer Partei

Zunächst soll angenommen werden, der Bundespräsident äußert sich zulasten einer politischen Partei im Rahmen der heißen Phase des Wahlkampfes. Diese Konstellation entspricht im Übrigen exakt dem Fall, den das BVerfG in dem sog. „Spinner"-Urteil zu entscheiden hatte. Um letztlich zu bewerten, ob solche Äußerungen des Bundespräsidenten gegen seine Pflicht zur politischen Neutralität verstoßen, ist zunächst der Umfang dieser Pflicht in der konkreten Situation zu definieren. Daran anschließend ist im Wege einer Abwägung zu ermitteln, ob ein etwaiges Abweichen von der Pflicht gerechtfertigt werden kann, was bei einem positiven Ergebnis eine Pflichtverletzung ausschließen würde. 362

Zunächst ist zu prüfen, welche Grundelemente der Neutralitätspflicht in der vorliegenden Konstellation greifen. Neben dem Demokratieprinzip aus Art. 20 Abs. 1, Abs. 2 S. 2 GG, dessen Wirkung jedoch keine überragende Bedeutung beizumessen ist,[597] kann sich die betroffene Partei auch auf ihr Recht auf Chancengleichheit aus Art. 21 Abs. 1 GG berufen. Das Element der Grundrechte greift jedoch in der vorliegenden Konstellation nicht, da die Äußerungen allgemein abwertender Natur sind und nicht zu einer Gegendemonstration oder gar zu einer Verhinderung einer Versammlung der betroffenen Partei aufrufen, was den Schutz von Art. 5 Abs. 1 und Art. 8 Abs. 1 GG auslösen könnte. 363

---

[596] Zu diesem Begriff vgl. ausführlich Kap. C.II.4.

[597] Vgl. oben Kap. C.II.1.

364 Bezüglich der beiden betroffenen Grundelemente ist zunächst zu beachten, dass der Chancengleichheit der Parteien bei Wahlen und Abstimmungen jeglicher Art ein besonders hohes Gewicht zukommt. Durchbrechungen dieser Chancengleichheit sind grundsätzlich nur aus absolut zwingenden Gründen zulässig.[598] Denn die repräsentative Demokratie, wie sie nach Art. 20 Abs. 2 S. 2 GG durch Wahlen und Abstimmungen ausgeübt wird, stellt vom Grundsatz her eine Einschränkung der Volksherrschaft im absoluten Verständnis dar.[599] Daher ist es für eine angemessene demokratische Legitimation der eingesetzten staatlichen Organe zwingend erforderlich, dass der Willensbildungsprozess des Volkes ohne unzulässige Einflüsse erfolgt. Die Parteien haben dabei entsprechend ihrem verfassungsrechtlichen Status[600] an dieser politischen Willensbildung des Volkes durch Aufnahme, Kanalisierung und Steuerung des Willens mitzuwirken.[601] Daher ist es von besonderer Bedeutung, dass für eine störungsfreie Willensbildung des Volkes alle Parteien dieselbe Möglichkeit zur Aufnahme, Kanalisierung und Steuerung des Volkswillens bekommen. Eine Einflussnahme auf diesen Prozess, die seitens staatlicher Organe erfolgt, stört diese Willensbildung. Diese Argumente sprechen in der vorliegenden Konstellation stark für die Annahme einer umfassenden politischen Neutralitätspflicht beim Bundespräsidenten.

365 Andererseits haben sowohl die Ausführungen in Kap. D. I.1 als auch die Ergebnisse der Vergleichsuntersuchung in Kap. E.III.1 ergeben, dass die grundsätzliche Neutralitätspflicht des Bundespräsidenten einer funktionsbedingten Einschränkung unterliegt, die im Wesentlichen auf der Repräsentations- und Integrationsfunktion dieses Amtes basiert. Ebenfalls hat sich ergeben, dass diese präsidiale Repräsentations- und Integrationsfunktion in ihrem Wesen einzigartig ist und sonst keinem anderen Amtsträger zukommt. Gerade diese Einzigartigkeit könnte nun dafür sprechen, die Abweichung von der grundsätzlichen Neutralitätspflicht zu rechtfertigen und demnach eine Verletzung derselben abzulehnen.[602]

366 Die besondere Problematik dieser Konstellation macht der Umstand aus, dass sie sich in der heißen Wahlkampfphase befindet. Gerade in dieser haben wertende Äußerungen von Amtsträgern eine ganz besonders starke Wirkung auf die politisch stark sensibilisierte Öffentlichkeit. Äußerungen, die in anderen Zeiten unter Umständen nur geringe Beachtung finden würden, werden in dieser Phase besonders deutlich – auch und gerade in Medien verschiedenster Art – wahrgenommen. Dies verstärkt den Eingriff in die Chancengleichheit der Parteien zusätzlich. Erhöht wird diese negative Wirkung für die „abgewertete" Partei dann auch durch den Umstand, dass der Bundespräsident als Staatsoberhaupt eine besonders große Amtsautorität für sich in Anspruch nimmt. Dagegen ist die angesprochene Repräsentations- und Integrationsfunktion nur eine der Aufgaben des Bundespräsidenten. Daher erscheint bereits die Annahme unbillig, eine der vielen Funktionen des Bundespräsidenten genüge, um alle eben aufgezählten Punkte aufzuwiegen. Ganz eindeutig gegen

[598] Klein in: Maunz/Dürig, GG, Art. 21 Rn. 306 mit einigen Beispielen.
[599] So in etwa Grzeszick in: Maunz/Dürig, GG, Art. 20 Rn. 67; ähnlich zu verstehen auch Huster/Rux, in: BeckOK GG, Art. 20 Rn. 67.
[600] Ipsen in: Sachs, GG 7.Auflage, Art. 21 Rn. 5.
[601] Kunig in: v. Münch/Kunig, GG I 6. Auflage, Art. 21 Rn. 3; vgl. auch Ipsen, in: Sachs, GG 7. Auflage, Art. 21 Rn. 5.
[602] Dies tut im Ergebnis auch das BVerfG in der besagten Entscheidung. Zustimmend äußert sich dazu z. B. Butzer, ZG 2015, 97 ff.

die Annahme einer Rechtfertigung spricht jedoch der Umstand, dass der Bundespräsident grundsätzlich die gesamte Legislaturperiode über seinem Amt entsprechend repräsentierend und integrierend wirken kann. Nimmt man nun an, die heiße Wahlkampfphase dauert nur maximal sechs Wochen vor der Wahl, so ist es keinesfalls ein erheblicher Einschnitt in die Rechte des Bundespräsidenten, wenn man von ihm verlangt, für die Dauer dieser sechs Wochen bei der Wahrnehmung seiner Aufgaben auf wertende Aussagen gegenüber den an der Wahl teilnehmenden Parteien zu verzichten. Damit sind die Eingriffe in die Chancengleichheit der Parteien insgesamt nicht zu rechtfertigen und eine Verletzung der Pflicht zur politischen Neutralität liegt vor.

b) Äußerungen zulasten von Wählergemeinschaften

Nunmehr ist zu untersuchen, wie sich die Situation darstellt, wenn die genannten Äußerungen nicht zulasten einer politischen Partei i. S. d. Parteiengesetzes[603], sondern gegenüber anderen politischen Gruppierungen erfolgen. Hierbei sind grundsätzlich zwei Arten von anderen Gruppierungen denkbar. Zum einen sind da die Wählervereinigungen. Diese Vereinigungen macht vor allem aus, dass sie nur auf kommunaler und maximal auf Landesebene bei Wahlen antreten, nicht jedoch bei Bundestagswahlen. Aufgrund dieses Umstands fallen sie nicht unter den Begriff der Parteien i. S. d. Parteienrechts. Neben den Wählervereinigungen existieren zum anderen wiederum solche Gruppen, die bei überhaupt keinen Wahlen antreten und als Aktionsbündnisse agieren. Klassisches Beispiel ist hierfür ist das Bündnis Pegida mit seinen regionalen Ablegern wie Dügida u. Ä. Nun ist zu untersuchen, wie es um die Neutralitätspflicht des Bundespräsidenten gegenüber diesen Gruppen innerhalb und außerhalb des Wahlkampfes bestellt ist. 367

Was die politischen Gruppierungen angeht, die weder politische Parteien noch Wählergemeinsaften sind, so treten Probleme mit der Neutralitätspflicht bei diesen Gruppen vor allem im Zusammenhang mit Aufrufen zu Boykotten von Veranstaltungen und Gegendemonstrationen auf.[604] Da diese Gruppen nicht an Wahlen teilnehmen, ergeben sich für die spezifische Konstellation des Wahlkampfes hier keine Probleme. Daher sollen diese politischen Gruppierungen im Abschnitt F.1.2 und im speziellen Abschnitt zu den Gegendemonstrationen in Kap. F. I.3 behandelt werden. 368

Ansonsten ist problematisch in dieser Konstellation vor allem die Frage, ob Wählergemeinschaften unter den Schutzbereich der Chancengleichheit des Art. 21 Abs. 1 GG fallen. Diese Frage ist höchst umstritten.[605] Nimmt man nun an, der Schutz des Art. 21 Abs. 1 GG i. V. m. Art. 38 Abs. 1 bzw. Art. 28 Abs. 1 S. 2 GG erstrecke sich auch auf die angesprochenen 369

603 Zum Begriff vgl. Morlok, ParteiG, § 2 Rn. 2–9.

604 So etwa der Fall mit DÜGIDA, vgl. OVG NRW, NVwZ 2017, 1316 oder Der Fall „Rote Karte gegen PEGIDA, vgl. BVerfG, NVwZ-RR 2016, 241.

605 Zum Streitstand vgl. Kluth in: BeckOK GG, Art. 21 Rn. 27–30.

Wählervereinigungen,[606] wäre die Konstellation genauso zu bewerten wie die Situation, die im vorstehenden Unterabschnitt erörtert wurde. Die beiden Elemente Demokratieprinzip und Recht auf Chancengleichheit, denen „nur" die Repräsentations- und Integrationsfunktion des Bundespräsidenten gegenübersteht, führen dazu, dass eine umfassende Neutralitätspflicht des Letzteren angenommen werden muss. Dies führt wiederum zu dem Ergebnis, dass die angesprochenen Äußerungen wegen einer Verletzung der politischen Neutralitätspflicht unzulässig wären.

370 Fraglich ist weiterhin, wie die Situation zu beurteilen ist, wenn der Ansicht gefolgt wird, die den Schutz des Art. 21 Abs. 1 GG für die Wählervereinigungen ablehnt.[607] Danach müssten Letztere im Vergleich zu den politischen Parteien erheblich schlechter gestellt werden. Dieses Ergebnis erscheint jedoch gerade in Bezug auf die Wählervereinigungen als unbillig. Da sich die Chancengleichheit der Parteien – wenn auch nicht ausschließlich – vor allem bei den Wahlen und im Wahlkampf verwirklicht,[608] ist gerade dieser Bereich der hauptsächliche Anknüpfungspunkt für die Chancengleichheit. Nun ist es bei den Wählervereinigungen so, dass diese auf Kommunal- und Landesebene neben den politischen Parteien in derselben Art und Weise zu den Wahlen antreten und am Wahlkampf teilnehmen. Eine Betrachtung der praktischen Ebene zeigt hierbei auf, dass z. B. bei Kommunalwahlen gerade die parteilosen Wahlbewerber eines besonderen Schutzes bedürfen. Ihnen wird kein Verbandsvorteil zuteil, wie es bei Bewerbern, die Mitglied einer politischen Partei sind, der Fall ist. Auch wenn der amtierende Hauptverwaltungsbeamte selbst nicht Mitglied einer Partei ist, so kommt ihm immer noch der Vorteil aus der Amtsautorität zu. Würde man nun zulassen, dass die Position des amtierenden Hauptverwaltungsbeamten im Wahlkampf durch Einmischungen des Bundespräsidenten in den Wahlkampf gestärkt wird, so könnte dies die Position seiner parteilosen Mitbewerber erheblich schwächen. Diese Einmischungen könnten einen erheblichen Eingriff in ihre Chancen, gewählt zu werden, bedeuten. Nicht anders sieht es aus, wenn Kandidaten von Wählergemeinschaften bei Wahlen zur Kommunalvertretung antreten. Auch diese würden sich einem unverhältnismäßigen Nachteil gegenüber den Kandidaten von politischen Parteien ausgesetzt sehen. Der Sinn und Zweck des Schutzgedankens von Art. 21 Abs. 1 GG würde, soweit er für Chancengleichheit bei Wahlen herangezogen wird, unterlaufen werden. Die Annahme, die Chancengleichheit des Art. 21 Abs. 1 GG erstrecke sich nicht auf Wählergemeinschaften, ist auf der hier betrachteten Ebene somit abzulehnen.[609] Das bedeutet, dass die Wählergemeinschaften bei der vorliegenden Frage ebenso zu behandeln sind wie die „klassischen" politischen Parteien. Somit deckt sich das Ergebnis für die Wählergemeinschaften mit dem vorstehenden Unterabschnitt zu den politischen Parteien.

606 So etwa Morlok in Dreier: GG, Art. 21 Rn. 36; Jarass/Pieroth, GG, Art. 21 Rn. 7; Ipsen in: Sachs, GG, Art. 21 Rn. 19; Morlok/Merten, DÖV 2011, 125 (132 f.).

607 Wie etwa BVerfGE 52, 63 (83).

608 Vgl. Kluth in: BeckOK GG, Art. 21 Rn. 132.

609 So im Ergebnis auch Kluth in: BeckOK GG, Art. 21 Rn. 30, der die Chancengleichheit jedoch nicht in erster Linie auf Art. 21 GG, sondern auf Art. 3 Abs. 1 i. V. m. dem Demokratieprinzip stützt. Ähnlich kann auch das BVerwG in BeckRS 2017, 135056, Rn. 25, verstanden werden, das sagt, die Neutralitätspflicht aus Art. 21 GG könne nicht gelten für politische Gruppierungen, die nicht an politischen Wahlen teilnehmen. E contrario lässt sich durchaus folgern, dass solche Gruppen, die sich an politischen Wahlen beteiligen, sich sehr wohl auf diesen Schutz berufen können, auch wenn das BVerwG dies zugegebenermaßen so nicht äußert.

2. Situation außerhalb des Wahlkampfes

a) Äußerungen zulasten einer Partei

Im Vergleich soll nun betrachtet werden, wie die Situation zu bewerten ist, wenn zwar weiterhin eine politische Partei von der zugrunde gelegten Äußerung betroffen ist, das Ganze sich jedoch nicht innerhalb des Wahlkampfes ereignet. 371

Auch hier ist zunächst der Geltungsumfang der Grundelemente zu klären. Ganz eindeutig steht zunächst fest, dass das Demokratieprinzip seine – bei der politischen Neutralitätspflicht untergeordnete – Wirkung entfaltet, während die Grundrechte wiederum nicht zum Tragen kommen. Fraglich ist jedoch, wie es um die Chancengleichheit der Parteien aus Art. 21 Abs. 1 i. V. m. Art. 38 Abs. 1 bzw. Art. 28 Abs. 1 S. 2 GG bestellt ist. Der Anknüpfungspunkt für diese Chancengleichheit der Parteien liegt darin, dass alle Parteien bei allen Wahlen – und auch Abstimmungen – dieselben Chancen bekommen.[610] Das bedeutet insbesondere, dass weder die sich in der Opposition befindenden Parteien noch, was ebenso gut denkbar ist, die an der Regierung beteiligten Parteien benachteiligt werden dürfen. Wenn man nun davon ausgeht, dass gerade keine Wahlen anstehen, dann dürfte nach dieser grundsätzlichen Definition dieses Grundelement nicht herangezogen werden. Dennoch gibt es zahlreiche Stimmen in der Rechtsprechung, die den Parteien auch außerhalb von Wahlkampfzeiten das Recht auf Chancengleichheit einräumen wollen.[611] Denn der sachliche Schutzbereich der Chancengleichheit beschränke sich eben nicht nur auf Tätigkeiten, die in unmittelbarem Zusammenhang zu den Wahlen stehen. Er erstrecke sich auf die Tätigkeit der Parteien schlechthin, die „außerhalb von Wahlen und während derselben die gleiche ist".[612] Bemerkenswert an diesen Stimmen ist, dass sie, von der Entscheidung BVerfGE 85, 264, die die Grundlage für alle anderen Stimmen bildet, mal abgesehen, eine Begründung für diese These schuldig bleiben. Verwiesen wird nur kommentarlos auf die besagte Entscheidung. 372

Diese Entscheidung beschäftigt sich ihrerseits mit den Grenzen der Zulässigkeit der staatlichen Parteienfinanzierung. Hier wendet sich der erkennende Senat von seiner bis dato vertretenen Ansicht ab und stellt fest, dass der Staat verfassungsrechtlich nicht gehindert sei, den Parteien Mittel nicht nur für den Wahlkampf, sondern auch für die Finanzierung der allgemeinen ihnen nach dem Grundgesetz obliegenden Tätigkeit zu gewähren.[613] Diese Abkehr stützt er auf die These, dass die allgemeine politische Tätigkeit der Parteien stets dieselbe sei, unabhängig davon, ob Wahlen (unmittelbar) bevorstünden oder nicht. Denn diese Tätigkeit bestehe in der Mitwirkung bei der politischen Willensbildung des Volkes. Diese Mitwirkung beschränke sich dabei nicht nur auf die unmittelbare Wahlvorbereitung, sondern finde permanent statt. Daher sei eine Abgrenzung zwischen Wahlkampfarbeit und sonstiger politischer Betätigung allenfalls aus organisatorischer Sicht möglich, nicht jedoch auf inhaltlicher Ebene. Diesen argumentativen Ansatz legen 373

[610] Vgl. hierzu ausführlicher Kap. C.II.2

[611] Vgl. z. B. BVerfGE 85, 264 (285, 297); BVerfGE 140, 225 (227); OVGNRW, NVwZ 2016.

[612] So wörtlich BVerfGE 85, 264 (285, 297); zur Gesamtthese siehe Klein in: Maunz/Dürig, GG, Art. 21 Rn. 297.

[613] Vgl. hierzu und zum Folgenden BVerfGE 85, 264 (284–286).

die zitierten Stimmen zur Reichweite der Neutralitätspflicht offenbar zugrunde, um damit die permanente Geltung der Schutzwirkung aus Art. 21 Abs. 1 GG und der daraus resultierenden Chancengleichheit der Parteien und die damit einhergehende Pflicht zur politischen Neutralität zu begründen.

374 Unstrittig richtig an dieser Argumentation ist die These, dass eine politische Partei in ihrer gesamten Arbeit permanent an der politischen Willensbildung des Volkes mitwirkt. Folgerichtig ist somit, dass eine inhaltliche Aufteilung ihrer allgemeinen politischen Tätigkeit in Wahlkampf und andere Arbeit prinzipiell nicht möglich ist. Ebenfalls nachvollziehbar ist die Schlussfolgerung, dass der Schutz der Chancengleichheit der Parteien keine zeitliche Beschränkung auf die Wahlkampfphase erfahren kann. Zu vermissen ist jedoch eine Differenzierung dieser Schutzwirkung auf qualitativer Ebene. Mit den Ausführungen aus Kap. C.II.4 sind die Bürger in einem bestimmten Zeitraum vor einer Wahl ganz besonders sensibilisiert für Äußerungen und andere Maßnahmen, die der Werbung um Wählerstimmen dienen. Denn aus dem Wettbewerb der Parteien bei ihrer Mitwirkung an der politischen Willensbildung sollen durchaus Sieger und Verlierer hervorgehen.[614] Der eigentliche Akt des „Leistungsvergleichs" sind dann die Wahlen. Vor diesem Leistungsvergleich stehen die Parteien sehr stark im Fokus der öffentlichen Aufmerksamkeit, nicht zuletzt bedingt durch ihre eigenen Anstrengungen, besagte Aufmerksamkeit zu erregen. Damit fallen staatliche Eingriffe in den Wahlkampf während dieser Phase ganz besonders ins Gewicht. Das BVerfG selbst nimmt daher eine gesteigerte Neutralitätspflicht innerhalb des Wahlkampfes an.[615] Da es eben jene Neutralitätspflicht vor allem auf die Chancengleichheit der Parteien stützt, muss daraus geschlussfolgert werden, dass es selbst eine unterschiedlich starke Ausprägung dieser Chancengleichheit annimmt. Dies ist auch nachvollziehbar, denn gerade dieser Anspruch auf Chancengleichheit sichert den Parteien den Schutz vor „schädlichen" Einwirkungen auf ihre Arbeit seitens staatlicher Organe zu.

375 Aus dem Umstand, dass die Parteien vor einer Wahl einen besonders starken Schutz vor Beeinträchtigungen bei ihrer Werbung um Wählerstimmen brauchen, da ihnen eine gesteigerte öffentliche Aufmerksamkeit zuteilwird, folgt aber e contrario, dass diese Schutzbedürftigkeit außerhalb dieser sensiblen Phase nicht so hoch sein kann. Denn die Auswirkungen von Äußerungen seitens staatlicher Organe, die zulasten der Parteien erfolgen, sind von desto niedrigerem Gewicht, je weiter die nächsten Wahlen entfernt sind. Trotz der Prämisse, dass die allgemeine politische Tätigkeit der Parteien aus ihrer eigenen Perspektive inhaltlich stets dieselbe ist, muss doch beachtet werden, dass diese politische Tätigkeit immer maßgeblich auf die nächsten Wahlen und den damit verbundenen „Leistungsvergleich" ausgerichtet ist.

376 Schließlich hat das Bundesverfassungsgericht selbst in seiner wegweisenden Entscheidung zum staatlichen Neutralitätsgebot von 1977 die Chancengleichheit der Parteien auf Art. 21 Abs. 1 i. V. m. Art. 38 Abs. 1 GG bezogen.[616] Damit hat es deutlich gemacht, dass sich die

[614] So BVerfGE 111, 382 (398 ff.); zustimmend Morlok in: Dreier, GG Band II, Art. 21 Rn. 80.

[615] NJW 1977, 751 (754). Zur Kritik an der vom BVerfG angenommenen Länge der Wahlkampfphase vgl. erneut Kap. C.II.4.

[616] Siehe nur NJW 1977, 751 (752).

Chancengleichheit der Parteien vor dem Hintergrund des staatlichen Neutralitätsgebots vor allem auf die Wahlen und den Wahlkampf bezieht. Folglich ist die Chancengleichheit der Parteien, soweit sie ihre verfassungsrechtliche Stütze aus Art. 21 Abs. 1 i. V. m. Art. 38 Abs. 1 bzw. 28 Abs. 1 GG erfährt, auf die Wahlkampfphase beschränkt. Ein Bezug auf BVerfGE 85, 264 hilft hier nur wenig weiter. Zu keinem anderen Ergebnis führt es dabei, wenn man Art. 21 Abs. 1 GG zum Demokratieprinzip aus Art. 20 Abs. 1, Abs. 2 S. 1 GG in Beziehung setzt.[617] Denn dieser Ansatz dient wiederum der verfassungsrechtlichen Verortung der Chancengleichheit bei Wahlen.

In Kap. C.II.2 wurde jedoch dargelegt, dass sich die Chancengleichheit der Parteien auch auf 377
andere verfassungsrechtliche Stützen stellen lässt. So ist es neben dem Bezug auf Art. 38 Abs. 1 bzw. Art. 28 Abs. 1 S. 2 GG auch möglich, den Art. 21 Abs. 1 GG mit dem Gleichheitssatz aus Art. 3 Abs. 1, 3 GG in Beziehung zu setzen. So lässt sich eine Verpflichtung zur Gleichbehandlung aller Parteien auch über die Wahlkampfphase hinaus begründen. Dennoch lässt sich die vorstehende Argumentation zur unterschiedlichen Gefährdungslage der Parteien innerhalb und außerhalb von Wahlkampfzeiten, die auch so vom BVerfG geteilt wird, nicht pauschal von der Hand weisen. Eine Differenzierung ist in diesem Zusammenhang erforderlich. Billig erscheint hier die Annahme einer „abgeschwächten" Chancengleichheit außerhalb von Wahlkampfzeiten. Da die Chancengleichheit hier „nur" die Begründung über den Gleichheitssatz aus Art. 3 Abs. 1, 3 GG erfährt, muss sie von geringerer Tragweite sein, als dies innerhalb des Wahlkampfes der Fall ist.

Im Ergebnis stehen sich bei der Bewertung der vorliegenden Konstellation als die Neut- 378
ralitätspflicht stützendes Element das Demokratieprinzip und eine abgeschwächte Chancengleichheit der Parteien einerseits und das einschränkende Kriterium der Repräsentations- und Integrationsfunktion des Bundespräsidenten andererseits gegenüber. Vor dem Hintergrund der Argumentation des vorangegangenen Unterabschnitts, der die umfassende Neutralitätspflicht des Bundespräsidenten vor allem damit begründet, dass einerseits die Chancengleichheit der Parteien als hohes verfassungsrechtliches Gut ihre volle Wirkung entfaltet und andererseits nur ein sehr überschaubarer Zeitrahmen von etwa sechs Wochen betroffen ist, könnte man nun zu dem umgekehrten Ergebnis kommen. Die Repräsentations- und Integrationsfunktion des Bundespräsidenten könnte diese „abgeschwächten" Grundelemente überwiegen, eine umfassende Neutralitätspflicht würde für den Bundespräsidenten nicht gelten.[618] Denn mit den Ausführungen aus Kap. C.II.1 hat das Grundelement des Demokratieprinzips per se keine besonders herausragende Bedeutung. Der Bundespräsident könnte damit außerhalb von Wahlkampfzeiten durch wertende Äußerungen über politische Parteien, ihre Programme und Maßnahmen problemlos Einfluss auf die öffentliche Meinung nehmen.

Problematisch an der Schlussfolgerung, den Bundespräsidenten treffe außerhalb von Wahl- 379
kampfzeiten keine politische Neutralitätspflicht, ist, dass dies nicht mit den Ergebnissen

---

[617] Vgl. erneut Kißlinger, Politische Chancengleichheit, S. 58–61.

[618] Dies würde auch der Rechtsprechung des BVerfG entsprechen, das eine Neutralitätspflicht des Bundespräsidenten eben wegen der Repräsentations- und Integrationsfunktion ablehnt, vgl. erneut BVerfGE 136, 323; diesem Ansatz zustimmend Butzer, ZG 2015, 97 ff.

der Vergleichsuntersuchung aus Kap. E.III.1 konform gehen würde. Denn diese kam zu dem Ergebnis, dass der Bundespräsident aufgrund der Tatsache, dass für ihn nur das eine Einschränkungskriterium greift, eigentlich einer strengeren Neutralitätspflicht unterliegen müsste als die Hauptverwaltungsbeamten oder die Regierungsmitglieder. Würde man nun annehmen, den Bundespräsidenten treffe außerhalb der Wahlkampfphase keine politische Neutralitätspflicht mehr, so würde er in dieser Hinsicht mindestens genauso stark dastehen wie die Hauptverwaltungsbeamten und die Regierungsmitglieder.[619] Dies würde einen Wertungswiderspruch bedeuten.

380 Dem ließe sich nun entgegnen, dass die Annahme eines solchen Wertungswiderspruchs etwas konstruiert erscheint – und das tut sie in der Tat. Denn Umfang und Reichweite der politischen Neutralitätspflicht verschiedener Amtsträger durch quantitative und qualitative Vergleichsüberlegungen zu ermitteln mag durchaus etwas realitätsfremd wirken. Dennoch bleibt eine Erkenntnis bestehen: Für Hauptverwaltungsbeamte und Regierungsmitglieder lassen sich offensichtlich mehr stichhaltige Argumente zur Einschränkung einer grundsätzlichen Neutralitätspflicht anführen, als dies beim Bundespräsidenten der Fall ist. Eine Lösung dieser Problematik ist – wie so oft – durch die Beschreitung eines Mittelwegs denkbar. Anknüpfungspunkt dafür ist die Frage nach der Zeitspanne, innerhalb der der Bundespräsident einer umfassenden Neutralitätspflicht unterliegen soll. Der vorstehende Unterabschnitt setzt diese Spanne jedenfalls auf die sog. „heiße Wahlkampfphase" fest, d. h. etwa vier bis sechs Wochen vor der Wahl. Die Überlegungen dieses Unterabschnitts lassen die Annahme einer außerhalb dieser sechs Wochen nicht vorhandenen politischen Neutralitätspflicht, vor allem aufgrund der vorangegangenen Vergleichsuntersuchungen, unbillig erscheinen. Daher ist es durchaus logisch, zum Ausgleich des vorhandenen Spannungsfeldes diesen „sensiblen" Zeitraum für den Bundespräsidenten zu erweitern. Organisatorisch betrachtet beginnen die Parteien auf die Wahl hinzuarbeiten, wenn der Termin für die entsprechenden Wahlen festgelegt wird, was in der Regel 12 bis 15 Monate vor der Wahl erfolgt. Man spricht hier von der sog. Vorbereitungsphase.[620] Eine Ausweitung der umfassenden Neutralitätspflicht des Bundespräsidenten auf diesen Zeitraum würde den notwendigen Ausgleich herstellen können. Er könnte so den großen Teil der jeweiligen Legislaturperiode seiner wichtigen Repräsentations- und Integrationsfunktion nachkommen. Sobald jedoch ein Wahltermin festgelegt ist, und dabei ist es völlig unerheblich, ob es sich um eine Bundestags-, eine Landtags- oder eine Kommunalwahl handelt, muss der Bundespräsident hinsichtlich der an dieser Wahl teilnehmenden Parteien strikte Neutralität wahren. Damit wird gleichzeitig in angemessenem Maße dem Demokratieprinzip und auch dem, zwar schwach ausgeprägten, mit sich näherndem Wahltermin aber immer stärker werdenden Recht der Parteien auf Chancengleichheit Genüge getan. Im Ergebnis sind die wertenden Äußerungen eines Bundespräsidenten hinsichtlich der politischen Neutralitätspflicht so lange nicht zu beanstanden, wie sie vor der Festlegung des jeweiligen Wahltermins erfolgen und nicht offensichtlich gegen das Gebot von Sachlichkeit und Verhältnismäßigkeit verstoßen.

---

619 Zu den beiden Letztgenannten vgl. unten Kap. F.II.2 und F.III.

620 Vgl. erneut https://www.bundeswahlleiter.de/service/glossar/w/wahlkampfphase.html, abgerufen am 18.01.2018.

b) Äußerungen zulasten anderer politischer Akteure

Schließlich ist zu untersuchen, wieweit die Pflicht des Bundespräsidenten zur politischen Neutralität gegenüber Akteuren geht, die keine politischen Parteien sind, wenn die oben genannten Äußerungen außerhalb von Wahlkampfzeiten erfolgen. Entsprechend dem bisherigen Vorgehen ist nun zu klären, ob das Grundelement der Chancengleichheit auf diese Gruppierungen Anwendung findet. Oben wurde festgestellt, dass eine „abgeschwächte" Version der Chancengleichheit unter Heranziehung von Art. 21 Abs. 1 i. V. m. Art. 3 Abs. 1, 3 GG auch außerhalb von Wahlkampfzeiten angenommen werden kann. 381

Eine unmittelbare Anwendung von Art. 21 Abs. 1 i. V. m. Art. 3 Abs. 1, 3 GG auf politische Gruppierungen, die keine politischen Parteien sind, ist nach dem Wortlaut der Norm nicht möglich. Fraglich ist daher, ob diesen Gruppen ein Recht auf Chancengleichheit aus analoger Anwendung von Art. 21 Abs. 1 i. V. m. Art. 3 Abs. 1, 3 GG zukommt. Die für eine solche analoge Anwendung erforderliche Regelungslücke[621] ist offensichtlich gegeben. Die Frage nach der Planwidrigkeit dieser Regelungslücke kann dahinstehen, soweit es an einer Vergleichbarkeit der Interessenlagen zwischen geregeltem und ungeregeltem Sachverhalt mangelt. Für eine solche Vergleichbarkeit spricht hier, dass nicht nur die politischen Parteien dazu berufen sind, an der Willensbildung des Volkes mitzuwirken. Auch andere Gruppierungen können und sollen daran beteiligt sein.[622] Daher bedürfen sie auch eines entsprechenden Schutzes. Dieser Ansatz lässt sich sogar noch weiterentwickeln. Denn ein Vergleich der Positionen solcher politischer Gruppierungen oder Einzelpersonen einerseits mit der starken Stellung politischer Parteien andererseits lässt erkennen, dass Letztere weitaus besser dastehen. In vielen Bereichen erhöht bereits die Mitgliedschaft in einer bestimmten politischen Partei signifikant die persönlichen Erfolgschancen bei Wahlen.[623] Ein solcher „Verbandsvorteil" kommt anderen politischen Gruppierungen und parteilosen Amtsträgern i. d. R. nicht zugute. Daraus lässt sich entsprechend dem argumentum a maiore ad minus schließen, dass wenn schon die starken Parteien ein Recht auf Chancengleichheit aus Art. 21 Abs. 1 i. V. m. Art. 3 Abs. 1, 3 GG haben, dieses Recht erst recht den „schwächeren" anderen politischen Gruppierungen und Einzelpersonen zukommen muss. 382

Für eine Vergleichbarkeit der Interessenlagen spricht schließlich auch die Veränderung der politischen Landschaft, die seit Inkrafttreten des Grundgesetzes erfolgte. Im Laufe der Zeit haben die „etablierten" Parteien immer weiter an Bedeutung verloren.[624] So haben CDU, CSU, SPD, Die Grünen, Die Linke und FDP seit 1990 insgesamt etwa 1,2 Millionen Mitglieder verloren, was der Hälfte der damaligen Mitgliederzahl von 2,4 Millionen entspricht.[625] Poli- 383

[621] Zu den Voraussetzungen der analogen Anwendung von Rechtsnormen vgl. statt Vieler Schmidt, VerwArch 2006, 139 ff.

[622] Vgl. hierzu insbesondere BVerfGE 85, 264 (284).

[623] Siehe hier nur die Gegenüberstellung der starken Stellungen von CDU und SPD in verschiedenen Regionen Niedersachsens, Süddeutsche Zeitung vom 23.08.2013, http://www.sueddeutsche.de/politik/wahlkreis-atlas-so-rot-so-schwarz-1.1752754, abgerufen am 15.11.2014.

[624] Vgl. Eder, Rote Karte gegen Spinner, S. 133.

[625] Oskar Niedermayer, Parteimitglieder in Deutschland, http://www.pol-soz.fu-berlin.de/polwiss/forschung/systeme/empsoz/schriften/Arbeitshefte/P-PM16-NEU.pdf, abgerufen am 16.11.2016

tische Willensbildung und das entsprechende Engagement der Bürger erfolgt längst nicht mehr nur noch über die Parteien, vielmehr informieren und engagieren sich die Menschen, insbesondere auch aufgrund der Bedeutung moderner Medien und sozialer Netzwerke, auf andere Art und Weise. Dies erfolgt dann u. a. auch durch spezielle Gruppierungen und Aktionsbündnisse, die mit konkreten politischen Inhalten und Zielsetzungen verbunden sind, wie etwa die Pegida-Gruppierung und ihre regionalen Ableger, aber auch Initiativen für Umwelt- oder Denkmalschutz wie z. B. die „Initiative Tierwohl“[626] oder die „VolksInitiative Rettet Brandenburg“[627]. Der Umstand, dass die politische Willensbildung des Volkes nun viel facettenreicher erfolgt, spricht daher für eine Ausweitung der Chancengleichheit aus Art. 21 Abs. 1 i. V. m. Art. 3 Abs. 1, 3 GG auch auf andere politische Gruppierungen.

384 Dem lässt sich zunächst ganz grundsätzlich entgegenhalten, dass der Verfassungsgeber eben nur die politischen Parteien mit Verfassungsrang ausgestattet hat, mit der Folge dass es sich bei diesen um verfassungsrechtliche Institutionen handelt.[628] Daraus folgt, dass die in Art. 21 Abs. 1 i. V. m. Art. 3 Abs. 1, 3 GG enthaltenen Rechte und Pflichten auch nur für die dort ausdrücklich und ausschließlich genannten politischen Parteien gelten sollen.[629]

385 Ein weiterer Schwachpunkt der Argumentation für eine Vergleichbarkeit der Interessenlagen liegt in ihrem Inhalt. Denn die angesprochenen politischen Gruppierungen haben, vor allem bedingt durch häufig nur eindimensionale Zielsetzung, oft nur eine geringe Lebensdauer. Das Ende ihrer Existenz erfolgt logischerweise mit dem Erreichen des konkreten Ziels, dem sie sich verschrieben haben. Oder aber es wird eingesehen, dass das gewünschte Ziel (noch) nicht erreicht werden kann, auch dann geht der maßgebliche Daseinsgrund verloren. Eben diese Schnelllebigkeit begründet das grundsätzliche Problem. Denn wenn die Erfüllung der Voraussetzungen des verfassungsrechtlichen Parteibegriffs als Hürde für das Erlangen der dem Art. 21 Abs. 1 i. V. m. Art. 3 Abs. 1, 3 GG entspringenden Schutz entfiele, erfolgte eine Inflationierung der Streitigkeiten und Probleme rund um die besagten politischen Gruppierungen. Denn eine mit der Anwendbarkeit von Art. 21 Abs. 1 i. V. m. Art. 3 Abs. 1, 3 GG verbundene Ausweitung ihrer Rechtspositionen würde das Konfliktpotenzial entsprechend ansteigen lassen. Einfach gesagt: Da, wo Rechtspositionen eingeräumt werden, muss auch mit Streitfragen um Inhalt und Umfang dieser Rechte gerechnet werden. Die Bewältigung solch ausgeweiteter Streitigkeiten ist aus rein praktischen Gründen schwer vorstellbar.

386 Der Verfassungsgeber hat durchaus erkannt, dass es Organisationen geben muss, die an der politischen Willensbildung des Volkes durch Aufnahme, Kanalisierung und Steuerung des Willens mitwirken.[630] Daher wies er den Parteien eine herausgehobene Funktion zu, und zwar die des Vermittlers zwischen Staat und Gesellschaft.[631] Parteien werden deshalb als

---

626 Siehe hierzu http://initiative-tierwohl.de/, abgerufen am 16.11.2016.

627 http://www.vi-rettet-brandenburg.de/, abgerufen am 16.11.2016.

628 St. Rspr. BVerfG, vgl. nur BVerfGE 2, 1 (73); Henke, NVwZ 1985, 616 (619); Putzer, DÖV 2015, 417 (425).

629 So auch Putzer, DÖV 2015, 417 (425).

630 Vgl. erneut Kunig in: v. Münch/Kunig, GG I 6. Auflage, Art. 21 Rn. 3.

631 Der Begriff des „Parteienstaats“ wird daher häufig missverständlicherweise so gedeutet, als seien die Parteien als Verfassungsorgane auch Teil des Staates. Diese Ansicht überreizt jedoch die starke Stellung der Parteien, vgl. hierzu Kluth in: BeckOk GG, Art. 21 Rn. 65 m. w. N.

„politische Handlungseinheiten [angesehen], derer die Demokratie bedarf, um die Wähler zu politisch aktionsfähigen Gruppen zusammenzuschließen und ihnen so überhaupt einen Einfluss auf das staatliche Geschehen zu ermöglichen".[632] Entscheidend ist hierbei, dass es sich um aktionsfähige Gruppen handelt, die Einfluss auf das staatliche Geschehen nehmen können. Gruppierungen, die nur Partikularinteressen repräsentieren bzw. Zielsetzungen von nur „geringfügiger" Bedeutung oder Reichweite haben, sind nicht in der Lage, einen signifikanten Einfluss auf das staatliche Geschehen zu nehmen. Die entsprechende Aktionsfähigkeit erfordert das, was das PartG in § 2 als eine der zentralen Voraussetzungen für die Erlangung des Parteienstatus nennt: die Teilnahme an Wahlen zu einer Volksvertretung. Denn nur durch die Mitwirkung an einer Volksvertretung kann ein angemessener Einfluss auf das staatliche Geschehen genommen werden.[633] Daher wäre es unbillig, den sehr weit gehenden Schutz von Art. 21 Abs. 1 i. V. m. Art. 3 Abs. 1, 3 GG, der eben nur für solche Vereinigungen gedacht ist, die gewillt und in der Lage sind, auf das staatliche Geschehen Einfluss zu nehmen, auf Gruppierungen auszuweiten, die von nur temporärer Erscheinung sind und zur Durchsetzung von Einzelinteressen und Erreichung von Zielen von nur untergeordneter Bedeutung gedacht sind. Von solchen temporären und inhaltlich schmal ausgerichteten Gruppierungen müssen jedoch erneut abgegrenzt werden die Wählergemeinschaften. Denn diese treten mit dem erklärten Ziel an, durch die erfolgreiche Teilnahme an Wahlen auf kommunaler und auch auf Landesebene, einen Einfluss auf das kommunale und staatliche Geschehen zu nehmen. Gerade vor dem Hintergrund des zurückgehenden Einflusses der „klassischen" und „etablierten" Parteien gewinnt ihr Wirken immer mehr an Bedeutung.

Eine vergleichbare Interessenlage zwischen dem geregelten Tatbestand der politischen Parteien und dem ungeregelten Tatbestand der anderen politischen Gruppierungen kann daher allenfalls für Wählervereinigungen angenommen werden. Bei den übrigen politischen Gruppierungen muss diese verneint werden. Somit kommt es bei den übrigen Gruppierungen auch nicht mehr auf die Planwidrigkeit der Regelungslücke an. Eine analoge Anwendung von Art. 21 Abs. 1 i. V. m. Art. 3 Abs. 1, 3 GG auf politische Gruppierungen, die keine Parteien oder Wählervereinigungen sind, ist damit nicht zulässig. Damit greift in dieser Konstellation das Grundelement der Chancengleichheit nicht. Anders ist dies entsprechend bei den Wählervereinigungen. Diese sind aufgrund vorstehender Argumentation und der analogen Anwendbarkeit von Art. 21 Abs. 1 i. V. m. Art. 3 Abs. 1, 3 GG in demselben Umfang schutzbedürftig wie die politischen Parteien. Mit der Argumentation des vorstehenden Unterabschnitts hinsichtlich der Vergleichsergebnisse aus Kap. E.III.1 ist der Zeitraum dieses besonderen Schutzes auf die Vorbereitungszeit vor den Wahlen auszudehnen. Innerhalb dieses Zeitraums verstoßen abfällige Äußerungen des Bundespräsidenten zulasten der Wählervereinigungen gegen die politische Neutralitätspflicht. 387

Die vorstehenden Ausführungen haben die Folge, dass bei den übrigen politischen Gruppierungen erneut „lediglich" das Demokratieprinzip als Grundelement der Neutralitätspflicht greift, dem wiederum die funktionale Einschränkung, die aus dem Amt des Bundespräsidenten folgt, entgegensteht. Mit all den vorstehenden Ausführungen muss daher davon 388

[632] BVerfGE 11, 266 (273); 44, 125 (145 f.); 52, 63 (83) ; 107, 339 (358 f.).
[633] Morlok, PartG, § 2 Rn. 2.

ausgegangen werden, dass eine umfassende Neutralitätspflicht des Bundespräsidenten gegenüber solchen politischen Gruppierungen, die keine politischen Parteien oder Wählervereinigungen sind, auch außerhalb von Wahlkampfzeiten nicht existent ist. Entsprechend ist in abfälligen Äußerungen des Bundespräsidenten in dieser Situation keine Verletzung einer politischen Neutralitätspflicht zu sehen.

3. Sonderfall Aufruf zu Gegendemonstrationen

389 Schließlich ist es erforderlich, eine ganz spezielle Situation zu untersuchen. Regelmäßig rufen Amtsträger verschiedenster Ränge und politischer Couleur Bürger dazu auf, friedlich gegen Versammlungen „unliebsamer“ politischer Parteien und anderer politischer Gruppierungen zu demonstrieren.[634] Auch solche Aufrufe sind im Hinblick auf die Pflicht zur politischen Neutralität dieser Amtsträger interessant. Daher soll in dem vorliegenden Unterschabschnitt erörtert werden, inwieweit ein solcher Aufruf zulässig wäre, wenn er durch den Bundespräsidenten erfolgt.

390 Ganz im Sinne der bisherigen Vorgehensweise sind die eine etwaige Neutralitätspflicht bestimmenden Elemente darzulegen. Ganz unbestritten greift zunächst das Demokratieprinzip. Denn durch entsprechende Aufrufe wirkt der Bundespräsident unmittelbar auf die Willensbildung des Volkes ein, was dem Grundsatz, dass diese grundsätzlich „staatsfrei“ zu erfolgen hat, widerspricht. Des Weiteren greift, sofern sich der Aufruf in einer Wahlkampfphase zulasten einer politischen Partei ereignet, ebenso unzweifelhaft die Chancengleichheit aus Art. 21 Abs. 1 GG. Schließlich ist in dieser speziellen Konstellation auch das letzte in Kap. C.II genannte Grundelement der Neutralitätspflicht betroffen – die Grundrechte. Konkret geht es hier vor allem um die Meinungsfreiheit aus Art. 5 Abs. 1 GG und die Versammlungsfreiheit aus Art. 8 Abs. 1 GG. Mit den Ausführungen aus Kap. C.II.3 stellen Aufrufe zu Gegendemonstrationen, die durch Amtsträger erfolgen, einen rechtfertigungsbedürftigen Eingriff in die genannten Grundrechte dar.

391 Damit kommen in dieser Sonderkonstellation erstmals alle drei Grundelemente der Neutralitätspflicht zur Geltung. Als einschränkendes Kriterium steht ihnen allein die Repräsentations- und Integrationsfunktion des Bundespräsidenten gegenüber. An dieser Stelle kann völlig dahingestellt bleiben, ob diese Funktion überhaupt an sich als verfassungsimmanente Schranke dienen kann, um den Eingriff in die genannten Grundrechte zu rechtfertigen. Offensichtlich ist hierbei, dass eine entsprechende Abwägung, insbesondere unter Berücksichtigung der anderen beiden Grundelemente der Neutralitätspflicht, die hier greifen, deutlich zugunsten der betroffenen Partei ausgehen muss. Auch eine Abwandlung der Situation, etwa wenn man annehmen würde, dass keine politische Partei, sondern eine andere politische Gruppierung betroffen wäre, würde an diesem Ergebnis nichts ändern. Denn auch wenn man in einer solchen Abwandlung die Geltung der Chancengleichheit aus Art. 21 Abs. 1 GG ablehnt, so ist die Repräsentations- und Integrationsfunktion des Bundespräsidenten dennoch nicht in der Lage, den Eingriff in die genannten Grundrechte

[634] Siehe statt vieler nur den Fall „Geisel“, der OVG NRW, NVwZ 2017, 1316 zugrunde liegt.

und auch den Widerspruch zum Demokratieprinzip zu rechtfertigen. Im Ergebnis lässt sich daher deutlich festhalten, dass jegliche Aufrufe zu Boykotten oder Gegendemonstrationen, die der Bundespräsident zulasten von politischen Parteien oder anderen Gruppierungen tätigt, seine Neutralitätspflicht verletzen würde.

4. Zusammenfassung für den Bundespräsidenten

Zusammenfassend lässt sich für abwertende Äußerungen des Bundespräsidenten nun festhalten, dass diese hinsichtlich einer politischen Neutralitätspflicht jedenfalls dann nicht zu beanstanden sind, wenn sie zulasten von politischen Gruppierungen erfolgen, die keine Parteien oder Wählervereinigungen sind und entsprechend nicht an Wahlen teilnehmen. Sofern sich der Bundespräsident innerhalb eines Zeitraums von etwa sechs Wochen vor einer Wahl („heiße" Wahlkampfphase) zulasten einer der an der Wahl teilnehmenden Partei ausspricht, so ist hierin eine Verletzung der politischen Neutralitätspflicht zu sehen. In diesem Fall gibt die Chancengleichheit der Parteien bei Wahlen aus Art. 21 Abs. 1 i. V. m. Art. 38 Abs. 1 bzw. Art. 28 Abs. 1 S. 2 GG den Ausschlag. Gleiches gilt für Wählervereinigungen, wenn man zugrunde legt, dass diese in gleicher Weise von der Chancengleichheit geschützt werden wie die politischen Parteien. Außerhalb der Wahlkampfphase ist die Situation nicht ganz so eindeutig. Denn zum einen ist die Neutralitätspflicht durch eine geringere Bedeutung des Elements der Chancengleichheit „geschwächt". Zum anderen muss jedoch aufgrund der Erkenntnisse aus der vorstehenden Vergleichsuntersuchung eine deutliche Abgrenzung zu anderen Arten von Amtsträgern, wie etwa den Hauptverwaltungsbeamten, vorgenommen werden. Daher erscheint hier eine Ausweitung des Zeitraums, in dem eine umfassende Neutralitätspflicht greift, auf den Zeitabschnitt zwischen der Festlegung des Wahltermins und der eigentlichen Wahl als angemessen. Außerhalb dieses Zeitraums sind wertende Äußerungen des Bundespräsidenten, auch wenn sie sich gegen politische Parteien oder Wählervereinigungen richten, durch seine Repräsentations- und Integrationsfunktion gerechtfertigt, und es liegt keine Verletzung einer politischen Neutralitätspflicht vor. In der Sonderkonstellation der Aufrufe zu Boykotten und Gegendemonstrationen ist es hingegen so, dass diese nicht mit der Neutralitätspflicht des Bundespräsidenten vereinbar sind, völlig unabhängig davon, ob sie in einer Wahlkampfphase oder außerhalb einer solchen gegenüber politischen Parteien oder anderen Gruppierungen erfolgen. 392

II. DIE HAUPTVERWALTUNGSBEAMTEN

Im nächsten Schritt sind einige praktische Problemfälle im Zusammenhang mit den Hauptverwaltungsbeamten darzustellen. Dabei soll zunächst zwischen den beiden Grundkonstellationen unterschieden werden, in denen fragliche Amtshandlung oder Äußerung innerhalb oder außerhalb eines Wahlkampfes erfolgt. Innerhalb dieser beiden Grundkonstellationen soll darüber hinaus danach differenziert werden, ob die fragliche Maßnahme zugunsten/ 393 zulasten einer politischen Partei bzw. einer Wählervereinigung oder aber zugunsten/zulasten einer anderen politischen Gruppierung erfolgt.

1. Situation innerhalb des Wahlkampfes

394 Diese Grundkonstellation befasst sich mit der Situation, wie sie sich innerhalb eines Wahlkampfes darstellt. Dabei erfolgt eine Unterteilung dieser Grundkonstellation in die Unterkategorien „eigener" und „fremder" Wahlkampf. Eine Einbeziehung der anderen politischen Gruppierungen ist hierbei nicht erforderlich, da diese nicht an Wahlen teilnehmen. Eine Unterscheidung zwischen politischen Parteien und Wählervereinigungen soll vor dem Hintergrund des Streits der Anwendbarkeit von Art. 21 Abs. 1 GG für Letztere aber getroffen werden.

a) Eigener Wahlkampf

395 Unter dem Begriff „eigener Wahlkampf" ist hier die sechswöchige Phase der intensiven Werbung um Wählerstimmen zu verstehen, die der Wiederwahl der eigenen Person in das bereits bekleidete Amt dienen soll. Als praktischer Anwendungsfall soll dabei angenommen werden, dass der Hauptverwaltungsbeamte bei einer Abendveranstaltung, zu der er eben in dieser Funktion eingeladen wurde, die politische Agenda seiner Mitbewerber kritisiert und gleichzeitig das eigene Wahlprogramm propagiert, auch unter Verweis auf seine bisherige erfolgreiche Amtszeit.

aa) Gegenüber Kandidaten anderer politischer Parteien

396 Zunächst ist zu untersuchen, ob solche Äußerungen im Zusammenhang mit anderen politischen Parteien eine politische Neutralitätspflicht des amtierenden Hauptverwaltungsbeamten verletzen. Dazu ist zunächst zu klären, in welchem Umfang die Neutralitätspflicht grundsätzlich vorhanden ist und welchen eventuellen Einschränkungen sie in der vorliegenden Situation unterliegt.

397 Mit den Ausführungen aus Kap. C.III.3.c gilt die beamtenrechtliche Regelung über die Neutralitätspflicht aus § 33 Abs. 1 S. 1 und S. 2 BeamtStG nicht für die Hauptverwaltungsbeamten. Auch der in Art. 33 Abs. 5 GG verfassungsrechtlich verankerte hergebrachte Grundsatz des Berufsbeamtentums, der dieses zu einer politisch neutralen Amtsführung verpflichtet, entfaltet auf die Hauptverwaltungsbeamten keine Wirkung. Damit gelten hier „nur" die Grundelemente, die sich aus dem Demokratieprinzip aus Art. 20 Abs.1 und Abs. 2 S. 1 GG und der Chancengleichheit der Parteien aus Art. 21 Abs. 1 i. V. m. Art. 28 Abs. 1 S. 2 GG ergeben. Daneben ist die Chancengleichheit auch auf Art. 21 Abs. 1 i. V. m. Art. 3 Abs. 1, 3 GG zu stützen. Der Sonderfall, in dem auch die Grundrechte als Pfeiler der Neutralitätspflicht zum Tragen kommen, soll später in einem gesonderten Abschnitt behandelt werden.

Neutralitätspflichtbegrenzend wirkt in der vorliegenden Konstellation zum einen das Kriterium der funktionsbedingten Einschränkung. Auch in der Zeit des Wahlkampfes bleibt das Amt eines Hauptverwaltungsbeamten ein höchst politisches. Bei der Wahrnehmung seines politischen Gestaltungsauftrags ist er auch hier gezwungen, politisch zu agieren und entsprechend öffentlich zu kommunizieren. Da solche politischen Gestaltungsaufträge jedoch immer mit vorangegangenen (Wieder-)Wahlen verbunden sind, ist es nur logisch und nachvollziehbar, dass die Hauptverwaltungsbeamten auch und gerade in der Wahlkampfphase ihr Wirken auf die Wiederwahl ausrichten. 398

Gleichzeitig erfährt die Neutralitätspflicht des Hauptverwaltungsbeamten eine Einschränkung durch ihre auf die gem. Art. 28 Abs. 2 S. 1 GG garantierte Selbstverwaltungsgarantie i. V. m. ihrer Organkompetenz gestützte Äußerungsbefugnis zu örtlichen Fragestellungen. Denn auch in der Wahlkampfphase bleibt diese Aufgabe bestehen, die durchaus als mit dem Hauptverwaltungsbeamtenamt verbundene Pflicht verstanden werden kann. Nun gilt es durch Abwägung zu ermitteln, ob die Einschränkungskriterien den Eingriff in die Grundelemente der politischen Neutralitätspflicht rechtfertigen können, was eine Verletzung derselben ausschließen würde. 399

Zunächst ist – erneut – festzuhalten, dass der Chancengleichheit der Parteien bei Wahlen und Abstimmungen jeglicher Art ein besonders hohes Gewicht zukommt. Durchbrechungen dieser Chancengleichheit sind nur aus absolut zwingenden Gründen zulässig.[635] Denn die repräsentative Demokratie, wie sie nach Art. 20 Abs. 2 S. 2 GG durch Wahlen und Abstimmungen ausgeübt wird, stellt vom Grundsatz her eine Einschränkung der Volksherrschaft im absoluten Verständnis dar.[636] Daher ist es für eine angemessene demokratische Legitimation der eingesetzten staatlichen Organe zwingend erforderlich, dass der Willensbildungsprozess des Volkes ohne unzulässige Einflüsse erfolgt. Die Parteien haben dabei entsprechend ihrem verfassungsrechtlichen Status[637] an dieser politischen Willensbildung des Volkes durch Aufnahme, Kanalisierung und Steuerung des Willens mitzuwirken.[638] Daher ist es von besonderer Bedeutung, dass für eine störungsfreie Willensbildung des Volkes alle Parteien dieselbe Möglichkeit zur Aufnahme, Kanalisierung und Steuerung des Volkswillens bekommen. Zu diesem Zweck ist es erforderlich, dass Parteipolitiker nur in dieser privaten Rolle Wahlkampf betreiben, ohne dabei ihr etwaiges Amt in Anspruch zu nehmen. Jede solche Inanspruchnahme verfälscht den erforderlichen Wettbewerb zwischen den Parteien. 400

Dem lässt sich entgegnen, dass mit den Ausführungen aus Kap. C.III.3.a.aa.(2) aufgrund der mehrdimensionalen Funktion der kommunalen Hauptverwaltungsbeamten eine klare Trennung zwischen der Rolle des (Partei-)Politikers einerseits und der des staatlichen Organs mit den damit verbundenen exekutiven Aufgaben in der Praxis nur schwer zu bewerkstelligen ist. Denn bereits das Wesen dieses Amtes hat einen erheblichen politischen Einschlag, da seine Ausübung grundsätzlich mit dem Ziel einer Wiederwahl verbunden ist. Gerade ein 401

635 Klein in: Maunz/Dürig, GG, Art. 21 Rn. 306–306 mit einigen Beispielen.

636 So in etwa Grzeszick in: Maunz/Dürig, GG, Art. 20 Rn. 67; ähnlich zu verstehen auch Huster/Rux, in: BeckOK GG, Art. 20 Rn. 67.

637 Ipsen in: Sachs, GG 7. Auflage, Art. 21 Rn. 5.

638 Kunig in: v. Münch/Kunig, GG I 6. Auflage, Art. 21 Rn. 3; vgl. auch Ipsen, in: Sachs, GG 7. Auflage, Art. 21 Rn. 5.

Hauptverwaltungsbeamter nimmt an verschiedenen gesellschaftlichen Ereignissen teil. Welche Äußerungen dabei in amtlicher Eigenschaft erfolgen und welche er in seiner Rolle als Parteipolitiker abgibt, ist für die Öffentlichkeit nicht immer leicht auszumachen.

402 Für die Zulässigkeit amtlicher Einflussnahme auf den Wahlkampf lässt sich weiterhin anführen, dass die Kommunalwahlen – z. B. zur Wahl eines neuen Hauptverwaltungsbeamten – einen örtlichen Bezug haben. Die Wahl des Hauptverwaltungsbeamten steht auch in einem engen Zusammenhang zu der kommunalen Aufgabenerfüllung, ist dieser doch der Vorgesetzte aller kommunalen Bediensteten, womit er auch die Gesamtverantwortung für die Aufgabenerfüllung trägt. Daraus ergibt sich auch eine erkennbare Relevanz für das Zusammenleben der Einwohner. Entsprechend den Ausführungen zum Selbstverwaltungsrecht aus Art. 28 Abs. 2 S. 1 GG in Kap. C.III.3.a.aa.(3) spricht das durchaus für die Zulässigkeit von amtlichen Äußerungen im Zusammenhang mit dem Wahlkampf.

403 Hierzu ist jedoch – wie bereits schon beim Bundespräsidenten – anzumerken, dass die politische Funktion und auch die politischen Äußerungsbefugnisse des Hauptverwaltungsbeamten sich über die gesamte Wahlperiode erstrecken. Das bedeutet, er hat auch während der gesamten Zeit die Möglichkeit, durch seine erfolgreiche (politische) Arbeit das Volk von seiner Eignung für das bekleidete Amt zu überzeugen. Eine Gegenüberstellung der Dauer der Wahlperiode einerseits und der Dauer der hier erörterten heißen Wahlkampfphase andererseits zeigt, dass eine Verschärfung der Neutralitätspflicht innerhalb des Wahlkampfes nicht unverhältnismäßig ist. Denn den vier bis maximal sechs Wochen Wahlkampfphase steht eine fünf- bis maximal achtjährige[639] Gesamtwahlperiode gegenüber. Die Wahlkampfphase nimmt zeitlich gesehen einen verschwindend geringen Anteil an der Gesamtwahlperiode ein. Es führt daher nicht zu einem unbilligen Ergebnis, wenn man die Wahrnehmung der politischen Funktion der Hauptverwaltungsbeamten insoweit einschränkt, dass man ihnen innerhalb des Wahlkampfes die Einwirkungen auf die Willensbildung des Volkes durch Äußerungen und andere Maßnahmen in amtlicher Eigenschaft untersagt.

404 Diese – bereits für sich genommen sehr gewichtigen Aspekte – werden dabei untermauert von kommunalverfassungstechnischen und praktischen Gegebenheiten. Die in der Süddeutschen Bürgermeisterverfassung herausgehobene Position des Hauptverwaltungsbeamten verleiht seiner Person eine Amtsautorität,[640] die ihm beim Kampf um Wählerstimmen einen massiven Vorteil verschafft. Gerade aus Sicht des Bürgers bildet der Hauptverwaltungsbeamte eine schwer zu trennende Einheit zwischen politischer und exekutiver Führungsfigur. Damit wird der gesamte der Leitung des Amtsträgers unterstehende Exekutivapparat auch ihm als politischer Figur zugerechnet. Diese Zurechnung erzeugt die genannte Amtsautorität, die wiederum zu einer erheblichen Verzerrung des Wettbewerbs um die Wählerstimmen führt. Verstärkt wird dieser Effekt durch den lokalen Charakter der Kommunalwahlen. Anders als bei den Spitzenkandidaten bei Bundes- oder auch Landtagswahlen ist der Kandidat für das Amt des Hauptverwaltungsbeamten wesentlich näher an seinen Wählern. Wenn dieser Kandidat nun das zu besetzende Amt bereits bekleidet,

[639] Für fünf Jahre vgl. etwa §§ 80 Abs. 3, 47 Abs. 2 NKomVG und für acht Jahre siehe z. B. § 42 Abs. 3 GemO BW.
[640] BVerwGE 104, 323 (327) m. w. N.; zustimmend Oebbecke, NVwZ 2007, 30 (31).

so ist er in jedem Falle bekannt. Diese lokale Nähe verstärkt die Identifikation mit seiner Persönlichkeit und wertet damit seine Chancen nochmals merklich auf. Diese Aufwertung ergeht logischerweise zulasten der Mitbewerber.

Zu überlegen ist letztlich, ob das Ergebnis der Vergleichsuntersuchung aus Kap. E.III.1 nicht doch gegen eine umfassende Neutralitätspflicht der Hauptverwaltungsbeamten innerhalb der sechswöchigen „heißen Phase" des Wahlkampfes spricht. Denn es ist so, dass eben jenes Ergebnis der Vergleichsuntersuchung stark dagegenspricht, den Bundespräsidenten und die Hauptverwaltungsbeamten bei der Bemessung von Umfang und Reichweite der politischen Neutralitätspflicht gleichzustellen. Eine solche Gleichstellung bei der vorliegenden Konstellation würde jedoch erfolgen, denn sowohl Bundespräsident als auch die Hauptverwaltungsbeamten wären innerhalb der zugrunde liegenden sechswöchigen Phase einer im Kern identischen Neutralitätspflicht unterworfen. Eine Betrachtung der Argumente, die für die Annahme der verschärften Neutralitätspflicht bei den Hauptverwaltungsbeamten angeführt worden sind, führt jedoch zu dem Schluss, dass eine solche wertungsmäßige Korrektur an dieser Stelle nicht erforderlich ist. Denn die sehr gewichtigen Rechte der Parteien einerseits und die im Vergleich dazu aufgrund der nur auf die sechs Wochen beschränkten „heißen Phase" des Wahlkampfes eher als unerheblich zu betrachtenden Einschränkungen der Rechtspositionen der Hauptverwaltungsbeamten, die sich grundsätzlich aus den funktions- und aufgabenbezogenen Einschränkungselementen ergeben, andererseits lassen die Notwendigkeit einer solchen Korrektur als eher untergeordnet erscheinen. 405

Die dargestellten Argumente zeigen auf, dass eine Zulassung von amtlichen Äußerungen amtierender und zur Wiederwahl stehender Hauptverwaltungsbeamter zu unverhältnismäßigen Beeinträchtigungen der Chancen von Mitbewerbern führen würde. Weder die spezifische Funktion des Hauptverwaltungsbeamten – zur Hälfte Politiker und zur Hälfte Exekutivbeamter – noch sein aus Art. 28 Abs. 2 S. 1 GG entspringendes Aufgabenspektrum sind in der Lage, diesen massiven Eingriff in die Chancengleichheit der Parteien und das Demokratieprinzip zu rechtfertigen. Somit ist in der dargestellten Konstellation eine Verletzung der Pflicht zur politischen Neutralität zu sehen. Ein abweichendes Ergebnis dürfte sich nur für den Sonderfall der Replik[641] auf einen vorangegangenen polemischen Angriff des politischen Gegners ergeben. Diese Möglichkeit der Replik ist jedoch entsprechend ihrem Ausnahmecharakter nur sehr eng auszulegen. 406

bb) Gegenüber parteiunabhängigen Kandidaten

In dieser Situation ergehen die Äußerungen und andere Maßnahmen während des Wahlkampfes nicht zulasten von Kandidaten politischer Parteien, sondern zulasten von Kandidaten, die von Wählervereinigungen kommen oder jedoch vollkommen unabhängiger Kandidaten. 407

Im vorigen Unterabschnitt fußte die Pflicht zur politischen Neutralität zum einen auf dem Demokratieprinzip aus Art. 20 Abs. 1, Abs. 2 S. 1 GG und zum anderen und vor allem auf 408

[641] Vgl. zu diesem Sonderfall erneut Kap. D.III.3.a.aa.(4).

dem Grundsatz der Chancengleichheit der Parteien aus Art. 21 Abs. 1 i. V. m. Art. 28 Abs. 1 S. 2 GG. Das Demokratieprinzip greift unbestritten auch in der vorliegenden Konstellation. Mit der Chancengleichheit der Parteien ist es, wie auch schon im Kapitel zu den praktischen Problemfällen im Zusammenhang mit dem Bundespräsidenten, problematisch. Würde man nun annehmen, der Schutz des Art. 21 Abs. 1 i. V. m. Art. 28 Abs. 1 S. 2 GG erstrecke sich aufgrund der vergleichbaren Interessenlage auch auf Kandidaten von Wählergemeinschaften und unabhängige Kandidaten, so käme man zu einem ganz ähnlichen Ergebnis wie im vorstehenden Abschnitt.

409 Folgt man jedoch der Ansicht, die diesen weiten Wirkungsgrad des Art. 21 Abs. 1 i. V. m. Art. 28 Abs. 1 S. 2 GG ausschließt, dann würde auch hier nur das Demokratieprinzip eine Pflicht zur politischen Neutralität begründen. Nach den bisherigen Ausführungen ist die Chancengleichheit der Parteien bei Wahlen eines der entscheidenden Kriterien bei dieser Abwägung. Rein quantitativ betrachtet spricht das Wegfallen dieses Kriteriums bereits stark für ein anderes Ergebnis der Abwägung, mit der Folge, dass die Interessen der Hauptverwaltungsbeamten höher zu bewerten wären und die Zulässigkeit der Äußerungen und ähnlichen Maßnahmen, die sie in amtlicher Eigenschaft während des Wahlkampfes tätigen, zu bejahen wäre. Auch die im vorigen Unterabschnitt bereits angeführten einschränkenden Kriterien der politischen Funktion und der Kommunikationsaufgaben eines Hauptverwaltungsbeamten stützen dieses Ergebnis.

410 Andererseits muss hier, ebenso wie beim Bundespräsidenten, bedacht werden, dass ein solches Ergebnis die Mitbewerber des Hauptverwaltungsbeamten, die nicht von einer politischen Partei gestützt werden, erheblich benachteiligt. Auch und gerade die Amtsautorität, die der amtierende Hauptverwaltungsbeamte für sich in Anspruch nimmt, verstärkt diese Beeinträchtigung zusätzlich. Daher ist auch an dieser Stelle festzuhalten, dass vor dem Hintergrund der Neutralitätspflicht und ihren Auswirkungen die Annahme, der Schutz des Art. 21 Abs. 1 i. V. m. Art. 28 Abs. 1 S. 2 GG erstrecke sich nur auf politische Parteien im Sinne des Parteienrechts, höchst problematisch ist. Daher ist die Ausweitung des Schutzbereichs auf Wählervereinigungen und unabhängige Kandidaten auch hier anzunehmen, was die Begründung einer umfassenden Neutralitätspflicht des Hauptverwaltungsbeamten auch gegenüber diesen Akteuren bedeutet. Entsprechend würden die oben genannten Äußerungen auch hier die Neutralitätspflicht verletzen.

cc) Zwischenergebnis

411 Somit ist im Ergebnis für die Konstellation des „eigenen" Wahlkampfes festzuhalten, dass Äußerungen und andere Maßnahmen, die von amtierenden kommunalen Wahlbeamten zur Einflussnahme auf den Wahlkampf unternommen werden, jedenfalls dann gegen das Neutralitätsgebot verstoßen und damit unzulässig sind, wenn sie sich gegen Mitbewerber richten, die von politischen Parteien i. S. d. Parteienrechts aufgestellt wurden. Die hier zum Tragen kommenden Grundelemente der politischen Neutralitätspflicht, namentlich die Chancengleichheit der Parteien aus Art. 21 Abs. 1 i. V. m. Art. 28 Abs. 1 S. 2 GG und das Demokratieprinzip, überwiegen die Einschränkungskriterien. Zwar kommt den Elementen der funktions- und aufgabenbezogenen Einschränkung ein hohes Gewicht zu. Jedoch führt

nicht zuletzt die Überlegung, dass die genannten Funktionen und Aufgaben grundsätzlich während der gesamten Amtszeit des Hauptverwaltungsbeamten ausgeübt werden können und nur in der unmittelbaren Vorwahlzeit – etwa sechs Wochen vor der Wahl – eingeschränkt werden müssen, dazu, dass der amtierende Hauptverwaltungsbeamte in dieser Phase einer umfassenden Pflicht zur politischen Neutralität unterliegt.

Sobald die betroffenen Konkurrenten jedoch nicht einer politischen Partei angehören, wird 412
die Situation etwas schwieriger. Denn die Frage, ob und inwieweit sich solche Kandidaten auf den Schutz des Art. 21 Abs. 1 i. V. m. Art. 28 Abs. 1 S. 2 GG berufen können, ist höchst umstritten. Die Annahme, der Schutz erstrecke sich auch auf diese Kandidaten, führt zum selben Ergebnis wie im Vorabschnitt. Die gegenteilige Annahme müsste streng genommen dazu führen, dass eine umfassende Neutralitätspflicht des amtierenden Hauptverwaltungsbeamten während des Wahlkampfes abgelehnt wird. Vor dem Hintergrund der unverhältnismäßigen Belastungen, denen die parteilosen Mitbewerber ausgesetzt werden könnten, erscheint diese Annahme jedoch unbillig.

Etwaige wertungsmäßige Korrekturen dieser Ergebnisse, die man aufgrund der Erkennt- 413
nisse der Vergleichsuntersuchung zwischen den Hauptverwaltungsbeamten und dem Bundespräsidenten für erforderlich halten könnte, kommen hier – wie auch im vorstehenden Unterabschnitt – aufgrund der Kürze des zugrunde gelegten Wahlkampfzeitraums von nur sechs Wochen nicht in Betracht.

b) „Fremder" Wahlkampf

Auch in diesem Unterabschnitt soll es um amtliche Äußerungen und andere Maßnahmen 414
gehen, die innerhalb eines Wahlkampfes erfolgen. Unter dem Begriff des „Wahlkampfes" ist nach wie vor die heiße Wahlkampfphase[642] zu verstehen. Jedoch sieht diese Konstellation vor, dass die Äußerungen, die der kommunale Wahlbeamte trifft, nicht die Chancen seiner eigenen Wiederwahl fördern sollen. Interessant ist hingegen, ob es gegen die Neutralitätspflicht verstößt, wenn der Wahlbeamte in einen Wahlkampf eingreift, der nicht direkt mit ihm zu tun hat, etwa bei Wahlen zum Bundestag, Landtag oder auch der kommunalen Vertretungen. Differenziert wird hierbei danach, ob es um eine Wahl zu einem Parlament, zu einer kommunalen Vertretung oder aber um die Wahl eines anderen Wahlbeamten geht.[643]

aa) Wahl zu einer kommunalen Vertretung

Für die Klärung der Frage nach Vereinbarkeit von amtlichen Äußerungen im Wahlkampf 415
ist nun auch hier zu untersuchen, ob die neutralitätspflichteinschränkenden Elemente die grds. Verstöße gegen das Gebot zur strikten Neutralität rechtfertigen können. Die Frage der Rechtfertigung ist auch hier im Wege einer Abwägung zwischen den betroffenen Rechtspo-

642 Vgl. oben Kap. C.II.4.
643 Zur (vor allem in der Politikwissenschaft oft wenig beachteten) Unterscheidung zwischen Parlament und Kommunalvertretung vgl. sehr anschaulich Lück, LKV 2016, 485 (485 f.).

sitionen der amtierenden Hauptverwaltungsbeamten einerseits und der „benachteiligten" Bewerber um die politischen Ämter andererseits zu klären. Differenziert werden muss hier zwischen der Situation, in der die Wahl in der „eigenen" Kommune des Hauptverwaltungsbeamten erfolgt, d. h. in der Kommune, in der er selbst Bediensteter ist und der, in der die Wahl in einer anderen Kommune stattfindet, der Wahlbeamte also „von außen" in den Wahlkampf einer anderen Kommune hineinwirkt.

(1) Neutralitätspflichtbegründende Elemente

416 Zunächst ist festzuhalten, dass mit den obigen Ausführungen sowohl Demokratieprinzip als auch Chancengleichheit bei Wahlen zu kommunalen Vertretungen als Elemente der Neutralitätspflicht Geltung haben. Dies gilt für beide Situationen, sowohl bei der der Wahl in der „eigenen" Kommune als auch bei der des „Eingriffs von außen". Einer Differenzierung bedürfen jedoch die Kriterien, die sich einschränkend auf die politische Neutralitätspflicht auswirken.

(2) Aufgabenbezogene Einschränkung

417 Zum einen ist da die aufgabenbezogene Einschränkung, die auf die Äußerungsbefugnis zu örtlichen Gegebenheiten aus der kommunalen Selbstverwaltungsgarantie i. V. m. der Organzuständigkeit zurückgeht. Denn während dieses Element bei Wahlen zu Vertretungen der Kommunen, deren Bediensteter der Hauptverwaltungsbeamte selbst ist, unproblematisch ist, kann es bei Wahlen zu Vertretungen anderer Kommunen nicht zum Tragen kommen. Denn zwingende Grundvoraussetzung hierfür wäre, dass es sich um eine Angelegenheit der örtlichen Gemeinschaft handelt.[644] Solche Angelegenheiten liegen aber nur dann vor, wenn sie den Einwohnern der Kommune gerade als solchen gemeinsam sind.[645] Die Wahl zur Vertretung der Kommune A ist jedoch keine Angelegenheit, die den Einwohnern der Kommune B gerade als solchen gemeinsam ist. Daher ist diese Wahl auch für den Hauptverwaltungsbeamten der Kommune B keine Angelegenheit der örtlichen Gemeinschaft. Somit wirkt die Äußerungsbefugnis aus der Selbstverwaltungsgarantie in vorliegender Konstellation nur dann als grds. die Neutralitätspflicht beschränkend, wenn die Äußerungen sich auf Wahlen zur Vertretung der „eigenen" Kommune beziehen.

(3) Funktionsbezogene Einschränkung

418 Ganz ähnlich verhält sich dies im Bereich der funktionsbezogenen Einschränkung. Diese geht vor allem auf den Gedanken zurück, dass von einem Hauptverwaltungsbeamten, der zur politischen Leitung einer Kommune gehört und einen politischen Gestaltungsauftrag von seinen Wählern hat, nicht erwartet werden kann, dass er sich bei seiner Amtsführung gänzlich unpolitisch verhält. Da die vorliegende Situation jedoch so gelagert ist, dass der Hauptverwaltungsbeamte in den Wahlkampf einer anderen Kommune hineinwirkt, wo er einen solchen politischen Gestaltungsauftrag gerade nicht hat. Daher kann auch die funk-

[644] Vgl. erneut Kap. D.III.3.a.aa.(3).

[645] St. Rspr., vgl. nur BVerfGE 79, 127 (151 f.); BVerwGE 125, 68 (72); Hellermann in: BeckOK GG, Art. 28 Rn. 41; Mehde in: Maunz/Dürig, GG, Art. 28 Abs. 2 Rn. 50.

tionsbedingte Einschränkung in einer solchen Konstellation nicht zum Tragen kommen. Somit kann zunächst festgehalten werden, dass amtierende Hauptverwaltungsbeamte bezüglich anderer Kommunen einer umfassenden Pflicht zur politischen Neutralität unterliegen und dass für Verstöße gegen diese Pflicht keine Rechtfertigungsansätze vorhanden sind.

(4) Abwägung

Fraglich ist somit, wie es sich verhält, wenn die Hauptverwaltungsbeamten bei Wahlen zur Vertretung in ihrer eigenen Kommune „aktiv" werden. Ganz grundsätzlich stehen sich hier erneut die Rechtspositionen gegenüber, die auch schon bei den vorherigen Abwägungen gegeneinander abzuwägen waren. Die Neutralitätspflicht stützend wirken die Chancengleichheit aus Art. 21 Abs. 1 i. V. m. Art. 28 Abs. 1 S. 2 GG und das Demokratieprinzip. Beschränkend wirken sich dagegen das funktionsbezogene und das aufgabenbezogene Kriterium aus. Gegen ein (erkennbares) Missverhältnis zwischen den betroffenen Rechtspositionen und damit gegen einen Verstoß gegen die Neutralitätspflicht spricht zunächst, dass sich die „belasteten" Bewerber nicht, wie in der Konstellation in Kap. F.II.1.a, der Problematik ausgesetzt sehen, dass ihr Mitbewerber aus seiner Amtsstellung heraus auf den Wahlkampf einwirkt und sich so im direkten Vergleich einen unmittelbaren Vorteil verschafft. Aufgrund der Unterschiedlichkeit zwischen dem Amt des Hauptverwaltungsbeamten und denen der Vertretungsmitglieder erfolgt die Einwirkung auf den Wähler hier eben nicht durch einen direkten Vergleich und hat daher eine etwas abgeschwächte Wirkung. Denn sicherlich stellt es eine Beeinträchtigung eines Gemeinderatskandidaten dar, wenn ein Bürgermeister als Wahlbeamter sich in amtlicher Funktion für seine Mitbewerber ausspricht. Es ist jedoch davon auszugehen, dass diese Beeinträchtigung spürbar größer wäre in der Situation, da ein Amtsinhaber in amtlicher Stellung zulasten von unmittelbaren Gegenkandidaten tätig wird. 419

Trotz ihrer relativen Abmilderung kann diese Beeinträchtigung aufgrund der Amtsautorität des Wahlbeamten auch ohne Direktvergleich immer noch sehr massiv sein. Zwar geht es bei solchen Wahlen zur Kommunalvertretung nicht um die Entscheidung um die Führung der Verwaltung, bei der die Amtsautorität des Amtsinhabers eine Eignung seiner Persönlichkeit suggeriert. Diese Amtsautorität wirkt jedoch über den Bereich der eigenen Wiederwahl hinaus. Denn aus Sicht des Bürgers stellt sich „die Gemeinde" oder auch „der Landkreis" überwiegend als Einheit dar. Wahlempfehlungen oder Aufforderungen, bestimmte Kandidaten nicht zu wählen, erzielen dabei entsprechend eine starke Wirkung. Denn der Hauptverwaltungsbeamte, der eng mit der Vertretung zusammenarbeitet, wird aus der Sicht eines Wahlberechtigten wissen müssen, worauf es bei dieser Arbeit ankommt. 420

Zu beachten ist aber auch, dass im Gegensatz zu der Situation, da die Hauptverwaltungsbeamten Äußerungen im eigenen Wahlkampf treffen, sie in der vorliegenden Konstellation nicht unmittelbar zu ihrem eigenen Nutzen tätig werden. Vielmehr geht es grundsätzlich darum, basierend auf ihrer Erfahrung im Bereich der Kommunalverwaltung, Einschätzungen sowohl zur persönlichen Eignung von Rats- bzw. Kreistagskandidaten als auch zu den Inhalten von deren Wahlprogrammen abzugeben. Hier kommt in besonderer Weise die aufgabenbezogene Einschränkung der Neutralitätspflicht zum Tragen, da die Wahl möglichst am besten geeigneter Kandidaten eine Angelegenheit der örtlichen Gemeinschaft 421 ist. Ebenso kann die Stärkung des Organs der Vertretung zu den politischen Funktionen und Aufgaben eines Hauptverwaltungsbeamten gezählt werden. Da hier, wie gesagt, auf den ersten Blick kein unmittelbarer „Eigennutz" vorhanden ist, könnte grundsätzlich davon ausgegangen werden, dass der Hauptverwaltungsbeamte nach bestem Wissen und Gewissen zum Wohl der Kommune handelt und parteipolitische Erwägungen nur eine untergeordnete Rolle spielen.

422 Bei näherer Betrachtung wird jedoch ersichtlich, dass Äußerungen von Wahlbeamten in der vorliegenden Konstellation nur bedingt „uneigennützig" sein können. Denn entsprechende Äußerungen von Hauptverwaltungsbeamten sind von ihrer Grundintention nicht darauf gerichtet, die Einwohner „bloß" über die Wahlen, die dazugehörigen Kandidaten und deren jeweilige Eignung zu informieren. Vielmehr wird es darum gehen, bestimmte Kandidaten zu begünstigen, um damit eigene politische Vorstellungen und Ziele (deren Umsetzung mit den obigen Ausführungen zu den grundlegendsten Elementen der Arbeit kommunaler Wahlbeamter gehört) durchzusetzen. So ist es für einen Bürgermeister, auch in der starken Stellung im Rahmen der Süddeutschen Ratsverfassung, sehr von Vorteil, wenn er politisch von der Ratsmehrheit getragen wird. Damit kann nicht von einer Intention ausgegangen werden, die auf sachlicher Objektivität und Uneigennützigkeit fußt.

423 Schließlich ist es auch hier die lokale Ebene und die damit verbundene Nähe zum Geschehen, die die angesprochenen möglichen Einwirkungen auf die Willensbildung beim Wähler erheblich verstärken kann. Die hieraus erwachsenden Nachteile im Wettbewerb um Wählerstimmen, die den belasteten Kandidaten entstehen können, werden nicht durch die Rechtspositionen der Wahlbeamten aufgewogen. Dies führt somit auch in der Situation der Wahlen in der „eigenen" Kommune zu einer Unverhältnismäßigkeit von Äußerungen und anderen amtlichen Maßnahmen von Hauptverwaltungsbeamten, die im Wahlkampf getätigt werden. Denklogisch muss nun für diese Konstellation eine gesteigerte politische Neutralitätspflicht angenommen werden. Damit liegt auch hier ein Verstoß gegen die Neutralitätspflicht vor.

(5) Zwischenergebnis

424 Insgesamt ist somit festzuhalten, dass es der Neutralitätspflicht widerspricht, wenn kommunale Wahlbeamte durch amtliche Äußerungen und ähnliche Maßnahmen in den Wahlkampf einer kommunalen Vertretung eingreifen. Dabei macht es keinen Unterschied, ob es um die Wahl zu der Vertretung geht, in der auch der Wahlbeamte Bediensteter ist, oder ob es sich um eine andere Kommune handelt.

bb) Wahl eines anderen Wahlbeamten

425 Zu untersuchen ist nun, wie sich die Situation darstellt, wenn ein Hauptverwaltungsbeamter mit amtlichen Äußerungen oder ähnlichen Maßnahmen in den Wahlkampf um das Amt eines anderen Hauptverwaltungsbeamten eingreift.[646]

[646] Als Beispiel für solche Konstellationen vgl. etwa OVG Lüneburg, NdsVBl 2008, 207.

Problematisch hierbei ist bereits, dass aufseiten des handelnden Hauptverwaltungsbeamten keine neutralitätspflichteinschränkenden Elemente greifen können, wie das in den vorstehenden Unterabschnitten der Fall war. Denn die Wahl in einer anderen Kommune ist keine Angelegenheit der örtlichen Gemeinschaft des handelnden Hauptverwaltungsbeamten.[647] Dementsprechend fallen amtliche Äußerungen zu solchen Wahlen auch nicht in den Aufgabenbereich eines Hauptverwaltungsbeamten, der eine politische Funktion erfüllt, da sich diese logischerweise auf eben solche Angelegenheiten beschränkt, die sich in seiner Kompetenz befinden. Mangels einer solchen Kompetenz auf dem Gebiet einer anderen Kommune können keine dienstlichen Interessen vorliegen. Abgestellt auf den politischen Charakter des Wahlbeamtenamtes könnte sich eine andere Bewertung nur dann ergeben, wenn die andere Kommune, in der ein Wahlbeamter gewählt wird, zur politischen Interessenssphäre des amtierenden Wahlbeamten gehört. Als Beispiel dafür kann etwa die Wahl zum Bürgermeister einer kreisangehörigen Gemeinde aus der Perspektive des entsprechenden Landrats dienen. Hier liegt es nahe, dass dieser Landrat ein politisches Interesse daran hat, dass ein Bürgermeister derselben oder einer gleichgesinnten politischen Couleur gewählt wird. Jedoch ist dieses Interesse tatsächlich nur ein rein politisches. Hierfür gibt es keinen rechtlichen Anknüpfungspunkt, der jedoch für eine Berücksichtigung erforderlich wäre. Bei Wahlen in einer Mitgliedsgemeinde handelt es sich nicht um eine Angelegenheit der örtlichen Gemeinschaft des Landkreises, denn diese ist allen Kreiseinwohnern nicht gerade als solchen gemeinsam. Eine Rechtfertigung des Eingriffs in den Wahlkampf aus der Selbstverwaltungsgarantie kann daher nicht gelingen. Das rein parteipolitische Interesse an der Wahl eines gleichgesinnten anderen Wahlbeamten kann für sich allein keinesfalls die mit den Eingriffen in den Wahlkampf verbundenen Nachteile für die anderen Bewerber rechtfertigen. Somit verstoßen amtliche Äußerungen in Wahlkämpfen bei Wahlen anderer Hauptverwaltungsbeamter mangels Rechtfertigung gegen das Gebot der politischen Neutralität. 426

cc) Wahl zu einem Parlament

Schließlich ist zu betrachten, inwieweit es mit der Neutralitätspflicht vereinbar ist, wenn Hauptverwaltungsbeamte mit amtlichen Äußerungen und ähnlichen Maßnahmen in den Wahlkampf bei Wahlen zum Parlament des betroffenen Bundeslandes oder zum Bundestag eingreifen. 427

Neutralitätspflichtbegründend wirkt zunächst das Recht der Parteien auf Chancengleichheit aus Art. 21 Abs. 1, auf Bundesebene i. V. m. Art. 38 Abs. 1 GG[648]. Die in dem Beispiel zugrunde gelegten abfälligen Äußerungen sind mit den vorstehenden Argumenten durchaus geeignet, den Schutzbereich des Rechts auf Chancengleichheit zu verkürzen. 428

Jedoch spricht für die Unerheblichkeit der Reichweite dieser Verkürzung die fehlende „Nähe zum Geschehen". Da es nicht um ein kommunales Thema in Form einer kommunalen Wahl 429

[647] Vgl. hierzu auch die Ausführungen des Kap. F.II.1.b.aa.

[648] Für die Wahlen zu den Landesparlamenten vgl. die entsprechenden landesverfassungsrechtlichen Bestimmungen zu Freiheit und Gleichheit der Wahl wie Art. 8 Abs. 1 NV (Nds.), Art. 14 Abs. 1 BayVerf und Art. 31 Abs. 1 Verf NRW.

geht, fehlt die entsprechende Verbindung zwischen dem Hauptverwaltungsbeamten und der Wahl. Im Vergleich zu den entsprechenden Parlamentariern oder gar Kabinettsmitgliedern, die in einem unmittelbaren Zusammenhang zu den Parlamentswahlen stehen, ist der Einfluss der Hauptverwaltungsbeamten damit dem Grunde nach ein wesentlich geringerer. Auch die in den obigen Ausführungen sehr relevante Amtsautorität spielt hier grundsätzlich nicht mehr die starke Rolle, da sie sich vor allem aus dem Amt des kommunalen Spitzenbeamten ergibt. Diesem Amt liegt aber eben die Kommunalpolitik zugrunde und nicht, wie eben bei den Parlamentswahlen, die Landes- oder gar die Bundespolitik.

430 Dagegen ist jedoch erneut anzuführen, dass trotz des vermeintlich geringen Einflusses amtlicher Wahlkampfäußerungen kommunaler Wahlbeamter diese mit den Ausführungen des vorigen Unterkapitels keine rechtliche Ermächtigung für die Tätigung solcher Äußerungen haben. Parlamentswahlen sind keinesfalls unter den Begriff einer Angelegenheit der örtlichen Gemeinschaft subsumierbar. Damit kommt eine sich auf die Selbstverwaltungsgarantie stützende Äußerungsbefugnis hier nicht zum Tragen. Das aufgabenbezogene Einschränkungskriterium kann keine Wirkung entfalten.

431 Wie eben angesprochen, fehlt auch eine unmittelbare Verbindung zwischen der von der Wahl betroffenen Bundes- bzw. Landespolitik und dem kommunalpolitischen Betätigungsfeld des kommunalen Wahlbeamten. Damit kann als Rechtfertigung der amtlichen Äußerungen auch nicht die politische Rolle des Hauptverwaltungsbeamten, die dem Grunde nach das funktionsbezogene Einschränkungskriterium bildet, herangezogen werden. Denn das (vollkommen nachvollziehbare und mit dem Amt untrennbar verbundene) Bestreben, wiedergewählt zu werden, steht in keinem unmittelbaren Zusammenhang mit der Bundes- oder Landespolitik. Paradebeispiel für das Fehlen dieses Zusammenhangs dürfte Bayerns Landeshauptstadt München sein, die seit 1948 fast durchgehend (mit nur einer Unterbrechung 1978 bis 1984) von SPD-Oberbürgermeistern regiert wird,[649] obwohl die CSU seit 1957 ununterbrochen (und dabei häufig mit einer absoluten Mehrheit im Landtag) den Ministerpräsidenten stellt.[650]

432 Dabei ist besonders zu beachten, dass Wahlen zu den Parlamenten eine gesteigerte Bedeutung haben. Denn entsprechend dem Parlamentsvorbehalt sind die Parlamente für alle wesentlichen staatlichen Entscheidungen zuständig.[651] Daraus folgt insbesondere, dass Eingriffe in Grundrechte der Bürger einer parlamentsgesetzlichen Grundlage bedürfen.[652] Entsprechend dieser besonderen Bedeutung der Parlamente muss ganz besonders darauf geachtet werden, dass die Entscheidung über die Zusammensetzung dieser in einem von staatlicher Seite völlig unbeeinflussten Wahlakt erfolgt. Die Wichtigkeit der Frage nach der Zusammensetzung der Parlamente zeigt sich dann insbesondere bei den „kleineren" Parteien. Aufgrund der Fünf-Prozent-Sperrklausel für den Bundestag und die Landesparlamente können für diese

[649] Hettler, Die Münchner Oberbürgermeister (2008).

[650] Bartsch, Wissenschaftlicher Dienst des Deutschen Bundestages, Nr. 03/07, 26. Januar 2007, http://webarchiv.bundestag.de/archive/2012/1220/dokumente/analysen/2007/Die_Minister-praesidenten_des_Freistaates_Bayern_seit_1945.pdf, abgerufen am 07.12.2017.

[651] VerfGE 47, 46 (78 f.); BVerfGE 104, 151 (208); 121, 135; Huster/Rux in: BeckOK GG, Art. 20 Rn. 106.

[652] Huster/Rux in: BeckOK GG, Art. 20 Rn. 105.

Parteien auch wenige fehlende Stimmen bereits ausschlaggebend sein. Gerade Wahlbeamte in einwohnerstarken Kommunen sind aber mit den obigen Ausführungen in der Lage, stark und für einzelne Parteien auch entscheidend auf die Willensbildung beim Wähler einzuwirken.

Insgesamt zeigt sich, dass den neutralitätspflichtbegründenden Aspekten der Chancengleichheit der Parteien aus Art. 21 Abs. 1 i. V. m. Art. 38 Abs. 1 GG bzw. i. V. m. den entsprechenden landesverfassungsrechtlichen Regelungen und des Demokratieprinzips keine nennenswerten, auf rechtliche Grundlagen gestützte Einschränkungskriterien entgegenstehen. Damit stellen Äußerungen und andere amtliche Maßnahmen, die Hauptverwaltungsbeamte in einem Wahlkampf vor der Wahl zu einem Landesparlament oder dem Bundestag tätigen, nicht zu rechtfertigende Eingriffe in die genannten Rechtsgüter dar. Im Ergebnis verstoßen somit entsprechende amtliche Maßnahmen der Wahlbeamten gegen die Pflicht zur politischen Neutralität. 433

cc) Zwischenergebnis

Insgesamt ist für die Situation des „fremden" Wahlkampfes festzustellen, dass hier bezüglich der politischen Neutralitätspflicht keine anderen Ergebnisse erzielt werden konnten als in der Situation des eigenen Wahlkampfes. Bei der Wahl zu einer Vertretung hat der Hauptverwaltungsbeamte, sofern es um die Wahl der Vertretung einer anderen Kommune geht, keine Elemente, die die Pflicht zur politischen Neutralität einschränken könnten. Sofern die Wahlen die Vertretung der eigenen Kommune betreffen, sind dagegen solche zwar grundsätzlich vorhanden. Diese sind jedoch nicht in der Lage, die Rechte der Vertretungskandidaten auf einem unbeeinflussten Wahlkampf zu überwiegen. Noch deutlicher stellt sich die Situation wiederum bei den Wahlen des Hauptverwaltungsbeamten einer anderen Kommune dar. Ebenso wie bei den Wahlen zur Vertretung einer anderen Kommune sind keine Aspekte erkennbar, die der Annahme einer umfassenden Neutralitätspflicht entgegenstehen könnten. Zu keinem anderen Ergebnis kommt schließlich die Betrachtung der Situation, in der es um Wahlen zu einem Landesparlament bzw. zum Bundestag geht. 434

Ebenso wie dies bei dem Unterkapitel zum eigenen Wahlkampf des Hauptverwaltungsbeamten der Fall war, kommt auch im Unterkapitel zum fremden Wahlkampf eine auf den Erkenntnissen der Vergleichsuntersuchung basierende wertungsmäßige Korrektur nicht in Betracht. Der zeitliche Korridor, innerhalb dessen sich der Hauptverwaltungsbeamte „zu zügeln" hat und entsprechend Einbußen bei seinen die Neutralitätspflicht grundsätzlich einschränkenden Rechtspositionen hinnehmen muss, ist mit den zugrunde gelegten sechs Wochen so überschaubar, dass die Notwendigkeit einer Unterscheidung vom Bundespräsidenten hier noch nicht erheblich ist. 435

c) Ergebnis

Als Ergebnis für die Situation von Äußerungen und anderen amtlichen Maßnahmen innerhalb eines Wahlkampfes, die von Hauptverwaltungsbeamten getroffen werden, ist festzu- 436 halten, dass diese grundsätzlich gegen die Pflicht zur politischen Neutralität verstoßen. Hierbei macht es keinen Unterschied, ob der kommunale Wahlbeamte selbst zur (Wieder-) Wahl steht oder auf den Wahlkampf zu einer anderen Wahl einwirkt. Etwas problematischer stellt sich die Situation dar bei der Frage, ob die Maßnahmen zulasten einer politischen Partei oder einer anderen politischen Gruppierung erfolgen. Folgt man der Ansicht, dass der Art. 21 Abs. 1 i. V. m. Art. 38 Abs. 1 bzw. Art. 28 Abs. 1 S. 2 GG innerhalb des Wahlkampfes für alle Kandidaten dieselbe Wirkung entfaltet, so ist eine Differenzierung entsprechend nicht erforderlich. Lehnt man diesen weiten Schutz jedoch ab, so kann dies dazu führen, dass den Hauptverwaltungsbeamten im Wahlkampf in einigen Konstellationen eine umfassende Pflicht zur politischen Neutralität abgesprochen wird.

2. Situation außerhalb des Wahlkampfes

437 Nach der Klärung von Umfang und Reichweite des politischen Neutralitätsgebots für die Hauptverwaltungsbeamten innerhalb des Wahlkampfes ist nun zu untersuchen, wie es sich mit diesem Neutralitätsgebot verhält, wenn die amtlichen Äußerungen und ähnliche Maßnahmen außerhalb von Wahlkampfzeiten[653] getätigt werden. Eine Differenzierung nach der Frage, ob politische Parteien i. S. d. Parteienrechts betroffen sind oder nicht, ist hierbei erforderlich. Denn die vorstehenden Ausführungen haben gezeigt, dass die Chancengleichheit aus Art. 21 Abs. 1 i. V. m. Art. 38 Abs. 1 bzw. Art. 28 Abs. 1 S. 2 GG außerhalb von Wahlkampfzeiten bei den politischen Parteien keine Wirkung entfaltet. Gleichzeitig wurde aber festgestellt, dass diese sich außerhalb des Wahlkampfes auf eine „abgeschwächte" Chancengleichheit aus Art. 21 i. V. m. Art. 3 Abs. 1, 3 GG berufen können. Dabei wurde allen anderen politischen Akteuren, die nicht bei politischen Wahlen antreten, dieser abgeschwächte Schutz außerhalb des Wahlkampfes versagt.

438 In seiner Entscheidung vom 12.01.2015 stellte das OVG NRW fest, dass Geltung und Reichweite der Neutralitätspflicht von Amtswaltern außerhalb von Wahlkampfzeiten in der verfassungs- und verwaltungsgerichtlichen Rechtsprechung noch nicht hinreichend geklärt seien.[654] Bestätigt wurde diese Feststellung dadurch, dass im Zeitraum der genannten Entscheidung zu eben dieser Frage in der Verwaltungsgerichtsbarkeit teils exakt gegensätzliche Antworten gegeben worden sind.[655] Am 07.11.2015 äußerte sich das BVerfG das erste Mal direkt zu dieser Frage. Dabei stellte es fest, dass die politische Neutralitätspflicht für staatliche Organe nicht nur für den Wahlkampf gelte, sondern die Parteien permanent schütze.[656] Im Nachgang griffen der ThürVerfGH[657] und auch das OVG NRW[658] selbst diese Rechtsprechung auf und folgten dieser Ansicht. Ebenso verfuhr das BVerwG.[659] Eine inhaltliche Begründung dieser Ansicht sucht man in diesen Entscheidungen indes vergeblich.

653 Zum Begriff des Wahlkampfes vgl. erneut Kap. C.II.4.
654 NWVBl 2015, 195.
655 Siehe dazu Gärditz, NWVBl 2015, 165 mit einer detaillierten Darstellung der Rspr.
656 NVwZ-RR 2016, 241 (242).
657 Gleich zweimal hintereinander, vgl. NVwZ 2016, 1408; BeckRS 2016, 48204.
658 BeckRS 2016, 55264.
659 BeckRS 2017, 135056, Rn. 24.

Vielmehr wird kommentarlos auf BVerfGE 85, 264 verwiesen.[660] Wie jedoch schon in Kap. F. I.2 festgestellt, können weder dieses Urteil noch andere argumentative Ansätze eine Geltung der Chancengleichheit aus Art. 21 Abs. 1 i. V. m. Art. 38 Abs. 1 GG bzw. Art. 28 Abs. 1 S. 2 GG außerhalb von Wahlkampfzeiten begründen. Ein etwas anderes Ergebnis kam zwar für den Bundespräsidenten heraus.[661] Bei diesem wurde eine umfassende Neutralitätspflicht auch über die „heiße" Phase des Wahlkampfes hinaus angenommen. Dies ist jedoch mehr auf Wertungsfragen im Zusammenhang mit den Vergleichsuntersuchungen aus Kap. E.III.1 zurückzuführen.[662]

a) Gegenüber politischen Parteien

Fraglich ist, ob sich nun Argumente finden lassen, die letztlich doch für die Ausweitung der Neutralitätspflicht der Hauptverwaltungsbeamten über die heiße Phase des Wahlkampfes hinaus sprechen könnten. Kap. F.II.1.a beschäftigt sich mit der Fragestellung, ob für die Hauptverwaltungsbeamten innerhalb des eigenen und des fremden Wahlkampfes gegenüber politischen Parteien eine umfassende politische Neutralitätspflicht besteht. Die Abwägung der neutralitätspflichtbegründenden gegen die neutralitätspflichteinschränkenden Elemente ging in beiden Situationen zugunsten der belasteten Parteien aus, was jeweils einen Verstoß gegen die Neutralitätspflicht seitens der Hauptverwaltungsbeamten bedeutet. Hauptargumente waren dabei in der Situation des „eigenen Wahlkampfes" des Hauptverwaltungsbeamten, dass die politischen Funktionen und Aufgaben und die damit einhergehende und erforderliche politische Kommunikation gegenüber der Öffentlichkeit über die gesamte Zeit seiner Wahlperiode wahrgenommen werden können und es daher gerechtfertigt ist, von ihm zum Zwecke eines schonenden Ausgleichs der Rechte Zurückhaltung im Wahlkampf zu verlangen. 439

Die Notwendigkeit dieser Zurückhaltung wird verstärkt durch die Amtsautorität der Wahlbeamten, die den Belastungen der anderen Parteien durch entsprechende Äußerungen ein starkes Gewicht verleiht. Schließlich ist es auch die mit dieser Amtsautorität einhergehende lokale Nähe des politischen Geschehens und die damit verbundene Identifikation der Bevölkerung mit den Wahlbeamten, die ihre Position unverhältnismäßig stärkt und daher eine Zurückhaltung unumgänglich macht. 440

In der Situation des fremden Wahlkampfes begründet sich das Ergebnis vor allem dadurch, dass die Wahlen in anderen Kommunen und zu Parlamenten keine Angelegenheiten der örtlichen Gemeinschaft sind und diese Geschehnisse daher von vornherein nicht in den Kompetenzbereich der kommunalen Wahlbeamten fallen können. 441

Für eine Rechtswidrigkeit amtlicher Äußerungen zulasten anderer politischer Akteure ist auch vorliegend zunächst anzuführen, dass diese sich auf das Demokratieprinzip berufen 442

[660] BVerfGE 140, 225 (227); ThürVerfGH, BeckRS 2016, 47235 Rn. 41; BeckRS 2016, 48204.
[661] Vgl. Kap. F. I.2.
[662] Siehe Kap. F. I.1 und 2.

können. Dieses gewährt zum einen den Parteien grundsätzlich Schutz vor staatlicher Einwirkung mit belastender Wirkung auf ihre allgemeine politische Arbeit. Zum anderen gebietet es, dass die Willensbildung beim Volk grundsätzlich ohne Einmischung des Staates zu erfolgen hat, andere gesellschaftliche Gruppierungen jedoch durchaus bei dieser mitwirken können. Damit schützt es diese Gruppierungen, ohne dass sie den Status einer politischen Partei nach dem Parteienrecht haben, dennoch vor Belastungen durch den Staat. Darüber hinaus besteht auch der angesprochene Schutz aus Art. 21 Abs. 1 i. V. m. Art. 3 Abs. 1, 3 GG.

443 Weiterhin ist auch hier die starke Stellung der Hauptverwaltungsbeamten anzusprechen, die sich aus ihrer Amtsautorität und der lokalen Nähre ergibt und zu einer starken Wirkung der amtlichen Belastung der betroffenen politischen Akteure beitragen kann. Schließlich ist gerade vor dem Hintergrund der angesprochenen lokalen Nähe und der damit häufig verbundenen Identifikation mit den Wahlbeamten, die die Führungsriege der Kommunalverwaltungen bilden, die aktuell schwierige Situation der „etablierten" Parteien zu nennen.[663] Diese Parteien könnten, ließe man amtliche Äußerungen zu ihren Lasten zu, auch außerhalb von Wahlkampfzeiten massiv in der Gunst der Wähler leiden, was dann auch mittelbar auf ihre Chancen bei Wahlen einwirken könnte. Umgekehrt ist natürlich auch ein unzulässiger vorteilhafter Effekt denkbar, soweit Parteien durch entsprechende Äußerungen begünstigt werden. Dies könnte die Verkürzung des Schutzbereichs des Rechts auf Chancengleichheit aus Art. 21 Abs. 1 i. V. m. Art. 3 Abs. 1, 3 GG zusätzlich intensivieren.

444 Jedoch ist zu beachten, dass eine Ausweitung der Zurückhaltungspflicht Hauptverwaltungsbeamten auf die gesamte Zeit ihrer Wahlperiode sie unverhältnismäßig in ihren Rechten aus ihrem Amt beschränken könnte. Denn zum einen räumt die Selbstverwaltungsgarantie aus Art. 28 Abs. 2 S. 1 GG in Verbindung mit der entsprechenden Organkompetenz den Hauptverwaltungsbeamten das Recht ein, sich zu politischen Vorgängen, die einen örtlichen Bezug haben, zu äußern. Dieses Recht erstreckt sich dabei nicht nur auf reine „Berichte" zur Arbeit der Kommunalverwaltung. Vielmehr schließt es auch die Befugnis zur Vornahme von Beurteilungen und Bewertungen einzelner (politischer) Fragen und der Abgabe von Werturteilen ein.[664] Darüber hinaus gehört die politische Betätigung untrennbar zum Amt eines Hauptverwaltungsbeamten. Zu dieser politischen Betätigung gehören (ganz genauso wie bei den politischen Parteien und anderen politischen Gruppierungen) eben auch solche Maßnahmen, die auf die eigene Wiederwahl bzw. die Wiederwahl der gleichgesinnten Mitglieder der Vertretung der eigenen Kommune gerichtet sind. Oben wurde festgestellt, dass die Hauptverwaltungsbeamten dieser politischen Tätigkeit über die gesamte Dauer ihrer Wahlperiode nachgehen könnten und im Interesse eines schonenden Ausgleichs jedenfalls innerhalb der „heißen Wahlkampfphase" Zurückhaltung üben müssten. Daher ist es nur folgerichtig, diese Pflicht zur politischen Zurückhaltung für den Rest der Wahlperiode abzulehnen. Eine andere Vorgehensweise

[663] Vgl. erneut Eder, Rote Karte gegen Spinner, S. 133; Oskar Niedermayer, Parteimitglieder in Deutschland, http://www.polsoz.fu-berlin.de/polwiss/forschung/systeme/empsoz/schriften/Arbeitshefte/P-PM16-NEU.pdf, abgerufen am 16.11.2016.

[664] Vgl. hierzu und zum Folgenden die Ausführungen in Kap. D.III.3.a.aa.(3).

würde der kommunalverfassungsrechtlichen Stellung der Hauptverwaltungsbeamten nicht genügend Rechnung tragen und ihre sich aus dieser Stellung ergebenden Rechte unangemessen beschränken. Entsprechend geht die Abwägung der widerstreitenden Rechtspositionen umso mehr zugunsten der Hauptverwaltungsbeamten aus, je weiter die nächsten Wahlen entfernt sind.

Zuletzt gilt es nun, den Zeitpunkt zu ermitteln, an dem sich die Ergebnisse aus Kap. F.II.1 umkehren und ein Verstoß gegen die Neutralitätspflicht nicht mehr vorliegt. Mit der bisherigen Konstruktion, die davon ausgeht, dass der Beginn der relevanten „heißen" Phase des Wahlkampfes etwa sechs Wochen vor der Wahl einsetzt, wäre es eigentlich konsequent, eben diesen Zeitpunkt als „Umkehrpunkt" zu benennen. Zwar wurde beim Bundespräsidenten in Kap. F. I.2 dieser Zeitpunkt auf den Beginn der Wahlvorbereitungsphase gelegt, also den Moment, in dem der Wahltermin etwa 12 bis 15 Monate im Vorfeld festgelegt wird. Nun ließe sich grundsätzlich argumentieren, dass im Wege des schonenden Ausgleichs der widerstreitenden rechtlichen Positionen der Hauptverwaltungsbeamten einerseits und der politischen Parteien andererseits auch für die Neutralitätspflicht der Hauptverwaltungsbeamten der „Umkehrpunkt" auf den Beginn der Wahlvorbereitungsphase gelegt werden könnte. Eine solche Argumentation würde jedoch in einer unbilligen Art und Weise die Ergebnisse der Vergleichsuntersuchung aus Kap. E.III.1 ignorieren. Aus dieser ergab sich eindeutig die Erkenntnis, dass die politische Neutralitätspflicht der Hauptverwaltungsbeamten nicht dieselbe Reichweite und denselben Umfang haben kann wie die des Bundespräsidenten. Denn die neutralitätspflichteinschränkenden Elemente haben beim Amt eines Hauptverwaltungsbeamten eine weitaus größere Wirkung als beim Amt des Bundespräsidenten. Daher ist eine Gleichsetzung der beiden Ämter in der vorliegenden Frage ausgeschlossen. 445

Dies widerspricht auch nicht der Vorgehensweise in den vorherigen Unterabschnitten. Denn zwar wurde für alle Situationen, in denen während der heißen Wahlkampfphase eine verschärfte Neutralitätspflicht der Hauptverwaltungsbeamten angenommen wurde, eine Entschärfung dieser Pflicht aus Wertungsgründen abgelehnt. Diese Ablehnung stützte sich jedoch maßgeblich auf die Erwägung, dass die Einschränkung der Rechtspositionen der Hauptverwaltungsbeamten sich auf einen sehr kurzen Zeitraum von etwa sechs Wochen beschränkt. In der nun vorliegenden Konstellation würde dieser Zeitraum nun die genannten 12 bis 15 Monate betragen. Insoweit gebieten es die vergleichstechnisch ermittelten Unterschiede zwischen den Hauptverwaltungsbeamten und dem Bundespräsidenten, die Hauptverwaltungsbeamten hier besser zu stellen. Es muss damit dabeibleiben, dass diese einer verschärften Pflicht zur politischen Neutralität nur innerhalb der unmittelbaren Vorwahlzeit von etwa sechs Wochen unterliegen. 446

Im Ergebnis ist damit für diesen Unterabschnitt festzuhalten, dass amtliche Äußerungen und ähnliche Maßnahmen von Hauptverwaltungsbeamten, die zum Zwecke des politischen Meinungskampfes zulasten (anderer) politischer Parteien erfolgen, nicht grundsätzlich gegen das Gebot der politischen Neutralität verstoßen. Die Voraussetzungen für diese Zulässigkeit sind aber, dass es sich um Angelegenheiten der örtlichen Gemeinschaft handelt (was i. d. R. erfüllt sein müsste) und keine heiße Wahlkampfphase herrscht. 447

b) Gegenüber anderen politischen Akteuren

448 Dasselbe Ergebnis muss mit aller vorstehenden Argumentation für die Wählergemeinschaften gelten. A maiore ad minus muss auch bei allen politischen Akteuren, die keine politischen Parteien oder Wählergemeinschaften sind, von demselben Ergebnis ausgegangen werden. Denn in der zugrunde liegenden neutralitätspflichtbestimmenden Gleichung fehlt auf der Seite dieser Akteure in dieser Situation auch der „abgeschwächte" Schutz des Art. 21 Abs. 1 i. V. m. Art. 3 Abs. 1, 3 GG. Daher kann hier von einer umfassenden politischen Neutralitätspflicht der Hauptverwaltungsbeamten keine Rede sein.

3. Besonderheit bei Aufrufen zu Gegendemonstrationen

449 Die Situation, in der kommunale Wahlbeamte zu Gegendemonstrationen zu Kundgebungen aufrufen, die von politischen Parteien, anderen politischen Gruppierungen oder auch Einzelpersonen organisiert werden, stellt eine spezielle Konstellation dar. Eine entsprechende Betrachtung beim Bundespräsidenten ergab, dass in dieser Konstellation, egal zu welchem Zeitpunkt sie vorliegt oder wer beteiligt ist, der Bundespräsident einer umfassenden Neutralitätspflicht unterliegt, die durch entsprechende Aufrufe verletzt wird.

450 Innerhalb einer Wahlkampfphase wird die Neutralitätspflicht der Hauptverwaltungsbeamten, soweit sich ihre Aufrufe gegen politische Parteien richten, neben dem Demokratieprinzip vor allem durch das Recht der Parteien auf Chancengleichheit aus Art. 21 Abs. 1 i. V. m. Art. 38 Abs. bzw. Art. 28 Abs. 1 S. 2 GG, aber auch durch ihre Grundrechte auf Meinungs- und Versammlungsfreiheit[665] gestützt. Neutralitätspflichteinschränkend wirken sich für die Hauptverwaltungsbeamten die funktions- und aufgabenbezogenen Kriterien[666] aus. Die entsprechend erforderliche Abwägung fällt in dieser Situation sehr einfach aus. Auch ohne dass Meinungs- und Versammlungsfreiheit betroffen waren, kam Kap. F.II.1 zu dem eindeutigen Ergebnis, dass die Hauptverwaltungsbeamten einer strengen politischen Neutralitätspflicht unterliegen und daher wertende Äußerungen in amtlicher Eigenschaft zu unterlassen haben. Dadurch, dass die Aufrufe in der vorliegenden Situation zusätzlich auch Grundrechtseingriffe beinhalten, fällt das Ergebnis entsprechend noch klarer aus. Sämtliche Boykott- und Gegendemonstrationsaufrufe, die in der Wahlkampfzeit zulasten politischer Parteien getroffen werden, verletzen die Pflicht zur politischen Neutralität. Aufgrund der gewichtigen Rechtsgüter, die hierbei aufseiten der politischen Parteien betroffen sind, ist sogar eine Ausweitung dieser Neutralitätsphase über die „heiße" Wahlkampfphase hinaus denkbar. Auch hier könnte der Zeitpunkt der Festlegung des Wahltermins ein geeigneter Punkt für das Einsetzen der Neutralitätsphase sein.

451 Mit den Ausführungen aus Kap. F. I.1.b wird an dieser Stelle angenommen, dass auch solche Wählervereinigungen, die keine politischen Parteien sind, bei Kommunal- und Landtags-

[665] Vgl. hierzu Kap. C.II.3.
[666] Vgl. Kap. D.III.3.a.aa.

wahlen jedoch antreten, sich auf den Schutz des Art. 21 Abs. 1 i. V. m. Art. 38 Abs. bzw. Art. 28 Abs. 1 S. 2 GG berufen können. Dieser sichert ihnen die Chancengleichheit bei Wahlen zu. Entsprechend stehen sich auch dieselben Güter gegenüber, wie es auch schon bei der Beteiligung der politischen Parteien der Fall war. Damit ist auch hier von demselben Ergebnis auszugehen.

Etwas schwieriger gestaltet sich die Situation bei solchen politischen Gruppen oder Einzel- 452
personen, die nicht als Wählervereinigungen bei Wahlen antreten. Ein Rückgriff auf Art. 21 Abs. 1 i. V. m. Art. 38 Abs. bzw. Art. 28 Abs. 1 S. 2 GG ist bei diesen Subjekten nicht möglich. Dieselbe Problematik besteht mit den Ausführungen aus Kap. F.II.2 auch für politische Parteien und Wählervereinigungen, wenn der Aufruf außerhalb von Wahlkampfzeiten bzw. vor der Wahlvorbereitungsphase erfolgt. Damit verbleiben als Grundelemente der Neutralitätspflicht „lediglich" das Demokratieprinzip, die abgeschwächte Chancengleichheit aus Art. 21 Abs. 1 i. V. m. Art. 3 Abs. 1, 3 GG und die Grundrechte der Meinungs- und Versammlungsfreiheit. In gewohnter Weise stehen ihnen die Einschränkungen aus Aufgaben und Funktion der Hauptverwaltungsbeamten gegenüber. Für die Abwägung gilt es bei der vorliegenden Konstellation eine Besonderheit zu beachten. In der Regel ist es so, dass sich gerade die Hauptverwaltungsbeamten mit solchen Aufrufen zu Wort melden, in deren Kommune die missbilligten Versammlungen der ungeliebten politischen Gruppierungen wie Pegida und Co. stattfinden. Ein Fall, in dem der Hauptverwaltungsbeamte einer benachbarten Kommune zu einer Gegendemo o. Ä. aufgerufen hätte, ist bisher nicht in Erscheinung getreten. Nur am Rande sei bemerkt, dass in einem solchen Fall eine klare Verletzung der Neutralitätspflicht vorliegen würde, da es für entsprechende Äußerungen und Aufrufe keine Rechtfertigungen aus Funktion und Aufgaben des „benachbarten" Hauptverwaltungsbeamten geben kann.[667] Der Hauptverwaltungsbeamte, der im Normalfall zu Boykotten oder Gegendemonstrationen aufruft, ist entsprechend seiner kommunalverfassungsrechtlichen Stellung[668] Dienstvorgesetzter aller Bediensteten der Kommunalverwaltung. Fallen nun in die Zuständigkeit der dem Hauptverwaltungsbeamten unterstellten Kommunalverwaltung auch die Aufgaben der Versammlungsbehörde,[669] so ist dieser automatisch auch Leiter dieser Behörde.

Liegt die Zuständigkeit für Versammlungsfragen bei der Kommune, ergibt sich die ange- 453
sprochene besondere Problematik. Denn der Hauptverwaltungsbeamte hat so nicht nur die sonst auch übliche „Zwitterstellung" eines Kommunalpolitikers bzw. des Teils der politischen Führung der Kommune einerseits und des höchsten Verwaltungsbeamten der Kommune andererseits. Er ist gleichzeitig politische Führungsfigur und Leiter der Versammlungsbehörde, eben der Behörde, die besonders intensiven Zugriff auf das sensible Recht der Versammlungsfreiheit und damit auch der damit eng verbundenen Meinungsfreiheit hat. Dieses Spannungsfeld zwischen der politischen Funktion und der Ordnungsfunktion des Versammlungsbehördenleiters ist höchst problematisch. Denn während der Politiker ein rechtlich begründetes Interesse an politischer Diskussion und Öffentlichkeitsarbeit hat, ist es erforderlich, dass der Behördenleiter bei seiner Amtsausübung in Bezug auf das

[667] Vgl. hierzu auch Kap. F.II.1.b.bb.
[668] Zugrunde gelegt wird hier die vorherrschende Süddeutsche Bürgermeisterverfassung, siehe dazu näher Kap. D.III.2.
[669] So z. B. in Niedersachsen, vgl. § 24 Abs. 1 NVersG.

Versammlungsrecht absolut neutral handelt.[670] Sobald der Politiker jedoch entsprechende Äußerungen und Aufrufe tätigt, wird es mit der Neutralität des Behördenleiters in der Versammlungsangelegenheit problematisch. Diese Neutralität muss von ihm jedoch aufgrund der überragenden Bedeutung von Art. 8 Abs. 1 und 5 Abs. 1 GG erwartet werden. Denn jegliche Handlungen und Äußerungen, die die Freiheitsausübung der Versammlungsteilnehmer und -Veranstalter substanziell erschweren, sind mit dem bloßen Kriterium der funktions- und aufgabenbezogenen Einschränkung nicht zu rechtfertigen.[671] Die aufgezeigte besondere Situation bei der Abwägung gilt in jeder Konstellation, in der ein Hauptverwaltungsbeamter, dessen Kommune Trägerin einer Versammlungsbehörde ist, zu einer Gegendemonstration aufruft. Dabei ist es unerheblich, ob gerade Wahlkampf herrscht oder nicht, denn der Grundrechtsschutz aus Art. 8 Abs. 1 und Art. 5 Abs. 1 GG ist stets derselbe. Ebenfalls macht es vor dem Hintergrund der aufgezeigten Grundrechtsproblematik auch keinen Unterschied, ob durch den Aufruf politische Parteien betroffen sind oder nicht.

454 Jedoch ist es nicht immer so, dass Ordnungsaufgaben im Bereich des Versammlungsrechts von den Kommunen wahrgenommen werden. Ebenfalls möglich ist die Konstellation, in der diese Aufgaben von den Polizeibehörden erledigt werden.[672] In diesem Fall besteht der oben beschriebene Konflikt für den Hauptverwaltungsbeamten nicht. Daher hat eine Abwägung stattzufinden, in deren Rahmen zu ermitteln ist, ob der Eingriff in Art. 8 Abs. 1 und 5 Abs. 1 GG zu rechtfertigen ist. Als abstrakte Rechtfertigungselemente dienen das funktionsbedingte und das aufgabenbezogene Einschränkungskriterium. In den vorstehenden Untersuchungen ergab die Abwägung dieser Einschränkungskriterien gegen die Chancengleichheit aus Art. 21 Abs. 1 i. V. m. Art. 38 Abs. 1 bzw. Art. 28 Abs. 1 S. 2 GG, dass Letzterer Vorrang zu gewähren ist. Ähnlich dürfte sich die Situation bei der Abwägung der genannten Grundrechte gegen die Rechtfertigungsgründe darstellen. Zwar greift ein gewichtiges Argument aus F.II.1.a in diesem Fall nicht: Es lässt sich nicht mehr sagen, dass von den Hauptverwaltungsbeamten innerhalb der „heißen" Wahlkampfphase ein weitgehender Verzicht auf ihre aus der funktions- und aufgabenbezogenen Einschränkung folgenden Rechte verlangt werden kann, weil sie diese Rechte ja den Rest ihrer mehrjährigen Amtszeit beanspruchen können und die sechswöchige Wahlkampfphase im Verhältnis zu der Gesamtamtszeit auf zeitlicher Ebene nur einen verschwindend geringen Anteil ausmacht. In der vorliegenden Konstellation geht es nämlich gerade nicht um die Neutralitätspflicht im Zusammenhang mit anstehenden Wahlen.

455 Dennoch kann im Wesentlichen an die Argumentation der vorstehenden Unterschabschnitte zum Wahlkampf angeknüpft werden. Zum einen haben Aufrufe zu Boykotten und Gegendemonstrationen, die von Hauptverwaltungsbeamten in amtlicher Eigenschaft an die Bürger gerichtet werden, allein aufgrund der in Anspruch genommenen Amtsautorität eine sehr stark eingreifende Wirkung auf die genannten Rechtsgüter. Denn wenn der Hauptverwaltungsbeamte als Repräsentant der Kommune bestimmte politische Akteure ächtet, ganz gleich ob es sich dabei um politische Parteien, Wählervereinigungen oder andere politische Gruppierungen oder gar Einzelpersonen handelt, und die Bürger zu Boykotten aufruft, dann

[670] Vgl. hierzu u. a. Gärditz, NWVBl. 2015, 165 (168); Milker, JA 2017, 647 (649); Putzer, DVBl. 2017, 136 (137).
[671] So im Ergebnis auch HessVGH, NVwZ-RR 2015, 508 (510 f.); OVG NRW, NVwZ 2017, 1316 (1320).
[672] Siehe nur § 1 ZustVO VersamG (Brandenburg) oder § 1 Abs. 1 VersGZuV (Baden-Württemberg).

ist die Wirkungskraft eines solchen Aufrufs weit stärker als die eines Privaten. Verbunden mit dem Umstand, dass sich das Geschehene auf der lokalen Ebene abspielt, es sich damit durchaus um eine Angelegenheit der örtlichen Gemeinschaft handelt und die Menschen unmittelbar berührt, haben solche Aufrufe eine erheblich verkürzende Wirkung auf die genannten Grundrechte. Bedenkt man hierbei auch die überragende Bedeutung eben der Versammlungsfreiheit und der Meinungsfreiheit für den demokratischen Prozess,[673] so kann sich kein anderes Ergebnis einstellen als beim Schutz des Rechts auf Chancengleichheit aus Art. 21 Abs. 1 i. V. m. Art. 38 Abs. 1 bzw. Art. 28 Abs. 1 S. 2 GG. Nicht vergessen werden darf im Übrigen bei diesen Überlegungen, dass neben den betroffenen Grundrechten auch die Grundelemente des Demokratieprinzips und der Chancengleichheit aus Art. 21 Abs. 1 i. V. m. Art. 3 Abs. 1, 3 GG jedenfalls bei den politischen Parteien und den Wählervereinigungen greifen. Daher ist hier im Ergebnis grundsätzlich von der Geltung einer strikten Neutralitätspflicht auszugehen.

Zu einem anderen Ergebnis kann dabei u. U. der Gedanke führen, die Neutralitätspflicht der Hauptverwaltungsbeamten aufgrund der Erkenntnisse aus E.III.1 einzuschränken. Denn es ist so, dass die Hauptverwaltungsbeamten in dieser speziellen Situation der Aufrufe zu Gegendemonstrationen dem Bundespräsidenten gleichgestellt werden, da für beide Amtsträgergruppen derselbe strenge Maßstab bei der politischen Neutralität gelegt wird. Diese Gleichsetzung widerspricht jedoch per se den Erkenntnissen aus der genannten Vergleichsuntersuchung, aus der hervorgeht, dass aufgrund der stark unterschiedlich wirkenden Einschränkungskriterien die Neutralitätspflicht des Bundespräsidenten dem Grunde nach wesentlich weitergehen muss als die der Hauptverwaltungsbeamten. Dieser Widerspruch ist jedoch in der vorliegenden speziellen Konstellation zum Teil gerechtfertigt. Denn der Mangel an Einschränkungskriterien, der die Neutralitätspflicht des Bundespräsidenten dem Grunde nach stärker wirken lässt als die der Hauptverwaltungsbeamten, wird hier dann ausgeglichen, wenn die ordnungsbehördliche Funktion im Zusammenhang mit dem Versammlungsrecht von dem Hauptverwaltungsbeamten ausgeübt wird. Denn wie eben ausgeführt, agiert der Hauptverwaltungsbeamte in diesen Fällen als Leiter der Versammlungsbehörde, die die Verwirklichung und Einhaltung der mit den Demonstrationen eng verbundenen Grundrechten aus Art. 5 Abs. 1 und Art. 8 Abs. 1 GG umzusetzen hat. Naturgemäß hat der Hauptverwaltungsbeamte hierbei strengste Neutralität zu wahren. Durch diese Funktion des Hauptverwaltungsbeamten wird der Unterschied, der sonst dem Grunde nach zum Bundespräsidenten besteht, weitestgehend ausgeglichen. Die sonst dem Bundespräsidenten fehlenden Einschränkungskriterien werden um die beim Hauptverwaltungsbeamten hinzukommende Neutralitätspflichtverschärfung ausgeglichen. 456

Anders verhält sich es, wenn die Aufgaben der Versammlungsbehörde nicht von der Kommunalverwaltung, sondern von der Polizei wahrgenommen werden. Dann findet der eben beschriebene Ausgleich nicht mehr statt. Daher ist an dieser Stelle ernsthaft darüber nachzudenken, ob der Hauptverwaltungsbeamte, dessen Kommunalverwaltung die Wahrnehmung von versammlungsbehördlichen Aufgaben nicht obliegt, sich im Hinblick auf Aufrufe zu Boykotten und Gegendemonstrationen etwas freier äußern darf als seine Kollegen, denen 457

[673] Vgl. hierzu ausführlicher Kap. C.II.3.

die genannten Aufgaben obliegen. Die wohl besseren Argumente, darunter die bereits angesprochene große Bedeutung der beiden betroffenen Grundrechte, die diese für den und in dem demokratischen Prozess haben, sprechen eher gegen eine solche Differenzierung.

458 Damit lässt sich allgemein festhalten, dass im Zusammenhang mit Versammlungen die Hauptverwaltungsbeamten in einer speziellen Art durch die Versammlungsfreiheit und die damit verbundene Meinungsfreiheit zu Neutralität verpflichtet sind. Jegliche Aufrufe, die geeignet sind, die Freiheitsausübung der Versammlungsteilnehmer und -veranstalter substanziell zu erschweren, verletzen damit grundsätzlich die politische Neutralitätspflicht.

III. DIE REGIERUNGSMITGLIEDER

459 Als letzte Gruppe sind nunmehr die Regierungsmitglieder auf Bundes- und Länderebene zu betrachten. Hinsichtlich der praktischen Problemfälle sind bezüglich der möglichen Fallkonstellationen große Parallelen zu der Gruppe der Hauptverwaltungsbeamten erkennbar. Zum einen gilt es, zunächst die Wahlkampfphase von der übrigen Amtszeit zu unterscheiden. Denn Regierungsmitglieder neigen ebenso wie andere Amtsträger dazu, im Rahmen von Wahlkämpfen wertende Stellungnahmen zu bestimmten Kandidaten oder Parteien abzugeben.[674] Aber auch für den eigenen Wahlkampf sind entsprechende Äußerungen denkbar. Nicht anders verhält es sich außerhalb von Wahlkampfphasen. Auch hier sind wertende Äußerungen und Stellungnahmen in amtlicher Eigenschaft keine Seltenheit.[675] Darüber hinaus gilt es innerhalb der dargestellten Konstellationen wiederum danach zu differenzieren, ob es sich bei dem belasteten politischen Akteur um eine politische Partei, eine Wählervereinigung oder aber eine andere politische Gruppierung handelt.

1. Grundlegendes

460 Die Darstellungen in Kap. D. I.2 und insbesondere die Vergleichsüberlegungen in Kap. E.III.2 zeigen auf, dass bei den Regierungsmitgliedern hinsichtlich der Pflicht zur politischen Neutralität grundsätzlich dieselben Maßstäbe zu setzen sind wie bei den Hauptverwaltungsbeamten. Die Grundelemente entfalten bei den beiden Amtsträgergruppen prinzipiell dieselbe Wirkung. Zusätzliche Kriterien wie etwa konkrete verfassungsrechtliche oder beamtenrechtliche Regelungen zur politischen Neutralitätspflicht entfalten dagegen bei den Hauptverwaltungsbeamten ebenso wenig Wirkung, wie sie bei den Regierungsmitgliedern vorhanden sind. Ebenfalls sind die einschränkenden Kriterien stark hinsichtlich Inhalt und Wirkung miteinander vergleichbar. Daher ist es nur logisch, hinsichtlich der im Kap. F.II für die Gruppe der Hauptverwaltungsbeamten betrachteten Konstellationen dieselben Ergebnisse für die Regierungsmitglieder anzunehmen.

[674] Vgl. nur den „Schwesig"-Fall, BVerfGE 138, 102 ff.

[675] Siehe hierzu z. B. BVerfGE 140, 225 ff.

2. Sonderfall des Aufrufs zu Gegendemonstrationen

Im letzten Schritt gilt es nun, wie bereits beim Bundespräsidenten und den Hauptverwaltungsbeamten, zu untersuchen, wie die Situation, in der durch Regierungsmitglieder zu Boykotten von Versammlungen und Gegendemonstrationen aufgerufen wird, zu bewerten ist. Für den Bundespräsidenten ergab sich, dass dieser einer umfassenden Neutralitätspflicht unterliegt, die durch entsprechende Aufrufe verletzt werden würde. Denn das neutralitätspflichteinschränkende Kriterium der Repräsentations- und Integrationsfunktion ist nicht geeignet, um im Falle von politischen Parteien und Wählervereinigungen den Eingriff in das Recht auf Chancengleichheit aus Art. 21 Abs. 1 i. V. m. Art. 38 Abs. bzw. Art. 28 Abs. 1 S. 2 GG und die Freiheiten der Versammlung und freien Meinungsäußerung aus Art. 8 Abs. 1 und 5 Abs. 1 GG zu rechtfertigen. Aber auch bei anderen politischen Gruppierungen, die sich nicht auf Art. 21 Abs. 1 i. V. m. Art. 38 Abs. bzw. Art. 28 Abs. 1 S. 2 GG berufen können, ist eine Rechtfertigung eines Eingriffs in die genannten Grundrechte nicht möglich. Ähnlich sieht die Situation bei den Hauptverwaltungsbeamten aus. Dort war zum einen der Umstand, dass diese teilweise die jeweiligen obersten Dienstvorgesetzten in der zuständigen Versammlungsbehörde sind, ausschlaggebend für die Annahme einer verschärften Neutralitätspflicht. Aber auch in den Fällen, bei denen die Polizei die Aufgaben der Ordnungsbehörde im Zusammenhang mit dem Versammlungsrecht übernimmt, ist der Versammlungs- und Meinungsfreiheit aufgrund ihrer besonderen Bedeutung für den demokratischen Prozess und den die Empfindlichkeit der Eingriffe verstärkenden Eigenschaften des Hauptverwaltungsbeamtenamtes wohl Vorrang vor den Rechten der Beamten zu gewähren. 461

Fraglich ist nun, wie die Situation sich bei den Regierungsmitgliedern auf Länder- und Bundesebene darstellt. Zunächst ist hierbei zu prüfen, ob sich für die Regierungsmitglieder eine ähnliche strikte Pflicht zur politischen Neutralität ergibt, die auf der Wahrnehmung von Ordnungsaufgaben im Bereich des Versammlungsrechts bzw. der Versammlungsfreiheit basiert. Dies könnte vor allem im Rahmen der Fachaufsicht der Fall sein. So sind z. B. nach 24 Abs. 1 NVersG zwar die Landkreise, kreisfreien Städte, großen selbstständigen Städte und selbstständigen Gemeinden als untere Versammlungsbehörden zuständig für die Wahrnehmung von Ordnungsaufgaben im Rahmen des Versammlungsrechts. Die Fachaufsicht über die unteren Versammlungsbehörden wird jedoch in letzter Instanz vom Innenministerium als oberster Versammlungsbehörde wahrgenommen.[676] Im Rahmen der Fachaufsicht hat die Aufsichtsbehörde das Recht, neben der Rechtmäßigkeit auch die Zweckmäßigkeit und gar politische Opportunität der Maßnahmen der unterstellten Behörde zu überprüfen.[677] Das bedeutet in diesem Fall, dass die Innenministerien und damit die als Regierungsmitglieder fungierenden Innenminister u. U. durchaus Einfluss auf die ordnungsbehördliche Aufgabenerfüllung im Zusammenhang mit dem Versammlungsrecht nehmen und sich damit in empfindlicher Nähe zu den Grundrechten der Versammlungs- und der damit einhergehenden Meinungsfreiheit befinden können. Auch wenn von dieser Möglichkeit nur selten Gebrauch gemacht werden dürfte, die angesprochene Bedeutung 462

[676] Vgl. § 24 Abs. 3 für Niedersachsen.
[677] Seybold/Neumann/Weidner, Nds. Kommunalrecht, S. 179; Burgi, Kommunalrecht, § 8 Rn. 46.

der genannten Rechtsgüter für den demokratischen Prozess macht es erforderlich, dass bei den Regierungsmitgliedern, die auf Länderebene mit dem Innenressort betraut sind, derselbe strenge Neutralitätsmaßstab angelegt wird wie bei den Hauptverwaltungsbeamten. Auch in Fällen, bei denen die sachliche Zuständigkeit für die Wahrnehmung von Ordnungsaufgaben im Zusammenhang mit Versammlungen in den Bereich der Polizei fällt, stellt sich die Situation ähnlich dar. Denn auch die Fachaufsicht über die Polizeibehörden ist Sache der Innenministerien der Länder. Lediglich die Bundesministerien fallen bei dieser Betrachtung raus, da eine nennenswerte Fachaufsichtskompetenz im Zusammenhang mit dem Versammlungsrecht auf Bundesebene nicht besteht. Damit ist für die Regierungsmitglieder auf Länderebene festzustellen, dass sie jedenfalls dann einer verschärften Pflicht zur politischen Neutralität im Zusammenhang mit Versammlungen und damit einem Verbot von Boykott- und Gegendemonstrationsaufrufen unterliegen, wenn sie im Rahmen ihres Ressorts im Wege der Fachaufsicht mit ordnungsbehördlichen Aufgaben im Rahmen des Versammlungsrechts betraut sind.

463 Soweit eine solche aus der ordnungsbehördlichen Zuständigkeit folgende strikte Neutralitätspflicht nicht vorliegt und die Chancengleichheit aus Art. 21 Abs. 1 i. V. m. Art. 38 Abs. 1 bzw. Art. 28 Abs. 1 S. 2 GG nicht betroffen ist, etwa außerhalb von Wahlkampfzeiten oder ohne Beteiligung von politischen Parteien oder Wählervereinigungen, so ist auch hier der Maßstab der Pflicht zur politischen Neutralität im Wege der Abwägung zwischen den genannten Grundrechten und den Einschränkungskriterien zu ermitteln. Aus Kap. E.III.2 folgt zum einen, dass die Regierungsmitglieder dieselben Einschränkungskriterien für sich in Anspruch nehmen können wie die Hauptverwaltungsbeamten. Für die Abwägungsargumentation muss zum anderen jedoch festgestellt werden, dass das Amt eines Regierungsmitglieds eine etwas andere Stellung hat als das eines Hauptverwaltungsbeamten. Denn die für die Hauptverwaltungsbeamten festgestellte lokale Nähe zum Geschehen, die einen zusätzlichen erschwerenden Faktor in Bezug auf die Eingriffsqualität und -intensität darstellt, ist bei den Regierungsmitgliedern so nicht vorhanden. Des Weiteren ist auch zu beachten, dass die Regierungsmitglieder im Gegensatz zu den Hauptverwaltungsbeamten in der Süddeutschen Bürgermeisterverfassung nicht direkt vom Volk gewählt werden, was wiederum durchaus auf eine abgeschwächte Amtsautorität hindeuten kann.

464 Andererseits ist es jedoch so, dass Regierungsmitglieder auf Länder- und Bundesebene eine gesteigerte mediale Aufmerksamkeit genießen. So sind es gerade Regierungsmitglieder, die regelmäßig in politischen Talkshows auftreten und dort bestimmte politische Positionen kundtun, verteidigen oder kritisieren. Dabei ist es unerheblich, dass Politiker in diesen Talkshow-Auftritten in der Regel als Privatperson und nicht als Amtsträger wahrgenommen werden, aus Sicht des Bürgers ist eine solche Rollentrennung faktisch nur schwer konsequent nachvollziehbar. Die mit dem Minister- bzw. Senatorenamt per se verbundene Bekanntheit wird durch die angesprochene mediale Präsenz entsprechend verstärkt. Dies wiederum verstärkt die belastende Wirkung der hier diskutierten Aufrufe zu Boykotten und Gegendemonstrationen. Zwar mag ihre Intensität nicht in vollem Maße mit derjenigen der Hauptverwaltungsbeamten vergleichbar sein, dennoch hat sie einen Grad, der eine Rechtfertigung durch die angesprochenen Einschränkungskriterien

sehr schwer macht. Wenn den Regierungsmitgliedern schon die Befugnis zugesprochen wird, sich wertend außerhalb von Wahlkampfzeiten zulasten politischer Parteien und Wählergemeinschaften und jederzeit zulasten sonstiger politischer Gruppierungen – also immer dann, wenn der Schutz aus Art. 21 Abs. 1 i. V. m. Art. 38 Abs. bzw. Art. 28 Abs. 1 S. 2 GG keine Wirkung entfaltet – zu äußern, dann soll diese Befugnis dadurch beschränkt werden, dass sie nicht die Eingriffe in die Versammlungs- und die damit verbundene Meinungsfreiheit beinhaltet. Damit sind wertende Äußerungen in der Regel zulässig, mit Ausnahme von Aufrufen zu Boykotten von Art. 8 Abs. 1 und 5 Abs. 1 GG geschützten Veranstaltungen. Dies dürfte einen schonenden Ausgleich zwischen den Rechtspositionen beider Seiten liefern.

G. ZUSAMMENFASSUNG UND AUSBLICK

465 Nun gilt es, in einem letzten Schritt die gewonnenen Erkenntnisse zusammenzufassen und einen kurzen Ausblick auf die Problematik zu geben. Zu Beginn ist dabei auf die Historie der Pflicht zur politischen Neutralität einzugehen. Kap. B beschäftigt sich mit dieser Historie in drei chronologischen Abschnitten, der Zeit vor 1918, der Weimarer Republik und dem Dritten Reich. Im Ergebnis wurde dabei festgehalten, dass es eine politische Neutralität im Staatsdienst während aller drei Perioden nicht gab. Dies lag in der ersten und dritten betrachteten Periode maßgeblich daran, dass die Staatsleitung an einer politisch neutralen Amtsführung gar nicht erst interessiert war. Im Gegenteil, man setzte gesetzgeberisch und auch faktisch alles daran, sämtliche Staatsdiener auf eine einheitliche politische Linie zu bringen, die Amtsführung war davon nicht ausgenommen. Zur Zeit der Weimarer Republik sah es hinsichtlich der geschriebenen Pflicht zur politischen neutralen Amtsführung zwar anders aus. So verlangte Art. 130 Abs. 1 WRV von den Amtswaltern, Diener der Gesamtheit, nicht einer Partei zu sein. Da man mit fortschreitender Zeit jedoch erkannte, dass dies bei der weit überwiegend monarchisch-reaktionär eingestellten Beamtenschaft nicht möglich war, wurde den Parteien freier Zugriff auf diese Beamtenschaft eröffnet, was dazu führte, dass die Amtsführung doch wieder vor allem von parteipolitischen Gesichtspunkten abhing. Auch zu Zeiten des NS-Regimes war eine Pflicht zur politisch neutralen Amtsführung von den Staatsdienern weder gewollt noch erwartet. Im Gegenteil, man setzte ganz im Sinne der Zeit vor Weimar alles daran, die Amtsträger im Sinne der herrschenden Ideologie zu politisieren und gleichzuschalten.

466 Für das gegenwärtige Zeitalter der Bundesrepublik wurden in Kap. C dagegen zahlreiche Elemente ausgemacht, die eine grundsätzliche Pflicht zur politisch neutralen Amtsführung begründen. Dabei wurden zwei Hauptgruppen von Amtswaltern unterschieden, die Amtsträger im öffentlich-rechtlichen Amtsverhältnis und die Beamten. Im Bereich des öffentlich-rechtlichen Amtsverhältnisses wurden dabei als relevante Untergruppen für die vorliegende Untersuchung zur politischen Neutralitätspflicht der Bundespräsident und die Regierungsmitglieder auf Bundes- und Länderebene isoliert. Im Bereich der Beamten wurden mit demselben Grundgedanken die drei Untergruppen der klassischen Laufbahnbeamten, der politischen Beamten und der Wahlbeamten gebildet. Als für beide Hauptgruppen geltende Grundelemente wurden dabei das Demokratieprinzip aus Art. 20 Abs. 1, Abs. 2 S. 1 GG, das Recht auf Chancengleichheit bei Wahlen aus Art. 21 Abs. 1 i. V. m. Art. 38 Abs. 1 bzw. Art. 28 Abs. 1 S. 2 GG und die allgemeine Chancengleichheit der Parteien aus Art. 21 Abs. 1 i. V. m. Art. 3 Abs. 1, 3 GG sowie die Grundrechte auf Versammlungs- und Meinungsfreiheit aus Art. 8 Abs. 1 und Art. 5 Abs. 1 GG ausgemacht. Eine Bewertung dieser Grundelemente ergab dabei, dass im Allgemeinen das Recht der Parteien auf Chancengleichheit aus Art. 21 Abs. 1 i. V. m. Art. 38 Abs. 1 bzw. Art. 28 Abs. 1 S. 2 GG die größte Bedeutung im Zusammenhang mit der politischen Neutralitätspflicht hat. Die allgemeine Chancengleichheit aus Art. 21 Abs. 1 i. V. m. Art. 3 Abs. 1, 3 GG und das Demokratieprinzip sind dagegen von nur untergeordneter Bedeutung und Wirkung. Die Wirkung der Grundrechte auf die Neutralitätspflicht ist dagegen eine sehr erhebliche, jedoch ist der Anwen-

dungsbereich dieses Grundelements nur ein äußerst beschränkter. Es kommt lediglich in den Situationen zur Geltung, in denen ein Amtswalter in amtlicher Eigenschaft zu Boykotten von Versammlungen bzw. Gegendemonstrationen aufruft.

Des Weiteren wurden in Kap. C für den Bereich der Beamten einige konkretisierte Elemente festgestellt, welche die grundsätzliche Neutralitätspflicht der Staatsdiener, die sich in einem öffentlich-rechtlichen Dienst- und Treueverhältnis befinden, zusätzlich zu den erwähnten Grundelementen stützen. Konkret handelt es sich dabei um die hergebrachten Grundsätze des Berufsbeamtentums aus Art. 33 Abs. 5 GG, zu denen auch die Pflicht einer politisch neutralen Amtsführung gehört, das für die Beamten geltende Berufsethos, das eine politisch neutrale und auf Sachwissen gegründete Aufgabenerfüllung fordert, und schließlich die einfachgesetzlichen Regelungen. Diese unterteilen sich in den beamtenrechtlichen und den verwaltungsverfahrensrechtlichen Bereich. Während der Bundesgesetzgeber im ersten Bereich in § 33 Abs. 1 BeamtStG und § 60 Abs. 1 BBG klare Bestimmungen nach dem Vorbild von Art. 130 Abs. 1 WRV geschaffen hat, wonach der Beamte Diener des gesamten Volkes und keiner Partei ist, haben die Landesgesetzgeber fast ausschließlich auf solche konkrete beamtenrechtliche Bestimmungen verzichtet. Die einzige Ausnahme bildet dabei Hessen. Die restlichen Bundesländer beschränken sich auf Unvereinbarkeitsregelungen. 467

Im folgenden Kap. D wurden diese – konkretisierten Regelungen – dann auf die beiden untersuchten Hauptgruppen von Amtsträgern angewendet. Zugrunde gelegt wurden dabei ausschließlich die Ansätze des bis dato vorhandenen Meinungsstandes. Die entsprechenden Bewertungen bezogen sich ebenfalls auf diesen. Im Bereich des öffentlich-rechtlichen Amtsverhältnisses wurde zunächst der Bundespräsident betrachtet. Eine Gegenüberstellung des „Spinner"-Urteils des BVerfG, das bis dato die einzige Rechtsprechung zur politischen Neutralitätspflicht des Bundespräsidenten bildet, mit den Stimmen in der Literatur ergab, dass die Ansicht der BVerfG, der Bundespräsident unterliege generell keiner Neutralitätspflicht, sondern nur einer „Willkürkontrolle" nicht geteilt werden kann. Denn der Eingriff in die in Kap. C dargestellten Grundelemente der Neutralitätspflicht lässt sich nicht vollständig und in allen Fällen mit der Repräsentations- und Integrationsfunktion des Bundespräsidenten rechtfertigen. Die übrigen vom BVerfG angestellten und von der Literatur teils geteilten Rechtfertigungsgründe wurden dabei verworfen. Im nächsten Schritt wurden die Regierungsmitglieder betrachtet. Hierbei wurde dieselbe Vorgehensweise gewählt wie beim Bundespräsidenten. Die umfangreiche Rechtsprechung zu den politischen Äußerungsbefugnissen wurde der Literatur gegenübergestellt und bewertet. Dabei ergab sich, dass die Regierungsmitglieder entgegen der überwiegenden Rechtsprechung im Bereich der mündlichen Äußerungen und der Internetauftritte einer umfassenden Neutralitätspflicht nicht unterliegen. Eine Schlechterstellung der Regierungsmitglieder gegenüber dem Bundespräsidenten ist dabei unbillig. Hingegen ist ihnen unter Beachtung bestimmter Voraussetzungen ein Recht zu wertenden politischen Äußerungen in amtlicher Funktion zuzusprechen. 468

Im Bereich der Beamten wurde auf eine nähere Betrachtung der Laufbahnbeamten verzichtet. Unter Beachtung der Grundelemente und der konkreten Neutralitätsbestimmungen 469 für Beamte unterliegen diese unzweifelhaft einer strengen und umfassenden Pflicht zur politisch neutralen Amtsführung. Ein wenig schwieriger stellt sich die Situation im Bereich der politischen Beamten dar. Hier wurde zunächst dargelegt, dass alle für die Laufbahnbeamten geltenden konkretisierten Elemente der Neutralitätspflicht auch für diese Geltung haben. Darauf bezogen wurde festgestellt, dass bereits die Existenz der Rechtsfigur des politischen Beamten an sich einen Widerspruch gegenüber der Neutralitätspflicht bedeutet, die im unmittelbaren Zusammenhang mit dem Widerspruch zum Lebenszeitprinzip und Leistungsgrundsatz steht. Eine Untersuchung der verschiedenen Rechtfertigungsansätze, die klassischerweise ins Feld geführt werden, um diese Widersprüche zu rechtfertigen, ergab dabei, dass eine solche Rechtfertigung nicht tragfähig ist. Daher wurde in Gestalt der Rechtsfigur des politischen Beamten per se eine Verletzung der politischen Neutralitätspflicht festgestellt.

470 Im letzten Abschnitt des Kap. D. wurden nun die kommunalen Wahlbeamten beleuchtet. Hier wurden zunächst die verschiedenen Kriterien diskutiert, die in der Literatur als neutralitätspflichtbeschränkend angeführt werden. Dies ergab, dass dem Grunde nach drei dieser Kriterien tatsächlich in der Lage sind, den Grundelementen der Neutralitätspflicht entgegenzuwirken, diese also für den Bereich der kommunalen Wahlbeamten einzuschränken. Zu diesen Kriterien gehören die funktionsbedingte Einschränkung, die aufgabenbezogene Einschränkung und das Recht auf eine wertende Replik. Im direkten Nachgang wurde geprüft, ob es im Bereich dieser Kriterien einer Differenzierung bei den kommunalen Wahlbeamten bedarf. Es ergab sich, dass diese in vollem Umfang nur für die jeweiligen Hauptverwaltungsbeamten gelten können, ihre Wirksamkeit bei den übrigen kommunalen Wahlbeamten jedoch nur eine sehr geringe ist. Daher waren Letztere nicht mehr weiter zu thematisieren. Sodann wurde untersucht, inwieweit sich diese Kriterien auf die konkretisierenden Elemente der Neutralitätspflicht der Beamten auswirken. Hier wurde festgestellt, dass keines dieser konkretisierenden Elemente, die in vollem für die Laufbahnbeamten und die politischen Beamten gelten, Geltung im Bereich der Hauptverwaltungsbeamten haben kann. Insoweit ist bei den gesetzlichen Bestimmungen eine Reduktion für die Hauptverwaltungsbeamten erforderlich.

471 Unter Anwendung aller bislang gewonnenen Erkenntnisse wurde in Kap. E ein Vergleich zwischen den besprochenen Untergruppen vorgenommen. Ziel dieses Vergleichs war es zu überprüfen, ob die Ansichten und Folgerungen, die nach dem bisherigen Meinungsstand für die jeweilige Neutralitätspflicht der untersuchten Amtswaltergruppen Bestand haben können, oder ob es aufgrund von Wertungswidersprüchen Korrekturen bedarf. Zunächst wurden die politischen Beamten erst mit den Wahlbeamten und dann mit den Regierungsmitgliedern verglichen. Diese Vergleichsuntersuchung bestätigte das Ergebnis von Kap. D.II. Eine Anwendung der Einschränkungskriterien, die für die Wahlbeamten zugrunde gelegt werden, auf die politischen Beamten ist grundsätzlich nicht möglich. Die einzige Ausnahme bildet dabei das Element der aufgabenbezogenen Einschränkung, das ausnahmsweise bei politischen Beamten in der Funktion von Pressesprechern und in der Situation einer begründeten Replik greifen kann. Auch ist eine Rechtfertigung der zuvor festgestellten Widersprüche gegen die Neutralitätspflicht nicht im Wege feststellbarer Gemeinsamkeiten mit den Regierungsmitgliedern möglich. Somit bestätigte die vergleichende

Untersuchung, dass die Rechtsfigur des politischen Beamten per se eine Verletzung der Pflicht zur politischen Neutralität darstellt.

Im nächsten Untersuchungsschritt wurden die Hauptverwaltungsbeamten und der Bundes- 472
präsident gegenübergestellt. Hier wurde zunächst geprüft, ob den Hauptverwaltungsbeamten eine ähnliche Repräsentations- und Integrationsfunktion zukommt wie dem Bundespräsidenten. Diese Ansicht ist im Ergebnis abzulehnen. Dies hat dennoch nicht zur Folge, dass die Neutralitätspflicht der Hauptverwaltungsbeamten weitergeht als die des Bundespräsidenten. Im Gegenteil: Aufgrund der Tatsache, dass keines der für die Hauptverwaltungsbeamten geltenden Einschränkungskriterien auf den Bundespräsidenten anwendbar ist, wurde herausgestellt, dass den Hauptverwaltungsbeamten größere wertende Äußerungsbefugnisse zukommen müssen als dem Bundespräsidenten. Denn die genannten Kriterien entfalten in ihrer Gesamtheit eine stärkere Wirkung als die Repräsentations- und Integrationsfunktion des Bundespräsidenten. Auch dies steht im klaren Widerspruch zur Rechtsprechung des BVerfG.

Im letzten Schritt der Untersuchung wurden die Hauptverwaltungsbeamten und die Re- 473
gierungsmitglieder einander gegenübergestellt. Wie sich aus den vorstehenden Untersuchungen schon angedeutet hatte, sind hier fast ausschließlich Gemeinsamkeiten und kaum Unterschiede festgestellt worden. Die Einschränkungskriterien sind fast in vollem Umfang auf beide Amtsträgergruppen anwendbar. Dies stützt erneut die Annahme, dass weder Regierungsmitglieder noch Hauptverwaltungsbeamte einer permanenten und umfassenden Neutralitätspflicht unterliegen.

Kap. F wendet schließlich alle gewonnenen und im Rahmen der Vergleichsuntersuchung 474
bestätigten bzw. korrigierten Erkenntnisse auf ausgewählte praktische Problemfälle an. In der Regel handelt es sich dabei um Sachverhalte, die in der oder einer ähnlichen Form den Gerichten zur Entscheidung vorlagen. Die wichtigsten Ergebnisse sind nachfolgend in kurzen Thesen dargestellt:

- Der Bundespräsident unterliegt innerhalb einer verlängerten Vorwahlphase, die von der Festlegung des Wahltermins bis zum Wahlakt andauert, gegenüber politischen Parteien, Wählergemeinschaften und Einzelwahlkandidaten einer umfassenden politischen Neutralitätspflicht.
- Diese Neutralitätspflicht erstreckt sich nicht auf politische Gruppierungen und Aktionsbündnisse, die nicht zu Wahlen antreten.
- Außerhalb dieser Vorwahlphase ist der Bundespräsident befugt, gegenüber allen politischen Akteuren in verhältnismäßigem Maße wertende politische Äußerungen zu tätigen.
- Die Hauptverwaltungsbeamten unterliegen in einer Phase von sechs Wochen vor dem Wahlakt einer umfassenden politischen Neutralitätspflicht gegenüber politischen Parteien, Wählergemeinschaften und Einzelwahlkandidaten.
- Diese umfassende Neutralitätspflicht bezieht sich sowohl auf den eigenen als auch auf den fremden Wahlkampf, unabhängig von der Art der Wahlen.
- Diese umfassende Neutralitätspflicht erstreckt sich ebenfalls nicht auf Gruppierungen, die nicht zur Wahl antreten.

- Außerhalb dieser sechswöchigen Phase sind die Hauptverwaltungsbeamten befugt, gegenüber allen politischen Akteuren in verhältnismäßigem Maße wertende politische Äußerungen zu tätigen.
- Für die Regierungsmitglieder auf Bundes- und Ländereben ergeben sich in den praktischen Problemfällen dieselben Lösungen wie für die Hauptverwaltungsbeamten.
- Aufrufe zu Boykotten von Versammlungen und Gegendemonstrationen verletzen die Pflicht zur politischen Neutralität, unabhängig von der Frage, von welchem Amtsträger und zu wessen Lasten sie erfolgen.
- Die einzige Ausnahme im Bereich der genannten Boykottaufrufe ist in Konstellationen denkbar, in denen Hauptverwaltungsbeamte, deren Verwaltungen nicht die Aufgaben einer Versammlungsbehörde zukommen, außerhalb von Wahlkampfzeiten agieren.

475 Der Ausblick auf die Problematik der politischen Neutralitätspflicht ist stark geprägt von der sehr heterogenen Meinungslandschaft zu dieser Problematik. Die vorliegende Bearbeitung zeigt auf, dass bei dem Thema Neutralitätspflicht sehr viele verschiedene Aspekte zusammenkommen, sowohl rechtlicher als auch praktischer Natur. Diese Einzelaspekte lassen sich in den verschiedensten Konstellationen oft auf die unterschiedlichste Art und Weise bewerten. Zu nennen ist da nur die besonders schwierige Problematik der Abgrenzung der Amtswalter- und der Privatrolle von Amtsträgern. Diese Mischung aus vielen unterschiedlichen Aspekten und dem Umstand, dass wiederum viele dieser Aspekte Wertungsfragen sind, lässt vermuten, dass ein einheitliches Meinungsbild zur politischen Neutralitätspflicht noch in weiter Ferne liegt. Hierfür spricht nicht zuletzt auch die stark unterschiedliche Rechtsprechungslandschaft.

LITERATURVERZEICHNIS

Anders, Georg: Zur Problematik der Institutionen der politischen Beamten, in: DÖV 1964, S. 109–119

Anschütz, Gerhard: Die Verfassung des Deutschen Reiches vom 11. August 1919, 4. Auflage, Berlin 1926 [zitiert: Anschütz, WRV Kommentar]

Auf dem Hövel, Jörg: Politisierung der öffentlichen Verwaltung. Eine empirische Untersuchung der Stadtverwaltung Hamburg, Wiesbaden 2003

Badenhausen, Elisabeth/Löbel, Janek: Anmerkung zu BVerfG, Urteil vom 10.06.2014 – 2 BvE 4/13, in: VR 2014, S. 357–359

Badura, Peter: Anmerkung zu BVerwG, Urteil vom 27.03.1992 – 7 C 21/90, in: JZ 1993, S. 37–40

Baltes, Joachim: Die Neutralität des Berufsbeamten: exemplarische Bestimmung eines hergebrachten Grundsatzes des Berufsbeamtentums, Würzburg 1973

Barczak, Tristan: Die parteipolitische Äußerungsbefugnis von Amtsträgern – Eine Gratwanderung zwischen Neutralitätsgebot und politischem Wettbewerb, in: NVwZ 2015, S. 1014–1020

Battis, Ulrich (Hrsg.): Bundesbeamtengesetz: Kommentar, 5. Auflage, München 2017 [zitiert: Bearbeiter in: BBG, §, Rn.]

Becker, Heinz B.: Die funktionelle und berufsethische Abgrenzung von Beamten und Arbeitnehmer im öffentlichen Dienst, Diss., Münster 1988

Benda, Ernst: Stabilitätsauftrag des öffentlichen Dienstes – eine Überforderung im Parteienstaat?, in: Baum, Gerhart R. u. a., Politische Parteien und öffentlicher Dienst. Schriften zur Staats- und Gesellschaftspolitik 19, Bonn/Bad Godesberg 1982, S. 29 ff.

Bender, Philipp: Lichter aus? „Dügida" und die ungeklärte Frage nach der Neutralitätspflicht von Amtsträgern, https://www.juwiss.de/3-2015/, abgerufen am 15.01.2018

Bittorf, Peter/Drape, Sabine/Globisch, Helmut/Moldenhauer, Birgit/Scheske, Elke/Weidemann, Holger: Bescheidtechnik, Hamburg 2014

Blum, Peter/Häusler, Bernd/Meyer, Hubert (Hrsg.): Niedersächsisches Kommunalverfassungsgesetz (NKomVG), Kommentar, 4. Auflage, Wiesbaden 2017 [zitiert: Bearbeiter in: Blum/Häusler/Meyer, NKomVG, §, Rn.]

Bogumil, Jörg/Jann, Werner: Verwaltung und Verwaltungswissenschaft in Deutschland. Einführung in die Verwaltungswissenschaft, Wiesbaden 2009

Böhme, Doris: Die direkte Abwahl von Bürgermeistern, in: DÖV 2012, S. 55–61

Bracher, Christian-Dietrich: Vertrauen in politische Anschauungen und persönliche Loyalität bei beamtenrechtlichen Auswahlentscheidungen, in: DVBl. 2001, S. 19–25

Braun, Otto: Von Weimar zu Hitler, New York 1940

Brinktrine, Ralf: Prozessuale und materiell-rechtliche Fragen bei Versetzung „politischer Beamter" in den einstweiligen Ruhestand – am Beispiel des Direktors bei der Bremischen Bürgerschaft, in: RiA 2003, S. 15–20.

Brinktrine, Ralf/Schollendorf, Kai (Hrsg.): BeckOK Beamtenrecht Bund, 8. Edition, Juli 2017 [zitiert: Bearbeiter in: BeckOK BeamtR Bund, BeamtStG, §, Rn.]

Bryce, James: Moderne Demokratien. Band 2. Die Demokratien der angelsächsischen Welt, München 1925

Buchheim, Hans: Der neuzeitliche republikanische Staat, Tübingen 2013

Burgi, Martin: Kommunalrecht, München 2015

Busse, Peter: Die Ernennung der Bundesrichter durch den Bundespräsidenten, in: DÖV 1965, S. 469–474

Büssem, Eberhard: Die Karlsbader Beschlüsse von 1819: Die endgültige Stabilisierung der restaurativen Politik im Deutschen Bund nach dem Wiener Kongreß von 1814/15, Hildesheim 1974

Butzer, Hermann: Frei von der Leber weg? Die Äußerungsbefugnisse des Bundespräsidenten und von Mitgliedern der Bundesregierung gegenüber extremistischen Parteien, in: Kluth, Winfried (Hrsg.), Hallesche Schriften zum Öffentlichen Recht, „Das wird man ja wohl noch sagen dürfen.“, Staatliche Organe und die Pflicht zur Neutralität, Heft 25, Halle an der Saale 2015, S. 37–50

Ders.: Im Streit: die Äußerungsbefugnisse des Bundespräsidenten, in: ZG 2015, S. 97–127

Cremer, Wolfram: Freiheitsgrundrechte, Heidelberg 2004

Das Gupta, Oliver: So rot, so schwarz, München 2013, http://www.sueddeutsche.de/politik/wahlkreis-atlas-so-rot-so-schwarz-1.1752754, abgerufen am 15.01.2018

Dippel, Martin: Ämterpatronage durch politische Parteien, in: NordÖR 2009, S. 102–108

Dreher, Christiane: Karrieren in der Bundesverwaltung, Speyerer Dissertation, Berlin 1995

Dreier, Horst (Hrsg.): Grundgesetz Kommentar: GG, Band 2: Artikel 20–82, 3. Auflage, Tübingen 2015 [zitiert: Bearbeiter in: Dreier, GG, Art., Rn.]

Echtler, Ulrich: Einfluss und Macht in der Politik: Der beamtete Staatssekretär, München 1973

Eder, Christian: „Rote Karte“ gegen „Spinner“? Bedeutung und Reichweite staatlicher Neutralitätspflichten in der politischen Auseinandersetzung, Berlin 2017

Epping, Volker/Hillgruber, Christian (Hrsg.): BeckOK Grundgesetz, 33. Edition, München 2017 [zitiert: Bearbeiter in: BeckOK GG, Art., Rn.]

Epping, Volker: Grundrechte, 6. Auflage, Berlin 2015

Eschenburg, Theodor: Der Beamte in Partei und Parlament, Frankfurt/Main 1952

Ewer, Wolfgang: Kompetenz des Bundesgesetzgebers zur Einführung des Betreuungsgelds?, in: NJW 2012, S. 2251–2255

FAZ.net/AFP (ohne Autor): Von der Leyen entlässt Staatssekretär Beemelmans, Berlin 2014, http://www.faz.net/aktuell/politik/verteidigungsministerium-von-der-leyen-entlaesst-staatssekretaer-beemelmans-12811277.html, abgerufen am 15.01.2018

FAZ.net/AFP (ohne Autor) KANZLERKANDIDATUR: Schulz bereitet SPD auf „Langstreckenlauf“ vor, http://www.faz.net/aktuell/politik/thema/kanzlerkandidatur, abgerufen am 15.01.2018

Feindt, Erich: Beamtenethos und Zeitgeist, in: DÖD 1981, S. 1–28

Fenske, Hans: Beamtenpolitik in der Weimarer Republik, in: VerwArch 64, S. 115–135

Forsthoff, Ernst: Lehrbuch des Verwaltungsrechts, Band 1, Allg. Teil, München/Berlin 1950

Franz, Wolfgang: Staatssekretäre und Leistungsprinzip – Ein Bereich massiven Rechtsbruchs der politischen Klasse, in: ZBR 2008, S. 236–243

Ders.: Gilt für die Ernennung von sog. politischen Beamten das Leistungsprinzip nicht?, in: DÖD 1999, S. 49–56

Frenzel, Eike Michael: Das öffentlich-rechtliche Amtsverhältnis und das Recht des Öffentlichen Dienstes. Abschied vom Prinzipiellen, in: ZBR 2008, S. 243–253

Friauf, Karl Heinrich: Zur Rolle der Grundrechte im Interventions- und Leistungsstaat, in: DVBl. 1971, S. 64–71

Friauf, Karl Heinrich/Höfling, Wolfram (Hrsg.): Berliner Kommentar zum Grundgesetz, Band 3, Berlin 2011 [zitiert: Bearbeiter in: BK-GG, Art., Rn.]

Frowein, Jochen Abr.: Die politische Betätigung des Beamten, Tübingen 1967

Fürst, Walther/Franke, Ingeborg/Weiß, Hans-Dietrich: Gesamtkommentar Öffentlicher Dienst Band I, Stand 2014 [zitiert: Bearbeiter in: Franke/Weiß, BBG §, Rn.]

Gärditz, Klaus F.: Unbedingte Neutralität? Zur Zulässigkeit amtlicher Aufrufe zu Gegendemonstrationen durch kommunale Wahlbeamte, in: NWVBl. 2015, S. 165–171

Gathmann, Florian/Weiland, Severin: Steinmeier-Vorstellung. Das große Bundespräsidenten-Theater, http://www.spiegel.de/politik/deutschland/frank-walter-steinmeier-das-grosse-bundespraesidenten-theater-a-1121567.html, abgerufen am 15.01.2018

Gehrlein, Markus: Braucht Deutschland einen Bundespräsidenten?, in: DÖV 2007, S. 280–287

Gern, Alfons: Deutsches Kommunalrecht, 3. Auflage, Baden-Baden 2003

Glum, Friedrich: Das parlamentarische Regierungssystem in Deutschland und Frankreich, München 1950

Görg, H.: Die kommunalen Wahlbeamten, in: ZBR 1958, S. 65–70

Gotthard, Jasper: Der Schutz der Republik: Studien zur staatlichen Sicherung der Demokratie in der Weimarer Republik 1922–1930, Tübingen 1963

Grimm, Dieter: Das Öffentliche Recht vor der Frage nach seiner Identität, Tübingen 2012

Groß, Rolf: Zum Gegendarstellungsanspruch, in: DVBl. 1981, S. 247–253

Gröpl, Christoph/Zembruski, Stephanie: Äußerungsbefugnisse oberster Staatsorgane und Amtsträger, in: JA 2016, S. 268–279

Grünning, Klaus: Politische Beamte in der Bundesrepublik Deutschland, in: VR 1988, S. 80–87

Günsche, Karl-Ludwig: Zum Tod von Walter Scheel: „Kein Draht, an dem ich nicht gezupft hätte", http://www.spiegel.de/politik/deutschland/walter-scheel-ist-tot-bonvivant-und-hasardeur-a-1109292.html, abgerufen am 15.01.2018

Häberle, Peter: Öffentlichkeitsarbeit der Regierung zwischen Parteien- und Bürgerdemokratie, in: JZ 1977, S. 361–371

Hailbronner, Kay: Der öffentliche Dienst als „pouvoir neutre", in: ZaöRV 2009, S. 267–273

Hattenhauer, Hans: Geschichte des deutschen Beamtentums, 2. Auflage, Köln 1993

Hauk, Julia: Das Prüfungsrecht des Bundespräsidenten im Hinblick auf die Verfass-ungs-, Europarechts- und Völkerrechtskonformität eines Gesetzes, in: JA 2017, S. 93–99

Henke, Wilhelm: Die Parteien und der Ämterstaat, in: NVwZ 1985, S. 616–620

Hermann, Klaus: Kommunale Wahlbeamte und das Geschenkverbot, in: LKV 2012, S. 537–541

Ders.: Staatssekretäre ohne Beamtenverhältnis – organisationsrechtlicher Pragmatismus oder Verstoß gegen Art. 33 IV und V GG?, in: VerwArch 101 (2010), S. 377–380

Hettler, Friedrich/Sing, Achim: Die Münchner Oberbürgermeister – 200 Jahre gelebte Stadtgeschichte, München 2008

Hillgruber, Christian: Zwischen wehrhafter Demokratie und „political correctness"; wieweit darf die politische Mehrheit die Spielregeln der politischen (Meinungs-)Bildung bestimmen? Die Reichweite der politischen Meinungsfreiheit, in: Kluth, Winfried (Hrsg.), „Das wird man ja wohl noch sagen dürfen." Staatliche Organe und die Pflicht zur Neutralität, Halle an der Saale 2015, S. 77–87

Ders.: Anmerkung zu BVerfG, Urt. v. 10.6.2014 – 2 BvE 4/13, in: JA 2014, S. 796–798

Hofmann, Bernhard: Gedanken zum öffentlich-rechtlichen Amtsverhältnis in Regierung und Verwaltung, in: ZTR 1992, S. 362–365

Ipsen, Jörn (Hrsg.): Niedersächsisches Kommunalverfassungsrecht, 4. Auflage, Stuttgart 2011

Ders.: Niedersächsisches Kommunalverfassungsgesetz, Stuttgart 2011

Isensee, Josef/Kirchhof, Paul (Hrsg.): Handbuch des Staatsrechts der Bundesrepublik Deutschland, Band 3: Demokratie – Bundesorgane, 3. Auflage, Heidelberg 2005 [zitiert: Bearbeiter in: Isensee/Kirchhof HStR III, §, Rn.]

Ders.: Handbuch des Staatsrechts der Bundesrepublik Deutschland, Band 5: Rechtsquellen, Organisation, Finanzen, 3. Auflage, Heidelberg 2007 [zitiert: Bearbeiter in: Isensee/Kirchhof HStR V, §, Rn.]

Ders.: Handbuch des Staatsrechts der Bundesrepublik Deutschland, Band 2: Verfassungsstaat, 3. Auflage, Heidelberg 2004 [zitiert: Bearbeiter in: Isensee/Kirchhof HStR II, §, Rn.]

Jarass, Hans D./Pieroth, Bodo: Grundgesetz für die Bundesrepublik Deutschland: Kommentar, 6. Auflage, München 2002 [zitiert: Bearbeiter in: Jarass/Pieroth, GG Art., Rn.]

Jarass, Hans D./Pieroth, Bodo: Grundgesetz für die Bundesrepublik Deutschland: Kommentar, 14. Auflage, München 2016 [zitiert: Bearbeiter, in: Jarass/Pieroth, GG Art., Rn.]

Junker, Ernst Ulrich: Die Richtlinienkompetenz des Bundeskanzlers, Tübingen 1963

Kempen, Otto-Ernst: Zwischen Gemeinwohlpostulat und demokratischen Verfahrensgarantien, in: Der Staat 18 (1979), S. 81–101

Kißlinger, Andreas: Das Recht auf politische Chancengleichheit, Baden-Baden 1998

Köttgen, Ardnold: Das deutsche Berufsbeamtentum und die parlamentarische Demokratie, Berlin/Leipzig 1928

Kugele, Dieter (Hrsg.): Kommentar zum Beamtenstatusgesetz, Münster 2011 [zitiert: Bearbeiter in: Kugele/Tegethoff, BeamtStG, §, Rn.]

Ders.: Der politische Beamte: eine Studie über Genesis, Motiv, Bewährung und Reform einer politisch-administrativen Institution, München 1976

Ders.: Die politischen Beamten in der Bundesrepublik Deutschland, in: ZBR 2007, S. 109–115

Küttner, Wolfdieter: Personalbuch 2016, Arbeitsrecht, Lohnsteuerrecht, Sozialversicherungsrecht, 23. Auflage, München 2016 [zitiert: Bearbeiter in: Küttner, Personalbuch 23. Auflage, Rn.]

Lachmann, Günter: Das Meinungsprofil der Beamten: Die Funktion ist entscheidend, in: DÖD 1974, S. 217–240

Lange, Klaus: Kommunalrecht, Tübingen 2013

Leisner, Walter: Öffentlichkeitsarbeit der Regierung im Rechtsstaat. Dargestellt am Beispiel des Presse- und Informationsamtes der Bundesregierung, Berlin 1966

Lenders, Dirk: Beamtenstatusgesetz, Kommentar zum Gesetz zur Regelung des Statusrechts der Beamtinnen und Beamten in den Ländern, Siegburg 2012

Leyendecker, Hans/Mascolo, Georg/Roßmann, Robert: Wie es zu den Ermittlungen gegen die Blogger kam, München 2015, http://www.sueddeutsche.de/politik/anzeigegegenblogger-skandalstueck-mit-vier-darstellern-1.2592126, abgerufen am 15.01.2018

Lindenschmidt, Christian: Zur Strafbarkeit der parteipolitischen Ämterpatronage in der staatlichen Verwaltung, Berlin 2004

Lindner, Josef Franz: Der politische Beamte als Systemfehler, in: ZBR 2011, S. 150–161

Linke, Tobias: Der Bundespräsident als Staatsnotar oder das vermeintliche „formelle" und „materielle" Prüfungsrecht, in: DÖV 2009, S. 434–444

Lück, Dominik: Freibrief oder Haftungsfalle? – Haftung von Gemeindevertretern gegenüber der Gemeinde, in: LKV 2016, S. 485–491

Luhmann, Niklas/Mayntz, Renate: Personal im öffentlichen Dienst: Eintritt und Karrieren, Personaluntersuchung, Baden-Baden 1973

Mandelartz, Herbert: Informations- und Öffentlichkeitsarbeit der Bundesregierung – Zur Entscheidung des Bundesverfassungsgerichts in der Sache „Schwesig", in: DÖV 2015, S. 326–329

Maunz, Theodor/ Dürig, Günter (Hrsg.): Grundgesetz Kommentar, Band 2, 53. Auflage, München 2009 [zitiert: Bearbeiter in: Maunz/Dürig, GG, Art., Rn.]

Ders.: Grundgesetz Kommentar, Band 5, 55. Ergänzungslieferung, München 2009 [zitiert: Bearbeiter in: Maunz/Dürig, GG, Art., Rn.]

Ders.: Grundgesetz Kommentar, Band 4, 79. Ergänzungslieferung, München 2016 [zitiert: Bearbeiter in: Maunz/Dürig, GG, Art., Rn.]

Maunz, Theodor/ Dürig, Günter/ Herzog, Roman (Hrsg.): Grundgesetz Kommentar, Band 3, 53. Auflage, München 2009 [zitiert: Bearbeiter in: Maunz/Dürig, GG, Art., Rn.]

Mehlhorn, Lutz: Der Bundespräsident der Bundesrepublik Deutschland und der Republik Österreich, Baden-Baden 2010

Menzel, Eberhard: Ermessensfreiheit des Bundespräsidenten bei der Ernennung der Bundesminister?, in: DÖV 1965, S. 581–597

Metzler-Müller, Karin/Riger, Reinhard/Seeck, Erich/ Zentgraf, Renate: Beamtenstatusgesetz, Kommentar, 3. Auflage, Wiesbaden 2014. [zitiert: Bearbeiter in: Metzler-Müller/Rieger/Seeck/Zentgraf, BeamtStG 3. Auflage, §, Rn]

Milker, Jens: Äußerungen von Hoheitsträgern im Wahlkampf und darüber hinaus, in: JA 2017, S. 647–654

Morlok, Martin: Parteiengesetz, 2. Auflage, Baden-Baden 2013

Morlok Martin/Merten Heike: Partei genannt Wählergemeinschaft – Probleme im Verhältnis von Parteien und Wählergemeinschaften, in: DÖV 2011, S. 125–134

Morlok, Martin/Michael, Lothar: Staatsorganisationsrecht, 3. Auflage, Baden-Baden 2017

Morsey, Rudolf: Zur Beamtenpolitik des Reiches von Bismarck bis Brüning, in: Demokratie und Verwaltung. 25 Jahre Hochschule für Verwaltungswissenschaften Speyer, Berlin 1972, S. 101–116

Morstein Marx, Fritz: Beamtenethos und Verwaltungsethik. Eine einführende Skizze, in: VerwArch 54 (1963), S. 323–344

Muckel, Stefan: Anmerkung zu BVerfG, Beschluss vom 28.06.2016 – 1 BvR 3388/14, in: JA 2017, S. 78–80

Niedermayer, Oskar: Parteimitglieder in Deutschland, http://www.polsoz.fu-berlin.de/polwiss/forschung/systeme/empsoz/schriften/Arbeitshefte/P-PM16-NEU.pdf, abgerufen am 15.01.2018

Nipperdey, Hans Carl (Hrsg.): Die Grundrechte und Grundpflichten der Reichsverfassung, Kommentar zum zweiten Teil der Reichsverfassung. Band 2, Berlin 1929 [zitiert: Bearbeiter in: Nipperdey]

Nipperdey, Thomas: Deutsche Geschichte 1866–1918, Band 2, Machtstaat vor der Demokratie, München 2013

Oebbecke, Janbernd: Amtliche Äußerungen im Bürgermeisterwahlkampf, in: NVwZ 2007, S. 30–33

Oldiges, Martin/Brinktrine, Ralf: Der Landtagsdirektor als „politischer Beamter", in: DÖV 2002, S. 943–950

Pautsch, Arne: Zuständigkeiten und Rechtsstellung der weiteren leitenden Beamten auf Zeit nach dem Niedersächsischen Kommunalverfassungsgesetz, in: DVP 2014, S. 235–241

Payandeh, Mehrdad: Die Neutralitätspflicht staatlicher Amtsträger im öffentlichen Meinungskampf. Dogmatische Systembildung auf verfassungsrechtlich zweifelhafter Grundlage, Der Staat 55 (2016), S. 519–550

Pinger, Udo: Öffentliches Recht – die Aufrufe des Bundesamtes, in: JuS 1988, S. 53–59

Pippke, Wolfgang/Dannenberg, Katja: Neuroleadership, Erkenntnisse der Hirnforschung für gute Personalführung nutzen, in: Gourmelon, Anderes (Hrsg.): Personalmanagement im öffentlichen Sektor, Band 12, Bobingen 2015

Plog, Ernst/Wiedow, Alexander: Bundesbeamtengesetz mit Beamtenversorgungsgesetz/Bundesbesoldungsgesetz/Beamtenstatusgesetz, 377. Ergänzungslieferung, München 2017 [zitiert: Plog/Wiedow, BBG 2009 §, Rn.]

Putzer, Max: Verfassungsrechtliche Grenzen der Äußerungsbefugnisse staatlicher Organe und Amtsträger, in: DÖV 2015, S. 417–425

Putzer, Max: Anmerkung zu OVG NRW, Urt. v. 04.11.2016 – 15 A 2293/15, in: DVBl. 2017, S. 136 –138

Reich, Andreas: Beamtenstatusgesetz: BeamtStG, Kommentar, 2. Auflage, München 2012

Rohe, Karl: Entwicklung der politischen Parteien und Parteiensysteme in Deutschland bis 1933, in: Gabriel, Oskar/Niedermayer, Oskar/Stöss, Richard (Hrsg.), Parteiendemokratie in Deutschland, Opladen 1997, S. 39–58

Ronneberger, Franz/Rödel, Udo: Beamte im gesellschaftlichen Wandlungsprozeß: soziale Stellung und soziales Bewußtsein von Beamten in der Bundesrepublik, Bonn 1971

Rottmann, Joachim: Unzulässige Öffentlichkeitsarbeit der Bundesregierung vor Bundestagswahlen, in: NJW 1977, S. 751–760

Sachs, Michael (Hrsg.): Grundgesetz Kommentar, 7. Auflage, München 2014 [zitiert: Bearbeiter in: Sachs, GG; Art., Rn.]

Ders.: Anmerkung zu BVerfG, Urt. v. 10.06.2014 – 2 BvE 4/13, in: JuS 2014, S. 956–958

Saipa, Axel/Meyer, Hubert/Schwind, Joachim/Mielke, Jörg/Freese, Herbert: Praxis der Kommunalverwaltung, Niedersächsische Landkreisordnung (NLO), Band B, [zitiert: Bearbeiter in: KVR Nds., NGO, §, Rn.]

Sandfuchs, Klaus: Allgemeines Niedersächsisches Kommunalrecht, 19. Auflage, Hannover 2004

Scheerbarth, Hans Walter/Höffken, Heinz/Bauschke, Hans Joachim: Beamtenrecht, 6. Auflage, Siegburg 1992

Scheuner, Ulrich: Staatstheorie und Staatsrecht: Gesammelte Schriften, Berlin 1978

Schmidt-Bleibtreu, Bruno/Hofmann, Hans/Henneke, Hans-Günter (Hrsg.): Kommentar zum Grundgesetz: GG, 13. Auflage, Köln 2014 [zitiert: Bearbeiter in: Schmidt-Bleibtreu/Hofmann/Henneke, GG, Art., Rn.]

Schmidt, Christopher: Vertretung im Mandat, in: KommJur 2015, S. 128–130

Schmidt, Thorsten Ingo: Die Analogie im Verwaltungsrecht, in: VerwArch 97 (2006), S. 139–164

Schumpeter, Joseph A.: Kapitalismus, Sozialismus und Demokratie, Bern 1950

Schwidden, Frank: Aktuelle Fragen zur Sonderstellung und finanziellen Absicherung der politischen Beamten, in: RiA 1999, S. 13–19

Schwind, Joachim/Mehlhorn, Lutz: Zur Stellung der „anderen" Beamten auf Zeit sowie des allgemeinen Stellvertreters des Hauptverwaltungsbeamten nach der inneren Kommunalverfassung Niedersachsens, in: NdsVBl. 2015, S. 97–103

Seifert, Karl-Heinz: Anmerkung zu BVerfG, Urteil vom 02.03.1977 – 2 BvE 1/76, in: DÖV 1977, S. 288–290

Seybold, Jan/Neumann, Wolfgang/Weidner, Frank: Niedersächsisches Kommunalrecht, 4. Auflage, Hamburg 2015

Steffen, Tilmann: Bundestagswahl: Kampf um die Last-Minute-Wähler, Berlin 2009, http://www.zeit.de/politik/deutschland/2009-09/wahlkampf-endspurt-parteien, abgerufen am 15.01.2018

Stein, Ekkehart: Die Grenzen des dienstlichen Weisungsrechts, Heidelberg 1965

Stein, Ekkehart/Denninger, Erhard/Hoffmann-Riem, Wolfgang/Schneider, Hans-Peter (Hrsg.): Kommentar zum Grundgesetz für die Bundesrepublik Deutschland (AK-GG), Berlin 2011 [zitiert: Bearbeiter in: AK-GG, Band II, Art., Rn.]

Steinkemper, Bärbel: Klassische und politische Bürokraten in der Ministerialverwaltung der Bundesrepublik Deutschland: eine Darstellung sozialstruktureller Merkmale unter dem Aspekt politische Funktionen der Verwaltung, Köln 1974

Steinbach, Armin: Die Versetzung in den einstweiligen Ruhestand – materielle und formelle Fragen zum politischen Beamten, in: ZBR 2017, S. 335–340

Stern, Klaus (Hrsg.): Das Staatsrecht der Bundesrepublik Deutschland, Band 2, Staatsorgane, Staatsfunktionen, Finanz- und Haushaltsverfassung, Notstandsverfassung, München 1980

SZ.de/dpa (ohne Autor) Schulz will kein Schattenkabinett benennen, München 2017, http://www.sueddeutsche.de/news/politik/parteien-bild-schulz-will-kein-schattenkabinett-benennen-dpa.urn-newsml-dpa-com-20090101-170324-99-801314, abgerufen am 15.01.2018

Tanneberger, Steffen/Nemeczek, Heinrich: Neutralitätsgebot für Mitglieder der Bundesregierung – Fall Schwesig, in: NVwZ 2015, S. 209–216.

Thiele, Robert: Niedersächsisches Kommunalverfassungsgesetz: Kommentar, Stuttgart 2011

Thiele, Willi: Die Entwicklung des deutschen Berufsbeamtentums: Preussen als Ausgangspunkt modernen Beamtentums (German Edition), Hamburg 1981

Ders.: Die Abberufung kommunaler Wahlbeamter auf Zeit, in: DÖD 1988, S. 49–54

Ders.: Zur Problematik der Sonderstellung des sog. politischen Beamten, in: DÖD 1986, S. 257–265

Uhlitz, Otto: Öffentlichkeitsarbeit der Regierung und Parteienfinanzierung, Recht und Politik 2 (1966), Heft 4, S. 12 ff.

Vogelsang, Klaus: Ethos des Berufsbeamtentums in der Gegenwart, in: ZBR 1997, S. 33–37

Vogelsang, Klaus/Lübking, Uwe/Ulbrich Ina-Maria: Kommunale Selbstverwaltung, Rechtsgrundlagen – Organisation – Aufgaben – Neue Steuerungsmodelle, 3. Auflage, Berlin 2005

von Bullison, Constanze: Kläger und Beklagter in Sachen Betreuungsgeld, Berlin 2016, http://www.sueddeutsche.de/politik/profil-ralf-kleindiek-1.2432599, abgerufen am 15.01.2018

von Mangoldt, Hermann/Klein, Friedrich/Starck, Christian: Kommentar zum Grundgesetz: GG, Band 2: Artikel 20 bis 82, 6. Auflage, München 2010 [zitiert: Bearbeiter in: v. Mangoldt/Klein/Schwarz, GG 6. Auflage, Art., Rn.]

von Münch, Ingo/Kunig, Philip: Grundgesetz-Kommentar, Band 1, 6. Auflage, München 2012 [zitiert: Bearbeiter in: v. Münch/Kunig, GG Art., Rn.]

Voßkuhle, Andreas: Religionsfreiheit und Religionskritik – Zur Verrechtlichung religiöser Konflikte, in: EuGRZ 2010, S. 537 –543

Wahnschaffe, Thies: Zur Neutralitätspflicht staatlicher Hoheitsträger gegenüber Organisationen ohne Parteienstatus, in: NVwZ 2016, S. 1767–1771

Wallbaum, Kaus: Änderung im Stellenplan, Anke Pörksen wird zur Staatssekretärin befördert, Hannover 2013, http://www.haz.de/Nachrichten/Politik/Niedersachsen/Anke-Poerksen-wird-zur-Staatssekretaerin-befoerdert, abgerufen am 15.01.2018

Wallbaum, Kaus: Geschasste Sozialdemokraten werden befördert, Hannover 2016, http://www.haz.de/Nachrichten/Politik/Niedersachsen/Stephan-Weilbefoerdert-geschasste-Sozialdemokraten, abgerufen am 15.01.2018

Weiland, Severin: Goldener Abschied für Senatssprecherin. „Bezüge nach BesGr. B 7 (rd. 8.906,–)", Berlin 2016, http://www.spiegel.de/politik/deutschland/berlin-michael-mueller-verabschiedet-daniela-augenstein-a-1113137.html, abgerufen am 15.01.2018

Welt-Online/dpa (ohne Autor), CDU-Abgeordneter Bosbach bringt Schäuble als Bundespräsidenten ins Gespräch, https://www.welt.de/newsticker/news1/article155970286/CDU-Abgeordneter-Bosbach-bringt-Schaeuble-als-Bundespraesidenten-ins-Gespraech.html, abgerufen am 15.01.2018

Wichmann, Manfred: Parteipolitische Patronage: Vorschläge zur Beseitigung eines Verfassungsverstoßes im Bereich des öffentlichen Dienstes, Frankfurt/Main 1986

Wichmann, Manfred/ Langer, Karl-Ulrich: Öffentliches Dienstrecht, 8. Auflage, Bonn 2017

Ders.: Öffentliches Dienstrecht: Das Beamten- und Arbeitsrecht für den öffentlichen Dienst, Stuttgart 2007

Wittmayer, Leo: Demokratie und Parlamentarismus, Breslau 1928

Wollenschläger, Ferdinand/Faber, Julia: Vorgaben des Demokratieprinzips für die Wahltagbestimmung vor dem Hintergrund der Novelle des Sächsischen Wahlgesetzes, in: LKV 2014, S. 298–305

Wollmann, Helmut: Direkte Demokratie in den ostdeutschen Kommunen – Regelungsschub und Anwendungspraxis, in: Derlien, Hans-Ulrich (Hrsg.), 10 Jahre Aufbau Ost. Eine Evaluation, Baden-Baden 2001, S. 2–42

Wunder, Bernd: Die Rekrutierung der Beamtenschaft in Deutschland: Eine historische Betrachtung, Konstanz 1979

Zawatka-Gerlach, Ulrich: Senatssprecherin muss entlassen werden, Berlin 2016, http://www.tagesspiegel.de/berlin/berliner-senat-senatssprecherin-muss-entlassen-werden/14671010.html, abgerufen am 15.01.2018

Zeit.online/dpa (ohne Autor): Gauland will sich nicht bei Özo☒uz entschuldigen, http://www.zeit.de/politik/deutschland/2017-08/afd-alexander-gauland-aydan-oezuguz-reaktionen, abgerufen am 15.01.2018

Zeit.online/dpa (ohne Autor): „Neue Bauernregeln": Hendricks provoziert Agrarlobby mit PR-Kampagne, 2017, http://www.zeit.de/politik/deutschland/2017-02/neue-bauernregeln-pr-kampagne-umweltministerium-bauernverbaende-kritik, abgerufen am 15.01.2018

Zeit.online/dpa (ohne Autor): Umfrage. Union rutscht unter 30 Prozent, http://www.zeit.de/politik/deutschland/2016-10/unionsparteien-umfrage-insa-meinungstrend-beliebtheit-cdu-csu-spd, abgerufen am 15.01.2018

Zicht, Wilko/Cantow, Matthias: Wahltermine, http://www.wahlrecht.de/termine.htm, abgerufen am 15.01.2018

zu Hohenlohe, Diana: „Lichter aus als Zeichen gegen Intoleranz" – Zu den Grenzen der politischen Äußerungsbefugnis von (Ober-)Bürgermeistern, in: VerwArch 107 (2016), S. 62–65